JN312559

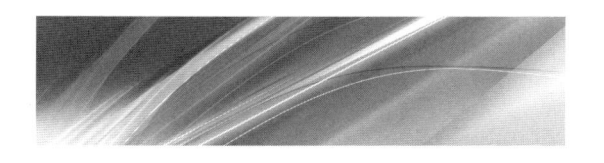

関西学院大学研究叢書 第130編

ローカル・ガバナンス

福祉政策と協治の戦略

山本 隆 著

ミネルヴァ書房

　　　　　　　　は　じ　め　に

　地方において，代表制民主主義が混乱している。公選による自治体が意思決定を担うことに正統性が認められてきたが，それが軽視され始めているのである。

　この現象をガバメントからガバナンスへの転換として捉えることができる。1990年代に入り，地方自治体は集合財や準公共財の提供を要請されるなかで，その機能の変化を求められてきた。

　これをどのように評価すればよいのか。一つには，新たな形での地方自治体の活力の表れと考えることができる。また，グローバリゼーションの進行に伴い，自治体機能が民営化されている，という悲観的な考え方もあり得よう。

　最近の地方自治の動きをめぐって，補完性の原理が議論されることがある。補完性原理をめぐる解釈では，国と地方の役割分担を示すものと，自治体優先の事務配分，特に基礎自治体優先の原則を示すという考え方がある。

　わが国においても，地方分権への動きが活発になってきている。分権化の進展により，市町村は基礎自治体として地域で包括的な役割を果たすことが望まれている。市町村は，厳しい財政状況下において，少子高齢化の進展に的確に対応し，地域資源を効果的に活用して，まちづくり，福祉，教育などといった住民に身近な事務を着実に処理できる能力が求められている。

　サービスはできる限りその影響を受ける地域住民の近くで行われなければならない。ただし，住民は単にサービスの受け手にとどまっていてはならない。また地域住民はサービス提供の効率性，効果性だけではなく，サービスの目的と問題発生の原因をみておくことも重要である。

　重要になるのは福祉の公共性を広く認知した政策形成であり，ローカル・ガバナンスの構築である。ローカル・ガバナンスの機能が地域のニーズに合致したものである以上，それは狭い範囲での効率性を追求するのではなく，広く

「公共的価値」を実現するものでなければならない。ガバナンスの実現のためには，さまざまなアクターが組織運営の透明性を含むアカウンタビリティを履行しなければならない。アカウンタビリティの確立は民主主義に不可欠であり，このことは行政のみならず民間福祉にも当てはまる。

この点で，住民は自ら変化を生み出していく姿勢が求められている。住民一人ひとりが政治に参加し，高い参加意識を持つことが地方分権の基礎につながっていく。このような参加意識をもって，地域での事業を点検し，過度な民営化や官僚制をチェックすることが大切になる。

現代資本主義における経済と政治，その最たる代表である市場と国家が文化的，社会的にどのように結びついているのか。グローバリゼーションを通じて国民国家の変容，またそれが国内政治，経済においてどのような影響を及ぼしているのか。いずれにしても，地方自治体が中央からさまざまな制約を受けながらも，ガバナンスの課題に中心的役割を担い始めた。

本書は，国と地方の関係，地方の自立，住民の参画，アカウンタビリティ，シティズンシップを視座に入れて，福祉政策（社会福祉・社会保障・社会政策等を包括する広義の捉え方）と協治の戦略を明らかにしようとしている。

ここで，タイトルの用語について触れておく必要がある。山本隆・難波利光・森裕亮編著『ローカルガバナンスと現代行財政』（ミネルヴァ書房，2008年）ではローカルガバナンスと題したが，本著では「ローカル・ガバナンス」と改め，「・」を挿入している。その理由は次の通りである。地球規模の global governance，多層型の multi-level governance，広域圏での regional governance，基礎自治体中心の local governance，近隣地域を想定した neighbourhood governance と多くのガバナンス機能が存在している。どのレベルのガバナンスなのかを明らかにし，そのことを強調する意図を持って，表記を改めた次第である。

本書では，以下の論文を大幅に加筆修正してそれらをベースにし，さらに新たに書き下ろした部分も多くある。

- 山本隆（2004）「イギリスの地域福祉と計画――費用負担の視点から――」『立命館産業社会論集』立命館大学，第40巻第1号，pp. 27-46.

- ――(2005)「介護保険制度における市町村の役割――準市場との対比を通して――」『介護福祉学会誌』Vol. 12 No. 1，日本介護福祉学会，pp. 74-83.
- ――(2005)「地域福祉とローカルガバナンス――公共圏を担う福祉アクターの交流――」山口定ら編『現代国家と市民社会――21世紀の公共性を求めて――』ミネルヴァ書房，pp. 283-312.
- ――(2005)「地域福祉計画と財政」武川正吾編『地域福祉計画――ガバナンス時代の社会福祉計画――』有斐閣アルマ，pp. 211-236.
- ――(2007)「高齢者福祉と自治体財政――介護保険制度を中心に――」『地方財務』9月号 No. 639，ぎょうせい，pp. 30-38.
- ――(2008)「ガバナンスの理論と実際」山本隆・難波利光・森裕亮編『ローカルガバナンスと現代行財政』ミネルヴァ書房，pp. 2-12.
- ――(2008)「地域再生と行財政――イギリスの地域戦略パートナーシップ――」井岡勉監修，牧里毎治・山本隆編『住民主体の地域福祉論――理論と実践――』法律文化社，pp. 44-54.
- ――(2008)「ローカル・ガバナンスと基礎自治体の役割――分権化はさらに近隣地域へ――」『地方財務』8月号 No. 650，ぎょうせい，pp. 1-17.
- ――(2008)「社会福祉基礎構造改革と福祉財政――財政論からみた構造改革のインパクト――」日本社会福祉学会編『福祉政策理論の検証と展望』中央法規出版，pp. 28-56.

最後に，巻末資料として，介護保険制度における保険者機能に関するアンケート調査票，筆者がかかわった京都府向日市の地域福祉計画概要版，イングランドで最初の地域エリア協定をまとめたハックニー区の文書や，スウェーデン・ベクショー市地域福祉計画を掲載している。参考にしていただきたい。

2009年1月5日

山本　隆

目　次

はじめに

序　章　転換期の国民国家——分離・融合の位相……………………… 1
　1　なぜローカル・ガバナンスなのか………………………………………… 1
　2　本書での問題意識…………………………………………………………… 2
　　　1．グローバリゼーションのインパクト　2
　　　2．福祉国家の変容とニュー・パブリック・マネジメント　6
　　　3．ガバメントからガバナンス，そしてローカル・ガバナンスへ　7
　　　4．再規制の役割を担うローカル・ガバナンス　9
　3　本書の論点…………………………………………………………………… 10
　4　本書の意義と独自性………………………………………………………… 11
　5　研究の方法——考察の対象を福祉政策に限定して……………………… 12
　6　本書の構成…………………………………………………………………… 16

第Ⅰ部　福祉国家の政府間関係とローカル・ガバナンス

第1章　ガバナンスの理論と実際………………………………………… 22
　1　ガバナンスとは何か………………………………………………………… 22
　　　1．台頭するガバナンス　22
　　　2．ガバナンスの失敗　25
　2　多層型ガバナンス…………………………………………………………… 27
　　　1．多層型ガバナンスの出現　27
　　　2．多層型ガバナンスの特徴　29
　　　3．多層型ガバナンスの組織編制　31
　3　ローカル・ガバナンスの台頭……………………………………………… 34
　　　1．ローカル・ガバナンスの出現　34
　　　2．ローカル・ガバナンスの定義とその機能　36
　　　3．ローカル・ガバナンスの課題　40

4　ローカル・ガバナンスからネイバーフッド・ガバナンスへ……… 42
　　　　1．住民に最も身近な場で展開するネイバーフッド・ガバナンス　42
　　　　2．ネイバーフッド・マネジメントとネイバーフッド・マネジャー　44
　　　　3．ネイバーフッド・ガバナンスの税財政　50
　　　　　　──パリッシュのプリセプト改革
　　5　ローカル・ガバナンスの含意…………………………………………… 53

第２章　ローカル・ガバナンスの状況……………………………………… 56
　　　　──国際比較の視点から
　　1　日本におけるローカル・ガバナンスの状況………………………… 57
　　　　1．わが国の地方自治の変遷　57
　　　　2．地方分権をめぐる最近の動き　62
　　　　3．三位一体改革と福祉　67
　　　　まとめ　69
　　2　イギリスにおけるローカル・ガバナンスの状況…………………… 69
　　　　1．ローカル・ガバナンスの動向　69
　　　　2．地方自治体の権限と責任　71
　　　　3．地方自治体の構造と組織　72
　　　　4．地方財政の現況　74
　　　　5．地域民主主義と市民参加　74
　　　　6．査察レジーム　76
　　　　まとめ　77
　　3　北欧におけるローカル・ガバナンスの状況………………………… 78
　　　　1．北欧諸国における地方自治体の特徴　78
　　　　2．北欧における政府間財政関係　81
　　　　3．1990年代以降の自治体関係の変化　82
　　　　まとめ　85
　　4　アメリカ合衆国におけるローカル・ガバナンスの状況…………… 86
　　　　1．政府間関係の特徴　86
　　　　2．基礎自治体の自律性　88
　　　　　　──「ディロンの規則」をめぐって
　　　　3．近年の政策動向　89
　　　　まとめ　90
　　5　欧米におけるローカル・ガバナンス状況の小括…………………… 91

第Ⅱ部　ローカル・ガバナンスと福祉政策

第3章　介護保険制度とローカル・ガバナンス……………96
　　　　　──市区町村の再規制の役割を求めて
　1　介護保険制度の運営メカニズム……………………97
　　　1．介護保険制度の財政的仕組み　97
　　　2．介護報酬と介護事業経営　99
　2　介護保険制度における中央──地方間の財政関係……………103
　3　ローカル・ガバナンスからみた地域ケア……………………108
　4　市区町村の再規制の役割を求めて……………………112
　　　──国，地方による再規制
　　　1．サービスの選択権　114
　　　2．市民組織の評価システム　115
　5　ローカル・ガバナンスを絡めた介護保障の強化……………115

補論　大阪府・京都府の調査結果とその考察……………………118
　　　1．調査結果　118
　　　2．調査結果の考察　126
　　　3．保険者機能の強化に向けて　129

第4章　イギリスの自治体介護政策とローカル・ガバナンス……130
　　　　　──準市場と再規制としてのコミッショニング
　1　市場化政策の流れとソーシャルケアの行財政構造……………131
　　　1．ソーシャルケアにおける市場化の流れ　131
　　　　　──三つの時期に区分して
　　　2．ソーシャルケアの行財政構造　132
　2　ソーシャルケアにおける準市場のメカニズム……………133
　　　1．サービスの価格づけとしてのユニット・コスト　133
　　　2．ソーシャルケアにおける準市場の管理　140
　　　3．ソーシャルケアにおける準市場の課題　141
　3　地方自治体の再規制としてのコミッショニング……………142
　　　1．コミッショニングのメカニズム　142
　　　2．高齢者施設の最低基準　146

4　事例研究──コミッショニング・レジームの検証……………………148
　　　　1．グッド・プラクティスの検討　148
　　　　　　──ベクセレイの実践から学ぶ
　　　　2．ウェールズのコミッショニング　154
　　5　日英の介護制度の比較と展望…………………………………………157
　　　　1．日英の介護制度の比較　157
　　　　2．自治体の役割強化に向けて　158
　　6　ローカル・ガバナンスを絡めたイギリスの高齢者ケア……………159

第5章　わが国の地域福祉の計画化とローカル・ガバナンス……162
　　1　地域福祉の計画化へ……………………………………………………162
　　2　地域福祉計画と財政……………………………………………………167
　　　　1．行政計画と予算との関係　168
　　　　2．財政（予算）局と企画局との関係　170
　　　　3．地域福祉計画の事例──財源の視点から　171
　　3　地域福祉とネイバーフッド・ガバナンスの四つのパターン………173
　　　　1．岡山県総社市のネイバーフッド・エンパワメント　173
　　　　2．稲城市のネイバーフッド・パートナーシップ　176
　　　　　　──ボランティア活動を活用した介護保険事業運営
　　　　3．三重県伊賀市の地域内分権　179
　　　　　　──市町村合併に伴ったネイバーフッド・ガバメントの追求
　　　　4．高浜市の地域内分権と近隣マネジメントの事例　182
　　4　自治型地域福祉に向けて………………………………………………185

第6章　イギリスの地域再生とローカル・ガバナンス…………188
　　1　地域再生政策を振り返って……………………………………………189
　　　　1．福祉国家におけるデプリベーションの深化　189
　　　　2．保守党時代の地域再生政策　190
　　　　3．ブレア政権下での地域再生政策　195
　　2　関係機関の連携とパートナーシップの形成…………………………196
　　3　地域再生と地域戦略パートナーシップ………………………………198
　　　　1．地域戦略パートナーシップの展開　198
　　　　2．近隣地域再生資金　203
　　4　LSPの評価………………………………………………………………206

    1. パートナーシップの構造　206
    2. 近隣地域におけるLSPの取り組み　209
    3. プロセス・アウトカムに関する評価　210
    4. ガバナンス・アウトカムに関する評価　210
    5. サービス・アウトカムに関する評価　213
    6. NRFを交付されたLSPと交付されないLSPとの比較　214
  5 ローカル・ガバナンスを具現するイギリスの地域再生とその課題……217

第7章　地域再生の事例研究……………………………………………223
  1 地域エリア協定（LAA）……………………………………………223
    1. 地域エリア協定の導入　223
    2. パイロット事業からみたLAAの評価　225
  2 都市と農村における地域再生の事例………………………………227
    1. 都市部の事例①　227
        ──ハックニーのLAAを検証する
    2. 都市部の事例②　237
        ──ニューハムのLAAを検証する
    3. 都市部の事例③　248
        ──バーミンガムの戦略パートナーシップ
    4. 農村部の事例　255
        ──グロスターシャーのSRBとパリッシュ予算を中心にして
  3 イギリスの地域再生事例が示唆するもの…………………………259

第Ⅲ部　ローカル・ガバナンスとシティズンシップ，パートナーシップ，公共性基準

第8章　ローカル・ガバナンスとシティズンシップ……………266
  1 伝統的シティズンシップからアクティブ・シティズンシップへ……267
  2 エンパワメントからみた福祉サービスと権利……………………270
  3 「契約型福祉社会」と権利…………………………………………272
    1. 社会福祉基礎構造改革と福祉の権利　272
    2. 「契約型福祉社会」と地域福祉権利擁護事業　273
  4 権利保障を前提としたシティズンシップ…………………………277

終　章　ローカル・ガバナンスの行方 …………………………… 281

1　ローカル・ガバナンス論の整理 ………………………………… 281
1．「コー・ガバナンス」の止揚　281
2．「新しいコーポラティズム」の克服　283

2　自治能力の高まりに向けて ……………………………………… 285
1．ハーストのアソシエーション論とガバナンス　285
2．アカウンタビリティの確立　286
3．市民の政策評価　287

3　分離・融合モデルと新たなローカル・ガバナンスの公共性基準 …… 288
1．ガバナンスの分離・融合モデル　288
2．新たなローカル・ガバナンスの公共性基準　291
3．国家──市民関係の再構成　292

おわりに　296

日本語文献一覧　298

外国語文献一覧　302

巻末資料　311
　介護保険制度における保険者の機能に関するアンケート調査（依頼）　312
　向日市地域福祉計画〜支えあう地域を築くために〜　319
　チーム・ハックニー／ハックニーを第1に；地域エリア協定2007─2010年（抄訳）　324
　ケア委員会年次計画（抄訳）2004─2006年　334

索　引　340

序　章

転換期の国民国家
――分離・融合の位相――

1　なぜローカル・ガバナンスなのか

　本書は，社会福祉の新たな鍵概念であるローカル・ガバナンス（local governance）の概念整理と理論化を行っている．本書のねらいは，近年のガバナンス時代の到来を受けて，地域の視点から福祉の政策形成の道筋と地域住民の参画のあり方を論じることにある．その論点は，住民参画を中心としたエンパワメント，公私のパートナーシップ，地方政府との正当性の問題，地域経営にある．
1）

　20世紀型の福祉国家がその路線を大きく変えた1970年代後半以来，各国は持続可能な福祉国家への転換をめざして改革を行ってきた．国によって多少の差異はあるものの，過去数十年にわたる福祉改革は，「ガバメントからガバナンスへ」という思潮の下で変化をもたらしてきている．本書においてローカル・ガバナンスの実体を解明する理由は，グローバリゼーションに伴う地域の諸問題や矛盾が深刻化しており，地域の視野から福祉の展望を開く意義が今日非常に高まっているからである．

　ガバナンスという言葉が人口に膾炙して久しいが，その定義は論者によって微妙に異なる．2000年にはローズ（Rhodes, R. A. W.）とピーレ（Pierre, J.）＆ピーターズ（Peters, B. G.）の間でガバナンス論争があったが，現在も国の内外で活発な議論が展開されている．またローカル・ガバナンスの代表的な論者はゲーリー・ストーカー（Stoker, G.）であるが，地域再生においてイギリス労働党政権に強い影響を与えている．筆者の考えでは，ローカル・ガバナンスとは政

府機構，市場経済，市民社会のあり方を問い返し，それらの役割を再規定し，各部門（sector）の協働により，社会経済における自律的な問題解決領域を増やそうとする「プロセス」と捉えている。実際，統治をめぐる新たな議論と地域の諸問題の解決を図るための分権的な取り組みが各地で展開されている。

さらに言えば，ローカル・ガバナンスは必ずしも公的権力によらない緩やかな活動調整の枠組みであり，公私のさまざまなアクターによる多元的，重層的なネットワークの「編制」として理解できる。その特徴は個人間の自己組織的なネットワーク，組織間の協同的な調整，システム間の求心力となる「統合されない」調整である。それはまた，従来の制度の枠にとどまらず様々な福祉課題を横断的に捉えかえす「ダイナミックス」となって作用し，そこから複合的で多重的な公共空間を創造しようとするものである。

2　本書での問題意識

本書の論点を踏まえて，問題意識は以下の通りである。

1．グローバリゼーションのインパクト

グローバリゼーションは私たちの生活と福祉に大きな影響を及ぼしている。その影響については，二つの見方がある。[2]

まず，グローバリゼーションの進行によって物質的な流通がより進み，豊かさの享受につながるという楽観的な見方がある。それは国民国家を超えて，人，財とサービス，金融の移動を活発化させている。特にグローバル経済は市場諸力を活発化させ，国民横断的な相互依存と統合のネットワークを生み出し，国際経済を席巻している。同時に，経済のみならず政治，文化においても，グローバリゼーションは国際社会を変容させている。国民規模に限られていた生活構造が，今まさに世界規模へと拡大しているのである。国家に加えて市民，企業，NPOといった主体もまた国際社会を舞台に活動している。

これに対し，経済のグローバリゼーションは貧富の格差や環境破壊を深刻化させているという悲観的な見方がある。グローバリゼーションにより，企業と

労働者は激烈な競争に引き入れられ，資本は安価な労働力や生産現場を求めて世界中を移動する。その結果，地域の企業を倒産廃業に追い込み，失業，雇用不安を生み出すこともある。さらに，資本の移動に伴って，環境破壊やソーシャルダンピングを引き起こす懸念もある。

ル・ガレ（Patrick Le Galés）によれば，①国際貿易の安定成長や世界市場での競争におけるグローバルなルール，②金融市場を通じた金融のグローバリゼーション，③水平的・垂直的な統合プロセスを通した集中と連携の戦略を用いた企業の試みという三つのグローバリゼーションのプロセスがあるという（Le Galés 2002：152-155）。

では，グローバリゼーションの下で，グローバルとローカルの関係はどのように変化しているのだろうか。経済のグローバリゼーションが進み，多国籍企業のようなグローバル企業は巨大化した。売上高や雇用，税収は各国にとって自国の命運を決するまでの重要課題となり，政府は税制，労働政策に関する多国籍企業の要望を許容する傾向にある。一方，労働組合は弱体化し，労働者は政治的に強い発言力を持っていない。雇用に不安を抱く若者世代が雇用問題で組織をつくるにも様々な困難が伴う。

このようにグローバリゼーションは国家の脱国民化を進め，国民国家の機能や地位を低下させている[3]。その結果として，国民国家の画一化，集権化の維持が難しくなる一方，分権化の波が世界を覆っている。国民国家の支配権は，超国家的制度や組織あるいはサブナショナルな組織である地方自治体，国境を越えたローカルな組織に委譲されている。

地域住民のレベルでみても，それは特定のグローバルなネットワークと強く結びつくことがある。例えば，金融ネットワークが地域に張りめぐらされ，住民の暮らしに影響を及ぼしている。またグローバリゼーションは国民国家の伝統的なマクロ経済政策の手段を陳腐化させる一方で，地方自治体は経済政策の分野で重要なアクターになっている。アメリカの地方自治体に始まり，続いてヨーロッパの自治体も経済開発で積極的な役割を求めるようになっており，地域レベルで産業の基盤整備や職業訓練の実施を進めている。このような新しい動きは地方における政治課題を提起し，経済開発，ソーシャル・インクルージ

ョン$^{4)}$、環境問題に関する自治体の優先策を定めなければならなくなっている。

　グローバリゼーションとの関係を若年者（15〜24歳）の失業・雇用問題でみてみたい。若年の人口は減少傾向にあり、近年は高学歴化が進展している。こうした要因は、若年労働者に労働市場において有利な状況をもたらしているとも思える。しかし若年者の失業率は、他の年代を大きく超える水準で推移しており、厳しい状況に置かれている。

　若年の失業率は1973年のオイルショック以降上昇し、80年代後半にいったん低下したものの、90年代に入って再度上昇している。その後、90年代後半に低下したが、その後は上昇に転じている。近年では、ほとんどの国で10％を超えているが、国によって水準は異なっている。例えばドイツでは高い時期でも10％程度にとどまっているのに対し、フランスでは20％を超える水準に達している。

　若年の失業率を25〜64歳の失業率と比較すると、ほとんどの国において若年失業率は極めて高い水準になっている。若年失業率は、ドイツを除き、25〜64歳の失業率の約2倍で、イギリスや韓国では3倍を超えている。イギリスの上昇傾向は特に顕著であり、1980年代末には約1.5倍であったものが、その後10年で比率は2倍（25〜64歳の3倍）になっている。また学歴別で若年の失業率をみると、各国とも、学歴が低いほど失業率は高くなっており、若年者の中でも、とりわけ低学歴層が労働市場において不利な立場におかれている。

　一方、若年者（15〜24歳）の就業率の動向をみると、アメリカ、イギリス、カナダ、オーストラリアといったいわゆる英語圏諸国では、若年就業率は50％以上と比較的高い水準を維持している。これに対し、ドイツ、フランスといった大陸ヨーロッパ諸国や韓国では、長期的に見て緩やかな低下傾向にあり、とりわけフランスでは30％を切る低い水準にある。こうした違いが生じている背景としては、後者では近年急速に高学歴化が進展したことが考えられる。また、前述の通り、フランスでは若年者の失業率が非常に高く、若年者が労働市場に入ることが難しいことが影響しているものと考えられる。

　近年いわゆるニート（Not in education and not employed, NEET）と呼ばれる若年無業者の増加が指摘されている。イギリスにおいて、こうした若者の存在

表序-1　若年無業者の推移
(%)

		1997	1998	1999	2000	2001	2002	2003
アメリカ	15～19歳	7.8	7.3	7.4	7.0	7.5	7.0	―
	20～24歳	17.8	14.4	15.1	14.4	15.6	16.5	―
	25～29歳	17.0	15.4	15.7	15.8	17.7	17.4	―
イギリス	15～19歳	―	―	―	8.0	8.2	8.6	9.4
	20～24歳	―	―	―	15.4	14.8	15.3	15.3
	25～29歳	―	―	―	16.3	16.0	16.0	16.3
ドイツ	15～19歳	―	3.4	4.5	5.7	5.1	4.7	4.7
	20～24歳	―	15.0	16.7	16.9	16.4	15.9	15.6
	25～29歳	―	17.7	18.2	17.5	18.0	17.4	18.4
フランス	15～19歳	2.5	3.1	3.3	3.3	3.4	3.4	14.0
	20～24歳	17.5	16.5	17.5	14.1	13.4	14.4	15.5
	25～29歳	21.0	22.1	21.4	18.6	18.3	18.2	18.8

資料：OECD "Education at a glance 2005"
出典：厚生労働省編『世界の厚生労働 2006』p.6.

が取り上げられるようになったのは，教育，訓練及び雇用のいずれの活動にも従事していないことから，支援が非常に難しく，放置すれば長期的失業や青年犯罪などの問題が起こりやすく，社会的なコストの増大も懸念されるからである。表序-1のように，いずれの国においても，教育，雇用のいずれの活動にも従事していない若者が少なからず存在していることがわかる。各国とも，年齢階級が高いほうが無業者の割合も高く，20～24歳層で15％前後，25～29歳層で15％以上が無業者となっている。

　仕事の質という面においても厳しい状況にあり，世界の若者の大部分がインフォーマル経済で働いている。こうした若年労働者は，多くの場合劣悪で不安定な労働条件の下で，社会的な保護を受けずに働いている。このような状況を踏まえ，近年多くの国際機関において，若年世代の雇用問題に対する取り組みが強化されている。

　社会政策のヨーロッパ化の例がヨーロッパ社会基金（European Social Fund）である。この基金は，成長雇用に関するリスボン戦略の重要な一翼を担ってい

る。この基金は失業者や生活困窮者に労働市場への参加に必要な職業訓練やサポートを与えることで，エンプロイアビリティ（employability 雇用能力）を高める支援をしている。まさに雇用拡大を目指す EU の目標を後押しする制度となっている。最も困窮する人々に焦点を当てて不平等を縮小し，より公平な社会を創造しようとする政策である。またこの基金は競争的なグローバル市場の中で，企業が必要とするスキルを持った労働力を提供する目的も持っている。

このようにヨーロッパ社会基金は，EU 基金の一つとして EU の格差状態を是正し，経済社会的に統合を強めることをねらいにしている。そのため EU 全体で設置されているものの，ほとんどの資金は経済発展が遅れている地域に配分されている。他にも，ヨーロッパ開発基金（European Regional Development Fund）があり，技術革新，環境，インフラを進めるプロジェクトに投資されている（European Social Fund in England 2007-2013 http://www.esf.gov.uk/introduction_to_esf/）。

2．福祉国家の変容とニュー・パブリック・マネジメント

グローバリゼーションにおける経済と政治，その代表である市場と国家が文化的，社会的にどのように結びついているのだろうか。そのことを明らかにするには，「福祉国家の危機」を通じて国民国家の変遷やその役割，またそれが，経済と政治においてどのような位相にあるのかを明らかにしていく必要がある。グローバルな市場経済は急速に展開しており，政府間関係にもグローバリゼーションに伴う市場原理が反映されている。近年の国家機能の再編策は規制緩和であり，地方分権である。規制緩和の決定的な特徴は'福祉国家'のモデルから'競争国家'へと広範な国家介入のパターンが変化している。

欧米など先進国では，1990年代以降，公共事業の業績改善を求めて，公共部門全体の包括的な改革へとその力点が移ってきた。それは民間企業で活用されている経営手法を公共部門に可能な限り適用しようとするもので，公共選択理論（Public Choice Theory）と新経営管理論（New Managerialism）を理論的中核とするニュー・パブリック・マネジメント（New Public Management，以下 NPM）として世界的な潮流をなしてきた。

NPMは新自由主義のイデオロギーと公共選択理論の要素を織り込んでいると言われ，そこにはさまざまな特徴を見出すことができる。まず指摘できるのは，公共分野に民間企業の経営慣行とその手法を導入し，戦略的経営を全面的に打ち出していることである。例えば，目標（goal）と優先策（priority）を設定し，政策課題を明確にする責務を負うマネジャーを配置している。次に，公共部門において供給と財政を分離することにより，準市場（quasi-market）を創出し，競争原理を持ち込んでいる。さらには，中央政府の各省庁から準政府組織に裁量権を委譲し，簡素化されたヒエラルキー（階統制）をつくり出して，業績指標と緊縮的な予算編成を行っている。またNPMの実施は予想以上に広がっており，最も顕著なのはベンチマーキングであるが[6]，体系的評価と品質管理も一般的な慣行になり始めている。

サービスの供給をめぐって，公私関係にも変化が生じており，従来の公私間の協働に基づく「信頼（trust）」という関係から，競争に基づく「契約（contract）」の重視へと転換がなされている。これも大きな特徴である。

NPMの潮流のなかで，地方自治体はサービス満足度を保証するために，サービスを選択させ，顧客調査を実施するといった消費者志向を強めている。地方自治体自身も監査を強化し，パブリックコメントなどによって住民参加を求めることが今後の方向となっている。

3．ガバメントからガバナンス，そしてローカル・ガバナンスへ

今，ガバナンス論が花盛りである。ガバナンスは，そもそも西欧諸国において19世紀初頭から台頭し，20世紀に制度化される形態となった。公共の意思決定は国家中央が行い，立法化した公共の官僚制および政治政党のなかで制度化されていったが，それが今変わりつつある。

グローバリゼーションや急速な少子高齢化，都市化によって住民の暮らしに変化が生じている。住民のニーズは広範囲にわたり，そのニーズが明らかになることにより，多様なサービス供給を担うのは政府だけではないという考え方が広がっている。また地域志向で分野横断的な施策の策定，実施が求められている。政府は幅広い機関とネットワーク化することとなり，以前は軽視されて

いたコミュニティグループとの協働活動に取り組み始めている。

このことは伝統的な制度であるガバメント（government）から，新しい形のガバナンスへの移行を意味している。従来のガバメントでは行政幹部が官僚機構をコントロールしていたのに対して，今や舵取り（steering），調整，分権，パートナーシップに依拠するガバナンスが要請されるようになったのである。

ガバナンスは政府，市場経済，市民社会の三つのセクターが問題解決のため相互作用するプロセスとシステムであり，政府運営のみならず市場経済のあり方や市民社会の果たす役割も変えていく可能性を秘めている。ガバナンスが語られる背景には，単に従来型の政府機構がどのように作用するかだけでなく，利害関係者全体が公共のあり方に向き合うことで現代の政治行政の改善を図ろうという考えがある。

ガバナンスは統治の過程に焦点を当てるものであるが，それは多様で相互依存的な形態をとって，政府機関，準公共機関，民間組織，住民組織の組み合わせを想定している。また政策，市民，納税者，サービス利用者としての個人を巻き込んでいく。このような絶えず変化する編制を通して，社会経済における自律的問題解決領域を増やそうとする考えである。典型的な事例は都市再生であろう。都市再生プログラムは公式に認められたパートナーシップを形成し，関連予算を通して行政当局・民間営利・ボランタリーセクターを統括している。

ガバナンスはサービス提供という枠組みを超えて，サービスの目的と問題発生の原因となる構造的な矛盾に焦点を当てるプロセスとしての意味合いを持つ。それはまた従来の制度の枠にとらわれることなく，地域の諸課題に横断的に対応し，組み換えを行うものである。このように複雑な変化を遂げる現代社会のなかで，望ましいガバナンスとは何なのかを問う必要があるだろう。

今日，政府や行政に厳しい目が向けられており，透明性を含むアカウンタビリティ（accountability）を求める傾向が強まっている。政府と市民社会が協働するには，アカウンタビリティを基礎とした市民の参画が不可欠となる。ガバナンスの実現のためには，行政のみならず民間団体のアカウンタビリティが履行されなければならない。アカウンタビリティの追求を通して，市民から行政機構に影響を及ぼすプロセスが期待されている。

ガバナンスをめぐる変化をまとめると，①NPMと公私のパートナーシップの台頭，②政策パートナーシップにおける地方のさまざまなアクターの参加，③新たな形の市民参加ということになる。ガバナンスは公私のアクターの間の主導権の組み換えを意味し，社会的に解決すべき課題，政府の失敗やその機能低下を問題提起しつつ，行政機構（官僚的構造）を改革することを展望している。市民のエンパワメントを通して市民社会を再構築し，行政と市民が協働しつつ新たな公共空間を創造する可能性を秘めている。

地域福祉の場合でみれば，地方自治体を中心にして，各種の行政機関，社会福祉協議会，住民自治組織，NPO，ボランティア組織，民間企業等との間で成立する近隣地域レベルの協力・連携のあり方が，ガバナンスの実践例として挙げられる。こうしたローカル・ガバナンスに協治の可能性が秘められている。

4．再規制の役割を担うローカル・ガバナンス

規制緩和の後に登場している再規制（reregulation）についてみてみたい。再規制とは，産業や企業セクターが規制緩和の措置を受けた後に，新たに追加的な規制を行うことをいう。再規制という用語は，規制緩和が実施できない分野において規制緩和措置を修正するプロセスとみなされている。

そもそも規制緩和の政策は1980年代に国際的な傾向になっていた。その支持者には，新古典派，中道左翼の一部の研究者が含まれている。実は，規制緩和は意図せざる，見えざる多くの結果をもらしてきた。その結果，市場志向の規制緩和が'再規制'という新たなカテゴリーをつくり出してきている。例えばイギリス金融市場の「ビッグバン」は，1986年の金融サービス法の下で金融市場の規制緩和を目指したが，国はきわめて複雑なルールをつくり出した。それは従来の自主規制のレジームよりも抑制的なものであったと言われている (Cerny, P. G. 1991, Evans, M. and Cerny, P. G. 2003)。特にインサイダー取引への再規制が代表的な例である。

要するに，規制緩和は経済において国の介入の比重を縮小させているわけではない。むしろ全般的には新たな規制を設けて，再規制の複雑なプロセスを生み出している。規制緩和は実際には実施不可能なケースがあるため，その効果

が広範に行きわたるばかりでなく，新しい既得権益を定着させることもある。こうして規制緩和は市場をさらに歪曲させているのである。このようにみていけば，「ガバナンス」が「ガバメント」へと回帰していくのか，または必ずしも一つのフォーマルな枠組みに収まらない新たな調整・編制の様式が生まれるのかを見定める必要がある。この場合，地方分権を単に制度の変更や，中央から地方への権限移譲という狭い視点でとらえるべきではない。

3　本書の論点

本書では，ガバナンスの可能性とそれに伴う新たな公共空間の構築を追究するなかで，ローカルのレベルでのガバナンスの意義とそれを要請する時代背景を明らかにし，ローカル・ガバナンスと分権化・自治との関係，政府機構を含む諸アクターから構成されるパートナーシップとそのアカウンタビリティの履行，住民の意思決定への参画の可能性を論じていく。

本書の論点は，以下の通りである。

①ローカル・ガバナンスをグローバル化との関係で捉えて述べていく。

②福祉国家の変容と市場原理の許容という脈絡から，市場型マネジメントと再規制を述べていく。

③すべてのレベルのガバナンス構造を整理し，補完性原理を通して住民の生活圏であるネイバーフッドのガバナンスも射程に入れて，住民参画の意思決定過程・政策実施過程での参画構造を解明していく。

④ローカル・ガバナンスとナショナル・ミニマムの調整という視点から，中央との「分離・融合型モデル」を提示していく。

⑤ローカル・ガバナンスの尺度として，（人権重視の規制・介入を含む）公共性基準を提示していく。

なお考察の対象となる国は，一部の欧米諸国にも言及しているが，主にイギリスと日本を中心にしている。その理由は，ローカル・ガバナンスという言葉が定着し，研究の蓄積があるのはイギリスであり，さらには日本との比較の上で両国ともにユニタリー（単一制）の国だからである。したがって連邦制をと

る国々はあまり視座には入れていない。終章において，日本への示唆という意味で日英の比較を試みている。

4　本書の意義と独自性

　ガバナンス論が百花繚乱のなかで，本書はローカル・ガバナンスの理論化を行っている。学問的意味で概念整理を行い，その検証作業として事例研究や調査を含めている。具体的には，ローカル・ガバナンスの可能性とそれに伴う新たな公共空間の構築を追求するなかで，ローカル・ガバナンスの意義とそれを要請する時代背景を明らかにし，分権化・自治との関係，政府機構を含む諸アクターにおけるアカウンタビリティ，住民の意思決定への参画の可能性を論じている。わが国の状況に照らしあわせれば，三位一体改革，市町村合併が進められた結果，地方自治・住民自治，既存の地域福祉やその組織が大きく変化した。これらの諸問題を踏まえて展望を正確に描くためにも，本書の出版の意義は大きいと考える。

　本書の論点は次の通りであり，それらがいずれも独自性を形成していると考える。①ローカル・ガバナンスをグローバル化との関係で捉えてその対抗概念として位置づけている。②福祉国家の変容と市場原理の許容という脈絡から，市場型マネジメントと再規制を述べている。③ローカル・ガバナンスとナショナル・ミニマムの調整という視点から，中央との「分離融合型モデル」を提示している。④ローカル・ガバナンスの尺度として，（人権重視の規制・介入を含む）公共性基準を提示している。⑤すべてのレベルのガバナンス構造を整理し，補完性原理を通して住民の生活圏であるネーバーフッド（近隣地域）のガバナンスも射程に入れて，住民参画の意思決定過程・政策実施過程での参画構造を解明している。

　以上，本書においては，市場モデルではなくヒエラルキー・モデルでもない，民主的な住民参画を前面に出したガバナンスモデルの理論化を進めている。そのポイントは，地方自治の制度の限界を超えて，自治形成でのインフォーマルな要素を取り込みつつ，地域住民の意思決定の参画を追及するところにある。

5 研究の方法——考察の対象を福祉政策に限定して——

ローカル・ガバナンスの定義やその発想については，主に文献考察に基づいて検討している。先行研究については第1章で述べているが，議論の流れは以下の通りとなる。ジョン・スチュワート（Stewart, J）の著書・論文が草分け的な役割を果たしており，続いてピーター・ジョン（John, P.），リーチとパーシースミス（Leach and Percy-Smith），ストーカー（Stoker, G.）がこの概念の内実化を試みている。

ロッド・ローズ（Rhodes, R.）は，ガバナンスの機能について，セルフガバナンスとインターガバナンスのネットワークを通して実施されるものとして捉えている。そして「政府なきガバナンス」を主張するが，そこにはウェストミンスター・モデル批判が込められている。機能概念の視座からは，実際に存在するガバナンスにはマルチレベルの政府を結びつける多数の拠点があるという。ローズ論の特徴として，①組織間の相互依存性，②ネットワークーメンバー間での継続的な相互作用，③ゲームのような相互作用，④国家からの自律性の保持，が指摘されている（Rhodes 1997 : 15）。

ピーレ（Pierre, J.）とピーターズ（Peters, G.）は，ガバナンスが求められる主要な要因には国家の財政危機があり，その運営形態の再考が促されているという。彼らによれば，ガバナンスはグローバリゼーションに対応して生まれたもので，国民国家は社会経済の複雑な状況変化に効果的に対応できていない。そのため，ガバナンスは社会の変革のために重要となり，新しいガバナンスは現代の国家と社会をつなぐ戦略であると述べている。またローズの「政府なきガバナンス」論に批判を向けており，国家とネットワークとの相互依存的な関係を注視している（Pierre, J. and Peters, G. 2000）。

ストーカー（Stoker, G.）は，構造概念の視座からローカル・ガバナンスを論じている。ローカル・ガバナンスの改革が求められる契機は，ポスト産業主義，ポスト官僚主義，ポスト福祉国家主義の動向にあるという。同時に，地方政治をめぐる変化として，ポストフォーディズムという社会経済の動きもその背景

にある。ローカル・ガバナンスは社会運動等の結果として生まれており，国民を前面に押し出した，包括的な行動形態を求める手法が要請されている（Stoker 2004）。

またストーカーは，地方機関の大きな再編によって，地方自治体を単一の組織として扱うことは不可能になった事態を問題にしている。多くのサービスが委託される一方で，他のものは集権化され，新しい準公的機関がつくられた結果，地方自治体はネットワークの中の一つのアクターに過ぎなくなったと捉えているのである。ローカル・ガバナンスは，これら諸機関のローカルレベルにおける相互作用のあり方と定義している（Stoker, 1991, 1999）。

リーチとパーシースミス（Leach and Percy-Smith）は，ローカル・ガバナンスをめぐる状況や議論を整理している。彼らによれば，地方政府が意思決定の権限を持ち，そこから自治体活動が始まるという伝統的な概念は通用せず，地域の諸問題に関する政策決定は組織の境界を越えた複数の機関，パートナーシップ，政策ネットワークが含まれるようになっていると捉えて，その態様をローカル・ガバナンスと定義している。著書『イギリスのローカル・ガバナンス』（*Local Governance in Britain*）において，ローカル・ガバナンスの発展史，コミュニティ・リーダーシップ，地域民主主義，資源，マルチレベルのガバナンス等を解説している（Leach and Percy-Smith 2001）。

ゴス（Goss, S.）は，公共性概念の視座から，ローカル・ガバナンスについて，最も効果的な手法を通して公的な資源を利用することによって得られるアウトカムを重視している。彼女によれば，ローカル・ガバナンスの目的は，狭い範囲での効率ではなく，より広い「公共的価値」（public value）の達成である。「公共的価値」とは，社会的なアウトカムとして計測が可能で，社会状態の「改善」として捉えている。様々なアウトカムを追求する際，ローカル・ガバナンスは公私関係のあり方をめぐって政治家，行政，住民との協議を必要とする。ゴスは，この協議のプロセスにおいて，「公共的価値」という概念なくして，公私のバランスを確立することは不可能と述べている。また有効性に優れた業務は保健サービスであるとみている。保健サービスの分野では，臨床的な有効性が証拠（evidence）に基づいて検証されているのに対し，公共政策の他

の分野，すなわちソーシャル・ケア，教育，住宅ではその有効性を正確に評価するのは難しいとも述べている（Goss 2001）。

ジョン（John, P.）は，比較論の視座から，ローカル・ガバナンスをヨーロッパ化という脈絡から論じている。近年 EU の重要性が増していることに伴って，ヨーロッパの地方自治体が直接的にも間接的にも影響を受けている。これをジョンは「ヨーロッパ化」として捉えているが，EU の台頭によって中央とサブ・ナショナルな政府との間で力の均衡が変化している。ローカル・ガバナンスの展開について，これをイギリス独自の指向性（British tropism）と判断する研究者がいるが，ジョンはこの見方に反対している。彼は，ローカル・ガバナンスのヨーロッパ比較を行い，オランダ，ドイツ，スペインではイギリスと同様なガバナンス改革を展開しており，British tropism を斥けている（John 2001：174）。

ジェソップ（Jessop, B.）は，機能概念の視座から「ガバナンスの失敗」（governance failure）を警告している。ガバナンスが失敗するのは，経済的ネットワークが世界市場で機能しており，経済活動が世界市場に依存しているからであるという。経済活動の目標をめぐって絶えず経済パートナーの意見が分かれる事態が生じることも原因である。ガバナンスの失敗は，市場諸力の無秩序性，国家統制をめぐるハイアラキー（階統制），自己組織化のヘテラルキーを通した調整が不調に終わる結果からもたらされる。

このような事態に対して，「メタガバナンス」つまりガバナンスのガバナンスという役割が必要になる。メタガバナンスはガバナンスのための条件の組織化であり，その調整様式の対象となる複雑性・多元性・錯綜したヒエラルキーを統御しなければならない。そこでは国家が大きな役割を果たすことになる。しかしながらジェソップによれば，あらゆる行為は失敗をまぬかれることはできず，メタガバナンスにも失敗は起こり得る。ガバナンスのあらゆる形態が失敗するならば，メタガバナンスも必ずや失敗するというのである。このようにジェソップの警告は厳しい。ガバナンスの不完全さを認識することによって，再帰的な形で絶え間ない試みと学習を続ける必要があるというのが彼の主張である（Jessop 2002）。

ローカル・ガバナンスの基本文献には以下のものがある。

Leach and Percy-Smith (2001) *Local Governance in Britain*, Palgrave.

Goss, S, (2001) *Making Local Governance Work*, Palgrave.

Stoker, G. (2004) *Transforming Local Governance*, Palgrave and Macmillan.

Denters, B. and Rose, L. E. (eds.) (2005) *Comparing Local Governance Trends and Developments*, Palgrave and Macmillan.

これらの著書は，ローカル・ガバナンスの進化が公共性の意義を踏まえて公私関係と公共サービスのアウトカムを再定義する必要があることを述べている。日本語文献での公共性の研究については，山口定（2004）『市民社会論』が詳しく，熟議（討議）型民主主義については，篠原一（2005）『市民の政治学――討議デモクラシーとは何か――』が参考になる。

他にガバナンス論を扱った重要な文献は以下の通りである。

Rhodes, R. A. W. (1997) *Understanding Governance*, Open University Press.

Hirst, P. (2000) *Democracy and Governance*, in Pierre, J. (ed.) Debating Governance,

Pierre, J. (2000) *Introduction: Understanding Governance*, in J. Pierre (ed), *Debating Governance*,

Pierre, J. and Peters, G. (2000) *Governance, Politics and the State*, Macmillan.

Jessop, B. (2002) *The Future of the Capitalist State*, Polity. 邦訳／中谷義和監訳，篠田武司・櫻井純理・山下高行・國廣敏文・山本隆・伊藤武夫訳（2005）『資本主義国家の未来』御茶の水書房．

Stewart, J. (2003) *Modernising British Local Government An Assessment of Labour's Reform Programme*, Palgrave and Macmillan.

本書は考察の対象を社会福祉政策に限定しているが，地域福祉・地域再生の分野ではイギリス副首相府や地方行政の担当者，民間機関の専門家へのヒアリング調査を行った。またわが国の介護保険計画や地域福祉計画の考察では，著

者自身が計画策定委員会に参加するなかで参与観察等を行い，アンケート調査も実施した。

6　本書の構成

　本書は序章，3部編成による8章，そして終章で構成されている。第Ⅰ部では，国際比較の視点から，福祉国家の政府間関係とローカル・ガバナンスとの関連性を述べている。第1章では，ガバナンスの理論と実際を検討し，続いてマルチ・レベルのガバナンス，ローカル・ガバナンスの胎動を述べている。第2章では，国際比較の視点から，ローカル・ガバナンスの状況を分析している。考察の対象とした国は，日本，イギリス，北欧諸国，アメリカ合衆国である。
　第Ⅱ部では，福祉の分野に限定した形で，ローカル・ガバナンスの視点から，日本とイギリスの高齢者介護保障と地域福祉計画を考察している。必ずしも比較研究ではないが，ローカル・ガバナンスの新たに先鋭的な動きをみせているイギリスを典型事例と判断し，詳しく分析している。それに基づいて，後発の位置にある日本への示唆として導いている。第3章は，日本の介護保険制度と保険者である市区町村の現状を考察し，補論で自治体調査（量的調査）の結果報告とその分析を行っている。第4章は，イギリスの介護保障をめぐる動きとして，準市場の現状を考察している。
　次に分野を幾分変えて，第5章は，日本の地域福祉計画を財政の視点から述べている。第6章は，本書のハイライトをなす部分であり，イギリスの地域再生を取り扱いつつ，ローカル・ガバナンスの理論的可能性を追求している。地域戦略パートナーシップ，地域エリア協定（Local Area Agreement, LAA）における多層型ガバナンスの様相，具体的には国と地方の協定内容と補助金統合の仕組み，地域サイドのアウトカムの設定，地域関係者の代表性の問題が主な論点である。第7章は，事例研究に当てている。まず，中央政府と地方自治体で取り組む地域エリア協定の仕組みを紹介し，都市部の事例としてロンドン・ハックニー区およびニューハム区のLAAを考察している。他の都市部の事例としては，バーミンガムの戦略パートナーシップを取り上げている。一方，農村

部の事例では，グロスターシャーの地域再生とパリッシュ予算を検討している。

　第Ⅲ部では，権利の視点からシティズンシップを取り上げ，ローカル・ガバナンスの理論化を試みている。第8章では，新たな権利アプローチをシティズンシップという概念から捉えなおし，わが国の地域福祉権利擁護事業にも言及している。終章では，ローカル・ガバナンスの概念整理を行い，地域の自治能力の高揚に向けた条件整備を示し，最後に分離・融合モデルおよび新たなローカル・ガバナンスの公共性基準を提示して本書を締めくくっている。

　最後に，巻末資料として，介護保険制度における保険者機能に関するアンケート調査票，筆者がかかわった京都府向日市の地域福祉計画概要版，イングランドで最初の地域エリア協定をまとめたハックニー区の文書や，スウェーデン・ベクショー市地域福祉計画を掲載している。参考にしていただきたい。

　以上，本書は，ローカル・ガバナンスをキータームとして，グローバリゼーションとその影響を受けた福祉国家，国と地方の関係の変容，現代の貧困や社会的排除，ソーシャル・インクルージョン，新たな福祉システムと権利アプローチ，公共性とアカウンタビリティをめぐる諸問題を解明しつつ，現代社会での新たな公共空間を構築する指針を提示している。

1) エンパワメントは広い意味を持つが，ここでは以下の定義に近い。「個人や組織が，その直面する問題を自覚して，その解決のために経済的・社会的・人間的・政治的な力をつけ，自ら決定し，問題を解決していくこと。社会的不平等などの克服につながる。」（独立行政法人　国際協力機構（JICA）『2007年度事業評価年次報告書』，p.119）
2) グローバリゼーションに関して，インターネットなど情報技術の革新が進んだことに伴って，巨大企業が商品・資本の市場を世界に広げ，相互に激しい競争を繰り広げている。1990年代以降，特に経済のグローバリゼーションが進んだが，グローバリゼーションそのものは経済面だけではなく，国家・地域などを越えて，国民国家を超えて超国家的な単位にまとめるいわば地球世界の形成を志向している。経済のグローバリゼーションによって，2008年のリーマン・ショックにみられるように，世界のある地域の経済の行き詰まりが世界に波及することがあり，国民経済に調整・改革を迫る事態が生じる。また経済のグローバリゼーションの中心が主要先進国であることから，強者・弱者，富者・貧者の格差を拡大するこ

ととなっている。主要国の中では，とりわけアメリカ合衆国の経済的な優位が顕著である。これに対して，反グローバリズムの運動がNGOや労働組合・農業団体，原子力発電に反対するグループ等によって起こっている。そして市場経済に対抗する論理，さらにはその倫理を問題提起している。

3) 国家の脱国民化については，ジェソップの見解が著名である。彼は，「…国家管理層が，個別の領域的規模で，自らの機能的自律性と戦略的能力を高めようとするなかで，新旧の国家能力が，スプラナショナル，ナショナル，サブナショナル，トランスローカルなレベルで，領域的にも機能的にも再編され，経験的には国民的国家装置の「空洞化」が起こったことに表れている。そのなかで，国民的国家の特殊な技術的―経済的，より狭くは政治的・イデオロギー的機能のなかには，汎地域的(パンリージョナル)・多国民的(プルリナショナル)ないし国際的規模の国家に，あるいは，政府間機関に配置されたものであれば，国民的国家内の地域ないし地方レベルに委譲されたものもある。また，リージョナルとナショナルな，あるいはいずれのレベルで生成期の水平的な権力ネットワークに引き継がれたものもある。このネットワークは中央国家を迂回し，諸社会内の地域ないし地方を結びつけるものであって，いわゆる「国内間」(インターメスティック)の（あるいは，地方間(インターローカル)ではあるが，超国民的な）政策形成レジームに連なりうるものである。こうした横へのシフトには，相互補完的な利害をもった地方国家間の，それなりに自律的な国民横断的同盟が含まれるし，とりわけ，ローカルな政府のヨーロッパ化やパートナーシップ型の連合形態と結びついている」と述べている。(B.ジェソップ (2002=2005)（中谷義和監訳)『資本主義国家の未来』（御茶の水書房），pp. 277-278.)

4) ソーシャル・インクルージョンについて，中島は「社会的包摂」という訳語を用いて，次のように指摘している。「EUは，…「社会的包摂」に関しては，貧困や社会的排除の状態にある人々が，経済，社会及び文化的な生活に参加し，当該地域社会において一般的だと考えられる標準的な生活水準及び福祉を享受するために必要な機会や資源を得ること，及び生活に影響を与える意思決定に参加を進め，基本的人権が保証される状況と定義している。」（中島理恵 (2005)「EU・英国における社会的包摂とソーシャルエコノミー」『大原社会問題研究所雑誌』第561号, p.12）

5) 「「インフォーマル経済」という言葉には，統一された正確な解釈や定義は存在しない。…（この言葉は）法的にもまたその執行においても，フォーマルな制度の適用を受けていないか，あるいは不十分な適用を受けている労働者と企業による経済活動すべてをさすものである。彼らの活動は法の視野に含まれていない。つまり彼らはフォーマルな法の適用範囲外で活動しており，また法の適用を受け

ていないということは，たとえ適用範囲内で活動していても，適用を免れたり，執行の対象から外れたりしているということである。あるいは，法が不適切である，負担が大きい，または過剰な費用がかかるなどの理由から，遵守が難しい場合もある。」［ILO（ILO 東京支局訳）「ディーセント・ワークとインフォーマル経済に関する決議」 以下のサイト（協同総合研究所）より転載
　　http://jicr.roukyou.gr.jp/hakken/2002/123/123-informal1.pdf#search＝'インフォーマル経済'］
6） ベンチマーキングとグッドプラクティスとの関係をみてみると，前者は「組織が改善活動を行うときに，業界を超えて世界で最も優れた方法あるいはプロセスを実行している組織から，その実践方法（プラクティス）を学び，自社に適した形で導入して大きな改善に結びつけるための一連の活動」を意味するが（日本経営品質賞委員会（2002）『日本経営品質賞アセスメント基準書（2002年度版）』），後者は公共的な活動においても改善活動の普及をねらいとして奨励されている。

第Ⅰ部

福祉国家の政府間関係とローカル・ガバナンス

第 1 章

ガバナンスの理論と実際

　20世紀型の福祉国家がその路線を大きく変えた1970年代後半以来，各国は持続可能な福祉国家への転換をめざして改革を行ってきた。国によって多少の差異はあるものの，過去数十年にわたる福祉改革は，「ガバメントからガバナンスへ」という思潮の下で変化をもたらしてきた。グローバリゼーションに伴う地域の諸問題や矛盾が深刻化しており，地域の視野から福祉の展望を開く意義が今日非常に高まっている。

　ローカル・ガバナンス時代の到来を受けて，国も地方も地域の諸問題への解決能力が求められている。民主主義の赤字がイシューとなるなかで，住民が能動的に参加できる小さな単位で民主政治を実現することが喫緊の課題となっているのである。ローカル・ガバナンスは，従来の制度の枠にとどまらず地域の諸問題を横断的に捉えかえすダイナミックスとなって作用し，そこから複合的で多重的な公共空間を創造しようとする。ローカル・ガバナンスを実体化するには，新しい自治の形成が必要である。行政，市民，民間組織とのパートナーシップが追求され，自治体内分権，新たに形成された組織のアカウンタビリティの履行，住民による政策評価が必要となる。本章においてはガバナンスの概念整理，多層型ガバナンス，ローカル・ガバナンス，ネイバーフッド・ガバナンスの捉え方とその構造を考察していきたい。

1　ガバナンスとは何か

1．台頭するガバナンス

　今日，ガバナンスが広く語られる背景には，分権型社会の到来がある。地方

分権の実現は，国民に生活社会を形成する権限を与えることになる。とりわけ基礎自治体である市町村は私たちにとって大切な存在であり，このような身近な公共空間において，地域住民の共同意思決定の下で，暮らしに必要なサービスの供給とその負担の仕組みを決定することの意義は極めて大きい。このことはまた，市民のエンパワメントにもつながってくる。

　ガバナンスは，従来の制度の枠にとらわれることなく，現代社会の諸課題に横断的に対応し，組み換えを行うものである。それは，さまざまな社会的・文化的背景をもち，緊張や対立が生まれやすい利害関係者の間に，連携や協同の可能性をもたらす。つまり，ガバナンスは，集権的・統制的な「ガバメント」が見直されて，行政と他の多様なアクターが対等な関係の下で協働することを意味する。とはいえ，それは，地方自治体，民間の福祉団体，NPO等の市民的活動，住民などの間で単なる横並びの協力・分担関係のことではない。それらの諸アクターを包摂して，公共空間をつくることが重要なのである。

　今，政府や行政に厳しい目が向けられており，透明性を含むアカウンタビリティを求める傾向が強まっている。政府と市民社会が水平的な関係を保ち，協働するには，アカウンタビリティを基礎とした市民の参画が不可欠となる。ガバナンスの実現のためには，行政のみならず民間団体のアカウンタビリティが履行されなければならない。アカウンタビリティの追求を通して，市民から行政機構に影響を及ぼすプロセスが期待されている。

　ガバナンスが台頭する脈絡について，大きな視野からみておきたい。まず，ゲーリー・ストーカー（Stoker, G. 2004：9）によれば，その契機となったのは，ポスト産業主義，ポスト官僚主義，ポスト福祉国家主義の動向であるという。同時に，ポストモダニティー，ポストフォーディズムという社会経済の動きもその背景にある。[1]

　また，ピーレ（Pierre, J. 2000：51-55）によれば，ガバナンスが求められる主な要因は次の通りである。何よりも，新たなガバナンスは国家の財政危機により推進されており，運営形態の見直しが迫られているという。また市場重視のイデオロギーも強い要因であると指摘している。何より重要なのがグローバリゼーションの進行であり，EU, WTO, IMFに象徴されるようにリージョナ

ルあるいはグローバルなガバナンスが拡大している。そこから減税や福祉国家プログラムの廃止，高失業の長期化，私的資本を統御できない政治力の低下，国際犯罪にからむ諸問題が生起しているというのである。

さらにピーレとピーターズは，国家の失敗という要因をあげている（Pierre, J. and Peters, G. 2000：50-69)。それは，法律や規制等の国内で実施する従来の管理システムが効率的でなくなっていることを意味している。この事態について保守派の間では，増税を伴った「大きな政府」が家族等の親密圏における機能を弱めているとの批判が高まっている。一方，リベラル派にとっても，平等，公正，機会の平等はいまだ達成されておらず，官僚機構の肥大化や市民への処遇の不適切さに不満が募っている。他の要因としては，NPMに代表される公共サービス運営での'経営革命（managerial revolution)'や，国民国家が社会経済の複雑な変化に対応し切れていない事情をピーレとピーターズは指摘している。最後の要因が，政治的アカウンタビリティの問題である。つまり，ガバナンスにおける政治的調整および舵取り（steering）という新たな形態は，従来の政治的アカウンタビリティに関する手続きや手段との間に緊張関係を生み出しているというのである。

以上の要因を列挙したうえで，ピーターズ（Peters, G. 2003：41-55）は，ガバナンスが社会運動やキャンペーンの結果として生まれており，今後国民を前面に押し出した，より包括的な行動形態を取り入れる手法が模索されていることに触れている。彼らの言葉を引用すると，

「ガバナンスは社会変革のために重要であり，…新たなガバナンスは現代国家と現代社会を結びつける戦略である」

という展望になる。

一方，ロッド・ローズ（Rhodes, R. 1997：53-54）は国家の空洞化という事態を強調している。つまり，ガバナンスは，上からは国際的な相互依存により，下からは行政的，政治的分権を通して，国家の空洞化を生み出したというのである。ローズは，国家の空洞化について，イギリスの脈絡から次の諸点を指摘している。第一には，民営化が推進される一方で，公的介入の範囲と形態が限定されていること，第二には，中央および地方政府機関の機能が失われてしまい，

代わってエージェンシーによる実施システムが設けられていること，第三には，イギリス政府の機能がEU機関へと移管していること，そして最後には，NPMを通して公務員の裁量が制限された形で，運営的アカウンタビリティと政治的コントロールが重視されている事態を指摘している。

このように今高まりをみせるガバナンスへの関心は，1980年代以降のNPMの実施とかかわっている。ガバナンスは，先進各国でみられる公共サービスの民営化や，その結果としてサービスの質や契約条件とのコンプライアンスを保証するために，サービス供給者を規制する必要性から生じてきたとみてとれる。その関心はまた公共部門に民間のマネジメント手法を導入することからも生じており，先進各国は政府サービス目標値の範囲内で自己管理的な諸機関にサービスを委譲している。そこでは「顧客（customer）」とサービス提供者の関係が，これまでの市民と福祉国家のそれとは根本的に異なるものとなっている。[2]

ガバナンスの概念は，複雑な過程からなり，命令系統，あるいは権力の階統性がみられない。多くの公共政策と公共サービスは，組織間の広範な協働を必要としているが，命令と応諾よりも交渉と協定を必要とする。ガバナンスには，中央省庁，地方政府，他の公的機関だけではなく，公共領域で必要とされる準公的機関，ボランタリーセクター，コミュニティグループ，民間セクターも含まれる。これらの多元的な組織は多様な法的形態をとり，さまざまな形で構成される。そのため多様な運営形態や文化を持ち，その意思決定は地域の運営責任者，実施団体にまで分権化されている。いうなれば，現代のガバナンスは複合的であり，分権化されたものである。

2．ガバナンスの失敗

一方，ガバナンスへの反論もある。ジェソップ（Jessop, B. 2002：238-240）は，ガバナンスを「調整様式（mode of coordination）」という視点でみている。表1－1にみられるように，ガバナンスを交換，命令，対話の三つに分類している。交換とは無政府的市場的交換を通じた事後的調整で，命令とは組織のヒエラルキー（階統制）的形態を通じた強制的・命令的事前調整であり，対話とはヘテラルキー（自己組織）的ガバナンスを意味している。また経済開発の促進とい

表1-1 ジェソップによるガバナンスの様式

	交 換	命 令	対 話
合 理 性	公式的・手続き的	実質的・目標志向的	再帰的・手続き的
成 功 の 基 準	効率的な割り当て	効果的な目標達成	交渉による合意
典 型 事 例	市 場	国 家	ネットワーク
具体的な計算様式	経済的人間	階統制的人間	政治的人間
時 空 間 的 地 平	世界市場,可逆的時間	国民的領土,計画的地平	規模の再設定と方向形成
失敗の一次的基準	経済的非効率	効果性の欠如	「雑音」「おしゃべりの場」
失敗の二次的基準	市場の不備	官僚主義,繁文縟礼	

出典:Jessop, B. (2002:230)

う側面においては,市場,無政府主義,階統制に対するオルタナティブとして位置づけている。

このような前提に立って,ジェソップは「ガバナンスの失敗」を警告している。彼によれば,ガバナンスが失敗するのは,市場諸力の無秩序性,国家統制をめぐる階統制,自己組織化のヘテラルキーを通した調整が不調に終わるからである。例えば,経済的ネットワークは世界市場のなかで機能しており,経済活動はすべての点において世界市場に依存する状態にある。それは不確実な世界での営みにすぎないという見方である。また目標の妥当性をめぐって絶えずパートナーの意見が分かれる事態が生じることもあり得るという。

このような不安定な事態に対して,「メタガバナンス」,つまりガバナンスのガバナンスが必要となることをジェソップは指摘している。メタガバナンスはガバナンスの構築に必要な条件を整備するもので,その調整の対象となる複雑性・多元性・錯綜した階統制をまとめあげていくと想定している。そこには,国家が大きな役割を果たすことになる。

しかしながら,ジェソップによれば,資本主義的発展に伴う資本蓄積の構造形態の変化とその矛盾の下で,メタガバナンスも失敗するという。彼は「自己再帰的なアイロニー (self-reflective irony)」という言葉を使って,ガバナンスの不完全さを認識し,透徹した観察と絶え間ない学習を続けていく必要性を説いている (Jessop, B., ibid., pp. 236-245)。

以上をまとめると,ガバナンスには,中央省庁,地方政府,他の公的機関だけではなく,公共領域で必要とされる準公的機関,ボランタリーセクター,コ

ミュニティグループ，民間セクターも含まれる。これらの多元的な組織は多様な法的形態をとり，さまざまな形で構成される。そのため多様な運営形態や文化を持ち，その意思決定は地域の運営責任者，実施団体にまで分権化されている。ガバナンスは政府機構，市場経済，市民社会のあり方を問い返し，それらの果たす役割を再規定し，各セクターの協働により，社会経済における自律的問題解決領域を増やそうとする考えである。

2　多層型ガバナンス

1．多層型ガバナンスの出現

　ヨーロッパを中心にして，政府間関係の実相は変化している。EUのような超国家機関，各国家，サブナショナルな政府との関係において相互作用的な複雑な動きがあり，新たな政府間関係が生まれている。これまで述べたように，ガバナンスは主に制度や構造よりも過程にかかわるが，それは複数のレベルで出現する。統治の問題が，複雑な階層化に伴って改めて重要視されることになった。EUのような超国家的組織の誕生を契機にして，現在多くの国で複数のレベルでのガバナンスが生まれている。このような多層型ガバナンス（multi-level governance[3]）ではサブナショナルな政府（下位政府）が超国家あるいはグローバルな機構とかかわるが，特に政策決定に関して非公式的で包括的な理念が持ち込まれる。その結果，合意を通して協調的な過程が重視されるのが特徴となっている。

　ホージとマークスによれば（Hooghe and Marks 2001），ガルマン（Garman et al. 2001：205）らの調査では，75の発展途上国のうち63カ国が，権限の何らかの分散を行ってきたという。また，最近EU各国のなかでは1980年以降集権化に向かった国はなく，半数はリージョンの政府に権限を委譲している。1980年代および90年代には，多国籍企業，国際的な利益団体のような超国家的なレジーム（regime）が数多く創設されており，多様な公私のネットワークも地方レベルから国際レベルまで増加している。

　EUの場合でみると，各国内部での政治権限の委譲が制度的な関係に変化を

引き起こしており，北欧諸国，南欧諸国（特にスペイン），イギリスではリージョナルなレベルで権限委譲が進められている。さらにイギリスでは，広域行政を担うリージョンの事務機構が設置されているが，最終的には任命によるリージョン・カウンシルが予定されており，直接公選のリージョン・カウンシルへと分権化の進展が準備されている。その段階に至れば，地方政府から諸団体，消費者，草の根的な近隣地域コミュニティ機関へとさらに権限が委譲されることになる。

さらには，ヨーロッパでの分権化の結果として，地方やリージョナルな地方自治体は，十数年前と比較して，中央政府による監視が減っている。現在では，地方やリージョナルな自治体が多くの補助金を受け取る一方，中央政府のエージェンシーがその中核となる傾向がある。例えばドイツやベルギーでは，サブナショナルな政府は中央政府よりも急速にモダナイズされており，中央政府よりも政策を管理する能力がある。また中央政府と地方政府の力量のバランスが逆転していることは，多層型ガバナンスと関連している。

多層型ガバナンスは超国家（transnational），国家（national），サブナショナルの各層の諸制度からなる。マークスとホージによれば（Marks, G. and Hooghe, L. 2004：16），その特徴は，①多様な階層に権限を分散していること，②そのレベルは国際，各国家，広域自治体，基礎自治体にわたり，その権限は汎用性があること，③政策責任，法廷制度，代表機構を含みつつ，複合的な機能を形成していること，である。

地球温暖化の場合のように地球規模的なものから，都市サービスのような地方のものまで，公共財の供給により生じる外部性は異なっている。そのため，ガバナンスの規模は多層化する。外部性を取り込むためには，ガバナンスはマルチレベルでなければならない。これこそが多層型ガバナンスにおける核となる議論である。

こうした多層型ガバナンスを支えるのは公私の多様なアクターである。特定の公共目的や特定の利益のために官民の資源を形成するが，その際アクターの多様性が重視される。ガバナンスを支えるアクターとしては，NGOや準政府組織が重視され，他には民間企業，利益団体，圧力団体等が参加する。例えば

第1章 ガバナンスの理論と実際　29

表1-2　多層型ガバナンス（特にイギリスと関連させた表記）

ガバナンスのレベル	機関
国際的	国連組織，世界貿易機構（WTO），世界銀行，国際通貨基金，多国籍企業，国際的利益団体
ヨーロッパ	EU，EU機関，ヨーロッパの利益団体
国家	UK，UK機関，全国的な利益団体
権限委譲地域（Devolved state）	スコットランド議会と執行部，ウェールズ議会と執行部，北アイルランド議会と執行部，スコットランド，ウェールズ，アイルランドの利害関係者
リージョン	リージョンのための政府オフィス，リージョン開発機関，リージョン議会，リージョン商工会議所，リージョンのクワンゴ（準政府組織），リージョンの利害関係者
地域（県）	イングランドの二層システムの県カウンシル，関連する民間営利とボランタリー組織
地域（市）	市カウンシル，保健当局，プライマリーケアグループ，他の地域公共機関，関連する民間営利とボランタリー組織
地域（コミュニティ）	パリッシュあるいはタウンカウンシル，コミュニティカウンシル，近隣地域カウンシル
機関	NHSトラスト，大学，学校，関連する消費者グループ

出典：Leach and Percy-Smith（2001：211）

　環境政策においては地域，リージョン，全国，国を超えるレベルでのガバナンスが進展する。そのためアクターの多様性は，各々のレベルのガバナンスの過程で複雑なネットワークを織り成すことになる。表1-2は，イギリスの脈絡ではあるが，ガバナンスの様々なレベルとそれに対応する諸機関を整理している。

2．多層型ガバナンスの特徴

　ヨーロッパの政府間関係については，数十年前では中央政府がサブナショナルな政府に政治的，経済的なコントロールを行使できた。しかし最近では，そのようなコントロールは緩和されている。中央政府は依然として政治権力の中心であるが，自治体の下位層の機構からアドバイスを受けて，相互依存的な関係に入っている。ローズは，多層型ガバナンスが国家の制度的交換を特徴づける相互依存が深まっている証拠と述べている（Rhodes 1997：7-8）。
　多層型ガバナンスでは均一的な統治過程のパターンがあるわけではなく，政

策課題，セクター，アクターによって左右される。実際，構造的制約がないことが協調的で効率的なガバナンスを生み出すと考えられている。そして交渉と非公式なアドバイスが制度的な交換という特徴となり，制度上の効率と調整を高める役割を果たすことになる。また，ガバナンスにおける水平モデルは各層にわたって現れることになる。

　また，多層型ガバナンスをコントロールの関係からみると，垂直的な秩序ではない。上からのコントロールを受けない状態となるために，特定の課題ごとに個別かつ臨機応変に制度上の交換をつくり出すことになる。例えば，国からの財源を期待できないEUのリージョンは，EU構造基金との交換に大きな期待を寄せることになる。

　さらに，多層型ガバナンスの構造を考察してみると，ピーターズとピーレ (Peters and Pierre 2004：77-82) は四つの側面があると指摘している。それらは，①ガバナンス概念がもたらす作用，②多様な階層が生み出すガバナンスの相互作用，③交渉による秩序の形成，④政治ゲームとしての多層型ガバナンス，である。

　第一に，ガバナンスの概念はすでに述べておいたが，それは複雑な過程から構成され，命令系統や権力のヒエラルキーがみられない。多くの公共政策と公共サービスは，組織間の広範な協働を必要とするが，命令と応諾よりも交渉と協定を必要としている。

　第二に，多層型ガバナンスは垂直的あるいは水平的な作用をする。そこではアクターや制度は階層的に調整されるのではなく，むしろ状況から規定された複雑な関係をつくり上げていく。下位レベルの制度は上位レベルの制度の決定や活動によって制約されるが，各層の自治体の自己調整型ガバナンスの過程において，ヒエラルキーは業務や能力，権限の分割によって影響を受けることもある。地方自治体の場合，調整のルールや資源はリージョナルあるいはナショナルなネットワークに取り込まれるが，だからといって地方自治体が利益を追求できないわけではない。

　第三に，多層型ガバナンスは交渉による秩序を重視する。EUなどのケースでは，超国家機関がその権限を拡張しており，複合的な交換は交渉を通じて外

部のアクターや制度とかかわりを持つ傾向にある。

　第四に，多層型ガバナンスは政治ゲームに例えることができる。それは規制緩和によってアクター間の戦略的で自立的な行動が許容され，政府と制度のゲームであるために，参加する主要なアクターは政治組織と関係を強めていく。調整は政治システムの制度的な問題となるが，状況によってはアクターが政府の党派的なコントロール，恐らくは地域の利益に応じて調整されることも考えられる。

　その意思決定は政府間関係の枠組みを通して話し合いで進められ，状況に対応する流動的な様式に基づくとされている。その意味で，多層型ガバナンスの特徴は構造を拒否する統治モデルである。多層型ガバナンスは伝統的な政府間関係とは異なり，憲法や法的枠組みよりも交渉とネットワークが重視される。ガバナンスは権限と衝突することもあるが，その過程は法律や公式の取り決めによって制約されることはない。そのため，「脱憲法的（post-constitutional）」あるいは「憲法外的（extra-constitutional）」であると指摘されることがある（Peters, B. G. and Pierre, J. 2004 : 84）。

3．多層型ガバナンスの組織編制

　次に，多層型ガバナンスの組織編制についてみていきたい。マークスとホージ（Marks, G. and Hooghe, L. 2005 : 16-22）は，二つのタイプを想定している。表1-3は，ガバナンスの二つのタイプの特徴を示したものである。どちらもその規模は柔軟性を持つ。しかし第一のタイプにおいて各層は交差せず，多目的の権限にしたがって柔軟性を発揮する。一方，第二のタイプはメンバーシップ，運営の規則，特定の政策問題への機能という側面で特定目的の権限を持つ。以下，二つのタイプの組織編制をみていくことにする。

　第一のタイプは，中央政府・広域自治体・基礎自治体といった多目的的政府（ガバナンスの単位）を，垂直的には入れ子状に，水平的には管轄地域が重ならないように配置する。支配権を持つアクターの境界は交差することはない。第2次世界大戦後以降，分権化は特にヨーロッパで顕著な動きであったが，発展途上諸国にも同じように進んでいる。例えば，国際通貨基金（IMF）の政府

表1-3 多層型ガバナンスの種類

第一のタイプ	第二のタイプ
多目的の支配権	職務への専門家的な支配権
交差しないメンバーシップ	交差するメンバーシップ
限定されたレベルでの支配権	複数のレベルでの支配権
制度全体にわたる永続的な構造	柔軟なデザイン

出典：Marks and Hooghe（2004：17）

　財務統計によれば，政府総支出に占めるサブナショナルな階層の支出が，1978年の20％から1995年の32％超に上昇しており，特に財政の分権化は，スペインとラテンアメリカで最も顕著であった。

　このタイプは，限定されたレベルで権限を分散するものである。つまり，支配権の分散化は，例えば意思決定の単位を多く設けることにより，（地域ごとに異なる）住民の選好を一層反映しやすくなる。それは自治体間の競争を促すことにつながる。この構造は政策責任，法廷制度，代表機構を含みながら，複合的な機能をひとまとめにするという特質を持つ。

　ヨーロッパでは，第一のタイプは超国家的およびサブナショナルな機関の権利拡大によって顕著になっている。地域の権限，少数民族の特別領域自治，公選の地方政府という点では，EUにおける国家から地域への権限の大きな再配分が明らかである。フランス，イタリア，スペイン，ベルギーにおいて分権改革は大きく進んでおり，EU諸国で1950年以降に集権化が進んだ国はない。地方の権力拡大は特に北欧諸国で顕著であるが，一部の南欧諸国においても近年の地方政府改革によって格差は狭まり始めている（John 2001：34）。

　第二のタイプはイシューごとに最適とされる規模で管轄エリアを形成し，さまざまな規模を持つ単一目的の管轄エリアが幾重にも重なりあう。例えば特定の地方サービスの供給，共有資源の問題解決，製造物基準の設定，特定河川の水質の監視，国際貿易摩擦の審判がそれである。スイスでは，地方レベルにおいて第二のタイプの多層型ガバナンスが一般的であり，これらの支配権は目的志向の／機能的な提携（Zweckverbande）と呼ばれている。

　さらには第二のタイプの支配権では，公私のパートナーシップがより活発である。国際的な場面において，公私のパートナーシップの役割は競争的で，私

的アクターが政府アクターと対等の基盤で交渉している。しかし，このタイプの超国家的な支配権の多くは政府と協調し，私的アクターに公的意思決定を開放することもあり得る。

　第二のタイプの支配権は国境をまたぐ地域では一般的で，とりわけ北米や西欧では進んでいる。イシュー志向で，臨機応変型の支配権が過去30年にわたって急成長してきた。例えば，ライン上流ではスイスのバーゼル・ラントとバーゼル・スタット州，フランスのオート・ライン県，ドイツのバーデン地方が，地域政府首脳会合，議会代表協議会，市長協議会，地域計画立案者評議会，地方自治体協会，農業組合，商工会議所，大学間協力計画，地域の気候変動とバイオテクノロジーに関する共同研究計画，教員交換計画，学校パートナーシップ等々，国家を越えた網の目のような支配権をつくりあげている。国境を越える協力はまた，カリフォルニアとメキシコの国境，アメリカとカナダの国境でもみられる（Marks, G. and Hooghe, L. 2005 : 25）。

　以上をまとめると，多層型ガバナンスは制度やアクター，利害関係者の複雑な絡み合いのなかで，一定の政治的な調和をもたらす。ただし，それは政治的協議の結果とも言い切れず，交渉の過程には多くの権力が見え隠れする。政策課題を決定する権限を持つという意味で，中央政府の力を見落とすことはできないだろう。また多層型ガバナンスは利益誘導型の合意となる可能性もある。アクターの利益に応じるための能力も求められる。

　多層型ガバナンスにおいて政治的コントロールやアカウンタビリティは決定的に重要である。また超国家あるいは国家内部のアクターの間では，政治過程における制度的な支配力が依然として強い。制度はアカウンタビリティを負う政府の媒体であり，統治の決定的な役割を果たしている。多層型ガバナンスの方向に向かってはいるが，それは段階的かつ漸進的な動きとして認識されるべきであろう。

3　ローカル・ガバナンスの台頭

1．ローカル・ガバナンスの出現

　地方自治をめぐる動向として「ローカル・ガバナンス」「コミュニティガバナンス」「ニュー・パブリック・マネジメント」「コミュニティ・パートナーシップ」「多層型ガバナンス」等の言葉が使われる。ガバナンスという用語が人口に膾炙したのは事実である。では一体，これらは何を意味するのだろうか。

　ローカル・ガバナンスの軌跡をたどれば，西欧諸国では19世紀初頭から萌芽し，20世紀に形成されていった。それは，中央政府が公共の意思決定を行い，政党政治や官僚制の下で制度化されたものである。

　しかし，今や公選の自治体が意思決定をするという地域の統治の正統性が揺らぎ始めている。地方自治体と市民の関係は変化し，政治的権威は幅広い組織をグループ化し始めている。地方自治体は，以前は重視されてこなかったコミュニティグループとの協働活動を始めている。

　ローカル・ガバナンスを理解するには，まず地方自治体をめぐる三つの変化をみておく必要がある。第一に，地方自治体を取り巻くマクロな環境の変化である。つまり，地方自治体がその機能を実施するなかで，グローバリゼーションや都市化という外部の社会経済や政治環境の変化が顕著になっている。第二に，地方自治体はコミュニティの変化というミクロな環境（ある程度メゾ・レベルのものも含まれる）の変化に直面している。第三に，公共領域に関する市民の考え方が変化している。その結果，行政と市民の関係のありようも微妙に変わってきている。

　このような変化により地域において代表制民主主義は混乱しており，新たな地域民主主義の形式が地方自治体に求められている。行政幹部が官僚機構を統括していた従来のローカル・ガバメントに対して，今，求められているのは，パートナーシップを通してコミュニティのなかからさまざまなアクターを関与させ，地域の問題解決能力を向上させようとする「舵取り」である。

　ローカル・ガバナンスの台頭について，欧米の地方自治体でみていくことに

しよう。1990年代に入って，地方自治体は集合財や準公共財の提供を要請されるなかで，その機能の変化を求められてきた。その要請は，ある意味で，地方自治体を活性化する契機であったかもしれない。中央からさまざまな制約を受けながらも，地方自治体はガバナンスの課題に中心的役割を担い始めたのである。

　イギリスの脈絡でみれば，地方での公共サービス改革は，NPMを越えて，ネットワーク化されたローカル・ガバナンスへの関心を呼び起こしている。ストーカー（Stoker, G. 2004:14）によれば，ローカル・ガバナンスのモデルは1990年代中ごろからイギリスで形成され始めたという。それはローカリズム（地域主権主義）という概念から導き出されており，地方自治体の施策はあくまでコミュニティのニーズから出発するという考え方である。あえて繰り返すと，ストーカーやゴス（Goss, S. 2001:18-21）は，地域サービスの意義について，狭い意味での効率性の追求ではなく，より広い「公共的価値（public value）」を達成するところにあると述べている。

　ローカル・ガバナンスは，多様な諸機関の地域レベルにおける相互作用の態様であると考えられる。ローカル・ガバナンスは，フォーマル，インフォーマルな活動を問わず，何よりもまず政治にかかわるものであり，地域レベルでの集団的意志決定の新しい形態と言えよう。それは，単に公共機関の関係だけではなく，公共機関と市民とのさまざまな関係と結びつけるものと解される。西欧諸国で認識されているのは，さまざまな社会問題に対処できる中央政府の能力は限られているということである。統治システムの能力を拡充するには，ローカル・ガバナンスを強化し，中央政府は自らの処理可能な課題に重点化すべきなのである。

　ジョン・スチュワート（Stewart, J. 2003:253-256）は，ローカル・ガバナンスを「コミュニティ政府（community government）」という概念で捉えている。スチュワートによれば，地方自治体は，自らを統治するコミュニティとして，コミュニティが求める諸活動を実施する権利を持つ。この権限はローカル・ガバナンスの概念から導き出されるものである。自治体は，自らを統治するコミュニティであって，コミュニティが直面するいかなる問題にもかかわるのであ

る。したがって，地方自治体は単に直接供給するサービスに関与するだけではない。自治体のアイデンティティは，供給するサービスにあるのではなく，コミュニティそのものに由来するというわけである (Stewart, J. and Stoker, G. 1995)。

他の西欧諸国の状況に目を転ずると，地方自治体に対して課される義務は必ずしもその役割を拘束してはいない。地方自治体には包括的権能 (general competence) が付与されており，特に禁じられていなければ，コミュニティのためにいかなる行動をとることも可能である。自治体は，単に権限や義務を明記するのではなく，多岐にわたる権限を全国レベルの水準に「上乗せ」できるということである。包括的権能の権限が持っている重要性は，それが描き出すローカル・ガバナンスの考え方にあると言える。したがって住民のニーズに応答的な自治体は，単に本庁機能だけにとどまるのではなく，出先の事務所，利用者組織，住民グループ等を巻き込んで職務を遂行できるのである。自治体内分権化を行い，広く地域にネットワークを張り出すことが求められている。

次章で触れるように，北欧諸国の政府は，自治体への過度な介入を撤廃しようとする「フリーコミューン (free commune)」の実験を1980年代に行った。そこでは地方自治体が，中央政府のコントロールの排除を提案していた。

「コミュニティ政府」には強力な地方自治体が必要であるが，強い自治体とは明確なアカウンタビリティを打ち出せる自治体という意味である。アカウンタビリティにはローカル・ガバナンスの役割の一部であるシティズンシップの保障が必要となり，自治体と市民との信頼関係がなくてはならない。この点は終章で述べることにしたい。

2．ローカル・ガバナンスの定義とその機能

ローカル・ガバナンスとは何か。ローカル・ガバナンスの定義については，パーシー・スミス (Percy-Smith, 2001：1) が次のように述べている。彼によれば，地方自治とは「議会が何かを行う」ものという伝統的な考え方があるが，地域の諸問題に関する公共政策の決定には，組織の境界を越える複数の機関，パートナーシップや政策ネットワークを含むことが多くなっている。その事実を認

第 1 章 ガバナンスの理論と実際　37

図 1-1　ローカル・ガバナンスの地理的範囲

20km まで　シティ（City）

施設等と人口規模の目安

シティの施設 半径 4〜10km	スタジアム 聖堂 市役所 大劇場	シティ シティ シティ シティ
ディストリクト またはタウン 半径 2〜6km	スポーツ・センター 図書館 保健センター	2.5万〜4万人 1.2万〜3万人 9,000〜1.2万人
ネイバーフッド 半径 400〜600m	コミュニティ・センター パブ 郵便局	7,000〜1.5万人 5,000〜7,000人 5,000〜1万人
ローカル・ハブ 半径 150〜250m	小学校 医師 小売店	2,500〜4,000人 2,500〜3,000人 2,000〜5,000人

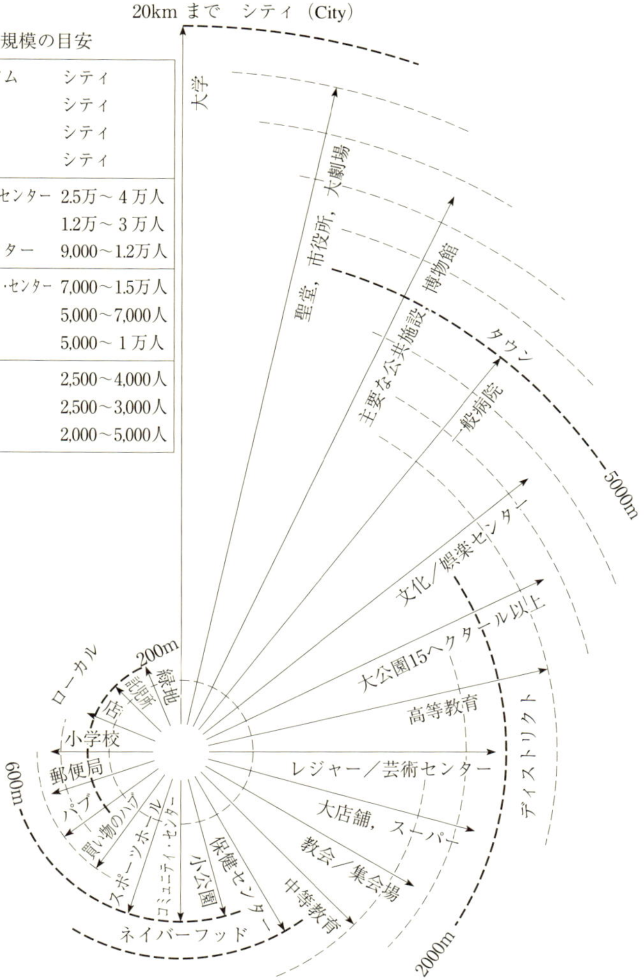

注：図表は目安であり、シティをイメージしたもの。実際には差異が想定される。
資料：Urban Task Force, Sharing the Vision, DETR, を筆者が修正。
出典：Goss, S., Making Local Governance Work, p. 27.

めなければならず，それがローカル・ガバナンスであると規定している。

ローカル・ガバナンスは公共性を重視し，地方自治体，地域住民，企業，NPO等のステークホルダー（利害関係者）との間できわめて複雑に結びついた関係をつくりだす。それは地域の諸問題を明らかにし，その解決方法を具体化し，問題の解消を試みようとする。ローカル・ガバナンスは地域住民と関わる政策に関連する。地域住民が単独で決定することはないが，その政策には地域住民が影響力を持つことが可能となる。

では，ローカル・ガバナンスの「ローカル」とは何を意味するのか。それは基本的にはリージョン（広域圏）以下の地方レベルを意味する。またコミュニティガバナンスという用語を使う場合では，より身近な生活圏の意味が含まれてくる。コミュニティとは人々が忠誠心を感じる親密圏であり，「情緒的コミュニティ」とも解釈できる。図1-1は，施設等と人口規模の目安として，ローカル・ガバナンスの地理的範囲を示している。ただしこれはあくまで目安であり，基礎自治体であるシティをイメージしたものである。実際には差異が想定される。

ローカリティやコミュニティという概念はローカル・ガバナンスに重要であるが，行政管轄のエリアも重要となる。特に注意すべきは，コミュニティを構成する住民，消費者，サービス利用者であれ，地域政策の決定に彼らがどのようにかかわるかという点である。

ローカル・ガバナンスでは，広域と狭域の調整という問題がある。それは単にローカルのレベルで機能することばかりでなく，他のレベルのガバナンスとかかわってくる。特に近隣地域とは選挙区との関係があり，ローカル・ガバナンスの境界として，リージョン（広域自治体）と近隣地域との調整を検討していく必要がある。

ローカル・ガバナンスはリージョナルやサブリージョナルなレベルでも生じる。近隣地域の事例では，例えばイギリスのコミュニティ開発トラスト，借家人管理組織がある。社会的排除ユニット（Social Exclusion Unit）は副首相府に設置されているが，近隣地域再生についての国家戦略を打ち出している（Social Exclusion Unit, 2000）。

第 1 章　ガバナンスの理論と実際　39

表1-4　地方統治の時代別区分

	戦後の公選地方政府	NPM 下の地方政府	ネットワーク化された ローカル・ガバナンス
ガバナンス・システムの主な目標	国民福祉国家の脈絡におけるインプットの管理とサービスの提供	消費者に経済性や応答性を保証できる方法でのインプットおよびアウトプットの管理	全体的な目標は、公衆が最も関心を抱く諸問題の対策において大きな効果性を発揮すること
中心的なイデオロギー	専門職主義と政党の党派性	マネジリアリズムと消費者主義	マネジリアリズムとローカリズム
公共的利益の定義	政治家・専門家による定義／公衆からのインプットは少ない	消費者の選択によって示された個人的選好の総体	複雑な相互作用の過程を通して生み出された個人的および公共的な選好
アカウンタビリティの中心的モデル	上からの民主主義：選挙での投票、委任された政党政治家、官僚制への統御を通して達成される課業	政治と経営管理との区別、政治は指示を与え、直接的な支配は行わない。一方、マネジャーは管理を行い、システムに組み込まれた消費者評価の道筋を追加する	公選リーダー、マネジャー、主要なステークホルダー。この三者はコミュニティの諸問題の解決策および効果的な実施機構を考案することに関与する。次の段階として、そのシステムは選挙、レファレンダム、討議フォーラム、監査機能、世論の変化を通した課題を受け入れる
サービス提供で優先されるシステム	階統的な部局あるいは自己規制的専門職	民間営利セクターあるいは厳密に定義づけられた独立した公的機関	現実的に選ばれた代替案の一覧
公共サービスのエトスに対するアプローチ	公的セクターがサービスのエトスを独占しており、すべての公的機関がエトスを備えている	（非効率性と官僚機構を拡張するような）公的セクターのエトスに懐疑的。一方、消費者サービスを優遇する	公共サービスのエトスを独占するセクターは存在しない。価値の共有化を通して関係性を維持することが、不可欠な事項とみなされる
上位政府との関係	サービス提供にかかわる中央省庁とのパートナーシップ関係	業績による契約と、主たる業績指標にそった実施を通した上向きの関係	複雑で多様な関係：リージョン（広域）、国家、ヨーロッパのレベル。交渉の余地があり、柔軟性をもつ関係

出典：Stoker, G. (2004：11)

では，どのようにローカル・ガバナンスは機能するのだろうか。この点について，ストーカーは表1-4のように整理している。ローカル・ガバナンスの主たる目標は，地域住民が最も多くの関心を抱く問題対策に効果性を発揮することである。これに対し，アカウンタビリティを担うのは，公選リーダー，運営責任者，主要な利害関係者である。アカウンタビリティを履行する方法は，選挙，レファレンダム，討議フォーラム，監査機能等が活用される。

ローカル・ガバナンスが構築された段階では，もはや公平性を重視する公共サービスのエトスを持つセクターは存在せず，価値の共有化を通して関係性を維持することが不可欠となる。そして政府間関係については，上位政府と交渉がなされ，柔軟性を持つ関係が築き上げられる。このような機能のイメージがストーカーのローカル・ガバナンス論を形成している。

ストーカーの議論から，地域サービスをめぐる評価は効果的なサービス提供という次元だけではなく，コミュニティに資する結果と関連することがわかる。ネットワーク化されたローカル・ガバナンスは，近隣地域，狭域と広域の自治体，国家，超国家的レベルにおいてその中心的機能となり，それが多様なネットワークを展開していくことになる。前節で検討したように，このミクロ―メゾ―マクロの多層的なガバナンスのつながりをみておくことが重要である。

以上をまとめると，ローカル・ガバナンスは，政府，地方自治体，住民を中心とするステークホルダーとの間の高度に結びついた複雑な一連の関係から構成される。そこに含まれる要素として，組織の選定，組織間の相互関係，権限のあり方，責任性，資源調達，地域コミュニティの規範や価値等が影響を及ぼす。組織間の権限は，共同業務に関する協定と公式なパートナーシップにおいて独自なものとなる。それらは相互に関連し，アカウンタビリティのシステムは複合的なものとなる。またサービス提供という次元を越えて，地域の諸問題の解決に焦点を当てることになり，必然的にグローバルガバナンスともつながることになるのである。

3．ローカル・ガバナンスの課題

急速な少子高齢化や，都市化により私たちの暮らしにはさまざまな変化が生

じている。地域住民のニーズは広範囲にわたり，地方自治体は，さまざまなサービスが求められることになる。多様なサービス供給の中核は地方自治体が担うことになるし，地域を基盤とした分野横断的な施策の策定，実施が求められ，また広く民間もその役割を共有していく必要がある。現代のローカル・ガバナンスをめぐる主要な課題は，政策の効果をあげるために横断的な形態で異なる機関を連携し，協働へと進めることである。

　ローカル・ガバナンスにおける近年の動向は，以前はコミュニティの周辺部に追いやられていた組織の参加を奨励し，多元主義型民主主義に貢献するようになっている。その結果，プロセスの複雑性が高まることにより，地域住民の意思を見出し実行させることが困難となっている。

　リージョン，国家，超国家的制度が地域に影響を及ぼすなかで，ローカル・ガバナンスは諸機関を連携させて地域に立脚した（community-based）ネットワークを創出すると同時に，多層的ガバナンスを伴う過程の一部となりつつ，さまざまなレベルの相互依存を生み出している。地域のアクターは，ガバナンスの過程において資源を支配することで交渉を促し，時には対立を呼び起こす。

　一体，ローカル・ガバナンスの過程において誰が采配を振るのか。いかにしてローカル・ガバナンスを民主的に形成するのか。ローカル・ガバナンスの過程において多元主義型民主主義が豊かになり，それによって民主的過程の軽視が起こるのであろうか。権力はコミュニティのどこに基盤をなしているのか。企業のどのような影響力を発揮するのか。

　コミュニティの特殊性はローカル・ガバナンスの根幹をなすが，それはすべての地域で同一のものではない。コミュニティごとに異なったニーズがあり，異なった政治文化や伝統が存在する。また地方自治体も運営構造やその手法は異なっており，民間セクターの役割もまた独自の特徴を示すことがある。ローカル・ガバナンスにおける影響力のバランスはエリアによって異なり，結果として，ローカル・ガバナンスにおける格差は，地域における民主主義と権力という問題に結びつくことになる。

　特に資源調達をめぐって，中央と地方の綱引きが生じる。例えば国の社会政策をめぐって，地域福祉へのインプットがどれほど確保されるかという問題が

ある。社会保障給付の資格要件は国家がとり決めており,それを受けて地方側は裁量を持ちながら運営を行う。ここに,中央の政策と地方の運営という二元的な側面が維持されることになる。政策のインパクトは,地方の担い手に及び,それがさらに「ストリートレベル」の政策運用として展開されていく。その際,ローカル・ガバナンスの課題となるのは,地域政策に投入されるサービス資源の量である。資源は財源調達の面で中央政府と結びつくのである。次章から各国別にローカル・ガバナンスの状況を捉えていくことにする。

4 ローカル・ガバナンスからネイバーフッド・ガバナンスへ

1. 住民に最も身近な場で展開するネイバーフッド・ガバナンス

ローカルは基礎自治体を意味するが,ローカル・ガバナンスの統治機能はそれ自身で完結するものではない。自治体の機能は住民に身近なところから始まり,基礎自治体でカバーできない機能は上部の自治体が補完するといった「サブシディアリィティ(補完性)の原則」が現実化している。そのなかにあって,基礎自治体は人口規模,エリア,能力,コンピテンス等の点から多層型ガバナンスのなかで中核機能を持ってくる。

さらに,ローカル・ガバナンスは住民に最も身近な近隣地域へと下りてくる。これはローカル・コー・ガバナンスという形態への接近と表現できよう。近隣地域は必ずしも明確な定義を持つわけではないが,生活圏の相対的な位置づけであり,実際には人口1,000〜10,000人の規模をカバーする。

ネイバーフッド・ガバナンスは,サブ・ローカルなレベルにおいて,住民を含めた集団的な意思決定,公共サービスの提供のための最も身近な統治形態を意味している。したがって「高い」レベルから「低い」レベルのアクターへと運営権限を移譲することが必要となってくる。ネイバーフッド・ガバナンスを理解するには,ラウンズとサリバンが指摘するように,四つの原理をおさえておくことが重要である。その原理とは,市民原理,社会原理,政治原理,経済原理である(Lowndes, V. and Sullivan, H., 2008:62)。

四つの原理について少し説明しておくと,①ネイバーフッド・ガバナンスに

表1-5 ネイバーフッド・ガバナンスの形態：四つの理念型

	ネイバーフッド・エンパワメント	ネイバーフッド・パートナーシップ	ネイバーフッド・ガバメント	ネイバーフッド・マネジメント
主な原理	市民原理	社会原理	政治原理	経済原理
鍵となる目標	能動的市民とまとまりのあるコミュニティ	市民のウエルビーイングと再生	応答的かつ責任を伴った意思決定	より効果的な地域サービスの提供
民主主義的装置	参加型民主主義	ステークホルダー民主主義	代表制民主主義	市場型民主主義
市民の役割	市民：発言権	パートナー：忠誠心	選挙人：投票	消費者：選択
リーダーシップの役割	アニメーター，イネーブラー	ブローカー，議長（chair）	カウンシラー，ミニ市長	起業家，指揮監督者
制度的な形態	フォーラム，共同制作	サービス委員会，ミニLSP	タウン・カウンシル，エリア委員会	契約，憲章

出典：Lowndes, V. and Sullivan, H., *How Low Can You Go?* in Public Administration Vol. 86, No. 1, 2008, p. 62.

おける市民原理は市民参画と活動的なコミュニティを重視し，「ネイバーフッド・エンパワメント」として実施される。②社会原理は市民の福祉と利害関係者による協調を重視し，「ネイバーフッド・パートナーシップ」として実施される。③政治原理は近づきやすさ，敏感さ，アカウンタビリティを重視し，「ネイバーフッド・ガバメント」として実施される。④ネイバーフッド・ガバナンスにおける経済原理は効率性と有効性を重視し，「ネイバーフッド・マネジメント」として実施される（表1-5参照）。ラウンズとサリバンによるネイバーフッド・ガバナンスを構成する四つの理念型は，わが国の地域再生事業にも当てはまる。わが国の脈絡に照らし合わせてモデル化したものが，図1-2である。ただし，後で述べるネイバーフッド・マネジメントは施策レベルの概念であり，その性格が異なることに注意されたい。

以上から，ローカル・ガバナンスは「コー・ガバナンス」（co-governance）という枠組みのなかで捉えることができる。コー・ガバナンスは，異なる組織の相互の形態と代表制を取り込んだもので，その重要性は政治的な活動にある。少なくも一つの組織は地方政府である。もちろん国のコー・ガバナンス政策もあり，それは常に変化する（Sommerville, P. and Haines, N., 2008）。

図1-2 ネイバーフッド・ガバナンスを構成する四つの理念型

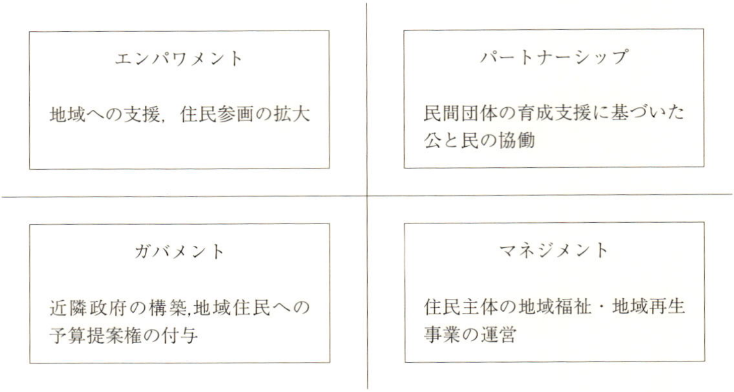

エンパワメント	パートナーシップ
地域への支援，住民参画の拡大	民間団体の育成支援に基づいた公と民の協働
ガバメント	マネジメント
近隣政府の構築，地域住民への予算提案権の付与	住民主体の地域福祉・地域再生事業の運営

出典：筆者作成

　基本的には，ローカル・コー・ガバナンスは地方自治体と地域コミュニティとの関係を指している。そこでは対等な関係の下で，地方議員，行政職員，住民が協働を図ることが求められる。コー・ガバナンスで要請されるのは，民主主義的なアカウンタビリティとコミュニティの福祉である。

2．ネイバーフッド・マネジメントとネイバーフッド・マネジャー

　上記のコー・ガバナンスを内実あるものにするのはネイバーフッド・マネジメントである。施策レベルのネイバーフッド・マネジメントは，先駆的事業計画として，近隣地域という住民に最も身近な行政の場で公共サービスの改善を目的に掲げて実施されている。2001年に副首相府の下で，都市や農村の中にある貧困エリアを対象にして，ネイバーフッド・マネジメント・パスファインダー事業計画（Neighbourhood Management Pathfinder Programme）が創設されたのが始まりである。第1期には20の事業が6年間，第2期には15の事業が3年間，それぞれ実施されてきた。財源としては，コミュニティ地方自治省から約8,000万ポンドが支出され，2011—12年の最終支出は1億ポンドに達している。ネイバーフッド・マネジメントの広がりとしては，イングランドのユニタリーまたはディスリクト・レベルの基礎自治体の27％以上が実施しており，イング

ランドの約500のネイバーフッド，420万人をカバーしている（イングランド人口の8％に相当）。

パスファインダー事業計画は中央政府が奨励する地方行政改革の一環であり，中央政府とネイバーフッド・マネジメントとの関係において，以下の4点が重点項目として据えられている。

- 近隣住民にとって重要なサービスを決定する際，コミュニティ参画を拡充すること
- ネイバーフッドの見回り（neighbourhood policing）の実施を後押しし，犯罪の原因を取り除く広範な取り組みを徹底させること
- デプリベーションや失業といった問題に取り組み，近隣地域再生を促進すること
- 公共サービスを改善し，最も貧困な者に焦点を当てて，より効果的な施策を講ずること

2007年春以来，パスファインダー事業計画の財源は，自由度が大きい地域エリア協定を通して提供されている。この事業に関する決定権限は地域再生の中核組織である地域戦略パートナーシップ（Local Strategic Partnership, LSP）が握っている。ネイバーフッド・チームが組織化されているが，地域のパートナーシップ組織に対して責任を負っている（Communities and Local Government (2008) *Neighbourhood Management Pathfinders : Final Evaluation Report People, places, public services : the connections*）。

ネイバーフッド・マネジャーは，特に貧困地域で配置される専門職の自治体スタッフである。アン・パワー（Power, A.）が定義するネイバーフッド・マネジメントは四つの層に分かれ，直接的な職務と特定のサービス運用，そして他のサービスとの連携という構成になっている。その中核にネイバーフッド・マネジャーが位置する[4]（Power, A. (2004) *Neighbourhood Management and the Future of Urban Areas*, CASEpaper 77, Centre for Analysis of Social Exclusion, London School of Economics.）。

ネイバーフッド・マネジメントの四つの層を説明すると，第1の層は，基本的な地域の状態にかかわり，最も目に見えやすいものを対象にする。環境面で

の荒廃に対応する業務である清掃，見守り活動を行い，美観，秩序，治安，環境の保全への対策を実施する。ただし，これらの課題を最も効率的な形で取り組めば，活動の範囲は近隣地区よりも広くなり得る。ネイバーフッド・マネジャーは仲介者として，近隣地区の資源を活用する役割を負う。

　第2の層は，福祉や公的サービスにかかわり，教育，健康，雇用，所得援助を扱う。これらの活動は一様に近隣地域内で行われ，住民すべてに影響を与え，地域の状態やその将来に大きなインパクトを持つ。各々のサービスは独自の仕組みを持ち，例えば学校や高齢者ケアなどの場合には，直接ネイバーフッド・マネジメントがかかわるわけではない。しかしそれらが協働を保ちながらそれぞれが連携し，特別なパートナーシップを形成していく。ここでもネイバーフッド・マネジャーが協働を働きかける。具体的な業務領域は，高齢者のコミュニティのケア，巡回サービス，児童ケア／幼稚園／家族センターである。

　第3の層は，中核的なサービスを越えた地方自治体の複数の機能とかかわる。ここでは公的に保障されたアメニティや社会サービス，犯罪と反社会的行為に関する特別な職務を扱う。具体的な業務領域は，図書館，若者サービス，スポーツ施設，コミュニティセンター，公園である。

　そして第4の層は，特定の近隣地区を対象とした特別プログラムや地域再生の取り組みを扱う。複数の資金源もある。ここでは住民が協力しあって，必要な資金を共同で管理し，それが地域活動を共有する出発点となる。具体的な業務領域は，統合再生予算（SRB）の例や一連の地域再生プログラム，追加的財源としては国の宝くじ，シュア・スタート（Sure Start），コミュニティのためのニューディール，近隣地域再生事業のような重点化された地域事業である（表1-6）。

　ネイバーフッド・マネジメントにおいては二つの課題があると考えられる。第一のものは，中長期的な呼び水的な経済政策を伴った経済開発である。第二のものは，公的な枠組みにおいて複数年利用可能な財源を確保することである。

　全体としてネイバーフッド・マネジメントの費用は1世帯につき10,000ポンドくらいと見込まれている。公的機関は財源措置を含むため予算が適切に運用されているかを確認する責任を負っている。また公的機関の責任と権限として，

表1-6 近隣地域サービスの責任の類別＆地域から国家への課題

第1の層 基礎的な状態	・環境 　街路の清掃 　ごみの回収 　迷惑行為の取り締まり 　公的空間の修繕と保守点検 　公園と遊び場の管理 ・治安 　住宅当局によって実施されることもある 　警察の直接的な責任 　巡回，相談，super-care-taking サービス 　私的に行われることもある ・住宅 　家賃勘定 　アクセス，割当て，アドバイス 　投資 　修繕と保守点検 　賃借権の連携，強制
第2の層 主要な公的福祉サービス	・学校／教育 ・警備活動 ・社会サービス 　高齢者／コミュニティのケア 　巡回サービス 　児童ケア／幼稚園／家族センター 　保護と強制 　メンタルヘルス ・医療 ・社会保障／所得援助 ・ジョブセンター／雇用 ・生涯学習
第3の層 地方自治体が持つより広い機能	・レジャー＆アメニティ 　図書館 　若者サービス 　スポーツ施設 　コミュニティセンター 　公園 ・特別な責任 　社会サービス 　犯罪防止 　パートナーシップ 　ビジネスの連携 　安全保障 　地域での一般的なウェルビーイング 　啓発活動 　近隣地域／コミュニティ開発
第4の層 特別なプログラム	・SRBのような地域再生プログラム ・サービスのイニシャティブ ・追加的財源―国の宝くじ ・重点化された地域のイニシャティブ―Sure Start，コミュニティのためのニューディール，近隣地域再生

出典：Power, A., *Neighbourhood Management and the Future of Urban Areas*, CASE paper 77, p. 15.

表1-7 ネイバーフッド・マネジメントに不可欠な要素

ネイバーフッド・マネジメントの機能	ネイバーフッド・マネジメントの対象業務
ネイバーフッド・マネジャー • 上部の権限（seniority） • 予算 • 近隣地域が置かれている状況の管理 • サービスの調整 • コミュニティの参画 • 現場責任 近隣地域オフィス • 組織の拠点 • 主要なサービスの実施 • 地域と外部との連携のための情報とアクセスポイント 近隣地域チーム • 特定の地域に専念すること • 治安の改善 • 基本的な地域環境への取り組み • コミュニティ支援の構築と参画 • 基本的なサービスを担うスタッフの提供／組織化 • 小さな拠点，複数のリンク • 特別なイニシャティブの開発	中核的サービス • 住宅の管理 • 補修 • スーパーケアテイキングと環境サービス • 見回り，コンシェルジュ＆安全サービス • 迷惑行為の監視 他の公的サービスとの連携 • 警察 • 保健 • 教育 • 職業訓練と雇用 • コミュニティ対策 コミュニティ代表 • 地域協定 • 地域委員会 • arms length モデル • コミュニティ拠点の住宅協会 • 地域の住宅会社 • 店舗管理組織 • コミュニティのトラスト 小売的な運営 • 治安 • 環境 • 保険 • 消費者の連携 • 公共交通網

出典：Power, A., Ibid., p.18.

広い領域に渡る資源を調整し，状況を仲介することができる。したがって中央政府と地方自治体はネイバーフッド・マネジメントの運営者であり設置者としてのアカウンタビリティを履行していく必要がある。

ただし，ネイバーフッド・マネジメントの範囲には限界もある。例えば，教育，医療，警備には，それぞれ独立した専門的権限と責任が存在する。それらは近隣地区を対象とし，ネイバーフッド・マネジメントから利益を得ることもあるが，それぞれが独自の組織的な一体性を持っている。

表1-8 ネイバーフッド・マネジメントのコストと利点

コスト／インプット	利点／アウトカム
不可欠な要素 1. 地域を活動拠点にした上級マネジャー 2. 清掃，衣服の修繕，安全サービス 3. 住民／利用者との親しい関係 4. ネイバーフッド・マネジャーの管理下にある慎重な予算運用 5. 地方自治体，警察との緊密な連携，支援 6. 積極的な警察との連携 7. （近隣地区の）状態に視点を置くこと 8. 他のサービス，例えば学校，医者との開かれた協力 9. 政治的な支援と中央からの支援／継続的指導 10. 投資家，企業（店舗），コミュニティ団体（教会，プレイグループ）との連携 11. 現場レベルのスタッフの増員—ケアテイキング／清掃／基本的な修理（見回り活動／スーパー・ケアテイカー）。1000世帯の地域で4〜6人の現場スタッフと1人のネイバーフッド・マネジャーが必要 12. 1000世帯につき20人の地域スタッフを賄うための賃貸住宅地区対象の住宅収入 13. 前払いの初期投資（例えば事務所，設備など）	1. 環境面での状態の改善 2. 修理と清掃，その他の基礎的サービスでの全般的な改善 3. （地域の）状態へのパトロールの強化，監視，管理 4. 社会的なコンタクトと連携の強化 5. 報告の充実と地域情報の普及，適切な情報に基づく行動 6. 地域のアクター，例えば住宅当局や警察との協力の強化 7. 住民の参加と連携の強化 8. 新しいプロジェクトとイニシャティブ 9. 地域への誇りと関わりの醸成 10. 住宅居住率の上昇と収入源の充実 11. 政治家上層部と市の役人，訪問者から関心を高めること—彼らが（地域に）好循環を生み出す（多くの近隣地域住民が頑張るまで） 12. 地域雇用の波及的な開拓 13. 住民の能力開発—職業訓練の利便性の向上—新しい役割と要望，責任
まとめ： • コストは中央で組織されたサービスに匹敵する • スタッフは現場で目に見える形で働く • 修理と貸家と公共物破壊に要するコストは低い	まとめ： • face to face をキーとした地域の枠組みと実施から生まれる直接的な利益 • スタッフ／世帯の割合は中央でなされるサービスと同じ • 人間的なコンタクトと手作業が兼ねあわされている

注：調査地のモデル Priority Estates Project と the Neighbourhood Renewal Unit の情報に基づく。
出典：Power, A., Ibid., p.31.

　付言すれば，ネイバーフッド・マネジャーが運営できる地域の規模は1,000〜4,000世帯程度である。中等学校や図書館などを含めて地域活動の目的では，その圏域はより広いものであるが，近隣地区は地域力を発揮する決定的な要素である。より規模の大きい地域においては，地域活動の目的にそって，特に住民参加という点から地域を細区分していく必要がある。
　すべての地域において，ネイバーフッド・マネジャーは住民をつなぎ，地域

のサービスの優先事項に関する決定やその協議を組織化し，そして社会的な投資先の提案に責任を持っている。こうした地域のつながりはネイバーフッド・マネジャーにとっては鍵となる要素となっている。

　また財政面では，ネイバーフッド・マネジメントは公的な責任の下で進められる必要がある。イギリスでは，住民はカウンシル税や所得税を通して基礎的なサービス提供に拠出している。近隣活動において特別に追加されるサービスに対して付加的な負担を課すことは可能である。コンシェルジュ（相談員）や，巡回サービスはこうした形で資金が賄われる場合が多い。他にも，住宅経常予算というものがあり，住宅当局や組織が主導的な役割を果たしている。それらは財産を運用し，その一環として近隣地区の生活環境にも管理責任を負っている（表1-7）。また表1-8は，ネイバーフッド・マネジメントの実施に伴うコスト／インプットと利点／アウトカムを整理している。

3．ネイバーフッド・ガバナンスの税財政――パリッシュのプリセプト改革――

　ネイバーフッド・ガバナンスを支える税財政をどのように考えるべきなのか。イギリスの近隣自治体であるパリッシュ（Parish）を手がかりにして考察してみたい。イングランドの人口の約3分の1がパリッシュに住んでいる。パリッシュは特に農村部に多くみられ，ロンドンには設置されていない。それは準自治体として位置づけられ，その権限は1972年と1985年の地方自治法で定められている。主な機能は墓地，外灯・遊歩道・公衆トイレ，市民菜園やレクリエーション施設等の管理である。まさに生活関連の機能を果たしているのである。最近の動きとしては，1997年地方自治および地方税法によって，住民の請願（petition）を通して，都市，農村を問わずパリッシュを設けることができ，近隣自治体の設置について住民の意思が反映される仕組みになっている。

　ここでパリッシュの財源に焦点を当ててみたい。パリッシュで課される税はプリセプト（precept）と呼ばれ，一人当たり3.5ポンドまで徴税でき，住民のウェルビーイングや他の目的に向けて独自性の税率を決める権限を持っている。ディストリクト（上位の自治体）がカウンシル税（地方税）を徴収する際にパリッシュ税も徴収される仕組みである。この税の他にも，パリッシュは市民菜

園や共同墓地等の地域所有の施設から料金・利用料を徴収している。

　政府がネイバーフッド・ガバナンスを推進する一環で，パリッシュ税の改革が浮上している。そのねらいは，パリッシュが地域の生活問題にさらに応えることができるよう権限を拡張することにある。改革案の一つは，パリッシュが「ネイバーフッド・エレメント」を追加課税するというものである。もちろん「ネイバーフッド・エレメント」は近隣活動に充てるためのものである。ただし，パリッシュ税の引き上げは貧しい地域に不利に働くため，国の交付金制度で調整することが必要になる。試算では，すべてのパリッシュが住民一人当たり5ポンドを徴収した場合，その額は6,700万ポンド程度になる。それは地方自治体の裁量的な支出である455億ポンドの0.15％程度に相当するという（2005／06年）。

　このように活動原資を調達する際，「ネイバーフッド・エレメント」として税制を通してすべての住民から資金を調達する方法が模索されている。他にも，任意原則で一部の人々から調達したり，または料金を通して一部の人々から，地方自治体や他の地方公共サービスから，そして中央政府から補助金を通して資金を集めることが考えられる。ネイバーフッド・ガバナンスの税財政は，近隣地域で展開される討議デモクラシーの最も重要な決定事項である。

　他にも近隣地域予算はある。予算権限の移譲については，先の委譲型予算と参加型予算がある。参加型予算というのは，サッチャー，ブレア時代の集権的な中央——地方関係の反動としてニュー・ローカリズムが起こり，その一環として試行されている。それは地域戦略パートナーシップとの関連で実施されている。参加型予算については，次の事例を通してみていきたい。[5]

> 参加型予算の事例研究：ブラッドフォード・ビジョン（Bradford Vision）
>
> 　ブラッドフォードで策定された「ブラッドフォード・ビジョン」は地域再生事業であり，過去5年間に五つの参加型予算イベントを開催し，これに1万ポンド超の公的財源を充ててきた。
> 　キーリー（Keighley）のパイロット事業は近隣再生基金（Neighborhood Renewal Fund）から13万ポンドを充当している。400人超の住民が近隣再生基金の対象となる近隣地域では，戸別訪問か地域コミュニティのイベントを通して住民意見が求められる。住民は安全なコミュニティ，児童と青少年，環境，医療，住宅，学習，スポーツとレジャー，高齢者というそれぞれのテーマから，優先順位をつけることになっている。250人超の住民が2006年11月の「決定の日」に参加し，40のプロジェクトに基金を充当するため，60を超えるプロジェクトに投票をした。住民はその後，プロジェクトの交付を監視するための「監視委員会」にも参加している。
> 　ブラッドフォードの参加型予算で特筆できるのは，住民が自分たちの利益のためだけに優先順位をつけていないことである。例えば，住民の大半がアジア系であるキーリー・プロジェクトの優先度の上位二つはアジア系のための地域事業ではなかった。このことは予算決定をする段階で，コミュニティを一つにまとめたいと願う住民の強い結束を示すものである。
> （出典：Communities & Local Government and Local Government Associations (2007) *An Action Plan for Community Empowerment : Building on Success*, p. 34.）

　参加型予算を奨励する政策が内実を持つものなのか，または政策的な装飾なのか，それを判断するには一定の時間を要する。いずれにしてもネイバーフッド・ガバナンスで重要なのは，近隣レベルでの税財源とそれを決める地域住民の意見である。最も住民に身近なレベルで徴税権を行使する場合，地方税の増税，料金，分担金，会費のいずれの形で住民から拠出を求めるのか。これは討

議デモクラシーの重要議題であろう。

その参考として，近隣レベルの財政を検討する際，財政適合機能（finance matching function），補完性の原理，地方による選択（local choice），二重課税の回避，平等化の措置という五つの原則がある。①財政適合機能は，さまざまなレベルの行政はその活動を実行する際，それは財源調達のレベルにみあうものでなければならない。②補完性の原理は，各々の行政が持つ機能は最も低いガバナンス・レベルから始め，上位と下位が補完的な形で相互の能力と両立させることを意味する。③地方の選択は，市民の需要に地域的な差異があるとしても，多様なニーズや選好を満たすには，ローカルなレベルで機能や財政に関する決定をするのが合理的であるという考え方である。④二重課税の回避は，あるサービスを受けるのに，異なる公共主体によって納税者が二重に課税させられるべきではないという原則である。⑤平等化の措置とは，地域全体で画一化な行政サービスを行うことではなく，地方財政の平等化へのニードに応える調整を意味する。

ネイバーフッド・ガバナンスの要件は，何よりも自治体内の分権化を推進することである。地方自治体の運営において，より分権的で，住民自治を推進する仕掛けが設けられるべきで，近隣地域を基礎にして委員会を設置し，そこから予算要求案を作成するなどボトムアップの回路が必要となる。もちろん予算案づくりの協議に住民の参加は欠かせない。

5　ローカル・ガバナンスの含意

ローカル・ガバナンスについては，以下のようにまとめてみたい。第一に，地域再生事業の事例が示していたように，その取り組みは横断型対応を必要とし，公共団体，民間組織，経済界，地域自治組織のようなセクターを越えた多数のアクターによる協調した行動を展開するものである。第二に，基礎自治体の役割とは，市民に焦点を当てたガバナンス・アプローチにおいて市民原理，社会原理，政治原理，経済原理を統合することである。第三に，そこで特に求められるのは，民主主義的なアカウンタビリティとコミュニティの福祉の実現

を図ることである。第四に，地域政策で新自由主義と分権化が一体化されることも想定される。その際には，市民原理が経済原理を牽制する必要もあり得よう。次章では，各国別にローカル・ガバナンスの状況を捉えていくことにしたい。

1) ポスト・フォーディズムという言葉については，山田を参照されたい。
  「ポスト・フォーディズムとは一般に，危機にあるフォーディズムを超えようとする動きをいうが，フォーディズムの何を超えようとするかによって，その意味内容は異なる。テイラー主義から脱テイラー主義への動き（北欧，日本など），生産性に比例した賃金という契約的賃金からフレキシブルな市場競争的賃金への動き（英米など）などを指すことが多い。」（山田鋭夫（2000）執筆，猪口孝他編『政治学事典』（弘文堂），p.933.）
2) アソシエーション論を展開したポールハーストは，ガバナンスの視点からNPMが展開される背景を述べている。Hirst, P. (2000) Democracy and Governance, in Pierre, J. (ed.), Debating Governance, Oxford University Press, 2000, p. 18. pp. 20-21.
3) マルチ・レベル（multi-level）は，重層型，複合型などと訳されるが，もともと複数の「層」を意味することから直訳に近い多層型という訳を使うことにした。
4) 2007年10月29日にコミュニティ地方自治省（Community and Local Governments）にてコミュニティ・エンパワメント部政策アドバイザー，マーク・リカード（Mark Rickard）氏のヒアリングを行った。ネイバーフッド・ガバナンスに関する中央政府の政策意図や政府文書に関するコメントを得た。そして2007年11月2日にロンドン大学政経学院（London School of Economics, LSE）教授アン・パワー氏のヒアリングを行った（彼女の研究室にて）。イギリスの地域再生政策の評価やネイバーフッド・マネジメントについて教示を得た。
5) 参加型予算（participatory budget）とは，自治体予算の配分について，議会ではなく地域住民が決定する制度である。参加型民主主義の一形態とみなされている。1989年にブラジルのポルト・アレグレ市で試行されたが，同市では労働者党の市長が誕生した後，自治体予算を公正に配分するため，フォーラムという場で住民による熟議を通して予算案を作成することにした。16地区の住民代表者会議と五つのテーマ別会議から，2名ずつの評議員が選ばれ，参加予算評議会では，住民から提案されたプロジェクトの優先順位を設定する。参加型予算の導入の結果，貧困層の居住地区の上下水道，生活道路，漁業支援など，インフラの整備が

進んだ。その後アルゼンチン，ウルグアイ，エクアドルなどの南米諸国や，スペイン，フランス，ドイツ，イギリスなどヨーロッパ諸国にも広がりを見せている。参加型予算の規模は自治体予算の2％程度と言われている。

第2章

ローカル・ガバナンスの状況
――国際比較の視点から――

　本章では，日本，イギリス（主にイングランド），北欧，アメリカ合衆国（以下，アメリカと称す）を取り上げて，国際比較の視点から，ローカル・ガバナンスの状況を鳥瞰していきたい。まず，イギリス，北欧，アメリカを比較の対象とする理由を述べなければならない。端的に言えば，これらの国々がローカル・ガバナンスをめぐる情勢を象徴しているからである。近年わが国では抜本的な自治体改革が行われており，その中間期に位置している。改革の局面では，中央――地方関係と官民の関係が縦横に複雑に交錯している。市町村合併，都道府県の再組織の動きを考えれば，地域住民は統治機構から疎遠であってはならない。これらの諸点を踏まえて諸外国と比較すれば，中央と地方の政府間行財政関係，地域での意思決定のあり方，とりわけ地域統治と住民との関係，自治体のサービス供給責任と民間セクターの役割等がイシューとなってくる。

　イギリスはローカル・ガバナンスの状況を鮮明に表している国である。広域レベルでは戦略的行政が展開され，中央からリージョンへさらに権限委譲が進んでいる。これに対し，基礎自治体は日常業務を執行するが，対人口比はヨーロッパでは大きいグループに入る。分権化と同時に広域化が進むイギリスでは，地域住民が統治機構から遠ざかる状況がみてとれる。本来地域民主主義（local democracy）に敏感な国民であるものの，地方政治への関心は低下している。また最近では，中央政府が地域再生を国家プログラムとして掲げているが，地方に再生イニシャティブを展開させつつ，特にビジネスセクターと第三セクター（ボランタリーセクターとコミュニティセクターから構成される）を中央主導の下で巧みに活用しているのが特徴である。

次に，北欧諸国家はこの数十年間「地方福祉国家」と呼ぶにふさわしい状況を呈している。過去の経済危機においても福祉国家としての基盤は揺るがなかったが，ローカル・ガバナンスという点からは変容過程に入りつつある。NPMの緩やかな実施や行政改革も進んでおり，北欧モデルは今までのものとは幾分違ってきている。

最後に，アメリカについては連邦制をとる代表的な国家であるゆえに，ローカル・ガバナンスの比較という意味で興味深い。アメリカはかねてから「大きな政府」を嫌い，一貫して民間主導の下で経済開発，教育，福祉，医療を進めてきた。その点で，ヨーロッパ諸国とは異なった独自のローカル・ガバナンスのスタイルを貫いているといえる。以下では，日本，イギリス，北欧4カ国，アメリカにおける地方統治の状況を把握しながら，ローカル・ガバナンスのありようを考えていきたい。

1　日本におけるローカル・ガバナンスの状況

1．わが国の地方自治の変遷

わが国の地方自治体の自律性は，制度的には憲法や地方自治法の下で保障されている。地方自治体の権能という視点からすれば，わが国はフランス系の諸国と同じく包括的付与の方式をとっている。集権システムにあって権能そのものへのコントロールは制度的に弱く，条例の制定・改廃や予算の決定について，中央政府の許認可とかかわることはあまりない。また決算に対する会計監査も，国庫補助金等にかかる部分の検査を別とすれば，地方自治体自身の手で行われることになっている（山下・谷・川村　1994：320.）。このようなことを踏まえて，わが国の地方自治が「大陸モデル」と論じられることが多い。大陸モデルとは，包括授権主義に基づいて，地方自治体に幅広い地域的事務の権限を与えているものを指す。

しかしながら，地方自治体は国の下部機関としてみなされ，自治体自身の行政活動量は多いものの，国からの事前統制によってその自律性は抑制されてきた。特に財源と法的権限の集権化の下で制約を受け，国が事務と権限および財

源の再配分で主導権を握ってきたのである。実際，地方自治体の行政活動はそのすべてが自治体の自由な意思によるものではなく，多くは中央省庁の規制やコントロールを受けて実施されている。

　わが国の地方自治の歴史を簡単に振り返ると，中央地方間の関係は，伝統的に「官治パラダイム」という特徴を持ってきた。地方自治にあっては，19世紀ドイツの立憲君主制的な集権体制の移植とみることができる。1888年から1890年に市制町村制・府県制郡制によって，近代的な地方自治制度が始まった。しかし明治憲法には地方自治の規定はなく，天皇制の下での地主を中心とする地方名望家による自治であった。そこに中央官僚による地方支配機構が組み込まれていたというのが自治の実態で，住民の統治機構では決してなかった（宮本憲一 2006）。

　明治時代から第2次世界大戦前における特徴は，府県を通ずる中央統制が強かったことである。官治府県（官選知事）が配置され，町村には公選（町村会による公選）の首長を置くことで自治体として認められた。一方，都市では市長を市会で推薦する3人の候補者のなかから内務大臣が選任する方式が採られていた。このように地方制度は集権的な形態の下で，国家統治の手段として位置づけられていた。

　この時期においては，行財政面で典型的な「垂直型政府間関係」が成立していた。つまり，機関委任事務が数多く設けられ，地方自治体の固有財源は乏しく，さらには中央政府から自治体幹部職へ派遣人事がなされるなど，権限，財源，人事にわたる集権的コントロールが徹底されていた。

　第2次世界大戦後，地方自治体の位置はどのように変化したのであろうか。戦後改革を経て，日本国憲法の下で地方自治体は地域の政府となったはずであるが，実際には中央省庁の末端行政機関としての要素を色濃く残した。実質的には「垂直型政府間関係」に基づいた自治制度は存続することとなり，中央政府──府県──市町村というタテの系列がそのまま職務上の序列として残されている。

　戦後の地方自治の特徴を教科書的に述べれば，日本国憲法第8条に地方自治の規定がある。また第92条では，「地方公共団体の組織及び運営に関する事項

第2章 ローカル・ガバナンスの状況　59

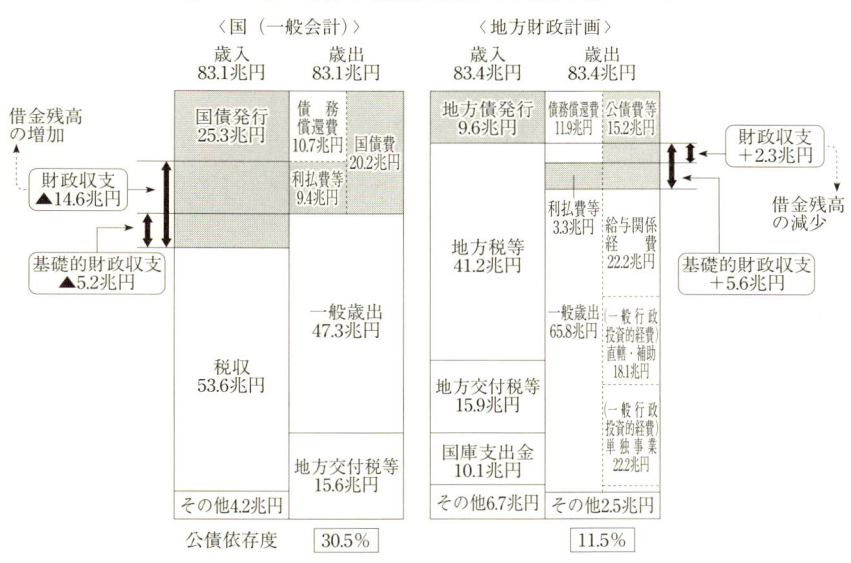

図2-1　国の予算と地方財政計画（平成20年度ベース）

〈国（一般会計）〉　　　　〈地方財政計画〉

歳入　　歳出　　　　歳入　　歳出
83.1兆円　83.1兆円　　83.4兆円　83.4兆円

国債発行　債務償還費　　　地方債発行　債務償還費　公債費等
25.3兆円　10.7兆円　　　9.6兆円　　11.9兆円　　15.2兆円
　　　　　国債費
　　　　　20.2兆円
　　　　　利払費等
　　　　　9.4兆円

借金残高の増加

財政収支　▲14.6兆円
基礎的財政収支　▲5.2兆円

財政収支　＋2.3兆円
借金残高の減少
基礎的財政収支　＋5.6兆円

地方税等　利払費等　給与関係経費
41.2兆円　3.3兆円　22.2兆円

一般歳出　　　　　一般歳出　一般行政（投資的経費）
47.3兆円　　　　　65.8兆円　直轄・補助
　　　　　　　　　　　　　　18.1兆円

税収　　　　　　　　　　　　　一般行政（投資的経費）
53.6兆円　　　　　　　　　　　単独事業
　　　　　　　　　　　　　　　22.2兆円

地方交付税等　　　国庫支出金
15.9兆円　　　　10.1兆円

地方交付税等
15.6兆円

その他4.2兆円　　その他6.7兆円　その他2.5兆円

公債依存度　30.5%　　　　11.5%

注：単位未満四捨五入のため，計において合致しない。
出典：木下康司編『図説　日本の財政』（2006：227）

は，地方自治の本旨に基づいて，法律でこれを定める」としている。地方の統治機関として首長と議会があり，この二つによって治められている。

　国と地方の行政分担の関係については，国は国土全体にかかわる行政事務を，地方は地域住民の生活にかかわる行政事務を行っている。都道府県は広域的な事務を扱うが，国と市町村との連絡調整を行い，実質的には中央省庁の出先機関とみなされている。また都道府県知事は地方自治体の首長であると同時に，実質的には国の地方長官という役割も果たす。都道府県の職員を指揮して国の事務（決定受託事務）を遂行させているのは，地方長官としての機能の表れである。市については，その規模は多様である。市には政令指定都市，中核市，特例市，通常の市があり，人口規模はさまざまで，権限も異なる。町村は，権限が市よりも小さく，権限とされてない事務は都道府県がカバーする。このようにわが国では，地方自治体は市町村（基礎自治体）と都道府県（広域自治体）の二つのレベルから構成されており，二層制を特色としている。また地方

60 第Ⅰ部 福祉国家の政府間関係とローカル・ガバナンス

図2-2 地方財政のウェートの国際比較

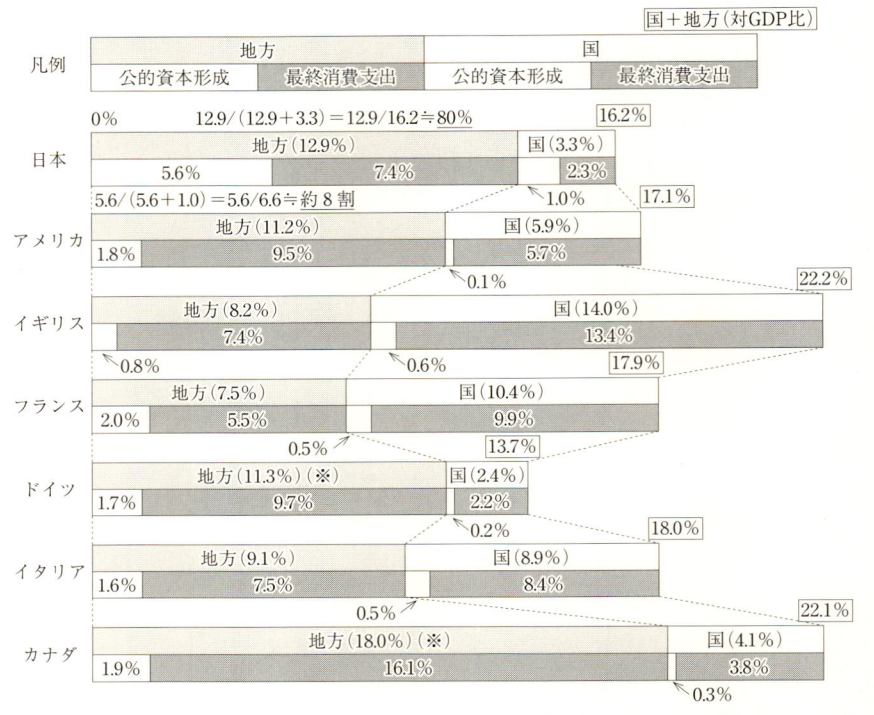

凡例	地方		国	
	公的資本形成	最終消費支出	公的資本形成	最終消費支出

国＋地方（対GDP比）

日本：12.9/(12.9＋3.3)＝12.9/16.2≒80％　16.2％
- 地方(12.9％)：5.6％／7.4％
- 国(3.3％)：1.0％／2.3％

アメリカ：5.6/(5.6＋1.0)＝5.6/6.6≒約8割　17.1％
- 地方(11.2％)：1.8％／9.5％
- 国(5.9％)：0.1％／5.7％

イギリス：22.2％
- 地方(8.2％)：0.8％／7.4％
- 国(14.0％)：0.6％／13.4％

フランス：17.9％
- 地方(7.5％)：2.0％／5.5％
- 国(10.4％)：0.5％／9.9％

ドイツ：13.7％
- 地方(11.3％)(※)：1.7％／9.7％
- 国(2.4％)：0.2％／2.2％

イタリア：18.0％
- 地方(9.1％)：1.6％／7.5％
- 国(8.9％)：0.5％／8.4％

カナダ：22.1％
- 地方(18.0％)(※)：1.9％／16.1％
- 国(4.1％)：0.3％／3.8％

＊一般政府支出（社会保障基金を除く）の対GDP比の国際比較（1997）．イタリアは1995年のデータ，イギリスは1996年のデータ．

（参考）1．「NATIONAL ACCOUNTS DETAILED TABLES 1960/1997 VOLUME Ⅱ」(OECD) に基づき作成．
2．(※)は，「Local Government」と「State or Provincial Government」の計である．
3．公的資本形成とは，「Gross Fixed capital formation」と「Purchase of land, net」の計である．
4．端数処理のため，数値が一致しないことがある．

出典：総務省ホームページ．http://www.soumu.go.jp/iken/zaisei/hikaku.html

自治体の職員，特に幹部職員はジェネラリストとして採用，育成されていくのが伝統である。

一方，財政の面で国と地方の関係をみてみると，集権的なコントロールの下で地方の自主財源は抑制されてきた。地方自治体の多くは自主財源のみで経費を賄うことができず，そのため交付金や補助金を国から受けている。地方自治体は補助金の交付を目的として管轄する中央省庁に赴き，その指揮監督に従うことが通例となっている。こうした補助金システムは地方自治を損ない，また補助金を通じた国と地方の二重行政は政府・自治体の肥大化を招いた大きな要因と言える。

図2-1は，2008年度における国と地方の歳入歳出の関係を示したものである。歳入では国税と地方税の比率は3対2であるのに対し，歳出では国と地方は4対6に逆転している。これは国からの財政移転がもたらす結果である。国による財源再配分の過程において国庫支出金，地方交付税等が介在し，中央からのコントロールが強力に作用する。また補助金の申請とその認可をめぐって，これまで国と地方間で多くの煩雑な事務作業が取りかわされてきた。

さらに図2-2は，地方財政のウェートの国際比較を示したものである。OECDの統計によれば，国民経済計算上ではわが国の地方財政のGDPに対するウェートは12.9％である。ただし，社会保障基金を除く一般政府支出の80％を占めるなど，地方財政がカナダやドイツといった連邦制の国に匹敵する重要な地位を占めている。また，国民経済に占める公的資本形成のウェートは6.6％（国1.0％＋地方5.6％）と高く，地方自治体はその約8割に相当する5.6％を執行しており，地方財政は地域における社会資本の整備に極めて大きな役割を果たしていることがわかる。

次に，自治体内分権の動きに触れると，わが国でも1990年代に第3次行革審の下でフリーコミューンの実験がなされている。担当した当時の自治省はパイロット自治体を通してフリーコミューンの実験を行ったが，中央省庁の強い反対にあって法律の適用除外が見送られたという経緯がある。

また最近では，住民投票が脚光を浴びるようになっている。地域住民の生活に大きな影響を及ぼす事項については，地域が意思決定をするのが地方自治の

原則である。制度として住民投票を取り入れる自治体が出始めている。ただし，概して地方議会は住民投票に否定的であり，中央政府も投票の結果を尊重しない傾向がみられる。

2．地方分権をめぐる最近の動き
(1) 地方分権一括法と2000年の地方分権改革

1990年代半ばから地方分権をめぐる動きが急速に進んでいった。その背景には，新藤によれば，豊かさとは何かが1980年代末に問われ出し，それが地域の生活や経済について住民が決定する仕組みが欠落しているとの認識があった（新藤 1998：6）。地域のことは地域で決めるという自己決定システムの構築が求められて，1990年代に入ると地方分権が強く叫ばれていったのである。

分権改革の基本理念は，中央政府に集中しすぎる権限や財源を地方自治体に移すことが基本理念である。これまで地方分権改革推進委員会や地方制度調査会は地方への権限移譲をいかに進めていくかを検討してきた。地方分権推進法に基づいて設置された地方分権推進委員会は，1996年に「中間報告——分権型社会の創造」を発表している。その勧告の主な内容は，1999年に改正地方自治法を中心に「地方分権一括法」に盛り込まれて法制化されている。

さらには，2000年の地方分権推進法は中央——地方関係の枠組みに大きな変化をもたらしている。地方分権一括法による重要な改革事項をみておくと，第一には機関委任事務制度が全廃され，法定受託事務と自治事務に分けられた。機関委任事務の廃止は，明治にさかのぼる制度を改廃したという点で大きな成果であった。ただし義務教育は自治事務，生活保護は法定受託事務となり，その整理が必要となっている。「指定管理者制度」が導入されたほか，出納長，収入役の設置義務廃止などの改革も実施された。

(2) 三位一体改革

2001年に，小泉政権の下でいわゆる「三位一体の改革（国と地方の税財政改革）」が構想された。これは，国から地方への税源移譲，地方交付税の見直し，国庫補助負担金の削減を同時に行おうとするものである。三位一体の改革は，

2005年12月に一つの区切りを迎えて、4兆円強の補助金廃止、約3兆円の地方への税源移譲、約5兆円の地方交付税の削減を決定した。しかし地方行政の現場では、補助率引き下げが政策運営に大きくのしかかり、しかも地方の自由度が期待ほどには高まらないという結果をもたらしている。最も深刻なのは、交付税削減の結果、市町村財政が急激に悪化していることである。住民サービスを過度に縮小することは困難なため、地方自治体は急激に人件費を削減しているがそれも限度に近づいている。

　地方自治の展望については、地方6団体が設置した新地方分権構想検討委員会の中間報告『豊かな自治と新しい国のかたちを求めて』(2006年5月) が分権型社会のビジョンを提示している。そこでは、①国民に夢と希望を与える社会とは何か、②住民が必要とするサービスを自治体が提供するためにはどうすればよいか、③住民が満足し納得し信頼する効率的・効果的な自治体をどう実現するか、④住民と自治体が役割分担しながら、連携・協力し地域の経営を行っていく「協働自治」をどう実現するか、という住民の視点に立ったアジェンダが設けられている。また地方交付税に代わる「地方共有税」が提唱されているが、それは国の一般会計を通さずに「地方共有税および譲与税特別会計」に直接繰り入れて、地方固有の財源とするものである。他には、国と地方の代表者が政策立案を協議する「地方行財政会議」の設置等が提言されているのが注目される。

　地方分権21世紀ビジョン懇談会報告書(2006年7月)は、三位一体の改革後の地方分権のあり方を示している。そこでは、地方交付税の配分方式の透明化、地方自治体の破綻法制の導入等を提言している。特に地方財政の問題点として、自治体の行き過ぎた国への依存や、行革努力の不十分さを指摘しており、国と地方の権限見直しや地方債、地方交付税等で、今後10年間に進めるべき改革の工程表を示しているのが特徴である。

　そして経済財政諮問会議は、2006年7月に「経済財政運営と構造改革に関する基本方針2006」いわゆる「骨太方針2006」をまとめている。そこでは、交付税交付団体の扱いについて、例えば人口20万人以上の市の半分などの目標を定めて、交付税に依存しない不交付団体の増加を目指すとしている。また簡素な

新しい基準による交付税の算定を行うなど大胆な見直しがうたわれている。ただし新型交付税では人口が少なく面積も狭い自治体への配分が減り，財政力の強い大都市部との格差が拡大することが懸念される。

(3) 市町村の大合併

　2000年の地方分権一括法を施行する時期から，国は地方分権時代にふさわしい市町村の「行政能力の向上」「効率的な市町村行政」を掲げて，大規模な市町村合併の推進を指導した。地方分権が進むと同時に，財政難に対応するためにも，市町村合併が推進されてきたのである。小規模町村を中心として「平成の大合併」といわれる市町村合併ブームが湧き起こったが，それを後押ししたのが1999年改正の市町村合併特例法や2004年の合併3法（合併新法，改正現行合併特例法，改正地方自治法）の制定である。その結果，市町村数は，1999年には3,232あったものが，2006年には1,820へと減少している。このような大規模な合併を可能にしたのは，市町村合併を促す財政的インセンティブである。特に1999年に創設された合併特例債の効果が大きかったと言える。合併特例債は期限を決め，その期限内に合併した自治体にのみ与えられるもので，元利払いの約7割を国が交付税で手当てするという強い財政効果を及ぼすものであった。

　市町村合併によって基礎自治体の範囲が拡大し，住民自治が後退するとの合併反対論も一部で展開された。広域化の弊害を避けるために，自治体の内部に何らかの自治の単位を作ろうという提案がなされた。それが自治体内分権の方法としての「地域自治組織」の新設である。地域自治組織（地域自治区）が，自治体内分権を推し進めるものになるのか，経過措置として合併への隘路を取り除く機能にとどまるのかが注目される。一般的には，経過措置として機能を持つものに過ぎないという評価が多い。当然ながら，地域自治組織を住民自治の実現に活かせるかどうかは地域住民の熱意と実践力にかかっている（玉野和志 2006：145-149）。

　基礎自治体における行財政機能の格差は大きな問題であり，それを解消することは喫緊の課題である。特に地方圏では人口減少，少子高齢化という厳しい

現状があり，人口規模の小さな市町村が独自で行政サービスすべてを提供するのは困難になっている。一つの方策としては，2008年5月に総務省の研究会が出した「定住自立圏構想」がある。そこでは，人口5万人以上の市を中心自治体にして周辺の市町村と協定を結び，一つの圏域を形成することを想定している。その圏域のなかで自治体が役割分担をするという構想である。都市機能は中心市に集約し，周辺の住民が共同利用することで生活の利便性を高めていく「新しい共同性」も現実的なアイデアであろう。ただし，平成の市町村合併後，支所機能が弱まっており，中心部と周辺部との間で均一な行政を保障していく必要がある。

(4) 道州制

市町村合併後，国と地方自治体の役割を大きく変えるのが道州制である。国は現在の都道府県を再編成し，国の権限や財源を「道州」に移すのが望ましいとしている。道州制のねらいは，自治体運営の効率化と地方に競争を求めることにある。

本来地方は高い潜在力を有していたが，中央省庁による画一的で縦割りの経済振興策が壁となってその力を十分に発揮できなかった。2004年に設置された第28次地方制度調査会は，道州制・広域行政のあり方を議題の一つとしている。

都道府県を10程度に再編した道州に国の出先機関の機能も統合すれば，経済振興策のほか，内政全般について道州が担えるようになる。道州制導入にあわせて，国，道州，市町村の役割と責任を明確にしたうえで権限と財源を地方に移せば，重複投資を避けられ，公務員の大幅な削減を進めやすくなる。道州制は中央省庁の再々編とも関連し，わが国の統治形態を変える大改革である。

ただし，こうした広域にわたる行政体の設置には，中央集権的な傾向を助長する危険性が含まれている。「身近な政府」を確立するという今日の地方自治の課題とも矛盾する。都道府県相互間の協力関係を強化することで広域化する政策課題に対応することが，現実的かつ望ましい解決方向と言えよう。この提案にはなお慎重な議論を要する。

(5) 基礎自治体中心主義のはじまり

　地方分権改革推進委員会が第1次勧告を公表した（2008年5月28日）。基礎自治体（市町村）中心主義を打ち出したのが特徴である。その視点は主権者，納税者，消費者の立場から，中央――地方の関係をつくり変えるというもので，地域住民に身近な行政こそが主体性を持つべきことを語っている。地方分権を住民の目線で語ることは重要である。

　第1次勧告の中身をみると，市町村の自治権の拡充，都道府県から市町村への権限移譲，個別の行政分野・事務事業の抜本的な見直しや補助対象財産の転用などを検討している。ここに住民に身近な行政レベルへの具体的な分権化手続きが示されている。そして団体自治と住民自治の拡充，地方の決定権，裁量権の拡大に触れている。他にも情報共有，住民参加，多様なコミュニティ活動，議会の改革，政策形成，執行，行政評価に耐え得る「能力」が必要であることを指摘している。

　国の関与の縮小・廃止を推し進めれば，基礎自治体は従来のような政策を執行するだけの機関（政策執行型）から，自ら政策を形成していく機関（政策形成型）にバージョンアップしていくことになる。ただし第1次勧告が，自治体の規模別に移譲を求める事務を列挙したのは，市町村によって財政力や職員数は異なり，負担の重い事務を一律に移譲するのは難しいと判断したためである。もちろんこれらの目標を実現するには基礎自治体の安定的な財政基盤を必要とする。次の段階は基礎自治体の機能を支える財源論への踏み込みとなろう。

　今後，最大の課題は基礎自治体の行財政能力である。自治体財政の貧富の差が急速に拡大しており，特に大都市と地方の格差が広がっている。地方間の財政力格差は行政サービスにも反映している。財政力の格差をもたらしている最大の要因は地方交付税の削減であるが，地方法人2税（法人事業税・法人住民税）の格差も大きい。地方分権の進展に伴って，財政力の格差は今後さらに広がる可能性がある。分権改革の基礎として，バランスのとれた地方分権ができる税源の配分方式が決まらなければならない。

3. 三位一体改革と福祉

　三位一体改革は社会福祉にどのような影響を及ぼしているのだろうか。介護保険制度の導入時において，同制度は「地方分権の試金石」と言われた。介護保険制度は自治事務で，保険者は市町村となっている。また，介護保険計画の作成，保険料の決定，徴収，要介護認定等について，保険者である市町村が実施することになっている。自治事務は，地方自治体が本来的に実施する事務であるが，介護保険制度では，サービス供給量を決定する要介護認定基準，支給限度額，サービス事業者の指定基準，介護報酬のすべてを国が定めており，市町村には決定権がなく，単なる実施機関でしかない。地方自治法第245条に「関与の法定主義」が規定されたこともあって，介護保険制度は介護保険法とそれに伴う政令，省令によって運営されている。市町村の裁量は何かと問えば，それは施設や事業者の参入に関する適正数を指定する権限である。この権限，つまりサービスの量的コントロールを通してサービス供給計画と整合性を図り，給付や保険料を決定している。しかし，要介護認定は客観的であるべきで，市町村の予算の制約は受けてはならない。そこには限られた市町村の裁量権しか認められない現状がある。

　以上の介護保険特別会計の枠内の議論とは別に，三位一体改革と高齢者施設補助金（一般予算）についてみておきたい。三位一体改革における補助金削減のあおりを受けて，厚生労働省関係の補助金は減らされることとなった。補助金削減と引き換えに税源移譲がなされたのではあるが，実際のところ地方自治体にとって財源トータルでは縮小傾向となっている。特に施設費目関係では，定率の算定方式から定額の「配分基礎単価」に変更されたことによって，補助額が削減されているのが現状である。

　高齢者施設の整備は2004年までは国庫補助金で支えられており，中には施設整備補助金が含まれていた。三位一体改革との関連で，2005年から国庫補助金が廃止されて交付金になった。高齢者福祉関係では，「地域介護・福祉空間整備等交付金」が設けられ，地方自治体が地域の実情に合わせて裁量や自主性を生かしながら介護サービスの基盤整備を支援する交付金である。

　「地域介護・福祉空間整備等交付金」は，2005年度だけをみると，市町村と

都道府県でそれぞれ交付金が設けられていた。市町村交付金は，市町村が執行主体で，地域密着型サービス，介護予防拠点など市町村内の日常生活圏域での小規模なサービス拠点を整備することを目的とする。一方，都道府県交付金は，特別養護老人ホームなど広域型の施設を整備するためのものである。2005年度の予算額は866億円であった。

2005年度の市町村交付金では，日常生活圏域を単位として「市町村整備計画」を策定することになっている。対象事業となるのは，地域密着型サービス等の拠点となるものや地域包括支援センター等である。この事業計画は都道府県を経由して国に提出する。国は採択指標に基づいて事業計画案の評価を行い，予算の範囲内で評価の高い計画を順次採択する。その後，算定方法に基づいて交付金を交付していくという仕組みをとっている。

従来国庫補助制度は，事業費の補助対象経費を定率で補助する形式で行われていた。交付金制度においては配分基礎単価によって事業が決定されることになる。小規模多機能型居宅介護の場合では，1,500万円の配分基礎単価が定められており，市町村間における調整はなく，一律となっている。この配分基礎単価を念頭にして市町村は介護計画を検討し，1,500万円の上限額を超えれば市町村の持ち出しとなる。小規模多機能型居宅介護の単価は土地の価格を反映して，都市部では厳しい額の設定となっている。

しかるに三位一体改革の影響で，2006年度にさらに変更が生じて，都道府県交付金が廃止されている。前年の三位一体改革の決着に伴って，厚生労働省関係の施設整備費500億円が削減され，高齢者福祉の施設関係では390億円分が削減されることになった。その結果，都道府県交付金が廃止され，市町村交付金のみが残されることとなった。

2006年度には，市町村交付金部分は三つに細分化されることになった。①地域介護・福祉空間整備交付金は，市町村交付金（ハード交付金）とも呼ばれ，対象施設や配分基礎単価は2005年度と基本的に同様である。ただし市町村の協議数の増加に対応するため，協議枠の設定で，上限が設けられている。②先進的事業支援特例交付金は，既存の特別養護老人ホームを個室・ユニット化するための改修事業等を対象としている。③地域介護・福祉空間推進交付金は市町

村交付金（ソフト交付金）とも呼ばれ，高齢者，障害者，児童との共生型サービスを行う事業等を対象とし，地域介護・福祉空間整備交付金と一体的な採択がなされる。

まとめ

　わが国の中央――地方関係をみてみると，国が事務と権限および財源の配分において主導権を握ってきた。国と地方の行政分担においては，国は国土全体にかかわる行政事務を，地方は地域住民の生活にかかわる行政事務を担っている。地方自治体は都道府県（広域自治体）と市町村（基礎自治体）の二層制からなるが，都道府県は広域的な事務を扱い，実質的には国の出先機関とみなされている。市町村は，その人口規模は実にさまざまであり，権限も異なる。国は，自治体改革の目玉として，1999年改正の市町村合併特例法や2004年の合併3法（合併新法，改正現行合併特例法，改正地方自治法）を制定し，市町村合併を推進した。その結果，市町村数は2006年には1,820へと激減している。ただし広域化による住民自治の後退が懸念されており，自治体内分権の保証が必要になっている。地方財政については，三位一体の改革が当初地方財政の自立性を高めることを目的としていた。しかし，税源移譲はなお不十分であり，地方自治体には行政任務を遂行するだけの課税権が与えられていない。今後，地方自治体の役割の増大にあわせて分権化を進めるためには，基幹税の一つである消費税の配分を大きく変えるなど抜本的な税制改革が出発点にならざるを得ない。また一連の分権改革の意義を踏まえて，都道府県，市町村はともに内発的な取り組みを求められている。従来の行財政運営のスタイルを見直すとともに，独自の政策能力を高めていかなければならない。

2　イギリスにおけるローカル・ガバナンスの状況

1．ローカル・ガバナンスの動向

　地域民主主義を尊ぶイギリスにおいて，地方自治は健在なのだろうか。本節では，この問いかけに基づいてイギリスにおけるローカル・ガバナンスの状況

を明らかにしてみたい。なお，法制度の相違があるために，連合王国としてではなく，主にイングランドを考察対象にすることを断っておきたい。

イギリスでは，戦後期を通して地方自治体は必ずしも唯一のアクターではなかったものの，サービス供給の主柱をなしていた。地方自治体の職務は法令によって権限が与えられており，義務が課されている。また法的には，地方自治体はサービス供給の第一線機関とみなされてきた。

1990年代以降ローカル・ガバナンスの到来により，地方自治体の複雑な活動パターンが形成されていった。今や地方自治体はローカル・ガバナンスに携わるエージェンシー（通常「クワンゴ」〈quango quasi-autonomous non-governmental organisation の略〉として知られている）と一体となって活動している。供給システムは伝統的な官僚機構から多様な組織からなるパートナーシップへと変化しており，まさにガバメントからガバナンスへの転換を端的に示している。

サッチャー政権が誕生した1979年以降をフォローすると，地方自治体がサービス供給の役割を著しく縮小させ，パートナーシップが増加していることがわかる。クワンゴの拡大と，非営利のエージェンシーや営利組織の参加が増えているのである。1990年代に増加したエージェンシーは，地方の公共政策の実施・供給面で中核をなしており，クワンゴは総数が6,425あり，そのうち4,653は地方組織である。クワンゴは非公選メンバーで構成されているため，民主的な意思決定が及ばないという批判が強かった。しかし実際には，ローカル・ガバナンスにとって重要な存在であったのは事実である。パートナーシップの下で，地方自治体は'ローカル・クワンゴ'との協働を進めてきた（Wilson 2005：162）。

1997年に新労働党（ニュー・レイバー）が政権をとって以降，地方行政に変化がみられたのだろうか。その答えは微妙である。政府はマニフェスト（選挙綱領）において，地方の政策決定が中央政府から制約されず，地方もアカウンタビリティを負うべきとする公約を掲げていた。にもかかわらず，地方自治体が直営サービスを供給する元の姿に復帰することはなかった。ある部分は前の保守党路線を引き継ぎ，別の部分では改革がなされたのである。

2．地方自治体の権限と責任

　最初に指摘したいのは，イギリスの地方自治体が多くのヨーロッパ大陸諸国の自治体よりも弱い立場にあることである。地方自治体の権限と責任を規定するのは「越権禁止の法理（ultra vires）」である。この規定があるために，地方のカウンシルは法令で認められていない行動を起こし支出するならば，それは越権行為であり不法を行ったものとみなされる。まさに「越権禁止の法理」は地方行政の改革に大きな障害となってきた。

　ところが，地方自治体の権限と責任に関して2000年に変化が起きている。2000年地方自治法（Local Government Act 2000）はウェルビーイング（well-being）を推し進める権限を地方自治体に導入している。同法によって地方自治体はサービスの領域を越える改革が可能になり，制約の少ない法的なフレームワークを設けることができるようになった。

　ただし，これにも限界はある。ヨーロッパ諸国の地方自治体に付与されている包括的権能に相当するものはイギリスでは依然として欠落している。また，財源調達のために2000年地方自治法を利用できないことも大きな制約である。

　そうではあるが，この法律は自治権に向けて積極的な動きを推進したことは事実である。特定の権限を抑止された政策分野で，地方自治体が共同行動を許されるようになり，その実施範囲が広がっている。

　一例をあげれば，ソーシャル・インクルージョンへの取り組みがそうであり，また地方の環境基準の改善等にも共同行動が適用されている。ローカル・ガバナンスはリージョナルやサブリージョナルなレベルで生じており，リージョンの政府事務所や開発機関は明らかに新たなガバナンスを実践している。その事例は，近隣地域レベルにおいてもコミュニティ開発トラスト，借家人管理組織，コミュニティグループによって実践されている。今や近隣地域は，ガバナンスの核として，地方都市やバラのなかで出現しつつある。一方，先に触れたように，社会的排除ユニットは内閣に設置されているが，近隣地域再生として国家戦略を打ち出し，特に貧窮した公営住宅エリアにおいて展開している。この点は第6章で詳しく述べることにする。

3. 地方自治体の構造と組織

　一般的にイングランド，スコットランド，ウェールズのユニタリー自治体（unitary authorities）は，イングランドの大都市圏のようにすべての主要なサービスを供給している。例えばロンドンでは，サービスはバラと大ロンドン市（概して戦略的役割をもつ）で分担されている。イングランドの他の地域では，サービスは県カウンシル（county council）とディストリクト・カウンシル（district council）で分担されている。社会福祉や教育は県のカウンシルの責任である一方，ディストリクトのカウンシルは公営住宅（social housing），レジャー／レクリエーション，ごみ収集のような職務を監督する。

　1990年以降，重要な行政改革が行われてきた。まずロンドン以外のイングランドでは五つのカウンティと58のディストリクトが廃止され，1995年から1998年の間に46の新たなユニタリー自治体が誕生している。ウェールズでは22，スコットランドでは32のユニタリー自治体が生まれている。このような自治体再編は主にスケールメリットの観点から促進されたが，その結果多くの地方自治体は短期間に激減し，自治体の平均的な規模は大きくなっている。

　表2-1は近年のイギリスの地方自治体の構造を示したものである。まず注目すべきは，ヨーロッパ諸国の他の自治体と比べて規模が大きいことである。2000年に新設された大ロンドン市を含んだ数字であるが，442の地方自治体が存在し，1カウンシル当たりの平均人口は128,000人で，1970年代初期の4.4倍に相当している。こうした自治体の規模の拡大により，自治体内分権の措置が必要とされるようになった。

　地方自治体の組織については，委員会システムが重要である。委員会はカウンシルの職務の一部であり，自治体職員の専門的なアドバイスを受けて，地方議員（councillor）による地域政策が決定される。また政策のリーダーシップをカウンシルにゆだねる一方で，専門委員会の作業を調整していく点でも重要な役割を果たしている。

　委員会を通して，地方議員は幹部職員から専門知識を得ることができ，多くの情報に基づいて政策決定をする。ただし，委員会方式には批判もある。例えば小委員会の複雑なネットワーク等もあって，委員会の政策決定の過程が長す

第2章 ローカル・ガバナンスの状況　73

表2-1　2002年のイギリスにおける地方自治体の構造

ロンドン	イングランドの他の地域	ウェールズ	スコットランド	北アイルランド
大ロンドン市(Greater London Authority)　32ロンドン・バラとシティー	34非大都市圏県カウンシル　238非大都市圏ディストリクト・カウンシル　46ユニタリー　36ディストリクト・カウンシル	22ユニタリー	32ユニタリー	26ディストリクト・カウンシル

出典：Wilson, D., The United Kingdom: an increasingly differentiated polity ?, 2005 : 161.

ぎるという意見がある。また地方議員の視野が比較的狭く，カウンシル全般の職務を把握し切れていないという指摘もある。このような委員会批判が，次に検討する行政部のリーダーシップ強化案へとつながるのである。

　1998年7月，ブレア政権は，白書『現代的地方政府　住民と連携して *Modern Local Government : In Touch with the People*』(DETR 1998a) において，執行部のリーダーシップに関する三つのモデルを公表した。提案1は，内閣制をもつ直接選挙による市長である。市長は全有権者の直接選挙で選ばれ，地方議員のなかから内閣を任命する。提案2は，リーダーが存在する内閣制である。リーダーはカウンシルで選出される。リーダーによる任命，カウンシルでの選出であろうと，内閣は地方議員で構成される。そして提案3は，カウンシル・マネジャーと直接選挙による市長である。市長は地元住民によって直接選ばれる。戦略的政策と日常の政策決定の両方が委任される，カウンシルにより任命された専任のマネジャーもいる。

　執行部のリーダーシップを強化する背景には，白書が述べているように，「非能率で不透明な政策決定」(DETR 1998a : 25) につながる伝統的な委員会システムへの批判がある。教育，社会サービス，住宅のようなサービス委員会では，地方議員が会議の場で多くの時間を浪費しているというのである。また政策決定は，党内グループの間で，しかも密室でなされることもある。

　このようにニュー・レイバーの政府は，地方レベルにおける執行部のリーダーシップ強化を目指してきた。しかし，直接選挙による市長選出という提案は非執行部の地方議員を軽視することになり，エリート（官僚）主義的な政策決

定につながる危険性をはらんでいる点で問題がある。

4. 地方財政の現況

　財政面でローカル・ガバナンスの状況をみてみたい。中央政府は，①地方自治体の支出額の規制，②支出方法の厳正な調査を通して，地方財政をコントロールしている。その結果，地方の課税による歳入は地方自治体の純支出の比率に応じて徐々に減少し，地方自治体は中央政府によって制約を強く受けるようになった。

　1990年から2002年にかけて，地方税による歳入比率は53％から19％に減少している。この数字は，ヨーロッパ欧諸国のなかではかなり低いものである。とりわけ投資計画の借入は中央からの強いコントロールの下に置かれている。

　1993年にコミュニティ・チャージはカウンシル税（council tax）に代わったが，旧来のレイトが固定資産税，コミュニティ・チャージや人頭税が個人税であったのに対し，カウンシル税はその二つを組み合わせたものとなっている。

　地方税のキャッピング（上限）について，保守党政権時代に設けられていたレイト・キャッピングという厳しい制約が設けられていたが，それは廃止された。代わって，ニュー・レイバーの下ではカウンティとディストリクトの予算にキャッピングが課されている。この上限を上回れば，中央からの交付金が減額される仕組みで，中央のコントロールが強いことにあまり変化はない。現在でも，中央優位の政府間財政関係は続いており，地方自治体の財政的自立度は弱く，その裁量は小さい。

　ただし，「ローカリスト」の要求がとり入れられた結果，最近では財源のコントロールが幾分緩和されており，2000年地方自治法にみられるように，ウェルビーイングを促進するための地方の権限が強化されている。分権化に弾みをかけたという点でこの動きは注目される。

5. 地域民主主義と市民参加

　現代社会の諸問題を解決するのはもはや政府のみではないという考えがニュー・レイバーたちの間では強い。だからといって，政府の役割を軽視し，市場

原理を支持する新自由主義的解決を彼らが望んでいるわけではない。そこに登場してくるのが，多様なアクターを取り込んだローカル・ガバナンス型の融合モデルである。

地域の諸問題に対処する際，コミュニティのリーダーシップを考えなければならない。それは共通の目的を持ち，共有した目的を実現するために，国家や市場，市民社会を統合していく理念に裏打ちされるものである。コミュニティのリーダーシップに関するニュー・レイバーの考えは，地方政治によって促進される民主的プロセスを通して多様な資源や能力を融合することである。

しかし，地方レベルでの議会制民主主義はほとんど機能していない。ローカル・ガバナンスにおいて地方議員が直接運営にかかわる役割が少ない現状を考えると，与党になっても政策決定にわずかな影響しか与えられないだろう。まして地方議員がすべてを解決できるわけではない。むしろ，有力な地方議員や幹部職員といった地方エリートが政策形成に大きな影響力を及ぼしているのが現状である（Wilson 2005：173）。

市民参加の方法について，保守党政府は，選挙を通じてよりも，サービス利用に関するものを通して推し進めた。行政運営において市民が第一であり，有権者としてではなく，顧客や消費者としてみなされた。保守党は効率性や「バリュー・フォー・マネー」といった言葉で地方自治体を改革しようとしたのである。

一方，その後政権をとった労働党政府は，サービスの供給システムへの参加を重視しつつ，市民参加を強化することも民主主義の再生につながると判断してきた。特にニュー・レイバーは，地方自治体とコミュニティとの相互作用を重視している。

政府はこの課題を1998年の協議文書「地方政府の現代化――地域民主主義とコミュニティのリーダーシップ――（*Modernising Local Government—Local Democracy and Community Leadership*）」で強く主張している。地方選挙への関心の低下という状況を打開するためには，パブリック・インボルブメント（public involvement）は地域民主主義の健全さにとって不可欠であり，市民陪審員，市民委員会等の新たな協議手法が，市民集会等のより伝統的なメカニズムと並

んで機能しなければならない。ブレア政権の精妙な政策の舵取りは，保守党の顧客志向を放棄するのではなく，むしろそれを発展させてきたところにある。同時に，公共サービスの改善を重視する姿勢を継承してきた。その手法は，査察レジームを強化し，全国的な優先順位・格付けを周知することによって，地方の競争心を促進させようとするものである。

6．査察レジーム

　市場原理の導入と規制の関係はどのように展開されているのだろうか。この点について，保守党政府は NPM 戦略の中核として強制競争入札（compulsory competitive tendering, CCT）を強力に推し進めた。その問題点への反省を踏まえて，労働党政府は「ベスト・バリュー（Best Value）」の導入に踏み切っている。ベスト・バリュー・レジームは，1999年地方自治法に基づき，2000年4月からイングランドで始められ，3カ月後にはウェールズのすべての自治体で実施されたものである。

　ベスト・バリュー・レジームの下では，地方自治体は優先順位を確定し，ベスト・バリュー・パフォーマンスの計画を提出するよう求められる。そこでは，challenge（果敢な調整），comparison（他者との比較），consult（関係者との協議），competition（競争）という四つの C が評価枠組みの中核をなしている。「四つの C」という評価基準からして，ベスト・バリューも保守党政府の政策と同じように地方にとって介入主義的であると言えよう。

　ベスト・バリューの積極面をみると，住民サービスの改善を後押しするものとなっている。政府は，サービス改善とコスト節減で成果を上げているパイロット自治体からいくつかの事例（グッド・プラクティス[1]）を公開している。監査委員会（Audit Commission）の年次報告『変わる地方行政の慣行　ベストバリュー2001年年次報告書 *Changing Gear : Best Value Annual Statement 2001*』が刊行されているが，委員会は広範囲なサービスを対象として500もの査察に着手した。これらのサービスは「三ツ星評価」で記録され，星がつかなかった自治体はサービスの質が悪く，三ツ星がついた自治体は優秀なサービスを提供していることを示している。報告では，三ツ星評価を達成したのは全体

の2％であり，質が悪いと判断された自治体は8％にのぼった。しかしこうした評価・公開制度に基づく査察レジームは地方にとって抑圧的となっており，地方から緩和を求める声が出ている。

まとめ

　イギリスの中央——地方関係については，労働党政権の下でもトップ・ダウンアプローチの要素が強いと言える。ただし，ボトム・アップの要素も幾分みられるようになり，全体として前の保守党時代と比較すれば，政府と地方自治体との対話が増えているのは確かと言えよう。

　労働党政府は，代表制民主主義の欠点を考慮して，民主主義の再生という大きなテーマを提起することで，直接民主主義を強化しようとしてきた。参加型の計画づくりは地方自治体の不可欠な要素となっている。しかし，いかなる革新的な計画が行われようとも，必ずしも政策に影響を及ぼすことになるとは限らない。労働党政府は絶えず標語として「参加」を前面に押し出すが，参加形式，参加の主体などが定まらない場合，それは地域民主主義の核となるものではない。

　住民参加の強化はニュー・レイバーの第1期目（1997-2001）における主要なテーマであったが，相変わらず政治的関心は高くない。ブレア政権は二つの側面から政治的関心を高めようと対策を講じてきた。第一は，投票率を上昇させることであり，第二は参加と協議の新しい手法を実施することであった。この効果を見極めるにはなお時間を要する。ニュー・レイバーの第2期目では，2001年12月の白書『強い地方のリーダーシップ——質の高い公共サービス——(*Strong Local Leadership — Quality Public Services*)』において，中央のコントロールをいかにして抑えるかが述べられている（DTLR 2001 para. 4.2-4.4）。特に注目すべきは，白書が「自律性の獲得（earned autonomy）」を重視していることである。自律性を促すために地方自治体に機会を与え，一定の成果をあげた自治体には提出義務のある計画書を減らす内容が盛り込まれた。また優秀な自治体には財政的制約を緩和し，自治体の運用環境を改善していくことを表明している。

しかし地方自治体の現状をみると,「自律性の獲得」が実現しているとは言いがたい。カウンシルは監査委員会による包括的業績評価(Comprehensive Performance Assessment, CPA)を受け,不良(poor)から優秀(excellent)まで五つの区分で評価されるが,カウンシルが裁量の自由と柔軟性を獲得するには,政府から高い評価を得なければならない。中央政府への依存はいまだに大きいと言えよう(Wilson 2005：171-173.)。

しかしながら,地方自治体にとってかすかな光もみえている。その証が,2000年地方自治法と2001年保健医療およびソーシャルケア法の制定である。まず2000年地方自治法は,新たな地域組織の立ち上げに関して地方自治体がコミュニティと協議することを求めており,社会,環境,経済的なウェルビーイングを促進し,コミュニティのリーダーシップの役割を担う機会を地方自治体に与えている。同様に,2001年保健医療およびソーシャルケア法もカウンシルの行政評価委員会(overview and scrutiny committee)に医療サービスを公的に調査する権限を与えている。地域のパートナーシップと呼ばれる組織や第一線に立つサービス供給機関との積極的な協働体制を考えると,中央――地方関係は望まれるローカル・ガバナンスの方向に歩み始めているとみてよいだろう。

3 北欧におけるローカル・ガバナンスの状況

1. 北欧諸国における地方自治体の特徴

スウェーデン,デンマーク,フィンランド,ノルウェーは,地方自治体の「北欧モデル」を形成している。表2-2は,福祉国家レジームを南欧型,大陸型,大西洋型,スカンジナビア型に分けたものである。スカンジナビア型では,サービス要件は権利に基づき,ソーシャル・インクルージョンを目指すものとなっている。また,財源調達の責任は国家にある。一方,GDPに占める社会支出の割合を示したものが表2-3である。1995年を100とすると,最も伸びが大きかったのはアイスランドであり,スウェーデンはほぼ現状を維持している。

ローズとスターベルヒ(Rose, L., E. and Ståhberg, K. 2005：83)によれば,北欧モデルには三つのポイントがあるという。第一に,憲法あるいは法律にした

表 2-2　四つの福祉国家モデル

	南欧型	大陸型	大西洋型	スカンジナビア型
要件の基準	ニーズ（貢献）	貢献	ニーズ	権利
政治的イデオロギー	キリスト教民主主義	保守的	自由主義的	社会民主主義的
中心制度	家族	ボランタリー組織	市場	国家
範囲	限定的	包摂的	限定的	包摂的
資金供給	ボランタリー組織	社会的パートナー	国家	国家
有資格保持者の区分	家族と地域のコミュニティのメンバー	労働市場への所属	市民	市民

出典：Abrahamson, P. (2005) *Neo-liberalism, welfare pluralism and reconfiguration of social services —from welfare to workfare*, Refereed Conference Paper at the University of Melbourne.

表 2-3　GDPに占める社会支出の割合　1995-2003, Index 1995＝100

（単位：％）

	1995	2000	2002	2003
デンマーク	100	91	94	96
フィンランド	100	80	83	85
アイスランド	100	105	119	127
ノルウェー	100	93	93	94
スウェーデン	100	89	94	97

出典：Abrahamson, P. Ibid.

がって地方自治体が幅広い裁量権を持っていることである。これはイギリスの「越権禁止の法理」とは反対の状況にあり，北欧の地方自治の基盤になっている。第二に，4カ国すべてが財政的再配分の制度を持っており，必要な財源が地方自治体に保証されている。第三に，地方自治体は公的雇用や公共支出が認められており，特に過去数十年間，「地方福祉国家」と呼ぶにふさわしい状況が生まれている。

　第2次世界大戦後を振り返れば，北欧諸国において地方自治体が重要な役割を担ってきたことは明瞭である。それは福祉国家が拡大した時期と重なり，公共セクターの「市有化（municipalization）」とつながっている。公共支出と公的雇用の拡大がリンクしており，これこそが北欧諸国の特徴を生み出している。

表 2-4 北欧 4 カ国での地方自治体の数（2001年）

人口規模	自治体の数			
	デンマーク	フィンランド	ノルウェー	スウェーデン
住民2,000人未満	—	76	95	—
2,000人から5,000人	17	141	150	12
5,000人から10,000人	117	112	90	60
10,000人から25,000人	97	68	68	120
25,000人から50,000人	27	21	22	55
50,000人から100,000人	13	8	5	31
住民100,000人以上	4	6	5	11
合　　　計	275	432	435	289
平均人口規模	19,451	11,965	10,353	30,827
中間人口規模	10,239	4,977	4,392	15,264
カウンティ数	14	—	19	24

出典：Rose, L. E. and Ståhberg The Nordic Countries : still the 'promised land'? 2005 : 85.

　1990年代初期には，4カ国平均で，地方自治体は公共支出と公的雇用で実に約3分の2以上を占めているが，この数字はまさに「大きな地方政府」とでも言うべき現状を表している。地方自治体が国の計画を単に実施するばかりではなく，福祉の発展を自ら積極的に推進してきたのである。さらに中央──地方関係からみれば，過去数十年間の自治体支出や雇用増加をもたらしたのは，全国的な基準の設定や平等化の推進を図ろうとする中央政府の「後押し」があったことも見逃せない（Rose, L., E. and Ståhberg, K. 2005 : 84）。

　表 2-4 は，人口規模別に見た地方自治体の数を示している。北欧4カ国の政治行政システムは，三つの政府レベル，つまりナショナル，リージョナル（県），ローカル（市町村）のそれぞれの層からなる。ここでは，北欧で最も分権化が進んでいる「フィンランド・モデル」について触れてみたい[3]。フィンランドでは，デンマーク，スウェーデン，ノルウェーのような県レベルで選出されたリージョナルな政府は存在しない代わりに，自治体間協力のシステムを持っている。フィンランドにおける広域組織の中心は，医療，経済開発，専門教育のような専門分野に対する責任を負う約200以上の「共同自治体審議会」である。

　他の北欧3カ国では，市町村支出は地方支出の約60-70%を占め，県支出は

約30-40％である。これに対し，フィンランドでは市町村支出は地方支出の約85％を占め，残りは共同自治体審議会が支出している（Ståhlberg 1998：53）。このようにフィンランドでは基礎自治体が最も多くの予算を費やしているのである。

ところで，各国ともに地方レベルで正統性を発揮するのは，公選の市議会である。比例代表制の原則に従って選挙は定期的に実施され，北欧4カ国で4年ごとに選ばれる議員の数は市町村の規模と合致している。

フィンランドの場合，地方選挙では個人投票が行われ（他の3カ国では政党の名簿に基づいている），一定の制限内で，市議会は地方自治体の内部組織や業務を決定し，委員会や審議会を任命することができる。一方，委員会は市議会に調整や準備に向けての包括的な執行責任を持ち，審議会は市議会の活動について職務上明確にされた分野の責任を負っている。

デンマークとノルウェーでは，審議会の委員は公選の議員によって任命されるが，フィンランドとスウェーデンの委員は議会から任命される。

政治と行政の区分については，フィンランドやノルウェーでは，政治と行政の指導者の地位は明確に分けられている。一方，スウェーデンは，議員の何人かが市の委員会あるいは審議会の代表として常勤で雇われている。この二つのスタイルを比較すると，行政の長と比べて政治的指導者の重要な位置は自治体によって異なってくる。

2．北欧における政府間財政関係

福祉国家の発展よりも以前から，地方自治体は上下水道，発電，地方道路の補修維持等の基盤整備にかかわってきた。自治体活動は1950年代から1980年代を通して拡大してきたが，土地計画，環境保護等もこの期間に始まったものである。これらの地方の事業は，所得税と政府間の財政移転という二つの主な財源に依拠しており，加えて，地方自治体は利用者負担金や利用者料金を課す権限を持っている。

中央——地方の政府間関係については，中央政府の統制への批判が契機となって，1980年代に北欧4カ国すべてで「フリーコミューン」の実験がなされた。

表 2-5 1999年の北欧4カ国での地方自治体の財源 （単位：％）

財　源	デンマーク	フィンランド	ノルウェー	スウェーデン
税　金				
個人所得と個人資産	52	42	40	60
事業税と固定資産税	8	12	1	—
政府間財政移転				
政府補助金	10	17	23	16
特定補助金	8	2	17	5
利用者負担金と利用者料金	21	25	14	18
他の財源	1	3	5	1
合　計	100	100	100	100

資料：Data from table 2.3 in Møonnesland (2001：25).
出典：Rose, L. E. and Ståhberg (2005：87)

このフリーコミューンこそが北欧諸国において1990年代の自治体改革の中心をなすことになった。

　北欧4カ国の自治体財政で注目すべき違いは，デンマーク，フィンランド，スウェーデンの地方自治体が，地方所得税の税率設定において裁量権を持っていることである。これに対し，ノルウェーの地方自治体は地方所得税率を設定する権限を持っていない。むしろ中央政府が地方税率に制限幅を課しており，その制限の下で地方自治体は税率を選ぶことになる。さらに，ノルウェーの中央政府は地方自治体に対して強力なマクロ経済の統制（自治体予算や借入活動の監視と認可）を行っている。他のヨーロッパ諸国と比べて，北欧諸国の自治体権限が大きいことは明らかであるが，その裁量は法規定により一定の制限を受けている。表2-5は，北欧4カ国における自治体財源の内訳を示している。

3．1990年代以降の自治体関係の変化

　1990年代初頭に北欧諸国は深刻な失業に見舞われた。北欧諸国の経済は貿易に立脚しており，国際競争力を高めるために生産コストを削減したが，その結果失業が増大したのである。

　北欧4カ国の人口は少なく，国内市場も小規模であるため，EU経済の影響が経済生活や社会生活の再編の原因となっている。最も注目すべき点は，経済競争の強まりとそれに伴う生産施設の集中のため，人口移動が増加しているこ

とである。移住の傾向は，周辺地域から都市や地域センターへと進んでおり，とりわけ先端技術を持つ新たな生産拠点に集中している。この動きは，フィンランドとスウェーデンで顕著である。

新たな人口流入にさらされている地域では，基本的な社会インフラやソーシャル・サービスの提供に投資する必要性が高まっている。一方，過疎化が進んでいる地域では，しばしば公共サービスを提供する資格を持った労働者が不足し，放棄された公共施設が多くみられる。

マクロ的な視点に転じて観察してみると，大きな社会変化の一因となっているのが，フォーディズムからポスト・フォーディズムへの移行である。先端技術や個人消費に基づいた新しい生産技術が生まれており，新たなビジネス・パラダイムと労働の形態もみてとれる。また新たな消費パターンも注目されるところである（cf. Stoker 1990）。

このようなマクロ的な変化により，市民や地方自治体もともに顧客志向の行政を追求するようになった。以下では，構造改革と自治体間協力，地方自治体の組織改革（パートナーシップの拡充），NPMの導入などの状況をみていきたい（Rose, L., E. and Ståhberg, K. 2005：93-98）。

(1) スウェーデンにおける構造改革と自治体間協力

スウェーデンでは，構造改革として，リージョン・レベルでの実験がなされている。スウェーデン南部と西部に二つの「スーパー・カウンティ」が誕生した。これらはリージョン内のカウンティの合併を通して創設されたものである。この新たな政府単位は，リージョンの議会を直接選び出し，分野別に地域協力や地域開発の特別な責任を負っている。スウェーデンでは，事業開発の目的を掲げてリージョンと市町村との自治体間の協力は定着し始めている。

広域自治体と基礎自治体を比較すると，リージョン・レベルと市町村との間でガバナンスの特徴は強まっている。このことは，開発活動に関連するパートナーシップや共同事業（joint venture）の増加からわかる。市町村間での協力を強めることは，他のレベルの行政当局と密接に作用することになるが，ガバナンスが強まっているという近年の傾向の指標にもなりえる。

このように北欧モデルの成功は，工業化時代から情報化時代への変化を乗り切ったことで証明されており，EUにおけるガバナンスの変化にフィンランドやスウェーデンが迅速に適応したこともその証左である。北欧のリージョンは，近年では多くのヨーロッパ大陸諸国のリージョンよりもむしろ積極的である。

(2) 地方自治体の組織改革——パートナーシップの拡充——

フィンランドとスウェーデンでは，地方自治体が自治体間協力の形態を選べるようになっており，その結果として自治体内部の委員会や審議会の数は削減されることになった。団体を削減できるところがあれば，合理化と結びつくことになる。

過去10年間，地方公営企業の創設がみられたが，地方公営企業の活用によって，例えば衛生サービス，交通機関や公営住宅等において，行政とビジネスの連携が進められている。同様に，開発活動も地方公営企業が創設される新しい分野となっている。地方公営企業を推進するために，多くの自治体は官民パートナーシップを構築し始めている。

このように地方レベルでは，民間や第三セクターを含むプロジェクトにおいて強力なパートナーシップが出現している。今，北欧諸国はローカル・ガバナンスの方向へと徐々に転回している。パートナーシップは開発政策志向へと進んでおり，同時に伝統的なサービス提供にもかかわっている。

(3) NPMの導入

1990年代に自治体の業務形態において著しい変化がみられた。それはNPMの導入である。購入者／供給者の分離モデルの下で，アウトソーシングは当然視されるようになっている。その背景には，地方自治体に入札を奨励するEU規則がある。

NPMの発想は北欧地域全体に広がっており，品質管理技術がテストされ，採用されている。最も顕著なのはベンチマーキングであるが，体系的評価と品質管理も一般的な慣行になっている。中央政府は，とりわけ国の法令の下で，社会福祉サービスにおいてもNPMを導入し始めている。

スウェーデンやデンマークにおいては、顧客志向に関して特別な目標を設けている分野に「利用者審議会」を導入している。注目されるのは学校の利用者審議会で、児童の両親が特別代表と権限を与えられていることである。利用者審議会のねらいは、サービスの生産や提供の決定に関して利用者に大きな発言権を与え、デモクラシーの学習の場を与えることで、住民の地方自治体への参加するモチベーションを高揚させることにある。

以上、北欧諸国の地方自治体はサービス提供のアプローチにおいてNPMの導入に意欲もみせている。しかし同時に、地方自治体の本質的な特徴と構造は維持されている。こうした二元的な発想で、北欧諸国の自治体改革は進められているのである。

まとめ

北欧モデルは福祉の普遍主義、租税主義による財政、資源の再分配が特徴である。高福祉高負担のシステムをとっているが、経済危機の時期でさえ経済的なファンダメンタルズは強固さをみせた。

北欧の自治体政策の展望を考える際、国際化というテーマがある。1990年代に地方自治体が国際志向を強めて以来、例えば海外の地方自治体と姉妹都市の関係を拡大している。また地方の経済開発が活発で、情報やバイオテクノロジーのようなハイテク分野の開拓に公私のパートナーシップが編成されており、競技施設、文化事業、道路建設を含む他の目的にも活用されている。今後、情報化時代の「ニューエコノミー」にさらに力点が置かれるであろう。

北欧諸国が抱える共通した課題は、人口移動の問題、激化する市場競争、社会的連帯の衰退である。このような諸問題に対して、市町村間の地域協力はさらに重要になっている。

ローカル・ガバメントからローカル・ガバナンスへの漸進的な動きは、今後北欧諸国では続いていくと思われる。ネットワークの構築や交渉、横断的なプロジェクトの運営、国際協力やヨーロッパでのロビー活動などは国内当局を迂回することもあろうが、多層型ガバナンスがその準拠枠となろう。北欧諸国の地方自治体は、過去10年の展開から判断すれば、ローカル・ガバナンスへと進

むと同時に、ローカル・ガバメントの素地も残している。北欧の展開は段階的な変化にあると言える。

4　アメリカ合衆国におけるローカル・ガバナンスの状況

1．政府間関係の特徴

　アメリカという大国において、地方の事情を述べることは極めて困難である。ローカル・ガバナンスの状況はまさに千差万別であり、一般化は難しい。本節では、中央と地方の制度的関係を手かがりにして、基礎自治体の置かれている立場を明らかにしていく。アメリカの地方自治体の特徴を端的に示せば、断片化・分散化した地方政府という表現になる。連邦政府は防衛と外交の政策に責任を負い、州政府は基礎自治体や地方政治を含めた内政に基本を置いている。そのため、地方政府は断片化・分散化した状況を呈している。表2-6は類型別に見たアメリカ合衆国の基礎自治体の数を示している。

　まず連邦と州の関係については、州は実質的には「国」の態をなしており、その意味でアメリカでは50の主権を持つ国家が存在していると言われている。仮に連邦政府が州の権限を制限しようとすれば、連邦憲法の改正が必要となるため、州の権限を容易に制約することはできない。

　次に、州と地方自治体との関係については、基礎自治体は連邦政府よりもむしろ州政府によって創設される。8万7,000以上の基礎自治体があり、それらは一般目的の政府と特別目的の政府に区別される。一般目的を持つ基礎自治体には郡（county）、市、タウンシップがあり、住民に公共サービスを提供する。一方、特別目的を持つ基礎自治体は単一のサービスを提供する。そのなかには学区、上下水道・ゴミ処理・公園や他の特定の職務を管理する特別区が含まれる。

　基礎自治体である郡、市、特別区の機能については、まず郡は最も基本的な地方政府であり、コネティカットとロードアイランドの二つの例外を除き、すべての州に存在する。現在、郡は出生や死亡、結婚や離婚、資産の記録を含む基本的な記録を管理し、選挙の指揮、郡道や地方刑務所の管理にも責任を負う。

表 2-6　類型別に見たアメリカ合衆国の基礎自治体数（1942-1997）

	1942年	1962年	1982年	1997年
郡	3,050	3,043	3,041	3,043
市	16,220	18,000	19,076	19,372
タウンシップとタウン	18,919	17,142	16,734	16,629
学　　区	108,579	34,678	14,851	13,726
特　別　区	8,299	18,323	28,078	34,693

資料：Date from Statistical Abstract of United States（2001：258）table 413
出典：Savitch, H.V. and Vogel, R.K., The United States : executive-centred politics（2005：213）

　次に，市は，州法の下で地方自治体として設置されており，農村部の州では州の人口稠密地域にサービスを提供するために創設されたものである。市は直接，州の権限の下に置かれている。各々の州は，市の創設条件や権限の内容を決定する。これまで市は州政府から地方自治憲章を受けて，地方自治のサービスと施設等のインフラ整備を拡大してきた。

　市や郡の責任は，公営住宅，警察，消防，公衆衛生，給水設備，道路管理，公共交通，教育，公園，レクリエーション，保健医療といったものを含んでいるが，福祉への支出の増大や犯罪の増加が，市の財政負担に重くのしかかっている。

　最後に，特別区は，市や郡政府により画定された特定の地理上的領域にかかわりなく，特化した機能を提供するために州政府あるいは（州法で許可されたならば）基礎自治体によって創設されたものである。また，選挙あるいは行政府に任命された委員の管理，財産税，所得税，区域内に住む人々からの公共料金を徴収することにより，その財政活動を管理することができる。

　市政府の基本的なモデルは，(1)市長議会型，(2)議会マネジャー型，(3)委員会型，(4)タウンミーティング型の四つである。表 2-7 が示すように，人口規模は2,500人から25,000人が最も多く，また政府形態は市長議会型と議会マネジャー型を採用する市が圧倒的に多い（Savitch, H.V. and Vogel, R.K. 2005：217-218）。

表2-7 アメリカ合衆国における市政府の形態（人口規模別） (単位：％)

政府の形態	人口規模 2,500～25,000人	人口規模 25,000～250,000人	人口規模 250,000人以上
市長議会型	46.2	32.4	56.9
議会マネジャー型	45.0	63.7	40.0
委員会型	2.1	2.0	3.1
タウンミーティング型	6.7	1.9	0.0
合　計　（率）	100.0	100.0	100.0
総　　数(人)	5,613	1,228	65

資料：Date from International City/County Management Association, table 2 (2002：vii)
出典：Savitch, H. V. and Vogel, R. K. (2005：218)

2．基礎自治体の自律性──「ディロンの規則」をめぐって──

　基礎自治体の権限は弱い。地方自治体の組織や権限は州の憲法や法律によって定められており，その意味で自治体は「州の創造物」と言われている。地方の権限に関する司法解釈は，州政府から特別の権限を与えられない場合には禁じられている。これは，「ディロンの規則（Dillon's rule)」と呼ばれており，イギリスの越権禁止の法理と同様のものである。このディロンの規則によって，基礎自治体は州政府の意向に従うことになる。

　ディロンの規則は地方の自律性に対して大きな制約となっているが，法的には，州権力が基礎自治体を制限することはほとんどない。その理由は二つある。第一は，アメリカの政治文化においてローカリズムへの関心の高さである。第二は，州知事や州議会議員が地方の問題に介入することに積極的ではないという点である。このような消極的な態度をとる必要があるのは，憲法上の規定からというよりも，地方や都市の問題に介入しても政治的利益がほとんど見込まれないからである。

　ディロンの規則があるにもかかわらず，アメリカの基礎自治体は，多くの立法的・財政的な自律性を保ってきた。実際地方自治の権限が基礎自治体に拡張され，財政規模が拡大されたことを考慮すれば，基礎自治体は自立していると言えるだろう。

　地方自治体の仕組みは憲章（charter）によって定められている。それは原則

的には州によって定められるが，自治体が自らの裁量で制定する例も多い。またホームルール憲章は自治体の裁量で制定されるもので，住民を制定過程に参画させる自治体が多い。

3. 近年の政策動向

　レーガンとブッシュの共和党政権時代（1981年から1992年）では，都市問題は規制のない自由市場が前提とされ，市が抱える諸問題に連邦政府はかかわらないとする考えが強かった。また1980年代の赤字予算により，市への連邦政府の支援は打ち切られている。

　その後，都市部における圧倒的支持によって1992年に誕生したクリントン政権は，都市問題の取り組みを強化しようとした。しかし財政赤字や任期当初の景気後退により，市への援助は限定的なものであった。そのためクリントン政権は，一方で富が集中する大都市の市街地を再活性化しようとし，他方で自由市場の奨励と補助金の提供という融合策を実施した。

　基礎自治体の断片化した機能を修復するために，市はローカル・ガバナンスを発揮しなければならない。つまり，国家と州の政府から援助や協力を得るとともに，経済活動の促進によって歳入を調達し，財政的に自立できるように努めなければならない。

　市はブースタリズム（boosterism）と呼ばれる商業奨励策を長らく促進してきた。行政と企業との協調関係は，1950年代の大規模な都市再開発計画以来続いてきた。都市再開発をめぐっては，連邦政府，市，企業が協働し，資金を提供する連邦政府，広大な用地を獲得し整備する基礎自治体，低い価格で土地を買収し，巨大なプロジェクトを推進する民間投資という三者の協調関係が成立していた。この協調関係はNPMとも連動していく。その結果，都市再開発プロジェクトは市街地近郊を巻き込み，中小企業やブルーカラー家庭に大きな混乱を引き起こしていった。特に黒人の住民は再開発計画の影響を直接受けたため，再開発計画は「黒人の移転（Negro removal）」計画と揶揄されることもあった（Savitch, H. V. and Vogel, R. K., Ibid., p. 224）。

　1977年から1997年の期間で，連邦政府の市への援助は，市の歳入全体で15%

図 2-3 アメリカ地方自治体の歳入における一般財源の構成比（2000年）

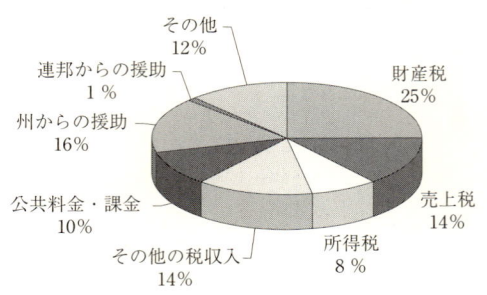

- その他 12%
- 連邦からの援助 1%
- 州からの援助 16%
- 公共料金・課金 10%
- その他の税収入 14%
- 所得税 8%
- 売上税 14%
- 財産税 25%

出典：Savitch, H. V. and Vogel, R. K. (2005:221) より筆者作成

からわずか5%に急減し，州の援助も同時期において約23%から21%に減っている。図2-3は地方自治体の歳入における一般財源の構成比を示したものである。図から読み取れるのは，地方自治体の財産税が重要な財源となっていることである。アメリカの基礎自治体では，一握りの自治体だけが地方所得税を調達でき，他の自治体は利用者の公共料金にますます依存するようになっている。

 福祉の改革や国家犯罪の立法で示されているように，連邦政府の地方自治体に対する支援は限定されており，基礎自治体への援助が減っている。にもかかわらず，連邦政府は依然として地方の問題に強い影響力を持っているのが現状である。

まとめ

 連邦と州の関係については，連邦政府への集権が徐々に進んでいるが，他方でそれに逆行するかのように，州への分権を強調する動きもある。連邦政府が州の権限を縮小する場合には連邦憲法の改正が必要となり，州の権限を法的手続きなしに制約することはできない。

 次に，州と地方自治体の関係については，法的には地方自治体は「州の創造物」であるため，地方自治体の権限は州による授権があって初めて認められる。地方自治体はさまざまな行政分野で幅広い裁量を持って活動しているが，教育，

社会福祉，道路等の行政分野においても，州が州内行政の最終責任者として積極的な関与を行う。

地方自治体内においては，小規模自治体はすべてのサービスを実施できるわけではなく，郡にサービスを委託することがある。郡からサービスを購入する地方自治体もあり，郡の提供するサービスについて，市議会は委託廃止も含めて審議し，住民も市当局にサービス内容に関する見解を述べることができる。地方財政については，教育，福祉が地方税で賄われるため，地域サービスの質は当該地域の所得格差をストレートに反映する。アメリカでは，地域サービスと格差社会がリンクするという深刻な問題がある。

5　欧米におけるローカル・ガバナンス状況の小括

ローカル・ガバナンスという言葉は，ヨーロッパでは20年前から使われ始めている。「ガバナンス」，「ニュー・パブリック・マネージメント」，「マルチレベルのガバナンス」「マルチ・アクターのガバナンス」といった表現は，ヨーロッパの地方政治や地方自治体で瞬く間に普及した。ヨーロッパでローカル・ガバナンスが流行した背景には，都市化，EUを含むグローバル化，地方での自立の要求，参加の要求の高まりがあったことが見逃せない。

ローカル・ガバナンスの台頭には二重の背景がある。第一には，地方の自立の要求に伴って，地域の諸問題を解決する能力や，コミュニティという小地域での指導力が求められていることである。第二には，地方政府が住民にオープンになり，サービス運営での透明性とアカウンタビリティを履行する民主主義的な改革が求められていることである。

ローカル・ガバナンスについて，欧米の動向を概観すると，スイス，アメリカ，ドイツ，北欧諸国では，強い地方の自律性という伝統がある。地方政府は，広範囲にわたる機能を果たすことでその存在を評価されてきた。他方，フランス，イタリア，ポーランド，オランダでは，最近の分権化プログラムによって地方政府の機能と責任の範囲が広がっている。

対照的なのは，イギリス，ニュージーランド，オーストラリアである。これ

らの国々の地方政府の自律性は制限されたもので，自治体権能は中央政府から規定されたものという長年の伝統がある。イギリスの地方自治体では，コミュニティの自治を広げる好機が訪れているにもかかわらず，地方政府がそのような能力を持つかどうかは不確かであると言われている。確固たる財政的基盤なしに，地方自治体がコミュニティのリーダーシップを発揮できるかはわからない（Wilson, 2005）。だからこそ，イギリスではローカル・ガバナンスの構築が主要な国家政策の一つになっている。

　1980年代以降，欧米を中心とする先進諸国はグローバル化に伴う超国家化のうねりの中で，国家の空洞化を経験し，非国家的で非市場的な諸々のネットワークが拡大して，従来の国民国家の果たしてきていた機能を代替する事態が徐々に出現しつつある。その動向には，①NPMと公私のパートナーシップの広範な広がり，②政策パートナーシップにおける地域のアソシエーション，利益団体，民間アクターの参加，③新しい形態の市民参画の導入という流れがある。

　地域再生のテーマは概ね，持続可能な環境づくり，犯罪の防止，ソーシャル・インクルージョン（社会的排除を廃して社会統合化を進める活動）であり，このような課題は横断型対応を必要とし，事実上，公共団体，民間組織，経済界，地域自治組織のような，地域コミュニティのすべてのセクターを越えた多数のアクターによる協調した行動を必要としている。

　このようなガバメントからガバナンスへの移行は，地域民主主義に対して明確な含意を持っている。これまで地域民主主義を支える営為は，直接選挙された市議会の役割にほとんど集中してきたが，地域住民などの意思決定への参画を必要としている。ローカル・ガバナンスは公共性を重視し，政府，地方自治体，ステークホルダーとの間で複雑に結びついた関係をつくりだす。ローカル・ガバナンスはどのような事業を行うかを決め，住民が自由に交流する公共空間をつくり，地域の能力を高めることにつながるのである。

　1）　グッド・プラクティスとは，「他の模範となるような良い実践事例」を意味する。（独立行政法人　国際協力機構（JICA）『2007年度事業評価年次報告書』，p. 119.）

2） 北欧4カ国の人口は，スウェーデンが約918万人（2007年），デンマークが約547万人（2007年），ノルウェーが約474万人（2007年），フィンランドが約525万人（2006年）である。スウェーデン，デンマーク，ノルウェー，フィンランドの各大使館 HP 調べから。

3） 北欧4カ国の地方財政の特徴については，ベクショー大学経済学部トグニー・クラッソン（Torgny Classon）氏から教示を得た。2005年8月12日，ベクショー大学にて。

第Ⅱ部

ローカル・ガバナンスと福祉政策

第3章

介護保険制度とローカル・ガバナンス
——市区町村の再規制の役割を求めて——

　介護保険制度は，住民に身近な基礎自治体，つまり市区町村を保険者として2000年4月にスタートした。この制度によって，高齢者ケアの仕組みは「措置から選択へ」と変わり，社会福祉行政における規制緩和と市場化への道が敷かれた。それは大幅に民間セクターに市場を開放し，介護サービスの供給量を倍増させてきた。

　介護保険制度の実施に伴い，行政の仕組みに変化が生じた。まず，情報の開示である。給付と負担との関係が明確になる保険方式では，市区町村介護計画の策定や個人のサービス決定のプロセスにおいて「透明性」が出ている。65歳以上の第一号被保険者を中心とする介護保険料の算定に当たって，市区町村は保険料算定の根拠を示す義務が生じているからである。

　発足当初，介護保険財政には厳しい時期があった。2008年度の段階では，第1号保険料について約6割の自治体で使い切れずに余剰が出ているという。しかし，今後サービスの利用増は避けられず，膨らむ財政負担をどのように賄うのか。介護保険制度を真に持続可能なものにするために，保険者である市区町村に何が求められるのだろうか。これらの点を明らかにするため，本章では，介護保険制度の運営メカニズム，介護保険制度における中央——地方の財政関係，ローカル・ガバナンスからみた地域密着型ケア，市区町村の再規制の役割を考察していきたい。

第 3 章　介護保険制度とローカル・ガバナンス　　97

1　介護保険制度の運営メカニズム

1. 介護保険制度の財政的仕組み

　介護保険制度は，財源の多くを公費で賄うなど国民健康保険と共通点を持っている。他方で，医療保険制度が抱える諸問題を参考にして独自の制度設計も工夫されている。[1] 独自な点としては，第一に，市区町村が財政規律を保つために，保険料への一般財源の繰入を認めていない。第二に，要介護認定の実施を行っている。保険の給付を受けるためには，市区町村などの介護認定審査会が行う要介護認定を受ける必要がある。医療サービスのように，フリーアクセスではない。[2] 第三に，保険給付の上限が設けられている。給付水準は要介護状態に応じて設定されているが，対象外の部分は利用者が全額負担をする。最後に，多様な主体がサービスを供給できることになっている。医療法人や社会福祉法人はもちろんのこと，株式会社，非営利組織等も参入でき，急速にサービス供給量を拡大してきた。

　介護保険制度のメリットは「利用者が自分で選べる」という利用者本位の仕組みにある。要介護認定者は支給限度額内では行政を通さずに事業者に自由にサービスを申し込むことができ，この利便性は大きい。ケアプランにはケアマネジャーが介在し，サービスの需給を調整する役割を担っている。介護資源の配分を最適化するのはケアマネジャーであり，この制度のキーアクターとも言える。

　マクロのレベルでみると，サービス体系は中央で決定される一方で，「上乗せ」・「横だし」サービスが地方に許されるがその範囲は狭い。国が一律にサービス設計を先導している背景には，これまで地方自治体が長らく委任事務体制に慣れ，特に在宅福祉に自主的に取り組むところが少数にとどまったことにある。介護保険制度前の状況として，自治体福祉の全体的な「底上げ」が急務であったという事情が考えられる。いずれにしても，「決定」が中央政府で，「実行」が地方自治体という集権的分散システムになっている。要介護認定の基準，支給限度額，サービス事業者の指定基準，介護報酬はすべて国が定めている。[3]

98　第Ⅱ部　ローカル・ガバナンスと福祉政策

図3-1　介護保険制度の仕組み

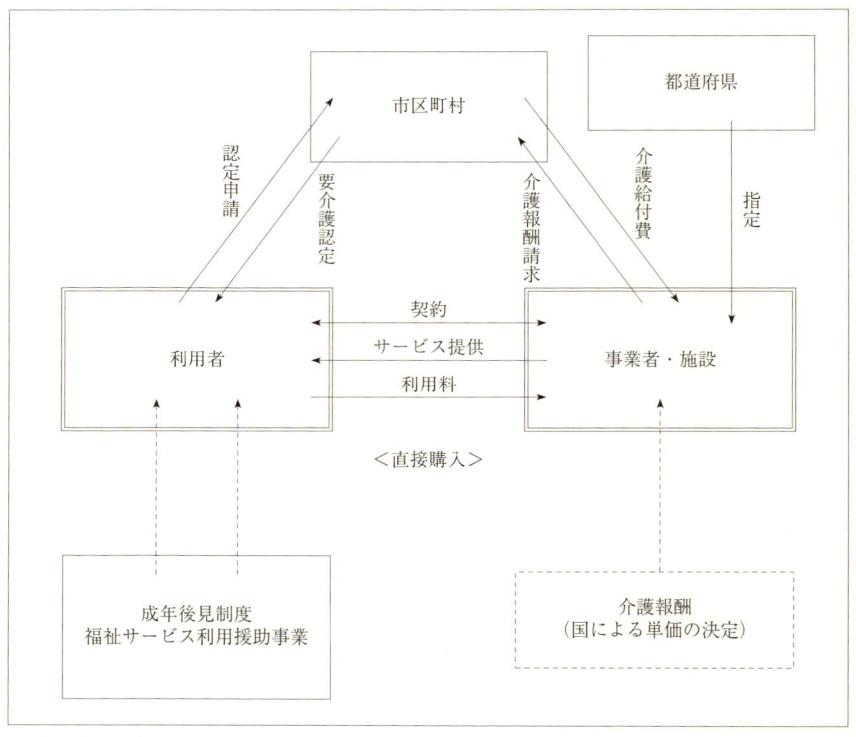

```
                    市区町村                都道府県
          認定         ↗↖         介護
          申請        ／  ＼       給付費      指定
                  要介護   介護報酬請求
                  認定
      利用者  ←――― 契約 ―――→  事業者・施設
             ←―― サービス提供 ――
             ――― 利用料 ―――→
                      <直接購入>

    成年後見制度                    介護報酬
    福祉サービス利用援助事業      （国による単価の決定）
```

出典：筆者作成

　介護保険制度の集権的な特徴を示すのが，介護報酬のメカニズムである。介護保険運営の仕組みは図3-1が示す通りであるが，需給調整については介護報酬が鍵を握ると考えられる。介護報酬は，介護事業者がサービスを提供する場合，その対価として事業者に支払われるものである。留意すべき点は，準市場（quasi-market）において介護報酬が「公定価格」であることである（準市場については，第4章で詳しく説明する）。介護保険制度では公定価格制の下で競争原理が働いており，介護事業は介護報酬に沿った「制度ビジネス」となっている。したがって介護保険における市場規律は介護報酬に依拠し，介護報酬は政策誘導で強い効果を発揮することになる。欧米では'arms length control'（一定の距離を保った遠隔的な統制）という言葉が使われるが，介護保険制度におい

ても介護報酬を通して国のコントロールが発揮されている。

2．介護報酬と介護事業経営

　次に，介護報酬が介護事業に及ぼす影響について検討しておきたい。居宅サービスの訪問介護と通所介護を例にとって，介護報酬と介護事業経営に及ぼす影響を検討してみたい。介護保険制度の施行後，多くの民間企業が訪問介護の分野に参入し，わずかであるが一定の収益を確保してきた。訪問介護事業では，人件費が大きなウエイトを占めるため，一人のホームヘルパーが1日に何人の利用者にサービスを提供できるかが利益の鍵を握る。そして，出来る限り同じ地域内の利用者を効率よく巡回することが利益を上げる決め手となる。

　訪問介護の事業経営では，家事援助の比率が30％を超えた場合に給与比率が90％を超え，最終損益を生み出すと言われた（富田敏夫 2004：51-55）。家事援助を多く提供すれば，利益率を押し下げるのである。訪問介護事業における収益性確保の要件としては，①経営主体は営利法人またはその他の法人，②利用者数は30人以上，③利用者1人当たりの売上高は月5万円以上，④給与費比率85％以下，の4点が指摘されていた。[4] これらのことは介護報酬単価が家事援助に及ぼす影響のひとつであった（表3-1）。

　介護報酬単価は2000年から3年ごとに改定されているが，訪問介護の介護報酬は低く設定されてきた。そのため介護報酬の収入だけでは，訪問介護事業の経営は苦しい。『平成19年度「事業所における介護労働実態調査」結果』（介護労働安定センター）によれば，2006年3月の売上を100とした場合の2007年9月の売上指数では，訪問系は「100％未満」が合わせると6割弱である。営利法人に限らず，社会福祉法人などの非営利法人でもコスト削減が迫られている。

　介護保険制度施行後ホームヘルパーの労働条件・待遇は悪化してきた。先の介護労働安定センター調査によれば，介護保険の訪問系は「正社員」が26.9％，「非正社員」が72.0％で，常勤ヘルパーの非常勤化が進んでいる。また「経営が苦しく労働条件や労働環境改善ができない」が最も多い回答となっている（45.7％）。さらには，登録ヘルパーの問題もある。同調査では，登録ヘルパーのいる事業所の割合は75.5％であった。登録ヘルパーのいる事業所のうち，登

表 3-1　訪問介護の介護報酬

I　基本単位（2006年4月～）	
1　身体介護	
①30分未満	231単位
②30分以上1時間未満	402単位
③1時間以上	584単位に30分を増す＋83単位
2　生活援助	
①30分以上1時間未満	208単位
②1時間以上	291単位
3　通院等のための乗車・降車介助中心	100単位
II　加算等（2006年4月～）	
特定事業所加算（新規）	
特定事業所加算（I）	基本単位数の20%を加算〈体制要件，人材要件，重度対応要件のいずれにも適合する場合〉
特定事業所加算（II）	基本単位数の10%を加算〈体制要件，人材要件に適合する場合〉
特定事業所加算（III）	基本単位数の10%を加算〈体制要件，重度対応要件に適合する場合〉

出典：厚生労働省資料

録ヘルパーの占める割合は71.1％であった。まさに不安定雇用である登録ヘルパーが急増しており，中には複数の訪問介護事業所に登録し，かけもちで働いている登録ヘルパーもいる。ホームヘルパーの賃金は，1カ月の実賃金平均額が8万9,000円と低く，介護サービスを運営する上での問題点でみても，同調査では，「今の介護報酬では人材の確保等に十分な賃金を払えない」が最も多い回答となっている（64.7％）（平成20年版　介護労働の現状I　14, 39, 49）。

次に通所介護であるが，この分野でも公的な機関だけではなく，社会福祉法人，民間企業，医療法人，生協，農協，NPO等の多様な民間事業者が参入している。2006年4月の介護報酬改定で大幅な変更が行われたが，安定した経営は難しくなっている。従来の単独型と併設型が廃止され，小規模型・通常規模型・大規模型へと変わっている。基本単位においては，軽度者と重度者の報酬バランスを見直し，規模に応じた報酬を設定している（3段階）。また送迎加算を基本単価に包括し，入浴加算は一本化されている。

2006年改定で注目されるのは，要介護3，4，5の中度・重度者の介護報酬額が，介護保険施設の介護報酬額を一部で超えたことである。多額の投資が必

表3-2 通所介護の介護報酬の変化（2006年4月前後の比較）

単独型通所介護費	小規模事業所の場合
	＊前年度の1カ月当たり平均利用延人員（要支援を含む。以下同じ。）が300人以内の事業所の場合
〈6時間以上8時間未満の場合〉	〈6時間以上8時間未満の場合〉
要支援　　　　　572単位	経過的要介護　　　　707単位
要介護1・2　　　709単位	要介護1　　　　　　790単位
要介護3～5　　1,006単位	要介護2　　　　　　922単位
	要介護3　　　　　1,055単位
	要介護4　　　　　1,187単位
	要介護5　　　　　1,320単位
	＊送迎を基本単価に包括。
併設型通所介護費	通常規模型事業所の場合
	＊前年度の1カ月当たり平均利用延人員が300人を超える事業所の場合
〈6時間以上8時間未満の場合〉	〈6時間以上8時間未満の場合〉
要支援　　　　　482単位	経過的要介護　　　　608単位
要介護1・2　　　614単位	要介護1　　　　　　677単位
要介護3～5　　　903単位	要介護2　　　　　　789単位
	要介護3　　　　　　901単位
	要介護4　　　　　1,013単位
	要介護5　　　　　1,125単位
	＊送迎を基本単価に包括。

出典：厚生労働省資料「平成18年度介護報酬等の改定について──概要──」

要な介護保険施設に比べて，比較的投資が少ない通所介護事業との間で報酬額にほとんど差がないとすれば，施設から在宅へという流れを国が誘導していると考えられる。

　通所介護の収益性であるが，事業規模，職員数等に左右されるものの，初期投資額をどの程度抑えるかが鍵を握る。事業の開始時に小規模型では10名程度，通常規模型では20名程度の利用者を確保しなければ利益は出ない。その数字を超えれば，徐々に利益を生み出す。

　通所介護事業と介護報酬の関係を詳しくみると，通所介護は施設に応じた利用者定員を定めており，利用者の要介護度と利用実績に応じて事業費を補助する事業費補助方式に移行している。介護報酬については要介護度とサービスの

表3-3 通所介護の介護報酬 加算の内容（2006年4月～）

①栄養マネジメント加算……100単位/回　＊月2回まで。原則3カ月
②口腔機能向上加算……100単位/回　＊月2回まで。原則3カ月
③若年性認知症ケア加算……60単位/日
④入浴加算……50単位/回
⑤個別機能訓練加算……27単位/日

出典：表3-2に同じ。

　提供時間，事業所の規模により決まる。報酬構造は予防給付と介護給付に分かれており，予防給付は要支援1と2に対応し，状態の悪化を予防する。介護予防サービスは，日常生活上の支援などの「共通的サービス」と，運動器機能向上，栄養改善，口腔機能向上の「選択的サービス」に分かれ，それぞれが月単位の定額報酬（要支援1は2,226単位／月，要支援2は4,353単位／月）になっている。具体的な改定内容については，表3-2の通りである。その他にも，さまざまな加算項目が創設されているが，その内容は表3-3の通りである。

　通所介護において，単独型通所介護は小規模単価であればさほど減収はないが，通常規模単価になると減収につながる。今後，初期投資の少ない小規模型に取り組む民間企業が増加すると予想される。通所介護単独での経営は厳しいため，通所介護事業を足がかりにして，訪問介護事業と福祉用具貸与事業，有料老人ホーム等を混合させた複合的な事業経営が増加すると思われる。

　2009年度の報酬改定で介護従事者の待遇を改善するため事業者への報酬が3％引き上げられることになった。介護保険制度発足以来，原則3年に一度改定される介護報酬は2003年度，2006年度はいずれも減額されており，プラス改定は初めてである。政府は勤続年数が一定以上の職員を雇用したり，人員体制が手厚い事業所に報酬を加算することで，職員の平均月額賃金を引き上げ，全国120万人の介護職の人数を約10万人増員させることを目指している。

　一方，介護報酬の3％引き上げに伴い保険料も上昇するため，政府は1200億円の基金を準備し，2009年度では引き上げられる保険料120円分の全額を補塡するほか，2010年度も半額の60円を補助し，40～64歳の負担増分も同様に補助する方針である。

　問題は，介護報酬の引き上げが介護労働者の賃金の引き上げにつながるかど

うかである。個々の事業所に職員の賃金等の処遇改善の情報開示を義務づける必要があろう。さらに3％という介護報酬の上げ幅が十分なのかという問題もある。例えば，特別養護老人ホーム等の施設系ではこれまで何とか経営が成り立ってきたが，人件費は上昇している。介護現場の経営状況は極めて厳しく，ボーナスカットや非正規割合を高めてしのいでいる。利用者――職員の配置基準でみても，利用者の要介護度が高くなってきたため，より多くの職員が必要になっているが，介護報酬では「利用者3人に対し職員1人」という一律の配置基準が変わるわけではない。

2　介護保険制度における中央――地方間の財政関係――

　介護保険制度の総費用は制度の創設以来増大してきたが（表3-4参照）。持続可能な制度にするため2006年の介護保険改正では大きな転換が図られた。主な改正の柱の一つが「介護予防」であるが，制度の改正以降利用者である高齢者自身や家族は介護負担が軽減されず，厳しい状況に置かれている。利用者が納得し，事業者も安定的に運営できる財政の仕組みにしていく必要がある。
　まず，中央――地方間の財政関係を整理してみたいが，国の役割からみておきたい。介護給付費の50％は公費負担であるが，表3-5が示す通り，2006年度の介護保険改正で国の負担分は変更されている。介護保険施設等（都道府県の指定権限のある介護保険施設）の給付については，国20％のうち5％は調整交付金で，市区町村の高齢者比率，所得水準等に応じて交付され，国の負担が軽減されている。保険料の第1号と第2号被保険者の割合は2006年度から19％，31％となっている。
　表3-6は国，都道府県，市区町村の役割分担を示しているが，国は法律，政令，省令を通して要介護度に応じたサービス提供を行うよう指示している。市区町村は保険者であるが，その役割は介護保険事業計画の策定と第1号被保険者の保険料率の決定であり，要介護認定のための一連の事務が基礎的な業務を行うことである。介護保険制度は自治事務であることから，一定の裁量が認められており，介護保険事業計画では，各市区町村や広域連合が地域のニーズ

第Ⅱ部 ローカル・ガバナンスと福祉政策

表3-4 介護保険財政の推移

(単位：百万円)

	2000 (H12)	2001 (H13)	2002 (H14)	2003 (H15)	2004 (H16)	2005 (H17)
歳入	3,800,035	4,656,612	5,047,969	5,486,275	5,930,853	6,231,257
保険料	192,362	589,869	806,301	939,266	956,452	983,536
分担金及び負担金	5,598	6,975	7,456	8,896	8,023	4,876
使用料及び手数料	54	105	110	113	110	117
国庫支出金	886,851	1,074,985	1,162,976	1,345,761	1,424,606	1,495,027
支払い基金交付金	1,124,289	1,339,046	1,538,365	1,646,363	1,798,812	1,877,153
都道府県支出金	420,567	523,850	594,220	645,247	705,524	741,609
繰入金	1,166,919	908,980	807,832	826,102	941,816	1,003,668
繰越金	485	197,898	99,280	63,834	72,137	91,798
市町村債	838	11,047	28,689	4,321	15,307	20,508
諸収入その他	2,073	3,857	2,739	6,371	7,905	12,692
歳出	3,589,877	4,552,963	4,983,532	5,407,134	5,828,866	6,105,336
総務費	199,454	210,602	207,646	194,877	190,277	202,987
保険給付費	3,251,940	4,122,545	4,665,914	5,110,100	5,564,176	5,811,914
財政安定化基金拠出金	22,142	23,075	22,607	4,976	5,130	4,980
相互財政安定化事業負担金	87	167	222	179	165	160
保健福祉事業費	174	230	203	300	326	302
基金積立金	113,983	86,787	43,392	53,751	32,802	25,007
公債費	18	348	150	10,590	8,007	9,060
諸支出金その他	2,079	109,209	43,398	32,261	27,982	50,926
歳入歳出差し引き額	3,589,877	103,649	64,437	79,241	101,988	125,921

注：歳入　保険料（第1号保険料）　国庫支出金（国の負担金，調整交付金含む25％）
　　　都道府県支出金（12.5％）　繰入金（他会計や基金からの繰入金，一般会計繰入金12.5％　含む）
　　　市町村債（財政安定化基金等からの借入金）　支払い基金交付金（第2号被保険者の介護給付分）
出典：厚生労働省老健局「介護保険事業報告（年報）」

表3-5 介護給付費の負担区分

①施設等給付費

公費	国　20% うち調整交付金 　　　　　5％	保険料	第1号被保険者 19%
	都道府県　17.5%		第2号被保険者 31%
	市区町村　12.5%		

②居宅給付費

公費	国　25% うち調整交付金 　　　　　5％	保険料	第1号被保険者 19%
	都道府県　12.5%		第2号被保険者 31%
	市区町村　12.5%		

出典：筆者作成

表3-6 国，都道府県，市町村の役割

国	①法制度の運営等，制度全体の枠組みの決定　②要介護認定，保険給付，事業者・施設等の基準の設定　③保険者，事業者，施設等の指導等　④費用の負担
都道府県	①保険者・事業者・施設等の指導（事業者の指定等），②財政安定化基金の設置，市区町村からの要介護認定業務の受託　③介護サービスの基盤整備（施設整備，マンパワーの確保）　④介護保険審査会の設置（不服審査請求の処理）　⑤介護保険事業支援計画の策定　⑥費用の負担
市区町村	①介護保険事業の実施（保険給付，要介護認定，第1号被保険者の保険料の賦課・徴収，保険証の交付等）　②介護報酬の請求の審査・支払　③介護サービスの基盤整備　④介護保険計画の策定　⑤市区町村特別給付や保健福祉事業の実施等　⑥地域密着型サービス（事業者の指定，監督等）の実施　⑦地域支援事業（介護予防事業，包括支援事業，任意事業）の実施　⑧費用の負担

出典：月刊介護保険編集部編『平成18年改訂版　介護保険ハンドブック』法研，83頁に加筆。

にあわせて介護サービスを提供できるようサービスの確保の見込みを盛り込んでいる。ただし，先にも触れたように，法律，政令，省令において要介護度に応じたサービス提供を行うよう国から指示が出されているため，画一的な方法で介護保険運営を進めざるを得ない。なお，事業者の指定は都道府県が行う。

　財政の視点から問題となるのが，財政規律と規制緩和の関係である。当初，規制緩和の下で，市区町村の供給のコントロール権限は認められてこなかった。例えばグループホームの新設は，それが高齢者ニーズに対応するものではあるが，市区町村に費用増の圧力をかけてきた。厚生労働省がグループホームを在宅福祉として位置づけて規制緩和の対象に含めたが，市区町村はグループホームの事業申請に対する許可権限を持ってこなかったという事情がある。費用抑制を志向した2006年改正では，保険者機能の強化策の一環として，グループホームを含む地域密着型サービス事業者の指定・監督業務を市区町村が行えるようにしている。厚生労働省は，地方自治体に介護事業の適正化を徹底させることで，保険料の上げ幅を抑制し，負担の急増を回避したいとしている。

　このような事情からみえてくる中央──地方間の行財政関係は，集権的メカニズムが残されていることである。中央政府に認められているのは，法律や政令や省令に書き込まれた規則が発揮するコントロール機能である。これによって，介護保険制度が市区町村の自治事務であっても，地方の実施は全国一律，

画一的なものになっている。

　一方，地方自治体において財政の変化が生じている。地方自治体の介護費用は，従来の高齢者福祉ではなく，特別会計で処理されている。介護保険財政をみると，2000年度の制度開始後高齢者の増加に伴って介護費用総額は急増してきた。介護保険実施後サービス供給は増えたが，それに伴って市区町村の介護保険財政の負担も拡大してきたのである。市区町村の介護保険特別会計をみる限り，計画サービス給付費に対して実績サービス給付費が上回り，財政赤字を抱える市区町村が増えた時期があった。第2期財政安定化基金貸付をみると，財政安定化基金から借入れをする保険者は2005年度末で実に4分の1を超えていたのである。

　計画値を超えるサービスが供給され，保険料の高騰に苦慮する市区町村が多かった。この時期の介護財政の赤字要因については，保険料設定の甘さ，需要予測の甘さ，保険者では需給を調整できない不確実性の3点が作用していたと考えられる。その他には，保険者間の規模の格差という問題もあった。つまり，市区町村において人口規模や財政規模は著しく異なっており，特に小規模の保険者ではサービス利用の状況次第で財政が大きく変動していたのである。特に町村部において介護施設が1カ所でも新設されれば，それは保険料に大きく跳ね返るという事態がみられた。

　2006年度の介護保険法改正については，変則的な事態が起こっている。街かどデイハウス，配食サービス，福祉電話の設置などの「その他の高齢者福祉サービス」は地方自治体の特色あるサービスとして位置づけられ，当初介護保険の対象ではなかった。ところが，2006年度以降地域支援事業が制度化され，上記の高齢者福祉サービスは地域支援事業の「任意事業」とされ，介護保険特別会計の下で実施されている。介護特定財源であるはずの介護保険制度が無原則に他の費目に適用され始めているのである。

　介護保険改正の実施後，2007年度では介護給付費の増加に歯止めがかかっている。制度の開始以降，初めて前年度予算を下回ったことになる。これに伴い，介護保険の国庫負担総額も2.3％減となった。厚生労働省によれば，2006年度から給付費が予算額を下回るようになっており，実態にあわせて修正したとい

う。黒字化する保険者が増えている背景には，2006年度から保険料が引き上げられ，さらに制度改正や介護給付適正化計画の影響で給付費は抑えられるようになったという事情がある。[6] なお，介護給付適正化計画とは，急増する介護保険の費用を抑えるため，厚生労働省が都道府県に費用削減の行動計画を策定するよう指示したものである。その内容は，①要介護認定の適正化，②ケアマネジメント等の適切化，③事業者のサービス提供体制と介護報酬請求の適正化という3項目である。都道府県と保険者が一体となって，介護給付適正化の戦略的な取り組みを進めているところである。

65歳以上の高齢者が市区町村などに納めている介護保険料が，約6割の地方自治体で使い切れずに黒字となる見通しであるという新聞報道があった（2008年10月17日，朝日新聞夕刊）。この数字は，NPO法人・地域ケア政策ネットワークが，実際の給付額から介護サービスを必要とした高齢者1人あたりの保険料（必要額）を算出し，徴収している保険料と比較した結果得られたものである。

介護保険改正以降，自治体の介護保険財政が安定期に入っていることは確かである。そこには，地域によっては要介護・要支援の認定率が微減するなどさまざまな要因が作用している。保険料の余剰を生み出している有力な要因は次のものが考えられる。まず，2006年10月から施設の利用者にホテルコストが課されているが，第3期の介護保険事業計画でこの回収分が算入されていなかった。次に，地域包括支援センターが果たす門番の役割が影響を及ぼしている。介護保険改正以前ではケアマネジャーが給付費を潤沢に利用したが，介護保険改正に伴う地域包括支援センターの創設によって，要支援1〜2の軽度の要介護者に対して給付の適正化が徹底されている。そして，最も大きな要因とみられるのが，介護報酬の抑制である。すでに触れたように，介護報酬は事業所の経営状況をもとに3年ごとに見直され，過去2回の改定では2003年度マイナス2.3％，2006年度マイナス2.4％と連続して引き下げられた。介護報酬のマイナス改定は給付総額を抑制し，介護事業経営や介護労働者に負のインセンティブを与えてきた。他にも，厚生労働省はユニットケアを推進してきたが，それが個室制というコストを要するタイプであるため，想定ほどにはユニットケアは進んでいないという事情がある。

3　ローカル・ガバナンスからみた地域ケア

　2006年度の介護保険改正では，新しいサービスを追加するとともにサービス体系が再編成された。一人暮らし，認知症高齢者，重度の要介護者であっても，住み慣れた地域で生活し続けられることを目指した「地域密着型サービス」が創設されている。

　地域密着型サービスとは，市区町村で提供されることが適当なサービスを言い，①小規模介護老人福祉施設（定員30人未満），②小規模で介護専用型の特定施設（定員30人未満），③認知症高齢者グループホーム，④認知症高齢者専用デイサービス，⑤小規模多機能型居宅介護，⑥地域夜間訪問介護が含まれている。

　地域密着型サービスでは，保険者である市区町村の権限が強化されている。第一に，当該市区町村の住民のみが利用可能となり，指定権限を市区町村に移譲し，その住民のみがサービス利用可能になっている。第二に，地域単位で適正な基盤整備を行い，市区町村単位（それをさらに細かく分けた圏域）で必要整備量を定める。そのことで，サービス基盤の整備が遅れているところでは，計画的な整備が可能になり，過剰な整備も抑制されることになっている。第三に，地域の実情に応じた指定基準を設けることができるが，介護報酬の設定（国が定める報酬の水準が上限）も認められている。そして第四に，公平・公正・透明な仕組みとして，指定（拒否），指定基準，報酬設定には，地域住民，高齢者，経営者，保健・医療・福祉関係者が関与することになっている。

　地域密着型サービスでは小規模多機能型居宅介護などを新設しており，高齢者の生活圏域の中で切れ目ないサービスが行われるよう，市区町村が指定・監督を行うことになった。制度改正により介護保険サービスの種類が幾分複雑化したが，地域密着型サービスを質・量ともに整備するのは市区町村の力量である。保険者機能も強化されて，地域密着型サービスの指定・監督を市区町村に委ねたことで地域の実情にきめ細かに応じたサービスが期待できる。市区町村が地域密着型サービスを実現できるかどうかは，基礎自治体中心時代を迎えて試金石となろう。

図3-2 地域密着型サービスの創設

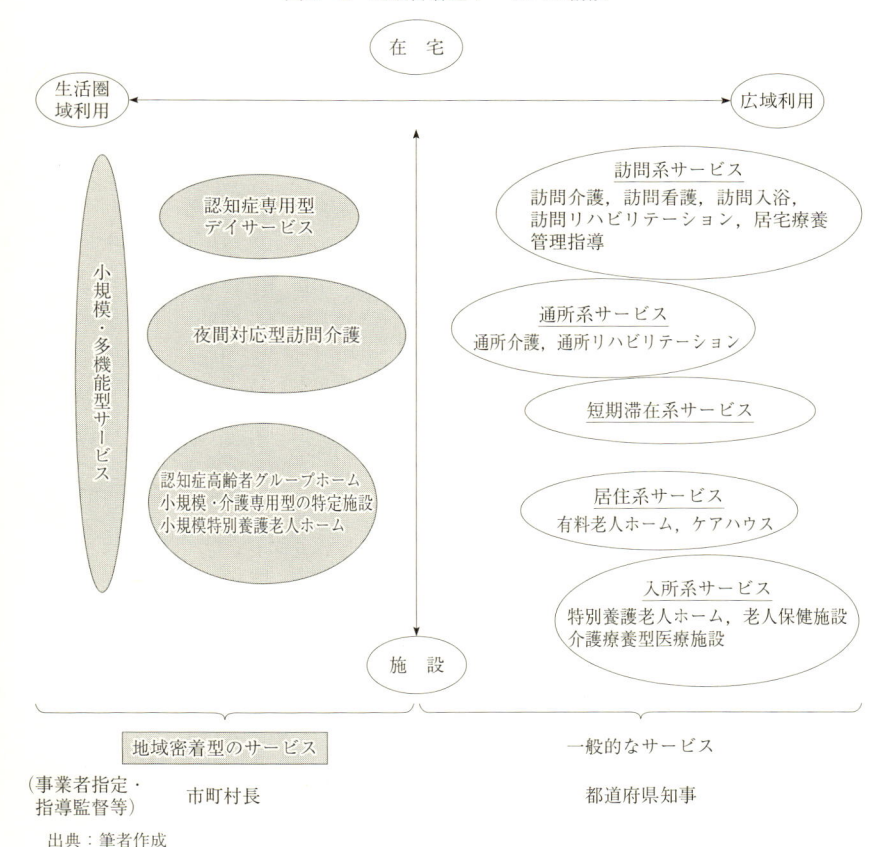

在 宅

生活圏域利用 ←→ 広域利用

小規模・多機能型サービス

認知症専用型デイサービス

夜間対応型訪問介護

認知症高齢者グループホーム
小規模・介護専用型の特定施設
小規模特別養護老人ホーム

訪問系サービス
訪問介護，訪問看護，訪問入浴，訪問リハビリテーション，居宅療養管理指導

通所系サービス
通所介護，通所リハビリテーション

短期滞在系サービス

居住系サービス
有料老人ホーム，ケアハウス

入所系サービス
特別養護老人ホーム，老人保健施設
介護療養型医療施設

施 設

地域密着型のサービス　　　　　一般的なサービス

（事業者指定・指導監督等）　市町村長　　　　　都道府県知事

出典：筆者作成

　一方，地域支援事業は，介護予防のためのサービスや，できる限り地域で自立した生活を送ることができるように支援するために市区町村が主体となって進める事業で，その内容は，表3-7の通りである。介護予防事業や包括的支援事業などを行う地域支援事業の財源は，被保険者からの保険料と公費で賄われる。

　介護保険は本来，基礎自治体である市区町村単位の保険制度である。しかし，2000年度の制度開始当初，事業者を指定する役割を都道府県が担うなど市区町村の役割は限定的であった。このため，介護を福祉事業として実施していた時

表3-7　地域支援事業

介護予防事業	・運動器の機能向上 ・栄養改善 ・口腔機能の向上 ・閉じこもり予防・支援 ・認知証予防・支援 ・うつ予防・支援など	要介護認定で自立と判定された高齢者などを対象に要支援状態になることを防ぐため、介護予防事業を実施する。 一般高齢者を対象とした介護予防事業も実施する。
包括的支援事業	・介護予防ケアマネジメント事業 ・総合相談支援事業 ・権利擁護事業 ・包括的・継続的ケアマネジメント支援事業	介護予防事業対象者の介護予防ケアプランの作成などを行う。 地域の高齢者などのあらゆる相談に応じる。 成年後見制度の活用、虐待への対応などを行う。 地域の介護支援専門員を支援する。
任意事業	・家族介護支援 ・成年後見制度利用支援事業 ・地域自立生活支援事業など	地域での自立生活の継続を支援する事業や家族介護者の負担軽減、成年後見制度申立ての助成など、地域の実情に応じた事業を実施する。

出典：筆者作成

代よりも市区町村の機能が後退し、サービスは事業者任せになっているケースも少なくなかった。

　市区町村に再規制の役割を付与したのは2006年度の介護保険改正からである。新たに住民等の総合相談・支援、権利擁護、地域のケアマネジャーの支援、介護予防事業などを「地域支援事業」として市区町村が担うこととなった。これらの業務を行うため、市区町村は人口2万～3万人ごとに1カ所ずつ「地域包括支援センター」を設置している。地域包括支援センターでは地域支援事業のほか、要支援者を対象に、ケアプランを作成して事業者と利用者をつなぐケアマネジメントも実施している。これは市区町村が軽度者のサービスを適正化することを目的としたものである。

　介護保険改正では市区町村の権限が大きくなり、裁量の範囲も大きくなった。地方自治体は予防活動を充実させていけば、医療費や介護費用を抑制できることは確かである。しかしそれでも、介護保険制度において、財政規律を保つこととサービスの質の向上という二つの目標を達成するのは依然として難しい。

　ここで、国に保険者の機能強化を求めてきた東京都稲城市の事例を示しておきたい。同市は介護保険制度を積極的に推進し、その先駆的な取り組みは広く

図3-3　介護予防事業の財源

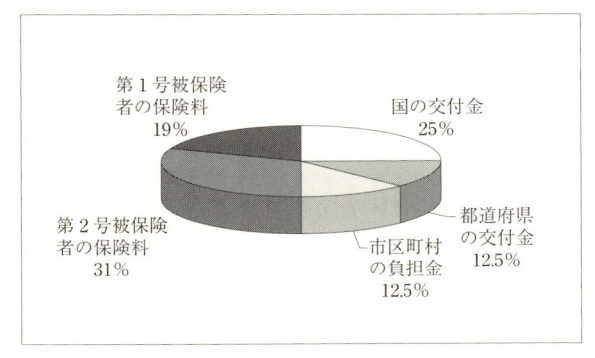

第1号被保険者の保険料　19%
国の交付金　25%
第2号被保険者の保険料　31%
市区町村の負担金　12.5%
都道府県の交付金　12.5%

出典：筆者作成

図3-4　包括的支援事業の財源

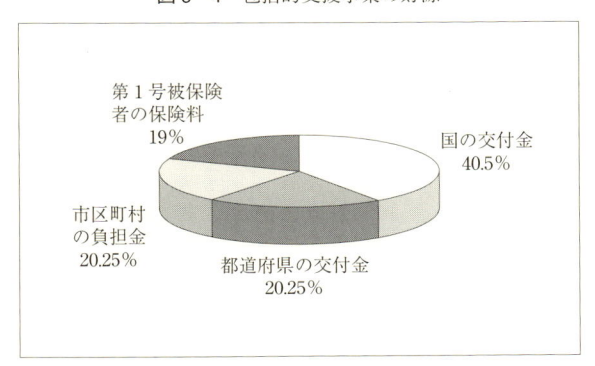

第1号被保険者の保険料　19%
国の交付金　40.5%
市区町村の負担金　20.25%
都道府県の交付金　20.25%

出典：筆者作成

知られている。構造改革特区を活用した提案は，介護保険制度改正に大きな影響を与えた。同市は，2003年6月の3次募集と11月の4次募集に「介護のまちづくり特区」を提案した。この提案に至る背景には，急増するグループホームや有料老人ホームが特定の地域に偏在する動きがあった。

　全国一律の基準の形式的要件を満たすことによって介護保険の給付が増え，地域ニーズを超えて事業者指定がなされる可能性があった。事業者によっては不動産感覚でケアサービスを取り引きし，地価が低い地域に施設をつくるという傾向がみられた。同市では，他市区町村の要介護者が転入してくるという特

殊事情があり，高齢化率は国と比較して低いにもかかわらず，ニーズを超えた整備が保険料を高騰させていたのである。介護保険財政の安定化，介護保険料の適正化，介護のまちづくりの視点から，保険者である市区町村が主体的に関与することを提唱していた点で注目されるのである。

　提案の内容は，①認知症高齢者グループホームと有料老人ホーム等の特定施設は，市区町村の事業計画の上限を超える場合には，都道府県は指定しない。②市区町村が希望する場合には，これらの指定権限を移譲する。③市区町村が希望する場合には，これらの介護報酬について国基準を上限として引き下げて設定し運用できる，という市区町村の保険者機能を強化するものであった。

　さらに同市，2004年6月の5次募集と地域再生2次募集に「介護のまちづくり地域システム構想」を提案しており，サテライト型特別養護老人ホームや介護予防拠点などを整備し，包括的な地域ケアシステムを構築することを目指していた。特に地域密着型サービスでは，市区町村の保険者機能が強化された。所在市区町村の住民を対象とし，日常生活圏域内でサービスを提供するため，①事業者の指定および指導・監督，②整備計画の策定，③指定基準，介護報酬の設定を市区町村が行うという提案は介護保険制度改正で導入されている。このように地域の介護ニーズに応じた基盤整備・運営を行いたいという意図を持ち，そのためには指定権限等の保険者機能の強化を求めていたのである。

4　市区町村の再規制の役割を求めて──国, 地方による再規制──

　「措置から契約へ」の転換では，利用者は提供主体（事業者）と直接契約を結ぶ。同時に，準市場のメカニズムを通して，利用者は行政に対しサービスを受ける権利を持っている。利用契約システムは民間セクターを含めた多元的な供給体制を形成しており，ただし準市場のメカニズムではあるが，市場主義以外の理念も重視されるのは当然で，経済効率よりも人道性，柔軟性，ニーズへの敏感な対応が求められることになる。

　「介護保険制度は地方分権の試金石」であったのか。それは国と地方の関係に新たな光を注ぎ込んだのか。その答えは微妙である。というのは，制度の仕

組みが固定的に設計されており，特に市区町村の裁量の余地は少ない。

　この多元的な供給体制には営利企業も含まれる。2007年6月，大手介護企業であったコムスンは，職員数を水増しして訪問介護事業所の認可を受けていたことが発覚し，全国で事業所の継続や開設が認められないという処分を受けた。コムスンの事件が示すように，介護サービスの市場は通常の市場とは異なり，公金が投入されていることを前提にした経営理念や高い倫理観が求められる。介護ビジネスが急成長するなかで，介護市場への事業者参入のチェック体制は依然として不十分である[7]。

　市場化に伴う弊害を是正するという意味で，行政による規制を強化する必要がある。規制と言っても，この言葉は「規制・規定・統制・管理」の他に，「調整・調節」という意味を持ち，広いニュアンスを持っている。もちろん規制行為はアクターの創意工夫を制約することは慎まなければならず，法令順守を徹底させることを趣旨としていれば問題はない。

　同様に，最低基準の設定とその履行も規制行政の一つである。措置時代に施設建設の基準などで硬直的な運用がみられたが，より弾力的なものに変更する必要がある。例えばイギリスの施設最低基準をみると，建築基準や職員配置の詳細な決まりはなく，すべての施設に対して最低限適合すべき基本条件（資格や職員の訓練など）を満たすこととされている。この柔軟な規定は，利用者の多様な特性に幅広く適応する基準を想定したものである。入居者によって要援護レベルが異なり，また認知症の有無などによって職員配置の基準や求められる技術が変わるからである。一律な配置基準の設定は，利用者の多様な特性に応じられなくなる。

　介護と市場の関係をみる際，サービスの特性を考慮する必要がある。介護サービスは他のサービスと決定的に異なる特性を幾つか有するからである。その特性とは，介護の外部性，情報，合理性という要素である（Le Grand J, Propper C, and Robinson R. (1992) *The Economics of Social Problems*, 3rd edition, pp. 123-126, Macmillan, London）。

　介護の外部性については，サービスのもつ社会的便益はサービス利用者のみならず，家族や隣人，地域社会にも及ぶものである。この外部性の効果が公共

的サービスの価値を高めている。また情報については，市場が効率的に機能するためにはすべての消費者に完全に情報が知らされるべきであるが，情報の非対称性は社会的に弱い立場にある人たちに不利に作用する。そして合理性については，たとえ介護を必要とする人たちに選択肢を十分に知らせたとしても，その情報に合理的に対応できない人たちが存在するという問題がある。利用希望者が明確にニーズを表すことが難しい状況では第三者の決定が必要となり，ケアマネジャーなどの専門家の判断が不可欠となる。以上から，介護市場による資源配分にはサポート体制が必要であり，行政が市場に介入し効果的に管理する必要性がある。

　さらには，市場において非効率が生じる可能性がある。介護保険制度では，居宅介護支援事業所とサービス事業所，特に訪問介護事業所との併設が多く，サービス利用を誘導する傾向があるため，ケアマネジメントの独立性，中立性をどのように確保するかが問われてきた。サービスの質と効率を維持するには，市区町村の再規制の役割を求める必要がある。適正給付の鍵を握るのはケアマネジャーであるが，民間が実施するケアマネジメントに市区町村がよりかかわることにより，給付の効率化が進むものと思われる。介護保険改正においては，効率性・効果性を上げるために市区町村の役割が強化されたのも上記のことと関連がある。保険者である市区町村が住民にサービスの権利を保障するため，安定的な財源の確保を前提条件として，以下の取り組みを強化する必要があろう。

1．サービスの選択権

　利用者がサービスを選択できるということは，自己決定の基礎がつくられたことを意味する。市区町村がサービスを提供する際，①選択可能なサービスの量，②選択可能なサービスの質，③選択時の情報，④選択可能な資力という四つの要素を実現する必要がある。選択可能なサービスの量については，都市と地方の格差があってはならない。実際には，市区町村の間や，在宅ケアと施設ケアとの間でかなりの地域格差が生まれている。サービスの質については選択時の情報が重要であり，利用者が選択権や自己決定権を行使するうえで決定的

な要素となる。情報の提供については，社会福祉法でも明記されており，第75条において社会福祉事業の経営者に情報提供を行うように，国や地方自治体には利用者が情報を容易に得られるように支援を促している。そして選択可能な資力については，社会保障のナショナル・ミニマムに関係するが，選択を可能にする最低限の所得が保障されていなければならない。

2．市民組織の評価システム

　サービスの質の点検については，行政責任の下で「質の保証」が実施される必要がある。都道府県や市区町村はサービスの質を保証するためのモニタリングと検査の権限を持つが，その調査結果を地域住民に広く伝える義務を負っている。これに対し，第三者評価システムは市民参加による制度運営である。評価決定委員会や評価チームには多数の市民が参加し，事業者や行政も参加することで，従来の対立や無関心といった形から，緊張関係を持った連携へと変わることになる。市民が幅広く参加できる体制を通して，質および情報の点で効果が生まれるものとして期待されている。

　第三者評価システムは事業者特性に関する情報を収集し，その情報提供により介護サービスの質の向上を目指すものである。その意味で，最低基準の監督といった指導監査とはその役割を区分したものである。第三者評価システムを契機にして市民参加の場を設け，住民主体の仕組みを構築できれば，この制度の意義は十分にある。市区町村は第三者評価システムを育てるために，さまざまな資源を提供していく必要があろう。

5　ローカル・ガバナンスを絡めた介護保障の強化

　介護サービスは狭域行政の方がきめ細かく運営できる一方，財政的には広域の方が安定するという二律背反の側面をもつ。このことも考慮に入れたうえで，将来的には市区町村は相互に連携をとるという工夫が必要である。このことを踏まえたうえで，保険者である市区町村には二つの機能があると考える。第一は財・サービス提供の機能である。市区町村は一定の財・サービスを確実に供

給しなければならない。第二は政治機能である。市区町村は介護保障に関する公的責任について地域住民とともに論議し，意思決定の範囲を増やす必要がある。住民についても，消費者としての位置づけにとどまることなく，受動的なサービス利用者ではなく，選択や発言権，意思決定時の協議や関与の役割を担っている。地域ケアを消費者主義の範疇で狭く捉えるのではなく，むしろ消費者主義を越えて，集合的な意思決定を志向する地域民主主義への高揚が望まれる。市場モデルではなく消費者主義でもない，民主主義的な住民参画を全面に押し出したローカル・ガバナンスの構築がここでも必要である。在宅で重度の要介護者を支えられる地域ケアの底上げはまだ不十分である。この課題は住民参画による介護保険事業計画や地域福祉計画の下で実現されるのがふさわしく，そこからローカル・ガバナンスが形成されよう。

　公的責任の下に民間参入を管理し，地域の合意に基づいたサービスの確保を目指し，コストとサービスに関する合意を住民から引き出す必要がある。ローカル・ガバナンスの力を発揮して，地域社会レベルで市区町村がコントロール権限をもつことが望まれる。ローカル・ガバナンスは，行政や事業者に情報公開を求め，行過ぎた官僚主義と市場化を是正する新たな理念である。

1） 医療保険では，給付対象でないサービスを併用した場合，その治療に要した費用を被保険者が全額負担することになっている。
2） 市区町村などの介護認定審査会が行う要介護認定を受けなければならない。そこでは日常生活動作（ADL）や意思疎通の能力に関して全国一律の基準に基づいた認定作業をしており，画一的な形式で給付対象を決めている。
3） 介護報酬は厚生労働大臣が定める基準により算定され，3年に一度見直されることになっている。介護サービス事業者や施設は，基準に示された介護給付費単位に基づいて提供するサービスの単位数に1単位を乗じて，国民健康保険連合会に請求する。その請求は，利用者負担の1割を引いた9割分が原則である。単位数には，基本単位と加算単位等がある。①基本単位は，要介護度や提供時間数，人員配置，設備などを反映して定めたものである。②加算単位は，介護の提供状況などに応じて定めたものである。また，地域ごとに1単位の単価が異なることにも留意したい。これは，1単位の基本を10円とし，地域ごとに，サービス種類ごとの人件費の地域差を反映し，5区分（10円から10.72円）に分けたもので，居

宅療養管理指導と福祉用具，短期入所療養介護の医療費はこれにかかわらず1単位10円である。さらに，離島・山村等の特別地域の事業所が提供する訪問サービス等は15%の加算が行われる。2006年4月の介護報酬改定では，賃金，物価の動向などの経済動向や，介護事業経営の実態，保険財政の状況，2005年10月の施設サービスの改定も踏まえて，制度の持続性を高め，保険料負担の上昇を出来る限り抑制する観点から，全体でマイナス0.5%の介護報酬改定が行われている。中身としては，中重度者への支援強化，介護予防，リハビリテーションの推進，地域包括ケア，認知症ケアの確立，サービスの質の向上，医療と介護の機能分担・連携の明確化の視点から報酬，基準が設定されている。

4) 介護保険改正の状況ではあるが，介護経営については以下の文献が興味深い。富田敏夫『財務面でみる訪問介護事業所の健康診断──居宅ケアサービス──』vol. 1, no. 6, 日総研，2004。

5) 地方自治体の会計には一般会計と特別会計の2種類があり，介護保険特別会計は介護保険法によってその設置が義務づけられている。

6) 2007年度では介護給付費全体では0.2%減の6兆6,559億円となり，前年度より132億円の減（対前年度比マイナス0.2%）を示している。

7) コムスンの不正が明らかになったのは事業所の指定申請手続きで，申請を受け付けるのは都道府県の窓口であるが，東京都の場合では毎月100を超える事業者が申請に訪れ，20人の職員で手一杯の状態であるという。申請書類の記載の真偽や，職員の在籍の確認について現地調査を行ってチェックするのは現実には難しい。

補論　大阪府・京都府の調査結果とその考察

　本節では，介護保険料の値上げ幅が大きかった自治体の実態調査を通して，介護保険制度の運営状況を検討していきたい。筆者は，大阪府および京都府下市町村の介護保険運営状況を把握するために，すべての市町村（調査時点では，広域連合を含む41）の介護保険担当者に対して，郵送またはeメールによる自記式アンケート調査を行った。設問の柱は，①介護保険に携わる職員体制，訪問認定に関する調査体制，②保険者業務の現況，③介護保険事業特別会計の現況，④介護計画の把握状況，⑤介護保険の財政規律に関する意見，からなる（調査票参照）。ここで紹介するのは，要介護認定にかかわる訪問調査，認定調査を民間委託する場合の公正・公平性に関する質問，地域包括支援センターの設置状況，保険者の役割として重視した項目，今後充実する必要がある項目，介護保険財政の見通し，介護計画の把握に関する状況と今後の方針である。大阪府下市町村調査の期間は2006年10月1日から1カ月間で，26の市町村から調査票を回収した（回収率63％）。京都府下市町村調査の期間は2006年11月6日から1カ月間で，17の市町村から調査票を回収した（回収率60％）[1]。

1．調査結果
≪①要介護認定にかかわる訪問調査について≫
　「行政直営」，「民間委託」，「行政直営と民間委託の併用」という項目を立て，新規申請と更新申請とに分けて尋ねた。
＜大阪府下市町村のケース＞：新規申請で最も多かったのは「行政直営と民間委託の併用」で47％，次に「行政直営」が38％，「民間委託」は15％であった。次に更新申請で最も多かったのは「行政直営と民間委託の併用」で73％，次に「民間委託」が27％，「行政直営」は0であった。
＜京都府下市町村のケース＞：第一に，新規申請で最も多かったのは「行政直営」で59％，次に「行政直営と民間委託の併用」が41％，「民間委託」は0％であった。第二に，更新申請で最も多かったのは「直営・委託とも行ってい

図3-5 要介護認定にかかわる訪問調査（大阪府）（新規申請）

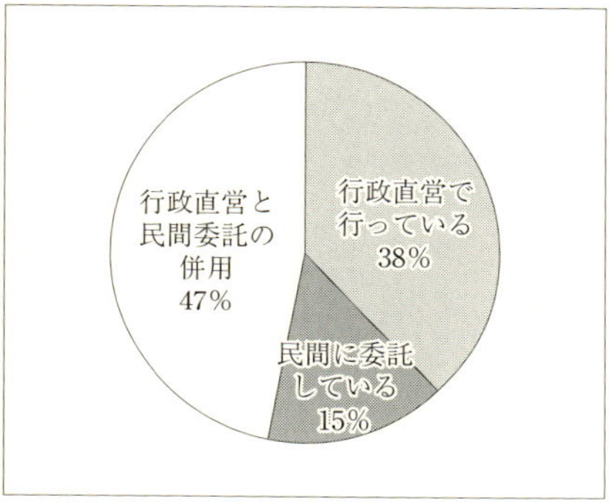

- 行政直営と民間委託の併用 47%
- 行政直営で行っている 38%
- 民間に委託している 15%

図3-6 要介護認定にかかわる訪問調査（大阪府）（更新申請）

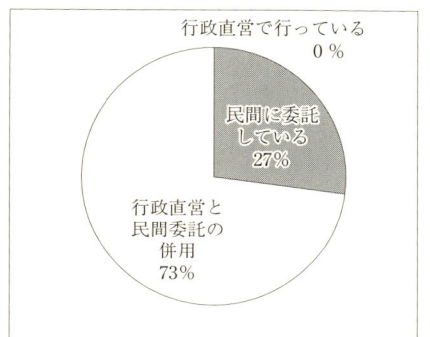

- 行政直営で行っている 0%
- 民間に委託している 27%
- 行政直営と民間委託の併用 73%

図3-7 要介護認定にかかわる訪問調査（京都府）（新規申請）

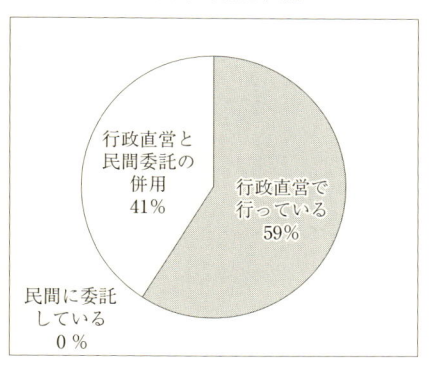

- 行政直営と民間委託の併用 41%
- 行政直営で行っている 59%
- 民間に委託している 0%

図3-8 要介護認定にかかわる訪問調査（京都府）（更新申請）

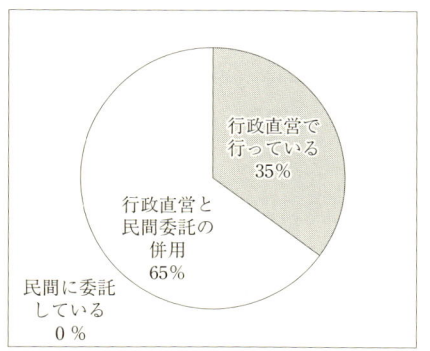

- 行政直営で行っている 35%
- 行政直営と民間委託の併用 65%
- 民間に委託している 0%

る」で65％，次に「行政直営」が35％，「民間委託」は新規申請と同じく0％であった。要介護認定にかかわる訪問調査について，京都府の方が行政主体の形をとっていることがわかる。

≪②認定調査を民間委託する場合の公正・公平性について≫
＜大阪府下市町村のケース＞：「公正・公平性は保てる」は77％で，残りの23％は「公正・公平性は保てない」であった。
＜京都府下市町村のケース＞：「公正・公平性は保てる」は75％で，残りの

図3-9　民間委託の公正・公平性について（大阪府）

- 公正・公平性は保てない　23%
- 公正・公平性は保てる　77%

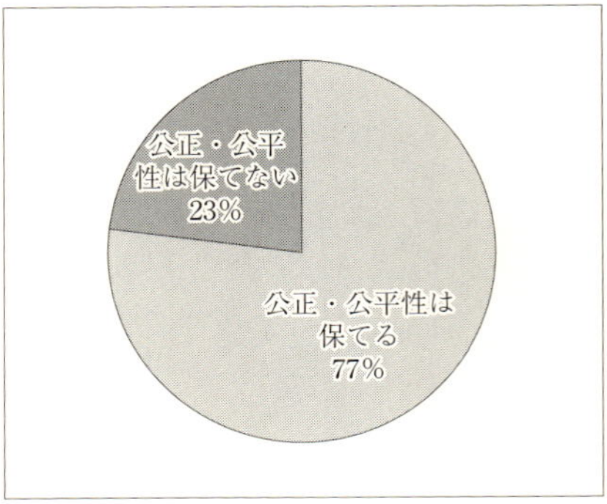

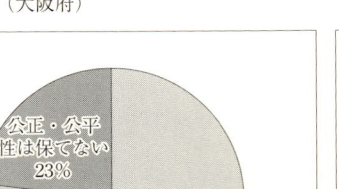

図3-10　民間委託の公正・公平性について（京都府）

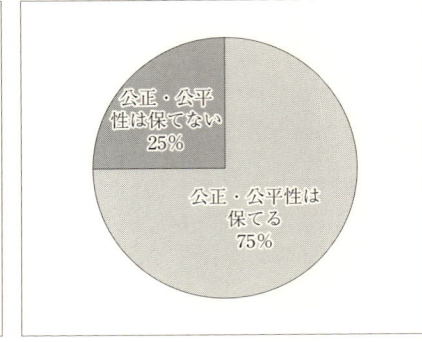

- 公正・公平性は保てない　25%
- 公正・公平性は保てる　75%

図3-11　地域包括支援センターの設置形態（大阪府）

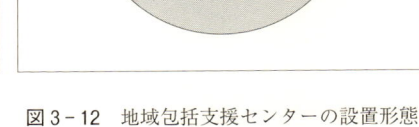

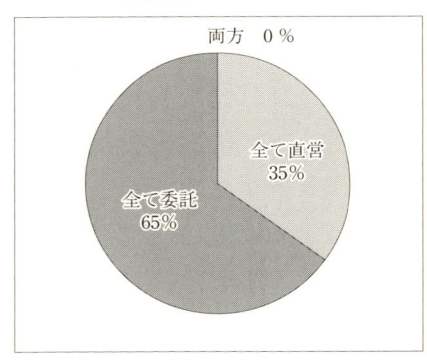

- 両方　0%
- 全て直営　35%
- 全て委託　65%

図3-12　地域包括支援センターの設置形態（京都府）

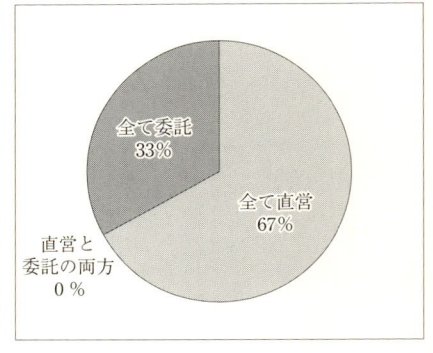

- 全て委託　33%
- 全て直営　67%
- 直営と委託の両方　0%

25%は「公正・公平性は保てない」であった。認定調査を民間委託する場合の公正・公平性について，大阪府，京都府下市町村ともに4分の1が否定的な認識を持っていることがわかる。

≪3　地域包括支援センターの設置について≫
＜大阪府下市町村のケース＞：回答した全ての市町村が，地域包括支援センターを設置しており，「全て委託」が65%，「全て直営」が35%であった。
＜京都府下市町村のケース＞：回答した全ての市町村が，地域包括支援センタ

第3章 介護保険制度とローカル・ガバナンス　121

図3-13　保険者の役割として重視した項目（大阪府）

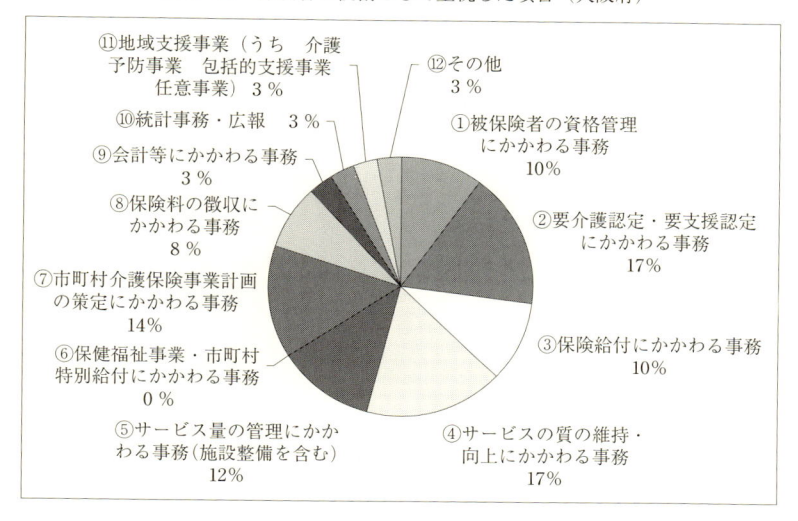

- ⑪地域支援事業（うち　介護予防事業　包括的支援事業　任意事業）3％
- ⑫その他 3％
- ⑩統計事務・広報 3％
- ①被保険者の資格管理にかかわる事務 10％
- ⑨会計等にかかわる事務 3％
- ②要介護認定・要支援認定にかかわる事務 17％
- ⑧保険料の徴収にかかわる事務 8％
- ⑦市町村介護保険事業計画の策定にかかわる事務 14％
- ③保険給付にかかわる事務 10％
- ⑥保健福祉事業・市町村特別給付にかかわる事務 0％
- ⑤サービス量の管理にかかわる事務（施設整備を含む）12％
- ④サービスの質の維持・向上にかかわる事務 17％

図3-14　保険者の役割として重視してきた項目（京都府）

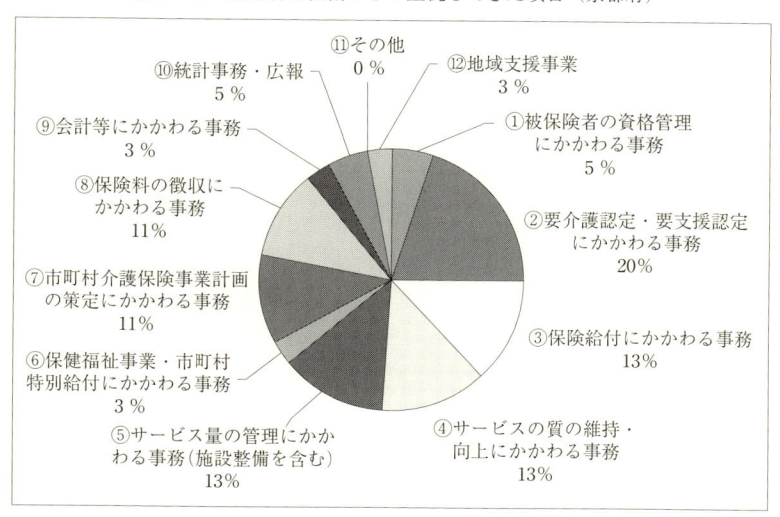

- ⑪その他 0％
- ⑩統計事務・広報 5％
- ⑫地域支援事業 3％
- ⑨会計等にかかわる事務 3％
- ①被保険者の資格管理にかかわる事務 5％
- ⑧保険料の徴収にかかわる事務 11％
- ②要介護認定・要支援認定にかかわる事務 20％
- ⑦市町村介護保険事業計画の策定にかかわる事務 11％
- ③保険給付にかかわる事務 13％
- ⑥保健福祉事業・市町村特別給付にかかわる事務 3％
- ④サービスの質の維持・向上にかかわる事務 13％
- ⑤サービス量の管理にかかわる事務（施設整備を含む）13％

ーを設置しており，「全て直営」が67％，「全て委託」が33％であった。地域包括支援センターの設置について対照的な結果が出ており，大阪府は委託志向，京都府は直営志向を持っていることがわかる。

第Ⅱ部　ローカル・ガバナンスと福祉政策

図3-15　今後充実する必要があると思われる項目（大阪府）

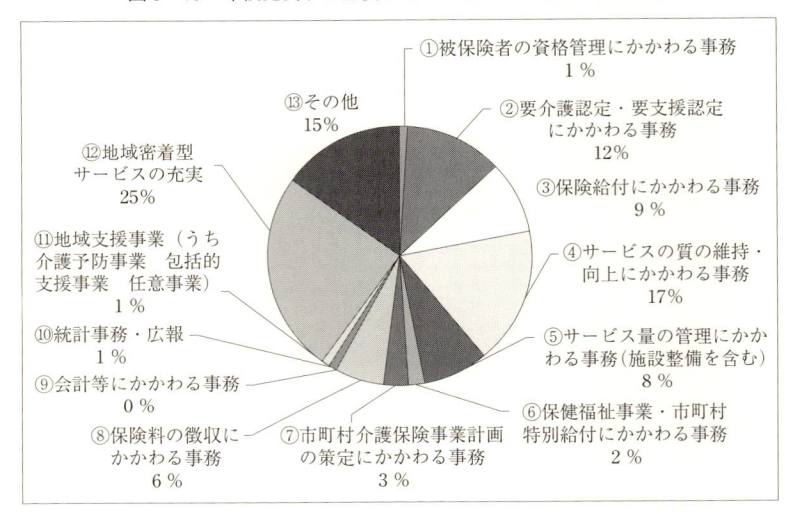

- ①被保険者の資格管理にかかわる事務　1％
- ②要介護認定・要支援認定にかかわる事務　12％
- ③保険給付にかかわる事務　9％
- ④サービスの質の維持・向上にかかわる事務　17％
- ⑤サービス量の管理にかかわる事務（施設整備を含む）　8％
- ⑥保健福祉事業・市町村特別給付にかかわる事務　2％
- ⑦市町村介護保険事業計画の策定にかかわる事務　3％
- ⑧保険料の徴収にかかわる事務　6％
- ⑨会計等にかかわる事務　0％
- ⑩統計事務・広報　1％
- ⑪地域支援事業（うち介護予防事業　包括的支援事業　任意事業）　1％
- ⑫地域密着型サービスの充実　25％
- ⑬その他　15％

図3-16　今後充実する必要があると思われる項目（京都府）

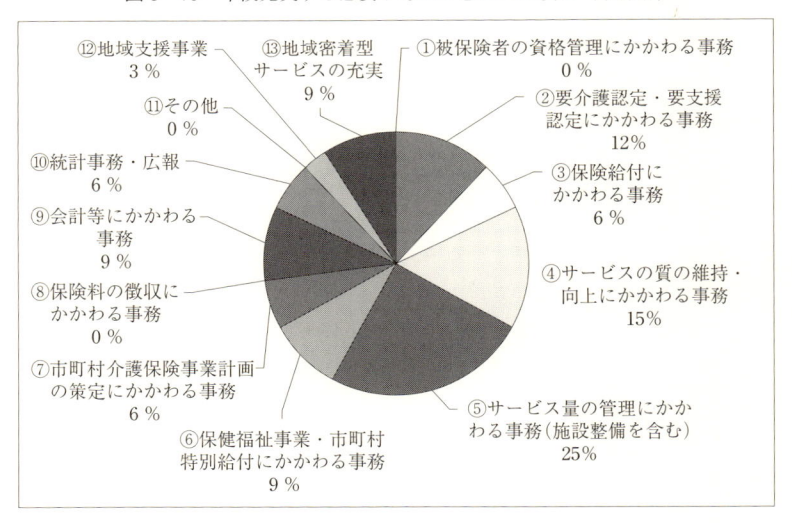

- ①被保険者の資格管理にかかわる事務　0％
- ②要介護認定・要支援認定にかかわる事務　12％
- ③保険給付にかかわる事務　6％
- ④サービスの質の維持・向上にかかわる事務　15％
- ⑤サービス量の管理にかかわる事務（施設整備を含む）　25％
- ⑥保健福祉事業・市町村特別給付にかかわる事務　9％
- ⑦市町村介護保険事業計画の策定にかかわる事務　6％
- ⑧保険料の徴収にかかわる事務　0％
- ⑨会計等にかかわる事務　9％
- ⑩統計事務・広報　6％
- ⑪その他　0％
- ⑫地域支援事業　3％
- ⑬地域密着型サービスの充実　9％

≪4 保険者の役割として重視した項目について≫
＜大阪府下市町村のケース＞：最も多かったのは「要介護認定・要支援認定にかかわる事務」および「サービスの質の維持・向上にかかわる事務」で17％で

図3-17 ケアマネジャー作成の介護計画　　図3-18 ケアマネジャー作成の介護計画
　　　　内容の把握について（大阪府）　　　　　　　内容の把握について（京都府）

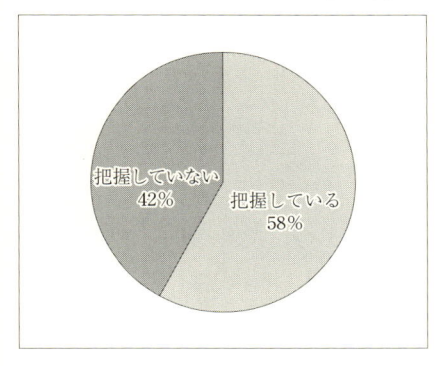

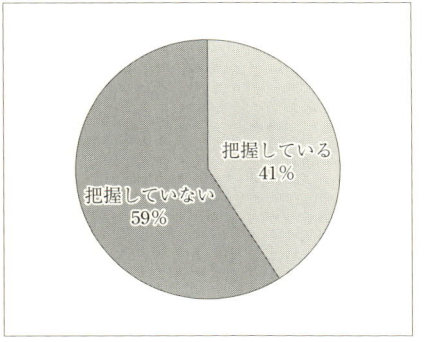

あった。次いで「市町村介護保険事業計画の策定にかかわる事務」が14％であった。
＜京都府下市町村のケース＞：最も多かったのは「要介護認定・要支援認定にかかわる事務」で20％であった。次いで「保険給付にかかわる事務」，「サービスの質の維持・向上にかかわる事務」，「サービス量の管理にかかわる事務（施設整備を含む）」がともに13％であった。両府下市町村はともに，「要介護認定・要支援認定にかかわる事務」を最重要視していることがわかる。

≪5 今後充実する必要があると思われる項目について≫
＜大阪府下市町村のケース＞：「地域密着型サービス」が最も多く25％，次いで「サービスの質の維持・向上にかかわる事務」が17％であった。
＜京都府下市町村のケース＞：「サービス量の管理にかかわる事務（施設整備を含む）」が最も多く25％，次いで「サービスの質の維持・向上にかかわる事務」が15％であった。

≪6 ケアマネジャー作成の介護計画内容の把握について≫
＜大阪府下市町村のケース＞：58％が把握しており，42％は把握していなかった。
＜京都府下市町村のケース＞：41％が把握しており，59％が把握していなかっ

第Ⅱ部　ローカル・ガバナンスと福祉政策

図3-19　介護計画内容の把握方法
（大阪府）

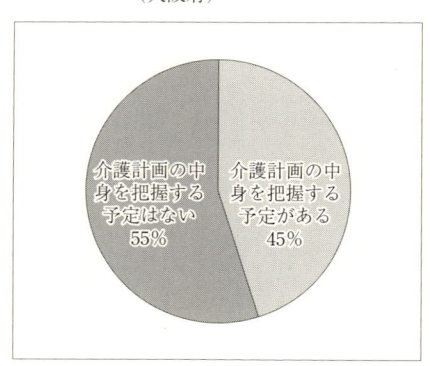

- 専門家で構成される委員会を組織し、点検した結果をケアマネジャーに伝えている。 0%
- 行政内部で担当者を決め、担当者とケアマネジャーの間で連絡をとる。 33%
- 地域包括支援センターの職員が点検している。 19%
- ケアマネジャーに自主点検させている。 5%
- その他 43%

図3-20　介護計画内容の把握方法
（京都府）

- 専門家で構成される委員会を組織し、点検した結果をケアマネジャーに伝えている。 14%
- 行政内部で担当者を決め、担当者とケアマネジャーの間で連絡をとる。 14%
- 地域包括支援センターの職員が点検している。 29%
- ケアマネジャーに自主点検させている。 14%
- その他 29%

図3-21　介護計画内容を把握する予定
（大阪府）

- 介護計画の中身を把握する予定はない 55%
- 介護計画の中身を把握する予定がある 45%

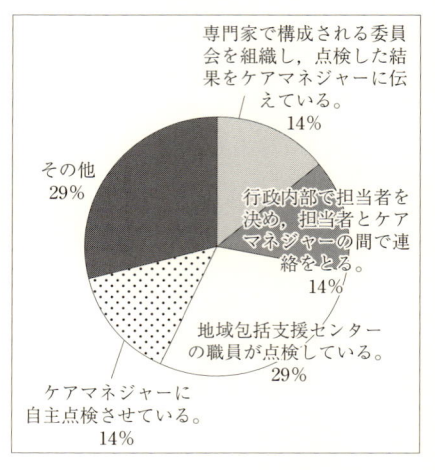

図3-22　介護計画内容を把握する予定
（京都府）

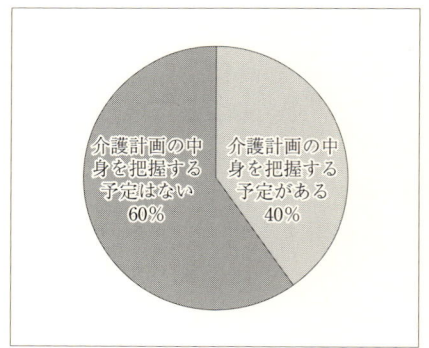

- 介護計画の中身を把握する予定はない 60%
- 介護計画の中身を把握する予定がある 40%

た。

　両府ともに介護計画内容を把握していない比率の高さが目立つが，京都府と比べると大阪府の方が把握率は高い。

≪7　「介護計画の中身を把握している」と回答した自治体に対しての，「介護計画の把握方法」について≫

図3-23 第3期介護保険事業運営期間における介護保険財政の収支の見通し（大阪府）

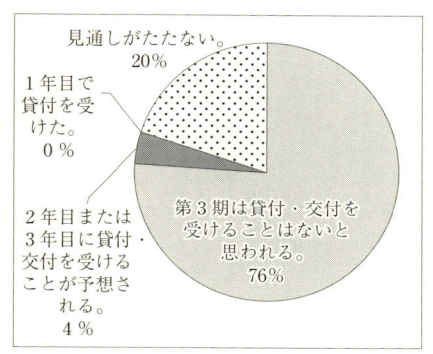

- 見通しがたたない。 20%
- 1年目で貸付を受けた。 0%
- 2年目または3年目に貸付・交付を受けることが予想される。 4%
- 第3期は貸付・交付を受けることはないと思われる。 76%

図3-24 第3期介護保険事業運営期間における介護保険財政の収支の見通し（京都府）

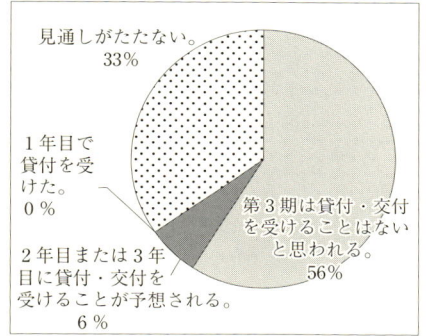

- 見通しがたたない。 33%
- 1年目で貸付を受けた。 0%
- 2年目または3年目に貸付・交付を受けることが予想される。 6%
- 第3期は貸付・交付を受けることはないと思われる。 56%

＜大阪府下市町村のケース＞：「行政内部で担当者を決め，担当者とケアマネジャーの間で連絡をとる」が33％，「地域包括支援センターの職員が点検している」が19％であった。これらの項目以外の「その他」と回答した自治体は，43％であった。

＜京都府下市町村のケース＞：最も多かったのが「地域包括支援センターの職員が点検している」と，これら以外の項目を答えた「その他」がともに29％であった。次いで「専門家で構成される委員会を組織し，点検した結果をケアマネジャーに伝えている」「行政内部で担当者を決め，担当者とケアマネジャーの間で連絡をとる」「ケアマネジャーに自主点検させている」がともに14％であった。

≪⑧介護計画を把握していないと回答した自治体に対して，「介護計画内容を把握する予定」について≫
＜大阪府下市町村のケース＞：「介護計画の中身を把握する予定がある」が45％，「介護計画の中身を把握する予定はない」が55％であった。
＜京都府下市町村のケース＞：「介護計画の中身を把握する予定がある」が40％，「介護計画の中身を把握する予定はない」が60％であった。両府ともに同じ回答をしている。

≪⑨介護保険財政の収支の見通し（第3期介護保険事業運営期間）について≫
＜大阪府下市町村のケース＞：最も多かったのは「第3期は貸付・交付を受けることはないと思われる」が76％，次に「見通しが立たない」が20％であった。
＜京都府下市町村のケース＞：最も多かったのは「第3期は貸付・交付を受けることはないと思われる」で56％，次いで「見通しが立たない」が33％であった。介護保険財政の「見通しが立たない」保険者が，2割から3割程度存在していることがわかる。

２．調査結果の考察
保険料引き上げと保険財政について

　介護保険財政の見通しが予想以上に厳しいことがわかった。第3期介護保険事業計画運営期間においても収支の「見通しが立たない」と答えたところは大阪府の2割，京都府の3割となっており，これでは事業計画の体をなしていない。この背景には，予想を超える需要の伸びがあると考えられる。実際，大阪府および京都府においては，要介護認定やサービス事業所の指定状況，さらには在宅・施設サービスともにすべて前年度の利用実績を上回るサービス利用状況等がみられている。

　大阪府の場合では，要介護（要支援）認定者数が2000年4月末で約12万400人であったが，毎年増え続けて2006年3月末には約31万5,600人と，2.6倍の増加となっている。介護サービス受給者も同様で，2000年4月に約6万9,000人であったが，2006年1月には約23万7,000人に増えている。その増加率は3.4倍である。このような変化を受けて保険給付も伸びており，サービス提供月でみると，2000年4月には95億6,200万円であったものが，2006年1月には297億3,500万円に増えている。これらのことは保険料の算定に反映しており，第1期（2000～2002年度）の月額保険料は大阪府平均で3,134円（全国平均2,911円）で，第3期（2006～2008年度）には4,585円（全国平均4,090円）に跳ね上がっている。

　同様に，京都府の場合では，2006年3月末現在の要介護等認定者数は約9万4,000人で，制度施行後6年目においても毎月約400人の新規認定者が増加して

いるが，増加のペースは鈍化傾向にある。介護サービス受給者は，2006年1月現在約7万6,000人である。2005年度の介護給付費の支出額は，約1,283億円（月平均約107億円）で，2004年度の約1,246億円（月平均約104億円）と比べて，約37億円の増加（3.0％の伸び）となっている。介護保険財政安定化基金の状況としては，2005年度で赤字の8保険者に対し，約1億7,000万円の貸付を行っている。また，赤字の6保険者に対し，約3億9,000万円の交付を行っている。

介護サービスは，狭域の方がきめ細かく運営でき，財政は広域の方が安定するという特性を持つ。つまり，地域保険は広範囲な地域と大きな人口をカバーすることで，リスクの分散を図ることができる。大数の法則からすれば，市町村保険方式には無理があることになる。その意味で，保険者を都道府県に切り替える必要があり，あるいは国が保険者になることにも合理性は認められる。「介護保険制度は地方分権の試金石」と指摘されたが，財政面でみる限り市町村保険方式には限界がある。

(1) 訪問調査の民間委託について

要介護認定の新規申請の訪問調査では民間委託は幾分抑制されていることがわかった。ただし訪問調査を民間委託した場合に，「公正・公平性は保てない」と応えた自治体はおよそ4分の1である。これは，他の設問において保険者業務として「要介護認定・要支援認定を最も重視した」という回答と反することになる。今後，改めて認定業務における公正性を担保する必要があろう。

(2) ケアプランの把握について

ケアプランの把握に関する市町村の姿勢に差異が認められた。大阪府ではその把握率は高く約6割である。一方，京都府は4割にとどまっている。市町村が個々のケアプランを把握するのは職員体制と関係してくる。また把握率の高い自治体は小さな人口規模のところに集中するが，今回の調査では職員の熱意と工夫がコメントで寄せられた。ある自治体はケアプランの提出を事業者に求め，行政がチェックしている。別の自治体はケース会議を利用して，新たなケ

アプランを公表し集団で検討している。ケアプランの把握というきめ細かな作業は市町村職員に負荷をもたらすのは確かであるが，丹念な行政のフォローアップこそがマネジメントの中立性を引き出し，ひいてはケアマネジャーを育てることになる。

(3) 地域包括支援センターについて

地域包括支援センターは介護保険の改正の要として位置づけられ，市町村に設置が義務づけられている。在宅介護支援センターに代わって各地で設立されている。設置運営は市町村直営のほか，社会福祉法人などへの委託もできる。今回の調査では，大阪府で委託割合が高いことがわかった。これに対し，京都府では幾分直営が主導的である。直営あるいは委託のどちらを選択するかは，もちろん地域の政策マターである。地域包括支援センターは高齢者などが住みなれた地域で生活を継続するため「地域包括ケア」を提供する拠点であるゆえに，特に委託を受けた民間主体のセンターにおいても中立性・公平性の原理を実践していかなければならない。

介護保険制度の創設時に，在宅介護支援センターで経験を積んできた職員はケアプランの作成業務に追われるようになり，また経験の浅い職員が配置されることも多々みられた。地域型在宅介護支援センターへの国の補助金は削減され，職員1人分の給与も十分には賄えないこととなった。全国的には，地域型在宅介護支援センターの業務の8～9割が介護保険関連事業を占め，公正中立な立場で行うべき本来の業務に従事する比重は低くなるという事態が広まっている。

にもかかわらず，地域包括支援センターの構想においてもニーズ把握のシステムやコミュニティケアの構築という機能が手薄であり，地域福祉の観点が希薄である。地域包括支援センターの現状は，スタッフは軽度者の予防プラン作成に追われて，包括的機能を果たせていない。その問題点の中心はスタッフの確保の難しさにある。保健師，社会福祉士，主任ケアマネジャーの三職種が常駐する拠点センターを築くには，市町村は大幅なマンパワー拡充策を国に求めていかなければならない。

3. 保険者機能の強化に向けて

「介護保険制度は地方分権の試金石」であったのか。それは国と地方の関係に新たな光を注ぎ込んだのか。その答えは微妙である。というのは，制度仕組みが固定的に設計されており，各々の分担者の裁量の余地は少ないからである。サービスの供給を主として中央政府および中央省庁が担っていれば「集権型」，地方自治体が多くを担っていれば「分散型」となるが，介護保険制度はハイブリッドのタイプである。

今後，サービスの質と効果性・効率性を高めるには，市町村の管理体制の強化が必要である。特に適正給付の鍵を握るのはケアマネジャーであるが，民間が実施するケアマネジメントに市町村が積極的に関与することにより，給付の効率化が進むものと思われる。持続可能な制度に向けて再設計するに当たり，保険者機能を強化し，個人ベースでのサービス利用契約システムから，共同性を志向したコミュニティケアへの拡張が求められるだろう。それは，利用者のみならず住民（ないし被保険者全体）の利益を意識した「行政―事業者間の協定」の確立を必要とする。市町村は徹底して情報を公開し，住民に対して選択肢を明確に示すことが重要である。

1) 調査対象については，市町村から協力が得られやすく，筆者の研究活動のベースでもある京都府と大阪府を選定することにした。

第4章

イギリスの自治体介護政策とローカル・ガバナンス
──準市場と再規制としてのコミッショニング──

　イギリスではコミュニティケア改革の実施に伴い，地域で介護市場が形成されていった。それは，1979年以降の保守党政府の時代から始まったが，当時の中央政府は民営化政策の下で直営による供給構造を縮小し，代わって非営利組織と介護ビジネスの拡大を奨励したのである。いわゆる準市場の導入に伴って，地方行政はビジネススタイルの経営慣行を取り入れていった。

　準市場化の主たる目的は公共サービスの提供システムに競争原理を取り入れることであり，サービス供給機関は契約をめぐって競争を展開している。この場合，市場化のポイントはサービスの購入と供給の分離にある。公的機関はサービスの条件整備者，調達者，購入者となり，十分な量と質のサービスが供給されるよう監視する責任を担う。一方，民間セクターの領域では，営利組織や非営利組織が福祉の市場に参入している。

　ソーシャルケアにおいて，当初，多くの自治体が施設などの資産を売却し，供給を民間主体に任せていった[1]。自治体改革として市場化テストを実施し，非営利団体や介護ビジネスに介護市場を解放し，現在では自治体──供給者間の契約プロセスが定着している。

　ソーシャルケアの準市場化は地域を新自由主義の実践の場としていた。しかし1997年以降の労働党政府の政策には，前任の保守党政府と比較すれば変化がみてとれる。そこでは，パートナーシップ，ベスト・バリューなどの導入により「競争」から「協働」へと政策誘導がみられるのである[2]。住民参画や当事者の意見聴取が重視され，ローカル・ガバナンスを展開することによって，市場メカニズムを修正しようとしている。イギリスの自治体介護政策とローカル・ガバナンスは再規制としてのコミッショニングと捉えることができ，より住民

に近い制度運営を志向している。

本章では、ローカル・ガバナンスの視点から、市場化政策の流れ、準市場のメカニズム、ソーシャルケアの行財構造、再規制としてのコミッショニングを考察し、幾つかの事例検討も行っていきたい。

1 市場化政策の流れとソーシャルケアの行財政構造

1. ソーシャルケアにおける市場化の流れ──三つの時期に区分して──

ソーシャルケアにおける市場化の流れに関しては、大きく三つの時期に分けられる。

第一の時期は1979—1997年で、保守党政権下のサッチャー・メイジャー時代である。この時期に「コミュニティケア改革」が実施されたが、1980年代後半の改革の背景には福祉財源の問題が影を落としていた。この頃には高齢者ケアを支えていた社会保障費が急増するという状況があった。そのため政府は給付に制限を設けるために、ニーズアセスメントを重視するようになった。

この時期の政策意図は、地方自治体に福祉財源の責任を持たせ、福祉の混合経済を進めることであった。1990年代前半になるとコミュニティケアの計画化の時期を迎える。歳出の増加に対しては、費用管理としてキャッシュ・リミット（cash limit）を導入し、ケアマネジメントを実施した。また施設に対しては契約システムを導入している。民間営利を中心とするインディペンデント（独立）セクターが事業を展開するのは、公的な枠組みから離れていた。

第二の時期は、労働党政権の誕生により1997年から始まる。公共セクターの改革が大胆に行われている。1999年地方自治法（Local Government Act 1999）の下で、地方自治体は経済性、効率性、有効性を求められるようになった。まず「ベスト・バリュー」システムの導入があり、地方自治体を点検する体制がとられた。ベスト・バリューは5年間の施策点検を行うもので、地方自治体がサービスのコストと質での改善を進めなければならない。ベスト・バリューは、新たな業績運営枠組み（Performance Management Framework）の下で位置づけられており、ソーシャルケアにおけるパフォーマンス指標（Performance

Indicators) を達成しなければならない。1999年地方自治法の第5項は,地方自治体がベスト・バリューからみたレビューを行うことを求めている。しかしその後,ベスト・バリューは次第に後退していく。これは中央政府の方針転換によるものであった。ただし,依然として公的責任の体制は保持されてはいる[2]。

　第三の時期は,ブレア政権第二期である。この時期には,①柔軟性を持ち,②個別化したサービス提供という二つの要素が重視されている。「選択(choice)」「発言権(voice)」「優先事項(priority)」の推進が強調されるが,これは「ガーション勧告」に基づいている。ピーター・ガーション(Gershon. P)氏は政府商務局長で政府のコンサルタントの役職を担ったが,徹底して効率性を重視している。同報告は第一線レベルの経費節減と効果的なサービスを求めている。この時期の詳細は,次節で述べることにしたい。

2．ソーシャルケアの行財政構造

　ソーシャルケアの領域において,サービスの提供はラショニング(割当て)という形態をとっている[3]。わが国の措置制度に幾分類似するが,イギリスの場合では運用面で地方自治体の判断の余地が比較的大きい。予算枠があるゆえに,資源の希少性という状況は避けられない。そのため,以下の点が特徴となる。

　第一に,ニードのテストが実施される。ニード・テストでは,障害の程度と生活の背景との関係が複雑化している。第二に,ミーンズテストが実施される。ミーンズテストでは,原則的にはサービス利用者は所得を持つと考えられ,中には比較的に高所得者もおり,資産もまた費用徴収の対象となりえる。第三に,ソーシャルケアと保健医療との境界線が複雑化している。

　このような脈絡からして,サービスの供給は実際面ではニードの充足とコストの最小化との妥協点を模索することになる。特に施設ケアからコミュニティケアへのシフトという方向をとることになる。

　以上を踏まえると,民営化は二つの意味を持つことになる。第一は供給における民営化である。供給の民営化においては,単に選択肢を増やすだけでなく,むしろ効率性が徹底的に追求されることになる。同時に,イギリスでは営利と非営利の区別はあまり問題ではなくなっており,後者からの補完的な資源は期

待できないと言われている。
　第二は購入における民営化である。購入の民営化においては，利用者にコストを転嫁するミーンズテストが実施され，他方で個人の自律性や選択を広げる方法を追求することになる。また最近の状況では，「ダイレクトペイメント（direct payment）」の動きがある。ダイレクトペイメントが新たな民営化を進めるという事態を生んでいる。1996年に制定されたコミュニティケア（ダイレクトペイメント）法は，購入面で障害者に新たなエンパワメントを与えている。障害者ニーズに向けられる資源を主体的に選択し，同時に，ケアするスタッフを雇えることを可能にしている。ダイレクトペイメントは，アセスメントに対する手続上の権利と，市場において雇用あるいは解雇する契約上の権利の両方を与えるものとしてみられている。ただし，ダイレクトペイメントの額そのものが雇用する側と雇用される側の双方に影響を及ぼす。ダイレクトペイメントは実際には低い所得になりがちで，不安定で無秩序な市場を形成する懸念もある。長期的な労働供給が可能かどうかは不明である。
　いずれにしても，イギリスでは最善の形での購入システムを追求している。その過程において，さまざまな問題が生じている。1970年代ではシーボーム改革として自治体内で統合化された社会福祉部（social services department, SSD）が構築されてきたが，保健医療とソーシャルケアの境界線を超えるさまざまな事業が試行されてきた。しかし現在では，（教育と関連する）児童と成人サービスを分離するという新たな局面に入っている。そして中央政府は，医療や福祉制度においてますます監督権限を発揮している。中央政府は地方自治体にガイダンスを提示し，指標や査察を通して地方自治体の業績を厳しく監視している。

2　ソーシャルケアにおける準市場のメカニズム

1．サービスの価格づけとしてのユニット・コスト
　準市場とは公共システムに市場メカニズムを導入し，資源の効率的，効果的な配分を行うシステムを言う。それは国家が資金調達を行い，サービスの購入

者と供給者を分離することにより，サービス競争を促すメカニズムである。

　市場化のエッセンスは，「サービスの価格づけ（pricing）」にある。国や自治体はサービスの単価を示すユニット・コスト（unit cost）を算定して価格づけを行い，地方自治体はサービス購入に関する仕様書を作成する。そしてその仕様書に基づいて業者と契約を結ぶのである。準市場の導入に伴って，市場化テスト，契約文化が強調されることになる。

　施設ケアとデイケアのユニット・コストを取りあげて，その中身を検討しておこう。まず，営利部門の高齢者用のナーシングホームのユニット・コストをみてみたい。それは料金，外部サービス，入居者個別の出費等から構成されるが，2004／05年では，長期利用者の1週間当たりが526ポンド（料金），短期利用者の1週間当たりが509ポンド（料金）などとなっている。表4-1は，その諸要素の構成を示したものである。

　ユニット・コストは地域別に決定され，格差は許容されている。2004／05年の中央値は1週間当たり397ポンドで，平均額は399ポンドである。その分布は地方自治体の4分の1が平均354ポンドまたはそれ以下であり，481ポンドまたはそれ以上のところも4分の1と，地域間格差の幅は広い。収益勘定では資本費を除外できない。2003／04年から看護に要するコストはNHSによって賄われており（無料介護），支出から除外されている。ナーシングホームでの介護に対するNHSの平均的な拠出は85ポンド程度となっている。これをPSS支出に加えると平均コストは484ポンドになり，中央値コストは482ポンドである。

　次に，自治体立の高齢者用のレジデンシャルホームのユニット・コストをみてみたい。この場合，公立施設が市場化されるなかで価格づけが行われた結果に注目する必要がある。そのユニット・コストは料金，土地，設備と耐久財，経常コスト，介護事業部の固定費用等から構成されるが，2004／05年では，長期利用者の1週間当たりが659ポンド，短期利用者1週間当たりが690ポンドとなっている。表4-2は，その諸要素の構成を示したものである。

　ユニット・コストを地域別にみると，平均的な経常コストが1週間当たり422ポンド（名目値）で，標準偏差は119ポンドである。施設の1割は総費用の平均額が599ポンドまたはそれ以上で，さらに1割が307ポンドまたはそれ以下

第4章 イギリスの自治体介護政策とローカル・ガバナンス

表4-1 ユニット・コストは営利部門のナーシングホーム（2004／05年）

コストとユニットの概算	2004／05年	注記
A．料金（fee）	1週間当たり £526	民間ナーシングホームのユニット・コストは料金体系を想定している。民間ケアホームのユニット・コストの算定方法は，Kavanaghらにより試みられている。市場が公平な競争を行うことを想定して，ナーシングホームの民間市場にならって，料金が社会的なサービス・コストに近づくことが合理的となる。イングランドでの加重平均料金は，Laing & Buissonによる市場調査から算出されている。
外部サービス B．地域看護 C．GP（総合医）サービス D．その他の外部サービス	 1週間当たり £0.70 1週間当たり £23	137のレジデンシャルホームを対象にした1996年のPSSRU調査を参考にして，サービス利用の水準を示している。看護のインプットが大きい施設では，週平均のコストは£15であった（1996／97年価格）。一部の研究によれば，民間営利のナーシングホームの入居者は週平均6.01分間GPに診てもらっていた。
E．個別の生活費（personal living expense）	1週間当たり £8.70	民間の営利および非営利のレジデンシャルホームの支出調査によれば，入居者は平均で1週間当たり£6を支出している（1992／93年価格）。
短期ケア	0.967×A	1996年の調査（88のナーシングホームを対象）での短期入所者の1週間当たりの価格を参考にしている。短期入居者はケア付きホームのようなナーシングホームをあまり利用していない。低価格はこのような要因も関係している。
要介護状態		全体的に平均より0.03%高いコストを要する。4つまたはそれ以下のバーセル（Barthel）スコアは，個人別週間料金に関して要介護状態との関係はきわめて薄いものであった（PSSRU調査）。
ロンドンに適用する乗数	1.15×A	ロンドンのナーシングホームの料金は全国平均より15%高い（LaingとBuissonの市場調査）。
2004／05年のユニット・コスト		
長期入居者の1週間当たりのコストは£526（A）；短期入居者の1週間当たりのコストは£509（A）；長期入居者の1週間当たりのケアパッケージのコストは£558（AからEを含む）；短期入居者の1週間当たりのケアパッケージのコストは£540（AからEを含む）		

出典：Unit Costs of Health and Social Care 2005.

表 4-2 自治体立の高齢者用のレジデンシャルホームのユニット・コスト（2004/05年）

コストとユニットの概算	2004/05年の価格	注　記
資本コスト（A, B & C） A．料金	1週間当たり £47	自治体立のケアホーム用の新しい建物や用地ニーズに基づいている。1人当たり57.3m^2 と算定。資本コストは3.5%の割引率で60年以上にわたって償還。
B．土地	1週間あたり £14	副首相府の統計を参考にしている。用地代は60年以上にわたって償還。
C．設備と耐久財	1週間あたり £6.10	設備と耐久消費財は資本コストの10%と算定。
D．経常コスト	1週間あたり £564	経常コストの中央値は2003/04年のPSS EX1から引用したもの。収益勘定に基づく資本費は減額（£38）。地方当局の25%は平均£483またはそれ以下の費用総額であり、£509またはそれ以上も25%あった。平均コストは1週間当たり£532。
E．介護事業部の固定費用	1週間当たり £28	監査委員会報告書が示している通り、施設ケアに関係する諸経費は収入コストの5%。
外部サービス F．コミュニティ看護 G．GPサービス H．その他の外部サービス	1週間あたり £9.20 1週間あたり £8.40 不明	110のボランタリー施設を対象にした1996年調査では、1週間当たりのコストはコミュニティケアの利用の基準値を反映している。看護インプットが大きいホームでは、1週間平均のコストは£69（1996/1997年価格）。一部の研究が示している通り、営利部門のレジデンシャルホームの利用者では1週間当たり平均3.45分間GPに診てもらっていた。診療相談と往診を区別できないため、訪問はホームを想定している。GPがホームを訪問する場合、コストは1週間当たり£13。
I．個別の生活費	1週間当たり £8.70	民間の営利および非営利のレジデンシャルホームでの支出調査では、入居者が個人的な支出として1週間当たり平均£6を支出（1992/93年価格）。
入居者別の施設利用	1年間当たり52.18週	
利用率	91%	1996年のPSSRU調査を参照。
短期ケア	1.047×（DからEを含む）	1996年調査で、価格に影響する諸要因の分析を参考。17%以上の入居者が短期利用の場合のみ、コストは著しく上昇。
要介護状態	1.064×（DからEを含む）	1996年の調査で、価格に影響する諸要因の分析を参考。
ロンドンに適用する乗数	1.037×（DからEを含む）	PSS EX1 2003/04年のデータを参考。
2004/05年のユニット・コスト		
長期利用者1週間当たりコストは£659（AからEを含む）；短期利用者1週間当たりのコストは£690（AからEを含む）；長期利用者1週間当たりのケアパッケージコストは£685（AからIを含む）；短期利用者1週間当たりのケアパッケージコストは£718（AからEを含む）。		

出典：表 4-1 に同じ。

表4-3 高齢者用デイケアのユニット・コスト（2004／05年）

コストとユニットの概算	2004／05年の価格	注　記
資本コスト（A，B＆C） A．料金	クライアント1日当たり £3.60	コストは1日当たり £2.30～£4.80。コストの中央値は £3.60。多くの Age Concern Centre の会場が地域の会館にあるという事実のため，これらのコストは非常に低くなっている。センター建設の目的として支払われる賃貸料に基づく施設コストはまれである。
B．交通手段	クライアント1日当たり £3.10	10のセンターのうち，3カ所にはマイクロバスがあり，コストはクライアント1日当たり £1.30～£5.70。交通に要するコストは1週間当たり2日しかオープンしない地方のセンターは高い。
経常コスト C．給与	クライアント1日当たり £6.10	コストは £8.00～£37。最も高いコストは，スタッフの比率が1対4である Elderly Mental Ⅲ のクライアント用のセンターである。コストの中央値は £13。
D．ボランタリーコスト	クライアント1日当たり £0.40	センターのうち7カ所はボランティアの費用を負担していると報告。
E．他の人件費	クライアント1日当たり £1.10	スタッフの募集や教育，養成課程や会議，旅費と解雇手当を含んでいる。
F．移送	クライアント1日当たり £2.90	タクシー代，燃料費，車両修理費，保険料や雇用保険を含む。コストは £1.10～£5.80。コストの中央値は £2.70であった。
G．食事	クライアント1日当たり £1.60	7つのセンターが食事を提供。
H．諸経費	クライアント1日当たり £2.30	7つのセンターが，£1.00～£4.80の諸経費に関する情報を提供。
Ⅰ．他の経常コスト	クライアント1日当たり £3.10	コストは経営管理，維持費，水道光熱費，電話代，文具郵送料，保険料，雑費や銀行手数料を含む。コストはクライアント1日当たり £1.00～£7.20。コストの中央値は £2。
クライアントの施設利用	50.3週間 1週間当たり4.9日	センターの多くは年間50週開所。1つのセンターが1週間当たり2日開所するため，1週間当たりの日数の中央値は5。
利用率	84％	利用率は基準日と同じ出典を参考。
2004／05年のユニット・コスト		
10のセンターの平均コストはクライアント1日当たり30ポンド。AからⅠのすべてのコストを負担するセンターはクライアント1日当たり £34 を要している。		

出典：表4-1に同じ。

となっている。このように地域間格差は大きい。中央値コストは1週間当たり408ポンドである。

最後は高齢者用デイケアのユニット・コストであるが、利用比率の多いボランタリー部門でみてみたい。2004／05年のユニット・コストは1999／2000年に実施されたエイジコンサーン（Age Concern）の調査を参考にしている。情報は10のデイケア・センターから得られている。2004／05年の価格をみると、クライアント1日当たり19ポンドから43ポンドで、平均値と中央値は30ポンドである（表4-3）。

調査を受けたエイジコンサーンのセンターのうち3カ所は、平均額よりも15％高くなる認知症高齢者を受け入れている。これは高いスタッフ／クライアントの比率を反映することになる。車イスや移送のコスト全体は総費用の4分の1を占めるため、地方においても高いユニット・コストになっている。標準的なデイケアにおけるクライアント1日当たりのコストは、平均未満で40％であった。2003／04年のPSSデータによると、デイケア1セッション当たりの平均コストは15ポンドでクライアント1日当たり30ポンドに相当し、またそのコストの中央値は18ポンドでクライアント1日当たり36ポンドになっている。100ポンドを越えるコストを示す自治体は除外されている。

次に、介護市場における需要と供給に触れておく必要がある。約25万人の高齢者が、施設ケアを利用している。介護サービスは地方自治体から提供されるが、ほとんどの場合、民間の事業者に委託されている（コミッショニング）。イングランドでは、施設ケアにおいて86％、在宅ケアにおいて約3分の2が民間に委託されるという現状がある。特に営利セクターの躍進が目覚しく、高齢者および身体障害者に11万9,383床と2,444の施設を提供している。これに対し、ボランタリーセクターは、4万7,467床と1,465の施設を運営している（Laing & Buisson 2003）。

メディアが社会問題として報じるのが介護施設の閉鎖である。ユニット・コストの基準が厳しく引き締められているため、小規模施設で撤退するケースがある。レーンとビュイッソンのデータによれば、2003年4月までの15カ月間で、民間およびボランタリーの施設では1万1,800カ所が閉鎖されている（山本惠子

2007b：11)。このように高齢者ケアの実態として，民間施設は経営危機にさらされている。施設閉鎖の理由は，地方自治体が多額の予算を要する施設ケアに慎重だからである。

　さらに施設事業者には厳しい環境がつくられている。それは政府による，ケアの質の管理である。全国ケア基準委員会（the National Care Standard Commission, NCSC）はケアの質の管理を行うが，ケアの算定基準が事業者にコスト負担を強いているのである。入居者の要介護状態の悪化という事情もある。他には，一時期の経済の好況を反映して労働市場で賃金が上昇し，介護分野での労働力の調達が困難な状況が介護事業にも影響を及ぼしている。供給者の規模に関連しては，小規模施設が閉鎖される一方で，大企業が全国各地で介護ビジネスに参入している。大手事業者は規模の経済を活かして利益を上げているのである。なお，全国ケア基準委員会は保健医療およびソーシャルケア2003年法の下で2004年にソーシャルケア査察委員会（Commission of Social Care Inspection, CSCI）に統合され，2008年には保健委員会（the Health Commission）に一本化されている（山本惠子 2007b：12)。

　地方自治体はサービス開発に努めるが，予算制約があるために民間の供給者に比較的低い購入価格で交渉することになる。これに対し，供給者はサービスの質とコストの折り合いを図りながら，地方の介護市場に参入ないし退出している。購入価格の設定は供給者の育成を配慮した形で検討しなければならず，購入価格は何よりも利用者の利益を念頭に置いて設定すべきとの意見が聞かれるのである。そうであるから，短期契約あるいはスポット契約（spot contract）の利用を差し控えるために，コミッショナーが3カ年の中期計画を策定し，サービスの購入予定量を示すことが求められている。購入価格とともに，先行投資形態や新たなサービス開発に向けて供給者にインセンティブ・報酬を与えるようなブロック契約を利用することが重要になっている。費用効果性については，中央政府によってその成果が一般に公開されている。つまり，コミッショニングはシステム化され，公開され，ベスト・バリューという費用対効果を満たしているかが点検されるのである。同様に，コミッショニング協定の効果性を点検するために，監査委員会（Audit Commission）およびソーシャルケア査

察庁（the Social Services Inspectorate）は，保健医療およびソーシャルケアを担当する組織を査察することになっている。

2．ソーシャルケアにおける準市場の管理

準市場には，購入者と供給者との契約では取り扱えない課題がある。そのためイギリスでは，プランニングおよびコミッショニングという市場化に伴うリスクを回避する仕組みを設けている。そこでは設備計画，開発等に関する決定も含まれる。資本投資が購入者ないし供給者の資金調達能力を越える場合，その投資が社会的利益を実現するものであるにもかかわらず，その負担は財政的に引き受けられなくなるのである。中央政府はそのような投資を促す役割を持っており，競争を促進する政策とプランニングを重要する姿勢が求められてくる。

準市場における国と地方の関係を考えるならば，市場化を容認するルグランが興味深い仮説を立てている。彼によれば，準市場モデルは「本人──代理人理論（principal-agent theory）」から検討することができるという。ルグラン仮説は通常の本人─代理人モデルとは異なり，「本人」は政府（政治家，公務員）であり，「代理人」はサービス供給者（医師，看護師，教師，ソーシャルワーカー）を想定している。

「代理人」の性格づけをすれば，それは利己的な「悪党（knaves）」であるという。その意味は，「代理人」は利己主義に立ち，金銭的報酬によりモチベーションを高める可能性を持つのである。この発想を経済学の用語で言い換えれば，「代理人」は自らの効用を最大化させ，主に自らの利益の拡大に専念するということになる。

これに対し，「本人」は公共心を有する利他主義者に近い存在であると想定されている。「本人」は悪党ではなく「騎士（knight）」であり，効率的かつ公平な公共サービスの供給を国民に確約する。その意味するところは，「本人」が国民からの負託を受けており，福祉サービス機能を最大化させることに政治的信任への答えを見出すからであろう。その結果，「本人」は公共目的を掲げて努力する。ただし，このような「本人」と「代理人」の関係はあくまでも契

約上のものである (Le Grand, J. (2003) *Motivation, Agency, and Public Policy Of Knights & Knaves, Pawns & Queens*, Oxford University Press, pp. 23-38.)。

ルグラン仮説が説得力を持つのは,実際イギリスにおいて中央政府が「本人」となり,「代理人」である地方自治体やケアマネジャーそしてサービス供給者に対して監査や査察を厳格に実施し,その結果を国民に公表しているところである。

3. ソーシャルケアにおける準市場の課題

もちろん準市場は完全な競争市場ではない。準市場の欠陥が住民に及ぼす影響をみておきたい。第一の課題は,介護市場における情報の不足がある。医療情報の非対称性 (asymmetry) が問題とされるように,介護市場でも利用者の情報量は少ない。そのため,ケアマネジャーはサービス購入を通して知識と情報を蓄積し,利用者や地域住民に伝えていく必要がある。

第二は地方自治体の財源不足である。コミュニティケア改革の当初から自治体は財源不足に悩まされてきた。準市場がケアの購入費を抑えるために事業者は経営難に陥りやすく,このことは利用者にも影響を及ぼしている。

地方自治体の配分審査会が支出をチェックするが,事業の予算オーバーは許されない。購入担当者は予算制約の中で低い価格を求めざるを得ず,これを受けて事業者は運営コストを下げようと腐心する。その結果がケアワーカーの労働条件等にしわ寄せされているのである。

第三は,コスト抑制の試みが高い処理コスト等で十分に達成されていないことである。その理由は,モニタリングや評価作業に伴う間接コストが大きいからである。またサービスの質を評価する際に綿密で継続的な監視 (monitoring) を実施するが,これは多大なコストを要する。アウトソーシングを実施してみてもその間接費は大きく,長期的な費用効果は疑問視されている。

第四は,競争の創出に関することである。先の自治体購入費との関連で,介護の市場では大手の企業が有利になり,必ずしも競争が生じているわけではない。

最後の課題は,選択に関することである。市場原理の導入によって,選択肢

が自動的に広がるわけでもない。特に高度に専門化されたサービスの場合，複数の業者が参入することは稀である。サービスの選択肢がどの程度拡大したかを検証しなければならない（山本隆 2001）。次節では，準市場メカニズムの核となるコミッショニングを取りあげるが，それが社会的側面を重視せざるを得ないこともあわせて述べていきたい。

3 地方自治体の再規制としてのコミッショニング

1．コミッショニングのメカニズム

すでに触れたように，規制緩和は意図せざる結果をもたらすことがあり，経済活動において規制または国の介入の比重を必ずしも縮小させるわけではない。むしろ新たな規制を設けるうえで再規制の複雑なプロセスを生み出すことがある。ソーシャルケアの準市場では「コミッショニング（commissioning）」という再規制が行われている。ここでは，その機能を考察することにしたい。

コミッショニングは，狭義には契約の交渉を行うこと（negotiating contract）を意味する。また包括的な捉え方としては，図 4-1 が示すように，ナップ（Knapp, M.）とウイストウ（Wistow, G.）の定義が理解しやすい。ナップとウイストウによれば，コミッショニングの具体的な業務は，①ミッションの打ち出しとその合意，②住民ニーズのアセスメント，③サービスの地域割り，アセスメント，開発や誘因策を盛り込んだ供給者との契約，④サービス仕様書，⑤供給者との契約合意，⑥業績の見直し，⑦契約の更新ないし破棄，⑧ニーズの出発点に立ち返る情報のフィードバックから構成される（図 4-2 参照）。

さらにコミッショニングの枠組みについては，図 4-2 が示すように，ニーズの明確化と優先順位の設定，委託契約とモニタリングが主たる目標となる。利用者／ケアラーを中心軸に据えて，サービスの開発とその制度化が図られ，その外縁において財政分析と選択評価という重要な機能が果たされることになる。

コミッショニングのねらいは準市場の安定化にあり，中央政府はサービス供給における公平性と効率性を追求している。そしてサービス計画およびコミッ

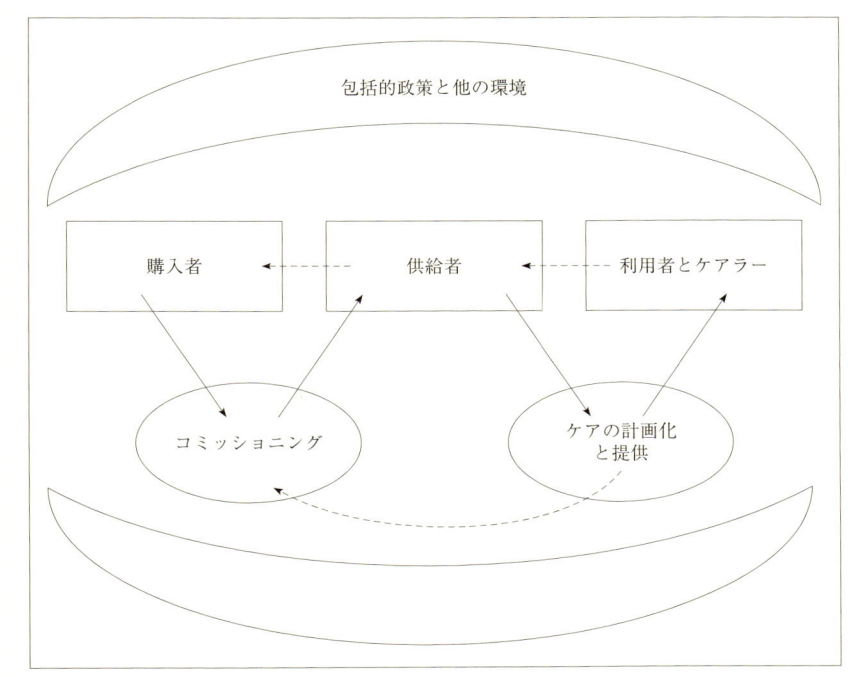

第4章　イギリスの自治体介護政策とローカル・ガバナンス　143

図4-1　ケアの混合経済とコミッショニングの仕組み

包括的政策と他の環境

購入者 ← - - → 供給者 ← - - → 利用者とケアラー

コミッショニング　　　ケアの計画化と提供

出典：Knap, M., Hardy, B. and Forder, J. (2001) *Commissioning for Quality : Ten Years of Social Care Markets in England.*

ショニングが市場化の信頼と安定をもたらすと考えており，そのために地方自治体は中央政府の要請を受けて高い水準のサービスを提供し，同時に費用対効果をあげるという「成果」を達成しなければならない。ソーシャルケアの充実のために，コミッショナーと供給者は相互の信頼（mutual trust）を高め，長期的な関係を構築するように努めている。

　先に触れたようにソーシャルケアの基準については，2004年に全国ケア水準委員会（National Care Standards Commission）からソーシャルケア査察委員会（CSCI）へと変わっている。この新しい機関は，地方自治体の社会サービスの「利用可能性，アクセス，質，有効性，マネジメント，経済性および効率性」にかかわり，児童の権利と福祉を促進し，保護するために必要なものを考慮す

第Ⅱ部 ローカル・ガバナンスと福祉政策

図4-2 コミッショニングの枠組み

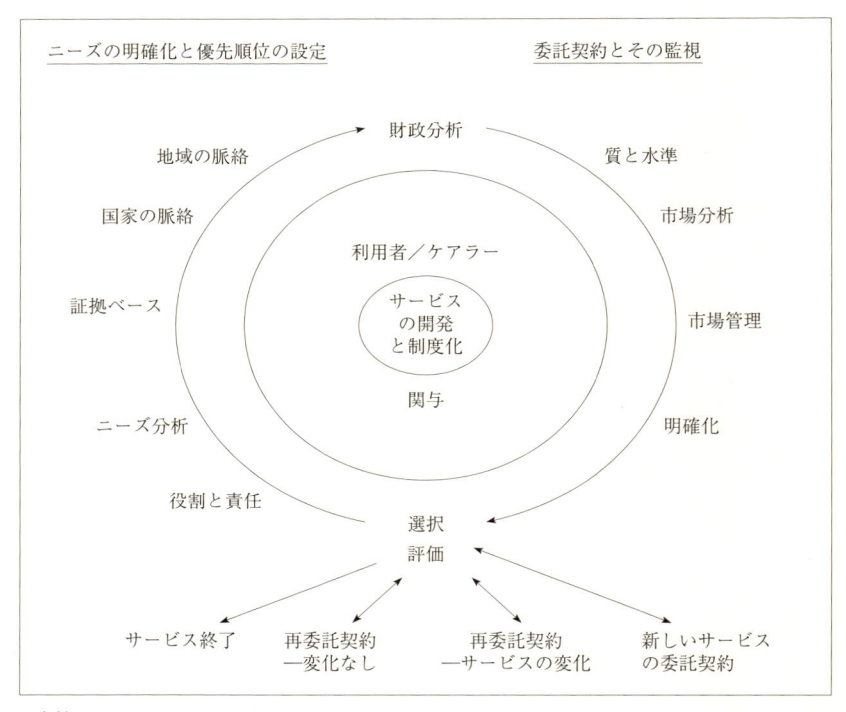

```
ニーズの明確化と優先順位の設定                委託契約とその監視

         地域の脈絡        財政分析        質と水準
         国家の脈絡                       市場分析
                      利用者/ケアラー
         証拠ベース    サービス            市場管理
                     の開発
                     と制度化
                        関与
         ニーズ分析                      明確化
         役割と責任       選択
                       評価

   サービス終了  再委託契約   再委託契約   新しいサービス
              ―変化なし   ―サービスの変化  の委託契約
```

資料：Worcestershire County Council
出典：SSI and Audit Commission (2004) *Making Ends Meet A website for managing the money in social services* 図3

る責任を負っている。また福祉情報のアクセスを容易にし，質の評価を行っている。

　多くの政策文書のなかにはソーシャルケアの水準向上を目指すものがあり，地方自治体や事業者に大きな影響を与えている。中央政府は目標値や水準の設定，広範囲な業績指標に関する多くの政策文書を出している。最も重要なものは業績評価枠組み（Performance Assessment Framework）で，地方自治体に50の業績指標を通して成果を発表するよう求めている。他にも，児童サービスでの質の保護プログラム（Quality Protects programme），高齢者サービスでの全国的サービスネットワーク，ベスト・バリュー指標，図式指示システム（Key

Indications Graphical System) という四つの業績指標がある。CSCI は格付け評価システム（star-rating system）を採用しており，CSCI と監査委員会の下で，社会福祉部の 5 年ごとのレビューを行っている。

　契約とコンプライアンスも最近の重要な動きと言えよう。地方自治体は直接的なサービス供給の役割を縮小させ，購入やコミッショニングにますますかかわるようになっている。他方，民間営利セクターやボランタリーセクターの役割が拡大している。最近の改革の目的は，契約をめぐる競争や消費者の選択権の拡大を通して，効率性の向上をはかり，質の高いサービスを供給することに据えられている。ただし競争は激化しているが，肝心の利用者の選択はそれほど広がってはいないという評価もある。イギリスの脈絡で理解すべきことは，利用者自身ではなく，ケアマネジャーや他の専門職者が選択を行うということである。このことは，民間の事業者に大きな影響を持つ。

　事業者についても，大規模と小規模なものとの間で競争力の格差が広がっている。有給職員を雇用できる大規模組織は競争力を持ち，競争に巻き込まれたボランタリー事業者は営利セクターの商業的慣行や企業精神を取り込まなければならなくなっている。さらにボランタリー団体の専門スタッフとボランティアとの溝も広がっており，ボランタリー組織は契約の交渉やコンプライアンスに忙殺されるようになっている。

　白書「私たちの医療，私たちのケア，私たちの声；コミュニティ・サービスが目指す新しい方向」が発行され，注目を集めた。白書の内容そのものは評価されているが，利用者のエンパワメントに関しては，協議（consultation）のみで実現できるものではなく，利用者のニーズ表明，サービス決定，供給主体の決定の場面で，利用者の発言の機会を保証することが求められる。

　なお，2001 年にソーシャルケア訓練協議会（General Social Care Council）が設置されており，ソーシャルワーカーの登録や訓練協定の監督に責任を負っている。この機関はグッド・プラクティスの奨励やソーシャルワーカーの業務等の規制にかかわっている。また慣行規範を定める文書を作成しており，その規定に違反した場合の苦情を扱っている。

2. 高齢者施設の最低基準

　契約とコンプライアンスに関連して，高齢者の施設ケアで重要な役割を果たす最低基準を検討することにしたい。施設最低基準は，マネジメント，職員，建物，医療ケアの行為を規定した2000年ケア基準法にそって公表された規制措置であり，利用者の個別的なニーズとその充足に焦点を当てている。基準の主たる項目は以下の通りである。

- 施設の選択
- 医療ケアとパーソナルケア
- 日常生活
- 苦情手続きと利用者保護
- 環境
- 職員の配置

　最低基準が掲げる視点は三つある。第一は「目的を満たすこと」である。これは施設の管理者，職員，建物が利用者のニーズを満たすことを規定している。第二は「包括性」である。ニーズの中での個別化はもちろん重要であるが，施設運営はあくまで包括的なものである。第三は「質の高いサービス」である。暮らしの場を提供するにあたっては，利用者の健康を保証し，そのために設備やサポートの改善を継続的に進めていくことが施設に求められる。最低基準における具体的な項目は，表4-4が示している。

　最低基準の項目のなかで，ケアの質と直接的に関係する職員配置が重要である。職員の配置は有資格と無資格に大別され，有資格と無資格の組み合わせは利用者のニーズ，施設規模，目的に沿ったものにしなければならない。利用者に対する職員配置は利用者のニーズにそって算定され，夜間勤務の人数も同様である。職員数は，施設が清潔に保たれ，不潔な物や不快な臭いが出ないよう十分な人数が確保され，全職員のうち50％以上はケアスタッフとして訓練を受けた者でなくてはならない。

　職員は全員が就業前に十分な点検を受け，その結果によって配置が決定される。また就業後6週間以内に，現場訓練を受ける。この訓練には，ケアの原理，安全な活動，ワーカーの役割といった指導が含まれる。その後6カ月以内に基

第4章　イギリスの自治体介護政策とローカル・ガバナンス

表4-4　最低基準で示されている具体的な項目

- 施設の選択
  「知る権利」を尊重する視点から，施設は目的と設備，職員の経験やサービスを詳細に説明したガイドを作成する。十分な情報を示すことが選択の機会を利用者に与えるからである。情報として，施設は料金，部屋や共有空間のスペース，トラブル発生時の責任の所在を明らかにしなければならない。

- 医療ケアとパーソナルケア
  第一に，ケアプラン作成と実施上の留意点がある。ケアプランは施設外の専門職者だけでなく，施設の職員，さらには利用者自身も関わったうえで作成する。最低基準では，少なくとも月1回のアセスメントのレビューを行う。
  第二に，利用者のプライバシーと尊厳を保つ。利用者はいかなる場合も敬意を持って処遇され，プライバシーも保護される。看護・入浴・排泄といったものや，居住スペースに備えられた家具にも細心の注意が払われる。尊厳を守ることとは，例えば利用者が常に自身の衣服を身に付け，親類や友人などとの関係を侵害せず，そして死後の扱いをする。特に終末期ケアについては，家族や友人に関わりを持たせ，利用者に親密な者をできる限り施設に関わらせることが認められている。

- 苦情手続きと利用者保護
  利用者やその家族等が，施設設備や職員が行う処遇や方針に関する不満を表明することは重要である。苦情はあくまで建設的なもので，提言というものである。施設は簡便な苦情手続きを準備し，提出された苦情に28日以内に応答しなければならない。またすべての苦情の記録をとり，対応の詳細も含め詳細を公開化する。利用者の保護については，虐待に関係することがある。施設は，一般的な虐待，介護放棄，劣悪な処遇，ネグレクトや軽視から利用者を保護しなければならない。虐待に関するすべての出来事はフォローされ記録される。施設にとって適切でないと判断された職員は，ケア基準法に従って指導される。

- 環境
  施設が持つ福祉理念は，設計やレイアウトといったハード面で反映される。施設の住居としての環境は一面的に考えるものでなく，多様である。ただし，障がい者への配慮や安全性といった部分は共通して整備されなければならない。最低基準で主に関連するのは環境に関する基盤である。

- 1階の床は，綺麗で安全で利用者が魅力を感じるよう保たれており，日光が当たるようにする。

- 最低基準施行以後に新築する施設には，利用者の個室とは別に共有空間を設ける。既存の施設には最低 $4.1m^2$ の共有空間をつくる。共有空間とは，食事はもちろん，喫煙や社会・文化・宗教的活動が行われ，利用者が個人的に訪問者と歓談できる部屋である。共有空間の雰囲気は家庭的なものであり，十分な明るさを保ち，読書やその他の活動を可能にするよう配慮する。

- トイレ，洗濯機，入浴設備は利用者のニーズに合うようにする。トイレは利用者が自ら使用でき，ダイニングやラウンジから近いところに設置する。入浴設備には，利用者8人に1つの割合で補助付浴槽を設置する。

- 施設には廊下，浴槽，トイレ，共有空間，利用者の個室に必要な場合に手すりを設置する。

- 利用者が利用できる空間は，車椅子の利用者が十分に使える広さを保ち，80cm以上の幅が必要である。

- 利用者の宿泊設備（個室等）のスペースは，既存の施設は $10m^2$ 以上，新築，建て増しの施設では $12m^2$ 以上の床面積の場とする。また部屋は絨毯またはそれと同等のものを使用する。

- 利用者の部屋のドアには，利用者の能力に応じて鍵が取りつけ，その鍵はリスクが示されない限りは利用者が所持する。

- 利用者の部屋には，最低限次のものを用意する。
  ＊最低90センチの幅があり，清潔で安全で快適なベッド
  ＊カーテンまたはブラインド
  ＊鏡
  ＊天井とベッド際のライト
  ＊二人用の快適なイス
  ＊衣類を収納するタンスやクローゼット
  ＊洗面台（一体型のトイレと洗面台がない場合）
  ＊テーブルとベッド際の小テーブル

出典：Department of Health (2003) *Care Homes for Older People, National Minimum Standards* より筆者作成。

本的訓練を受け，この訓練とは別に最低でも年に3日間の訓練を受ける。職員は個々のスキルの上達度を示す記録とプロフィールを持つことになっている。

　施設管理者についても最低基準が適用され，利用者の生活に責任を負い，人格面で優れていることが求められる。そして常に施設をオープンにし，良い雰囲気を醸成していくことを心がける。良い雰囲気とは，入居者，家族，友人，職員すべてが福祉の価値を見出し，互いの意見を尊重するというものである。また管理スタッフは，高齢期に関連した状況や疾病を熟知していなくてはならない。人的な要素は施設においてトラブルを引き起こす最も大きな要素になるからである。

　このようにイギリスの最低基準が示唆するのは，規制ルールの背後にある生活感覚の重視である。職員配置に明確な数値での最低基準は示されてないが，施設側の義務づけがあらゆる場面で設定されている。基準の説明において，生活感が感じられることもイギリスの特徴である。なかでも環境面の説明でその特徴が表れている。日本の最低基準では面積や設置物といったハード面での指定が目立つのに対し，イギリスの場合は「日光があたること」「読書したくなるような照明」「快適なイス」などといった人間味あふれる項目が随所にみられる。このように施設内ではいかに生活感を持ち込むかが鍵となる。ユニットケアや外部との交流も重要ではあるが，施設の最低基準という根本的な部分が機械的なものでは意味がないであろう。

4　事例研究──コミッショニング・レジームの検証──

1．グッド・プラクティスの検討──ベクセレイの実践から学ぶ──

　この節では，政府がグッド・プラクティス（GP）とする地方自治体をとりあげ，その中身を検証する。政府が推奨する自治体の一つがロンドンにあるベクセレイである。ベクセレイは，準市場を前提として自治体──業者の契約を遂行している。民間育成を通した良好な公私関係，契約関係の手際よさ，サービスの質の保証，サービス・ネットワークの確立，切れない継続的な（シームレス）サービスが評価のポイントである（*Bexley Social and Community Services*

Commissioning Strategy — Older People's Services (2002))[4]。

　先に触れたベスト・バリューで，地方自治体が介護市場を分析する際に，次の留意事項を踏まえなければならない。①制度の変更にも対応でき，またサービス利用者の期待にも応えられるようなサービスの開発を見込めるかどうか，②サービス市場の動向，③市場で新たに開発された手段を用いたサービス統合手法の検討，④他のサービス提供手法の検討。

　そして地方自治体はサービス調達を円滑に進めるため行政計画を策定するが，そこに含むべき必要事項は以下の通りである。

- 自治体のビジョンと戦略を明示した項目，
- サービス業績の概要，
- 過去の業績との比較，
- サービス効率性の改善に向けた取り組み，
- サービスレビューに関する計画，
- レビューを実施する実施期間，費用や資源等の明示，
- 終了したレビューの終了，
- 前年度までに完了したレビューの結果とその対応策，
- サービス達成目標の明示，
- ベスト・バリュー業績指標の提示，
- 行動計画，
- 外部監査への対応，
- コンサルテーションの結果，
- 財務情報の開示，となっている。

　地方自治体によるこれらの項目の点検作業を念頭に置いて，ベクセレイの実践をみていきたい。

(1) ベクセレイの沿革

　ベクセレイはロンドンのバラであり，北部はグリーニッチ，テムズ川，東部はケント，南部はブロムリーへと広がっている。人口は約21万8,000人。貧困度（deprivation）はイングランド平均よりも低いが，バラの北部と南部の末端

には貧困な地域が存在する。民族構成については，2001年では人口の8.7％が黒人あるいは少数民族で（1万9,085人），2011年までには2万9,697人（13.5％）まで上昇すると推計されている。住民の健康度については，貧困を反映してバラ北部の健康状態が悪い。

　高齢者ニーズの特徴を要約すれば，以下の通りとなっている。2001年3月の調査では，高齢化率は16.7％である。またひとり暮らしの高齢者は，1991年の国勢調査では，年金生活者（60／65歳以上）の33％である。ひとり暮らしの高齢者は年齢とともに増加しており，85歳以上の人の58％がひとり暮らしである。一方，重度の障害を持つ高齢者の数が増加している。1996年の国勢調査では，2001年までに65歳以上の認知症を抱える者が2,481人まで増加することが予測されている。[5]

　2000／01年において，2万3,436件の送致（reference）がベクセレイ社会福祉部により行われ，そのうち8,953人が高齢者あるいは障害者であった。また2,400人がホームケアサービスを必要と認定されている。610人が施設およびナーシングホームへの入所合同アセスメント審査会に送致され，うち161人が通常の施設ケアを認められ，85人が登録施設，157人がナーシングホームの入所を認められている[6]（Bexley Social and Community Services Commissioning Strategy, Ibid., pp.6-18）。

(2) コミッショニングにおけるミッションとその戦略性

　ベクセレイにおけるサービスのコミッショニングは，明確なミッションと高度な戦略から構成されている。その要点を次に要約してみたい。

　第一の目標は，社会的な効果性の達成である。例えば，高齢者の状態悪化と危機を防止するためには早期介入が必要となり，初期段階において自立を促すためにサービス評価とコミッショニングにより早期に介入する。第二は，コミュニティケアの充実である。高齢者が施設ケアに安易に流れるのではなく，できる限りコミュニティにとどまれるように配慮する。そのためには，自宅生活でのニーズを満たすよう柔軟で多様なサービスを開発する。同様に，高齢者の保護住宅（sheltered housing）のような代替的なサービスを整備し，食事，家事

等のサービスを定期的に調達する。また認知症や抑うつのような精神保健上の問題を抱えている高齢者のために専門的なかかわりを強化する。第三は，保健医療とソーシャルケアとの協働である。両者の連携・統合により高齢者のニーズを充足するように介入を最大化する。また不適切な入院・入所を是正するため，コミッショニングと契約のモニタリングを効果的に行い，特に在宅の高齢者への支援を重視する。第四は，民族的および文化的なニーズを充足することである。高齢者の生活の場にかかわらず，民族的および文化的なニーズを満たすようにサービスを送達する。最後の目標は，関係者との協議とその合意形成である。特にサービスの利用者とそのケアラーとの協議が重視されている[7]。

以上を踏まえたうえでベクセレイの特徴をみると，施設ケアおよび在宅ケアの対費用効果を占めす「ベスト・バリュー」の評価が1999年に完了しており，2000年にはブロック契約を通じた二つの独立トラストへの転換がなされている。2000年には食事サービスに関するベストバリューが達成されており，配食サービスや冷凍食品の契約が次々と締結されている。この点が政府から推奨を受けるゆえんであろう。

先のミッションにみられたように英国では退院促進が重視されており，在宅ケアの充実が要請されている。ベクセレイでは不適切な高齢者の入院や入所措置を減らすために，コミッショニングと契約のモニタリングを活用しており，その効果的な実施や在宅高齢者への支援を強化している。そのため，特に在宅の高齢者のサービスでは柔軟性と多様性が強く求められている[8]。

しかしながら，施設ケアに対するニーズは依然として高く，入所者の高齢化や要介護度の高まりが課題になっている。重度の要介護者や重度の認知症を抱える高齢者への専門的なケアは，施設ケアに関するコミッショニングのなかで対応することとなっている。短期入所を含めた専門的ケアの開発はブロック契約で反映することとしており，コストの効率化のなかで供給能力と質を維持する努力を続けている。

(3) 契約レジーム

ベクセレイでは，契約のモニタリングが非常に重視されている。在宅サービ

スのモニタリングでは2人の契約遵守担当者（contract compliance officer）が当たり，うち1人は大手の事業者とのブロック契約とスポット契約を点検している。契約のモニタリングは七つの段階を踏まえることになっている。それは，①モニタリングのために訪問し，②スポットチェックを実施し，③すべての苦情のモニタリングを行い，④サービスの質のモニタリングを行い，⑤活動レベルでのモニタリングとその報告を行い，⑥契約モニタリング会議にブロック契約すべての報告を行い，⑦管理者マネジメントチーム等に報告する。またケアマネジャー／ソーシャルワーカーは，4週間毎に高齢者が利用する介護サービスを調査し，その報告をコミッショニングチームに提出することになっている。

　ベクセレイの取り組みが示唆するものを考えてみたい。まず，ベクセレイは国からベスト・バリュー達成の評価を受けている通り，費用効果性で実効をあげている。グッド・プラクティスを支える基盤として，明確な目標を据えたうえでのコミッショニング体制の手堅さが認められる。わが国の場合では，保険者である市町村が介護保険事業計画の策定において戦略性を示すことは稀ではなかっただろうか。英国の基礎自治体レベルでの自治性や創意工夫に学ぶべきものがある。第二に，ベクセレイの計画では常に地域ニーズに裏打ちされており，ニーズ充足のために混合福祉が巧みに取り入れられている。特に営利組織との契約に基づいてサービス拡充を進めており，そのモニタリング事業は詳細である。なお，ボランタリー組織については，エイジコンサーンなどは補完的な位置にあるのが特徴と思われる。このような公私のサービス供給者や他のアクターを組織化している様子は表4-5で理解することができる。最後に，公的責任を負う地方自治体の評価について述べてみたい。わが国では，サービスの評価という限定された領域ではあるが，一部の地方自治体で第三者評価を導入している。今後わが国においては介護保険制度がもたらす成果について，社会的効率性，効果性，公平性という広い視野に立った行政評価を厳格に実施していかなければならない。

第4章 イギリスの自治体介護政策とローカル・ガバナンス

表4-5 ベクセレイのコミッショニング態勢 中核的サービスの一例

セクターおよびサービス	活動内容	2002／2003年 単位：1000ポンド 総計(注)
1．地方自治体が提供するサービス		
アセスメントおよびケアマネジメント病院ソーシャルワークを含む	・割り当て配分件数　3,320	※1,454
コミュニティ・ソーシャルワーク—迅速な対応と「長期的」ソーシャルワーク	1,130	※1,140
職業セラピー　リハビリテーション助手を含む補助金管理を含む	年間3,500ケース	※2,389
感覚障害を除いた設備	1,000ポンドの下での10,000項目を含む	387
アジア系高齢者のためのデイセンター	2センター　180人対象（週）	164

※再請求を含む
注：数字は個別にリストに挙げられた開発を除く

セクターおよびサービス	活動内容	現行の契約	1,000ポンド
2．独立セクター			
在宅の食事	・1,150人のクライエントに対する216,000食の配食 ・275人のクライエントへの50,000食の冷凍食品	ベクセレイ・ケイタリング・サービス 2003年までのブロック契約	821
ホームケア，パーソナルケア，買い物，清掃	・1,700人のクライエント ・8,400時間 65歳以上のクライエントが1,485人	ケアパートナートラスト 2000年3月からのブロック契約	5,760
清掃および買い物のみ	・300人のクライエント	ホリスティック・コミュニティケア Ltd 2002年12月からの契約	126
ケアパッケージ（すべての成人）	・スポット契約	認可エージェンシー	273
・施設におけるデイケア（KCHTとのブロック契約）	・週に102人（通常） ・週に142人（EMI）	KCHT 2000年3月からブロック契約	355
・ナーシングホームにおけるデイケア	・20人	聖アウビン・ナーシングホーム（入札2002年春）	50
・ナーシングホームにおけるレスパイトケア	5人	ナーシングホーム（聖アウビン，サイドカップ＆プライオリティメウ）とのブロック契約	91
・施設ケア（long stay）	・315人（EMIを含む）	・KCHT 　ブロック契約	6,048
・施設ケア（Long stay）	・501人	・スポット契約	3,648
・施設のレスパイトケア	・33人＋2001年11月	・KCHT 　2000年4月からブロック契約	639
・ナーシングホームケア（Long Stay）	・325人	・スポット契約 　ブロック契約は2002年4月から交渉	5,942
・デイケアへの移送	・144人	・BTSカウンシル契約	242
3．ボランタリーセクター			
・高齢者のためのデイセンター 　建物のみカウンシルのコスト負担	3カ所のデイセンター ・60人×5日	エイジコンサーン	59
・ポップイン・パーラウス 　建物のみカウンシルのコスト負担	ポップイン・パーラウス	エイジコンサーン	60

出典：London Borough of Bexley (2002) *Bexley Social and Community Services Commissioning Strategy — Older People's Services.*

2. ウェールズのコミッショニング

(1) イングランドとは異なるアプローチ

コミッショニングの計画文書において社会的,公共的な目標が掲げられることが多いが,ここでは社会的側面を強調する文書事例を紹介しておきたい。ウェールズ議会が出している政策文書「ケアにおけるパートナーシップの促進——保健医療と社会サービスにわたるコミッショニング(2003年3月)」は,コミッショニングを通して,介護市場を開発し,安定性をもたせることによって,住民の利益を実現しようとしている。

ウェールズ議会は,権限委譲を受けて自治権限を拡張しており,イングランドとは異なった地域の自主性を発揮している。例えば,ウェールズの地方自治体はベスト・バリューを達成する義務は任意事項となっている[9]。

ウェールズ議会は医療や福祉のコミッショニングに責任を持ち,その目的を持続可能な発展,ソーシャル・インクルージョン,平等な機会の3点に置いている。議会はコミッショニングを重視しており,それが地域システムに信頼と安定をもたらすものと考え,利用者とケアラーの不安を取り除くよう努めている。文書「ケアにおけるパートナーシップの推進」を読むと,コミッショニングの活動枠組みを述べている。それによれば,コミッショニングを「個人のニーズを充足するため,サービスを特定,確保し,モニタリングする過程」と規定した上で,コミッショニングは戦略的,長期的なものと捉えている。購入プロセスが短期的なものと対比している。したがってコミッショニングは契約システムを超えるもので,計画を実施に移す体系的なプロセスとしている。

(2) サービス戦略のビジョン

コミッショニングの方向性は次の通りである。まず利用者とケアラーに資する成果を示し,良質のケアを供給するよう促すことである。次に,相互の信頼を促し,公開性と透明性を求めている。これらの目標の進捗について,ウェールズ議会は監視する。またコミッショニングの担当者は利用者とケアラーの意見を聴取する義務があり,フォーラムの開催,アドボカシーからのフィードバックの実施,サービスの品質保証,質問表の配布と回収,利用者との面談,苦

情手続の実施，アセスメント記録から情報の照会，ケアパッケージの再検討，ベンチマーキング実施などを行う。特にサービスのコストに関する最新の情報を収集し，ベスト・バリューの要請に応え，サービスの質を周知しなければならない。

　重要なのは，コミッショニングにおける購入活動である。これはサービス利用者やケアラーの生活にも影響を与えるため，利用者の自立性と自己決定を配慮するよう促している。また住民個々の生活状況を把握したうえで，ケアとサポートに関する協定はニーズと選択肢をバランスさせたものを求めている。
　コミッショニングの実施においては，以下の事項を保障しなければならない。
- サービス利用者と地方議員を含めて利害関係者すべてを包括し，バランスのとれたサービス戦略のビジョンを打ち出すこと。
- 計画プロセスにおいて供給者の専門性を最大限に活用すること。
- サービス計画，提供，監視や評価のプロセス，長期間対応できる計画メカニズムを構築すること。
- 供給者との協議を定例化すること。
- 不確実な事態に対応できる緊急時の計画を立てること。
- 柔軟で部門横断的なコミッショニングを運営することである。

　契約価格は重要な課題である。それは固定して設定されるべきではなく，供給者のコストや効率性，サービス利用計画の成果を考慮すべきものと文書は指摘している。短期契約やスポット契約はコミッショニングと供給の関係を阻害しかねず，事業経営を過度に圧迫するようであれば費用効果性は発揮できなくなる。特に事業者は地方自治体が提示する低い購入額に懸念を抱いており，そこから生じる介護市場の不確実性はコミッショニングそのものにも悪影響を及ぼすことになる。コミッショニングでの入札プロセスでは，供給者へのリスクを十分に考慮する必要があることを意識している。

(3) ウェールズの取り組み表価
　ウェールズの取り組みが示唆するものを考えてみたい。ウェールズの政策文書では，契約をめぐって具体的な記述がみられる。コミッショニングの担当者

は，3カ年計画を作成して購入するサービスを示し，その量を広く示すべきとしている。その目的は，コミッショニングを行う側が短期契約あるいはスポット契約を差し控えさせるためである。また事業者は自身の事業計画においてコミッショニング担当者と協議することは可能であると述べている。コミッショニングでは購入すべきサービスを確認し，供給者もコミッショニングでのニーズを満たせるよう計画を立てることが重要である。このことは市場に確実性をもたらすことに有効である。

契約の形態としては，事業者に動機づけを与え，供給するのに有利なブロック契約などを盛り込む必要がある。また市場が変動する場合にリスクは避けることができず，リスク分散を図り，うまく管理させるようなコミッショニングが必要となる。一部の事業者は完全にコストを管理しており，予算を含めた事業プロセスへの支援を必要としている。

そこで，コミッショニングにさらに求められる事項として，①5カ年の共同戦略，3カ年のコミッショニング計画の策定，②コミッショニング戦略を策定する場合に，独立セクターに関する情報や調査報告の活用をすること，③条件の変化や契約の見込みを供給者に周知徹底させること，④安定的な市場を創出すための契約を含む，既存のコミッショニング計画を調査すること，⑤供給コストや関連要因を考慮し，適切な料金を保証する料金交渉計画を作成すること，⑥取引コストを縮小すること，⑦公平な仲裁プロセス，⑧サービスの質を重視し，報酬を与えるシステムをつくることを文書は明示している。

ウェールズのコミッショニングで最終的に目指すものは，長期契約の活用であり，競争的アプローチではなく協力的アプローチをとり，対等なパートナーシップを構築することでパートナーが直面する財政的困難に配慮することである。

ウェールズの事例で明らかなのは，介護市場に確実性をもたらそうとする方向づけである。ウェールズの事業者の多くは小規模組織であり，零細な事業所により配慮する措置をとろうとしている。また長期的なビジョンとしては，開発と革新をさらに進めようとしている。今後実態に見合った予算編成を行い，質の高いサービスを確保するための財政システムが不可欠であることを明記し

表4-6 準市場（イギリス）と介護保険制度（日本）の比較

	準　市　場	介　護　保　険
財　　源	公　費	保険料と公費
自治体の介護計画	有　り	有　り
自治体の財政コントロール	強い（社会福祉委員会と上級管理スタッフによる予算管理）	弱　い
競争か協働か	競争から協働へ	競争的
サービス供給について、直営か外部購入か	民間主導（福祉ミックスの志向）	民間主導
契約の主体	行政―供給者	個人の利用者―供給者
アセスメント	主に自治体ソーシャルワーカー	市町村職員や市町村から派遣された居宅介護支援事業所等のケアマネジャー（一次判定）、および介護認定審査会（二次判定）
ケアマネジメント	行政所属のケアマネジャーによる実施	主に居宅介護支援事業所等の民間のケアマネジャーによる実施
介護サービスの価格	自治体が決定するユニットコスト	国が定める介護報酬単価
費用の上限	ケアパッケージにおける予算限度額（cash limit）	支給限度基準額
利用者保護	自治体ソーシャルワーカーによる利用者保護と、持続的代理権授与法および持続的代理権に関する法規に基づく成年後見制度	民間主体（成年後見制度・日常生活自立支援事業）
全体としての規制の度合	強　い	弱　い

出典：筆者作成

ている。

5　日英の介護制度の比較と展望

1．日英の介護制度の比較

　イギリスとわが国の自治体介護制度を比較すれば、表4-6のようになる。要点を3点に絞りたい。第一に、イギリスの準市場において行政と供給者との間で契約が成立しているのに対し、わが国では利用者（要介護認定者）――供

給者という個人ベースの契約となっている。第7章で検討しているように，わが国の場合では利用者のエンパワメントが弱く，成年後見制度や日常生活自立支援事業がさらに充実されねばならない。第二に，イギリスではニーズアセスメントおよびケアマネジメントが行政の専管業務であり，公平性を保証する取り組みがある。これに対し，わが国の民間主体のケアマネジメントではサービスの紹介・提供と利用者保護には利益相反がみられる。ケアマネジメントは介護制度の根幹をなすものであり，中立性を保持するケアマネジャーの役割はますます大きくなっている。第三に，イギリスでは地方自治体がサービスの購入価格を設定するのに対し，わが国の介護報酬は国が決定する。介護の分権化を通して，地域の実情に見合ったサービス提供システムが望まれている。

2．自治体の役割強化に向けて

　介護と市場の関係をみる際，介護サービスの特性は最大限に考慮されなければならない。介護サービスは他のサービスと決定的に異なる特性を幾つか持っている。その特性とは，すでに述べたように，介護の外部性，不完全な情報，非合理性である (Le Grand J, Propper C, and Robinson R. 1992)。

　特に介護の外部性については，介護サービスの持つ社会的便益が利用者のみならず，家族や隣人，地域社会に及ぶことは指摘するまでもない。このことが介護福祉の公共的価値を高めているのである。情報についても，市場が効率的に機能するためにはすべての利害関係者に完全に情報が周知されるべきで，社会的に弱い立場に置かれている人たちに不利に作用してはならない。また非合理性については，たとえ介護を必要とする人たちに選択肢を十分に知らせたとしても，その情報に合理的に対応できない人たちが少なからず存在する。ニーズを表明することが難しい利用希望者には第三者の支援が必要であり，ソーシャルワーカーやケアマネジャーなどの専門家の判断を取り入れることが不可欠となる。以上から，介護市場による資源配分には調整が必要であり，行政が市場に介入し包括的に管理しなければならない。

　今後，サービスの質と効率性を高めるには，基礎自治体の役割を強化せざるを得ない。イギリスのコミッショニングで説明したように，持続可能な制度に

向けて再設計するに当たり，自治体の役割を強化し，共同性を志向したコミュニティケアへの拡張が求められる。利用者のみならず地域住民等の利害関係者全体を巻き込んだ「サービス協定」の確立を必要とする。

ただし，留保条件もある。地方自治体への税源委譲の問題である。今後地域ニーズが増大するなかで，基礎自治体の安定的な自主財源が確保されなければならない。地方自治体の責任の下に民間参入を管理し，綿密なプランニングを策定し，コストとサービスに関する合意を住民から引き出す必要がある。ローカル・ガバナンスを発展させて，地域社会全体でコントロール機能を発揮することが望ましい。また残された課題として，在宅で重度の要介護者を支えられる在宅ケアの底上げなどは，現状では踏み込めていない。これらの課題は徹底した住民参画によるサービス計画の下で実現されるのがふさわしく，そこからさらに発展したローカル・ガバナンスが形成されると考えたい。

6　ローカル・ガバナンスを絡めたイギリスの高齢者ケア

本章では，高齢者ケアの準市場化について考察してきた。保守党政府時代には，地域が介護市場として新自由主義の実践の場となりつつあったが，労働党政府に代わると，パートナーシップ，ベスト・バリューなどの導入を通して「競争」から「協働」へと変化していった。住民参画や当事者の意見聴取は，ローカル・ガバナンスの視点からは，市場メカニズムを修正する機会と捉えることができる。新たな自治体の機能は再規制としてのコミッショニングと捉えることができ，より住民に近い地域アプローチを進めている。

1) ソーシャルケアという用語を説明すると，イギリスではわが国の「社会福祉」を意味する用語は時代とともに変化してきた。第二次世界大戦後では welfare services，1970年代以降のシーボーム改革期以降では personal social services，social services，最近では social care，social care services が使われている。これらの用語はいずれも「社会福祉」を意味している。
2) ベスト・バリューは，政府文書 *Modern Local Government — in touch with people*（1998）から生み出されたもので，地方の行政サービスを刷新し，その現

代化を図る政策基準として位置づけられた。そして1999年地方自治法の中で、「地方自治体は、継続的なサービスの改善に資するため、サービス供給の経済性、効率性、効果性に配慮し、その向上につながるよう必要な措置を講じなければならない。…地方自治体は、自治体内の納税者、サービス利用者、またはサービス提供に伴う関係者等と協議しなければならない」と定められている。(*Modern Local Government : In Touch with the People*, p. 64)

3) ラショニング論を展開したのはケン・ジャッジ(Judge, K.)である。社会福祉では市場における価格のようなものを設定しない場合、福祉需要とその供給のバランスは割当て(予算という財政における割当て、行政官の恣意的な認定等のサービスにおける割当てという二つの次元がある)を通して図られることになる。割当ての枠組みでは、①いかなる種類の資源が割当てられるのか(割当ての条件の問題)、②誰が誰に割当てるのか(資源割当ての主体の問題)、③いかにしてそれは割当てられるのか(資源の割当て方法の問題)、つまりどのように分配するかという観点から福祉政策・行財政を分析するアプローチをとっている。(Judge, K. (1978) Rationing Soocial Services, Heinemann. K. ジャッジ、高沢武司・京極高宣・坂田周一・吉村公夫訳(1984)『福祉サービスと財政——政策決定過程と費用徴収——』川島書店)

4) Bexley の担当者とは e メールで連絡し、情報を得た。URL は、Bexley Social and Community Services Commissioning Strategy — Older People's Services (2002) pp. 4-5. .http://www.joint-reviews.gov.uk/money/commissioning/files/Bexleystrategy.pdf#search='Bexley%20%20%20older%20people%27s%20commissioning%20strategy'

5) イギリスでも認知症高齢者の課題は深刻であり、家庭やケアホームにおけるその接し方が開発中である。

6) イギリスではわが国の障害者手帳に相当するものはない。そのため送致の数が障がい者の対応を示す重要なデータになる。

7) 後で検討する地域エリア協定(LAA)では、福祉と医療を扱った「より健康なコミュニティと高齢者」という戦略テーマが設けられている。この LAA の構造については、地域型イニシャティブが増えてきた中で、それらを統合する機能を持っており、中央——地方関係を通してナショナル——リージョナル——ローカルのマルチレベルのガバナンスが貫かれている。

8) 1999年医療法はジョイント・ワーキングを推進するために法制化され、同法により医療と福祉のサービス機関は、①プール予算の執行、②資金を他機関に移管できるコミッショニングの取り決め、③医療と福祉のサービス供給の統合、を実

施できる。特にプール予算の目的は、病院からの退院促進（リハビリテーションや回復サービスを含む），病院，レジデンシャルホーム，ナーシングホームへの不必要な入所の防止，就職や雇用継続のためのリハビリテーション，緊急入院の増加傾向の歯止め等に置かれている。

9） 2006年3月14日，Cardiff County Hall にて，Christine Jenkins 氏，Robert Webb 氏のヒアリング調査を行った。ウェールズ議会の権限とその特殊性についても説明しておきたい。1998年ウェールズ自治法に基づいて，1999年7月にウェールズ議会（National Assembly for Wales）が設置されている。スコットランドが「立法的分権」と呼ばれるのに対して，ウェールズの場合では「執行的分権」と言われている。アセンブリーという名称が示すように，課税変更権は与えられておらず，権限付与もスコットランドのような包括的なものではない。基本的には，従来ウェールズ担当大臣が持っていた権限が，ウェールズ議会に移譲されたとみてよい。またウェールズ議会が制定する法律は，一次立法ではなく二次立法の性格を持っており，いわゆる従位立法の制定権限にとどまっている。この従位立法は，国会で定められる一次立法の内容をより具体化・詳細化するもので，命令や規則に相当する。二次立法が定める内容は，一次立法の規定範囲を逸脱してはならない。このようにウェールズ議会には立法制定上の制約がある。そうではあるが，分権改革によって民主的正当性を有する議会が設置されたことで，地域の実情を反映させた政策が展開されやすくなったことは確かである。（下條美智彦編著（2007）『イギリスの行政とガバナンス』成文堂，pp. 143-144.）

第5章

わが国の地域福祉の計画化とローカル・ガバナンス

本章では，地域福祉の計画化とローカル・ガバナンスというテーマを追究していきたい。地域福祉の計画づくりでは予算の裏づけが乏しく，そのため町村部では策定率が低いという地位間格差が現れている。計画の目的についても，ローカル・ガバナンスという言葉を使用する計画書もあろうが，その定義は明確なものではない。特に重要なのは，近隣地域への分権化——特に意思決定への近隣住民の参画と予算権限の移譲——にまでも踏み込むものは極めて少ない。地域福祉計画は，一体地域への権限移譲という大きなテーマをどのように扱っているのか。また地域住民，社会福祉協議会，自治会，NPOのボランタリー・コミュニティ・セクターの関係をどのように扱っているのか。この点について，先進事例も含めて考察を進めていくことにしたい。

1　地域福祉の計画化へ

わが国の社会の変化を長い時間軸で見ていけば，仕事と居住が一体的で地縁・血縁の社会関係を基本とする「農村型社会」から，職場と居住が分離し，職縁に偏重した「都市型社会」へ移行してきた。最近では，地域社会の変貌に伴いさまざまな問題が噴出している。近隣地域においては，地域の養育力や福祉力が減退し，犯罪が激増している。労働の場では，競争と成果主義，長時間労働，賃金格差，非正規労働者・フリーターの増大がみられている。消費生活・家族生活の場では，消費者金融への依存，家族関係のゆがみ，離婚や家出などの家族崩壊の要因が増えている。このように生活様式や価値観が多様化し，少子・高齢化や核家族化が進行するなかで，家族機能，地域社会における相互

扶助機能は明らかに低下している。

　一方，社会福祉の制度においても，家族，近隣，慈善など主として私的・共同的な関係・主体を介して提供されていた段階から，行政，社会福祉法人，NPO，ボランティアなどを主とした公共的・社会的な主体を介して提供していく段階に移行した。

　このように社会経済情勢が大きく変貌するなかで，安心して充実した生活を送るためには，地域社会を基盤とした福祉を推進することが必要である。このような背景から，2000年6月に改正された社会福祉法において「地域福祉の推進」が明確に位置づけられ，地域福祉計画に関する規定が設けられた。

　社会福祉の充実に対する国民の要望は，時代や社会の変化とともに変化する。それらに有効に対応するためには，展望をもった長期・中期・短期の社会福祉計画の策定と実施が求められる。例えば，老人保健福祉計画，エンゼルプラン，障害者福祉計画，介護保険事業計画はその基盤整備に努めてきた。社会福祉の基礎構造改革以降，地域福祉や在宅福祉の重要性が増しており，当然地域福祉計画の策定にもその意義が認められる。

　福祉計画を具体化するためには，計画の考え方と住民参加，計画やプログラムの策定，財源の確保，計画の評価と見直しといった手順を適切に進めていくことが重要となる。特に財源の確保なしには，目標値の達成はありえない。

　地方自治体の福祉分野に計画行政や計画整備の考え方が導入されたのは，最近になってからである。この端緒となったものは1992年から1993年度に全国の地方自治体で策定された高齢者保健福祉計画（いわゆる自治体版ゴールドプラン）である。数値目標を設定するに当たり，住民の実態意向調査に基づくことや住民参加による計画策定が基本とされた。

　また高齢者福祉の基盤整備については，老人保健福祉計画が生まれた1990年代になって初めて「目標量」「計画的整備」という具体的な計画手法が採用された。この段階に至って，市町村は市民生活の現状や課題を把握し，住民のサービス利用意向に関する調査に着手したのである。また担当部局はこれらの結果を予算獲得のためのデータとして活用した。[1]

　市町村地域福祉計画は，市町村が地域住民などの意見を十分に踏まえ，①地

表 5-1　地域福祉計画の内容と理念・原則

(1)地域福祉計画の内容	(2)地域福祉計画の理念・原則
①福祉サービス利用者の権利	①地域の個別性の尊重の原則
②福祉サービスの質	②利用者主体の原則
③福祉サービスの充実	③ネットワーク化の原則
④福祉サービスの開発	④公民協働の原則
⑤住民参加の明示	⑤住民参加の原則

出典：武川正吾編『地域福祉計画　ガバナンス時代の社会福祉計画』有斐閣アルマ，p.39．

域における福祉サービスの適切な利用の推進に関する事項，②地域における社会福祉を目的とする事業の健全な発達に関する事項，③地域福祉に関する活動への住民の参加の促進に関する事項などを一体的に定めるものである。

　また，都道府県地域福祉支援計画は，都道府県が市町村の地域福祉を支援するために，①市町村の地域福祉の推進を支援するための基本的方針に関する事項，②社会福祉を目的とする事業に従事する者の確保や資質の向上に関する事項，③福祉サービスの適切な利用の推進と社会福祉を目的とする事業の健全な発達のための基盤整備に関する事項などを一体的に定めるものである。

　では，地域福祉計画がめざすものは何か。第一は福祉分野における地方分権化の推進で，市町村が主体となって進める。第二は住民参加の福祉のまちづくりで，地域のガバナンスを尊重しながら施策の企画，実施，評価などあらゆる過程において住民参加を促進していく。第三は社会福祉に関する計画の総合化で，今後の社会福祉のあり方をリードするものとして策定される。第四はポスト・ゴールドプランの時代の社会福祉計画で，一定程度進んだ社会福祉資源を有効に活用して策定されるべきとしている。

　また，地域福祉計画における市町村の役割や責務は，地域福祉計画の策定，福祉サービスの基盤整備，地域福祉推進のための調整（指導・育成を含む），福祉サービスの適切な利用の推進（福祉サービス利用者の権利の保護），福祉サービスの健全な発達のための基盤整備，住民参加を推進するための基盤整備である。

　この社会福祉法における地域福祉計画の規定は，2003年4月に施行されており，これらの計画の策定と実施を通して，身近な地域において良質かつ適切な

全国の市町村地域福祉計画および都道府県地域福祉支援計画等の策定状況(2005年4月1日現在)

表5-2 市町村地域福祉計画の策定状況

	市町村数	割合(%)
2007年度末迄に策定が終わっている	698	38.4
2008年度以内に策定が終わる予定	164	9.0
2009年度以降に策定予定	253	13.9
策定と策定予定の合計	1,115	61.4
策定未定	701	38.6

表5-3 都道府県地域福祉支援計画の策定

	都道府県数	割合(%)
2007年度末迄に策定が終わっている	36	76.6
2008年度以内に策定が終わる予定	1	2.1
2009年度以降に策定予定	2	4.3
策定と策定予定の合計	39	83.0
策定未定	8	17.0

出典：厚生労働省ホームページ。http://www.mhlw.go.jp/topics/bukyoku/syakai/c-fukushi/index.html

福祉サービスを利用できる体制の整備が進むものと期待されている。

全国の市町村地域福祉計画および都道府県地域福祉支援計画の策定状況については，表5-2，5-3が示す通りである。市町村地域福祉計画では，策定と策定予定の合計が1,403で，全体の58.3%である。6割弱にとどまっているのは，策定した自治体が市中心であり，町村部では予定していないからである。行政計画では，タイプ分けをすれば「理念型」「手続き型」とよく言われる。この分類はまちづくり条例などを作るときに使われるもので，前者は条例の中身についてその自治体の目標を理念的にあらわすものであり，後者は自治体の目標を達成するために規制（例えば開発規制等）を組み入れるものである。その流れを汲んで福祉計画においても自治体関係では使われることがある。京都府下市町村の場合，市レベルの地域福祉計画は「手続き型」となっている。

地域福祉計画は行政計画であり，長らく施設中心型で進められた行政福祉を地域福祉型に転換する目的を持つ。そこで問われるのは，地域福祉計画の基本軸が「地域社会における福祉」なのか，「地域社会による福祉」のいずれに置かれるかである。前者の場合，福祉の主体とその責任は行政にあり，後者の場合は民間福祉や住民側にある。もちろん両者の融合型でもかまわないであろう。よく言われる「公助・共助・自助」の協働という認識の下で，行政，社会福祉協議会，NPO，住民組織がそれぞれの役割を担うことによって地域福祉が発

第Ⅱ部　ローカル・ガバナンスと福祉政策

図5-1　地域福祉の全体イメージ

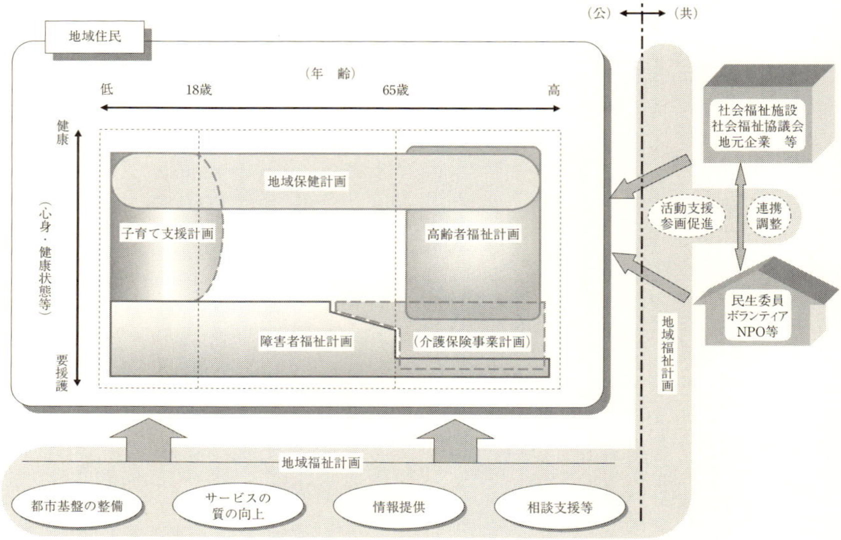

出典：姫路市地域福祉計画（2004）

展することになる。

　このような脈絡での「自治型福祉」をどのように捉えるのがよいのだろうか。福祉の基礎構造改革以来，福祉システムは契約型福祉に転換した。それは，原理的には「取引と契約」という形式となるが，「契約の失敗」にどのように対処するかは明確にされなかった。契約型福祉への転換の背景には，市場経済の発展により個人消費の「商品消費化」が進み，所得の大小が生活水準を規定する社会が定着したことがあった。さらには都市型社会の進展を通して共同消費の比重が高まり，行財政負担の増大も影響している。こうした情勢を踏まえて，自助・自立・相互扶助が政策的に奨励されており，営利活動の進出，ボランティアの広がりも一層顕著になっている。ノーマライゼーションの実現に向けて，福祉サービスの主たる供給主体である公的機関に加えて，住民組織や民間団体などの住民主体の団体・個人が在宅福祉サービスを含む福祉サービスの拡充を地域社会において担うことが必要になっている。

　ここで，地域福祉の構成要素である公助・共助・協助・自助の四つのセクタ

ーが持つ性格を再確認してみると，次の通りとなる。①公助は，主に行政部門を指し，公的責任の要である。その役割は公平性と効率性の保証であるが，わが国は債務が膨張しており，「財政錯覚（fiscal illusion）」に陥っている[2]。②共助（ともじょ）は，友人，近隣住民によって支えられる福祉で，「私」と「公」を結ぶ中間に位置する「共」の領域である。町内会・自治会等の地域自治会や老人クラブ，婦人会，子供会などの伝統的な地縁集団を指す。ただし最近，婦人会・老人クラブなど地域組織への加入率が減っているという問題がある。③協助は，目的意識的に組織化された NPO が中心となり，教育，文化，医療，福祉，国際協力など，さまざまな社会的活動を行う非営利・非政府の民間組織がその役割を担う。④自助は，自らの備えと，セルフヘルプを指す。公私のパートナーシップの展開・過程では，自治型福祉の関連で，公助，共助，自助がどのようなバランスで構成され，さらには住民の意思決定への参画が問われることになる。

2　地域福祉計画と財政

　わが国には「地域福祉予算」という独自の歳入・歳出の予算費目は設けられていない。地域福祉予算を確認するには，高齢者，障害者，子育て，教育関係，建設事業費などさまざまな事業項目から，地域福祉関連にかかわる予算を拾い上げることになる。例えば，福祉関係の予算では，社会福祉援護費，民生委員活動費，社会福祉協議会費，老人福祉事業費，子育て支援事業費などがあり，その他に，教育関係（生涯学習・学校教育等）や建設関係（バリアフリー等）の予算からサブアイテムとして地域福祉予算を集計する必要がある。一方，歳入についても，国補助金，都道府県補助金として，先の事業費にかかわる国あるいは都道府県からの補助金が交付されている。いずれにしても，「地域福祉予算」という特定の費目から分析を行うことは難しい。そのため，行財政から考察するには，地域福祉のなかの特定項目を選び出さなければならない。本節では地域福祉計画について，行財政の視点を通して分析することにしたい。

　行政計画と財政は，どのように関係するのだろうか。両者の関係をみるには，

計画そのものがどのような過程を経て策定されるのか，またどのような要素が計画を決定するのかを理解する必要がある。

　第一には，それは地方自治体の意思決定のあり方に左右される。その自治体の意思決定はトップダウンなのか，ボトムアップなのかを知る必要がある。第二には，将来の自治体像を過去からの延長線上に描くのか，あるいは変革を意図するのかが問われてくる。第三には，住民参加や職員参加の程度により，計画の中身は異なってくる。

　少子高齢社会の到来は，地方自治体の財政，特に市町村財政に大きな負荷をもたらしている。なぜなら，それは福祉や医療サービスの増加と結びついて固定経費の増加をもたらす要因となっており，また労働人口の減少により自治体歳入の減少につながっているからである。そこで，計画を実施に至らしめる財政の仕組みを検討することにしたい。

1．行政計画と予算との関係

　地方自治体の歳出予算は，款，項，目，節に区分され，地方自治体施行規則の別表に具体的科目が示される。総合計画中の実施計画と予算書の事項別明細が対応することが望ましいとされている。

　しかし，すべての地方自治体の実施計画が当該自治体の事項別明細と対応するわけではない。実施計画──事項別明細において齟齬が生じる場合もある。つまり，事項別明細においては，省庁別ないし法別に整理されているのに対し（補助金等特定財源の関係等），実施計画ではこれらのいくつかを別の視点（法別ではなく対象別等）で総括する場合，こうした問題が起こり得る。

　この点について，ホームヘルプの場合で考えてみたい。事項別明細では，高齢者，身体障害者，知的障害者，精神障害者，障害児ごとに記載されているホームヘルプサービスが，実施計画では居宅生活の充実という体系下で一本化（ないし高齢，障害，児童等に総括）されることがある。

　いずれにしても，進捗管理および地域住民に対する説明責任の観点から，また事務事業単位での行政評価の必要性の観点から，個々の事業をどこの課で担当しているかがわかる工夫が自治体計画，予算において求められる。また，総

合計画のなかで最も具体的な施策を示しているのが実施計画であることから，予算とのリンケージという場合には，実施計画に対する予算措置の有無が問題となる。

　次に，行政計画は予算と連動するのか，という点を考えてみたい。まず，実施計画と予算をリンクさせる場合のメリットとデメリットを理解しておく必要がある。例えば実施計画において，予算措置の有無を問わずに基本構想から導き出される事務事業と，基盤整備等の現状と（希望的な）将来予測に基づいた事務事業を列挙した場合，これはもはや計画とは呼べない。

　これに対し，すべての事務事業に予算措置がなされた実施計画は，実効性の高い計画に思われるが，予算措置が計画初年度に見送られたり，必要性の認識が高い事業が実施計画に掲載されてはいない場合，基本構想に掲げる自治体像・基本理念を具体化するには十分な実施計画と呼べないだろう。

　基本構想の具体化のために策定される実施計画が，その具体化に必要な事務事業を網羅し得ない場合，実施計画内部で自己矛盾を起こすこともある。その矛盾は計画の後年度になるに従い顕著となる場合が多い。

　事務事業に予算措置がなされた実施計画は，実際には自治体レベルでは少ない。計画行政の浸透に伴い，計画策定に関するスキルの向上，連携・調整および財政的視点を踏まえた実施計画となることが一般的である。誘導的目標として予算措置を伴わない事業が掲載されることはあり得るとしても，それはきわめて例外的な場合に限られる。

　このように事務事業に予算措置がなされる実施計画はむしろ少なく，しかもそれが矮小化した実施計画であるとも限らないのである。なぜなら，限られた財源を効率的に投入し，最大限の効果をあげるためには，短期～中期間の実施計画策定時において事務事業に優先順位をつけ，当該実施計画のなかに取捨選択してそれらを掲載し，これを繰り返すという手法により計画行政の効率性を高めることが可能だからである。この手法は自治体レベルで一般的に採用されている。

　ただし，こうした手法には以下の課題があることを忘れてはならない。第一の課題としては，実施計画策定を主管する課がすべての事業を鳥瞰したうえで，

これに優先順位づけができるような情報収集・分析・判断能力を備えていなければならない。第二には，実施中ないし実施後の事務事業の効果測定および評価を的確に行い，次期実施計画に反映させなければならない。

今後の実施計画の課題としては，単に策定時の技術的側面だけでなく，進行管理時の評価手法，経済社会情勢の変化を将来予測につなげられる能力，市民ニーズの的確な把握とその充足を図ることが必要である。

2．財政（予算）局と企画局との関係

では，計画と財政フレームとはどのように関係するのだろうか。次の2点を留意する必要がある。第一には，将来の財政フレームの設定に当たり，大規模な地域開発や産業構造の変化等の特殊要因がない限り，歳入が右肩上がりで増加すると見込むことはもはや困難なことである。第二には，少子高齢化および生産年齢人口の減少を特徴とする人口構造の変化は不可逆的に進行しているということである。

このため経常的経費，特に人件費と公債費については，財政の健全化を維持し得る程度に抑制する必要がある。他の経常的経費についても，効率的な運用の観点から常に整理統合を視野に入れなければならない。

一方，経常的経費のうち扶助費ないし扶助費的要素の高い経費については，生産年齢人口の減少という趨勢等を踏まえ，その確実な増加額への準備が必要となる。

この他には，地域基盤の整備，地域の活性化のための投資的経費についても，その有効性を十二分に検証したうえで算定しておく必要があろう。

最後に，行政計画における財政主導型と企画主導型という二つのパターンをみておきたい。

予算局と企画局との関係は地方自治体によりさまざまである。一般的にいえば企画局は，総合計画がその目標を達成するものとして将来ビジョンを描く傾向がある。これに対し予算局は，より現実的ないし投機的傾向の少ない将来像や財政収支を見込む傾向にある。

行政機構においては，計画はもとより事務事業の実施にいたるまで，「財政

主導型」「企画主導型」というパターンで語られることがある。そのパターンはいずれか一方に偏ることは少なく，同じ自治体であっても時代や財政状況等によって，また首長の判断によって変化する。

　第一の「財政主導型」においては，実施計画策定の段階ないし各課の予算要求の段階で，財政事情に応じて厳格な査定を受けたものが実施される。場合によっては計画初年度に予算と計画が整合しているものの，後年度になれば，その計画に掲載された事業そのものの予算が凍結され，必要な予算が措置されない事態も起こり得る。

　ただし「財政主導型」といっても極端に偏った計画はなく，主要施策として企画が位置づけたものについては，優先的に予算配分される。こうして基本的には，総合計画との整合性を配慮する傾向がみられる。

　第二の「企画主導型」においては，企画の描く自治体像の実現のために財政担当がその予算配分を行うことがある。ただし，これも極端に偏ったものは少なく，企画といえども限られた予算を無視して実施不可能な計画を策定することはあり得ない。

　この他に，企画部局と財政部局が融合した企画財政部（課）制という形態をとり，相互連携を図ろうとする自治体もある。ただし両者が牽制しあい，支出（spending）と収入確保（revenue raising）という異なる観点をもつために，担当レベルでの両立が困難になることもある。

　では，財政主導型計画と企画主導型計画のどちらが適切なのだろうか。この問いに対して，安易な答えを示すことはできない。それは担当課の力量に左右されたり，緊急的な財政出動を要する事態が生じるからである。あるいは市町村の範囲を超えた基盤整備の必要性も生じるなど，全体・個別ともに状況は複雑に変化するからである。いずれの場合においても，その判断が市民ニーズの把握とその充足に向けたものでなければならない。

3．地域福祉計画の事例──財源の視点から──

　地域福祉計画の策定において財政との関係に言及する地方自治体はきわめて少ない。その理由は，財政局とのすり合わせが十分ではないことと，地方自治

体の財政事情がきわめて厳しく，財政に関して楽観的な将来展望がもてないからである。ここでは数少ない例であるが，財政に言及している地方自治体を取りあげてみたい。事例が少ない理由は，地域福祉計画の策定に要する費用について，国が財源の保障をしていないからである。

　滋賀県の場合でみてみたい。レイカディア振興財団が実施する「介護予防・地域支え合い事業」に計画策定費が含まれており，「在宅福祉事業費補助金」として交付されている。同県では補助金総額が450億円であり，レイカディアがその配分を決定している。したがって，県健康福祉部は補助金に対して関与することはない。国庫補助金は他府県でも同じ条件で配分されている。なお，県費には，在宅老人福祉事業補助金が含まれている。

　国庫補助事業費の配分は市への300万円，町への200万円の合計500万円が上限となっている。滋賀県の場合では，これらの事業費について県が市町村に紹介・通知を行い，「手挙げ」式で補助の対象地域を決定した。その結果，近江八幡市，石部町（現・湖南市），日野町の一市二町が申請を行い，県は地域福祉に関するヒアリングを通してモデル市町村を選定している。なお，大津市・愛東町（現・東近江市）もモデル地域であるが，これらは国レベルであり，県ではなく国が管理している。国庫補助ベースの交付（申請）については，近江八幡市が75万円，石部町が87.5万円，大津市250万円，愛東町140万円となっている。

　なお，事業費ベースの申請額は上限が500万円のうちの150万円である。事業費の申請額は事業予定内容や企画などが厳しく査定されるため，初期よりも減少する場合が多い。補助率は2分の1である。（通知「在宅福祉事業費補助金の国庫補助について」を参照）

　予算措置が不十分なために，地域福祉計画と財政をめぐる情勢は厳しい。その結果，全国的にみて地域福祉計画のなかでその事業費を明らかにする自治体はきわめて少ない。むしろ，行政側には財政出動を抑えたいという願望さえ見受けられる。行政にヒアリング調査を行っても，財政に関する情報開示には消極的である。現状において地域福祉予算が不明確な理由は，実務上市町村行政が（タテ割行政のなかで）これまで地域福祉に着手したことがなく，包括的な地域福祉行政を展開してこなかったからである。さらには，経済の地域間格差

が影響を及ぼしており、国と地方の税財政改革（いわゆる「三位一体改革」）の結果からも自治体財政の見通しが不透明だからである。今後、財政緊縮の状況は避けられないが、地域福祉充実のために行政の一層の工夫と努力が求められている。

3 地域福祉とネイバーフッド・ガバナンスの四つのパターン

第1章においてネイバーフッド・ガバナンスにおけるエンパワメント、パートナーシップ、ガバメント、マネジメントというラウンズとサリバンの四つの理念型を紹介した。ここでは、地域福祉の新展開を遂げているわが国の地方自治体について、四つの理念型に当てはめながら検討してみたい。

1．岡山県総社市のネイバーフッド・エンパワメント

岡山県総社市の取り組みは、市村合併の過程において行政と社会福祉協議会が協働する形で、小地域福祉システムの構築に成功した事例である。

(1) 新総社市の誕生

2005年3月22日に総社市・山手村・清音村は合併し総社市が誕生している。総社市は岡山県の南西部に位置し、山陽自動車道、岡山自動車道などの高速道路網、JR伯備線・吉備線、井原鉄道などの鉄道網の結節点であり、岡山空港にも近接している。この地域はかつての吉備の国の中心として繁栄したところであり、今でも多くの文化遺産が保存されている。最近では、住宅都市・学園都市としての発展も遂げてきた。

旧来の3市村の地理的、社会的、経済的発展の経緯等を踏まえて、新市は東部、西部、南部、北部の4地域に区分している。南部に位置する清音地区においては、これまで住民のネットワークが構築され、きめ細かな福祉が展開されてきた。合併を契機にして、他の地区にも小地域型ネットワークの構築を追求することとした。新総社市の小地域福祉システム構築の背景で、エンパワメントを働きかけたのは社会福祉協議会である。

(2) 小地域ケア会議の創設

　総社市では高齢化が進み，高齢者の認知症・虐待・孤立が課題となっていた。そこで社会福祉協議会は，住民主体の理念を掲げて，安心して地域で暮らせるシステムの構築をめざして小地域ケア会議を立ち上げ実施してきた。

　小地域ケア会議の目的は，地域住民がその地域の特性を生かし，生き生きとよりよい生活を送るために，話し合いの場を設けることである。住民に身近な生活圏で専門職者と住民の協議・連携を可能にする場と位置づけられている。設置単位は，各地区の民生委員児童委員協議会とし，2007年11月末現在で21カ所が設置されている。事務局を各地域包括支援センター（地域ステーション）に設けて，1～2カ月に一度開催する。会場は地域の公民館，分館，福祉センター等である。委員の構成は，地域住民の代表（民生委員児童委員，地区社会福祉協議会，福祉委員，愛育委員，自治会長等），介護保険サービス事業所職員，介護支援専門員（ケアマネージャー），社会福祉協議会職員（福祉活動専門員），行政職員（介護保険課職員），地域包括支援センター（基幹ステーション，地域ステーション職員）となっている。

(3) 小地域ケア会議による活動の成果

　具体的な活動項目としては，①地域が抱える問題の把握および共有化，②福祉情報の集約および提供，③新たなサービスづくりに向けての取り組み，④地域で支えあう仕組みづくり，⑤援助が難しい住民への対応がある。

　順次みていくと，①地域が抱える問題の把握および共有化については，地域の実情を把握するため，住民だけでなく委員全員（行政職員も含めて）で地域に出向きヒアリングを行ってきた。その中から見えてきたニーズを地域の生活・福祉課題と位置づけて，地域全体で問題認識の共有化が図られている。

　②福祉情報の集約および提供については，社会資源や人的資源を集約したマップづくりを行った。その中で，地域住民が自ら把握した情報や小地域ケア会議の存在を周知するため，手づくりのチラシを配布し，情報が届きにくい住民に伝達していく仕組みが形成されてきた。他にも，住民の発案で，認知症の勉強会や改正介護保険の学習会が実施されている。

③新たなサービスづくりに向けての取り組みについては,「小地域ケア会議」で住民と各種専門職者による活発な協議が行われてきた。移送サービス（巡回バス・タクシー券）やふれあいサロンのニーズを調査し,「総社市地域ケア会議」や「小地域ケア会議合同連絡会議」に提案した結果, ソーシャルアクションを起こす機運が高まっている。

④地域で支えあう仕組みづくりの構築については, 住民説明会を社会福祉協議会に依頼し, 地域を指定してモデル的な地域づくり（サロン）の取り組みを実施してきた。特に地域での見守り体制を構築したことは画期的であった。一人暮らしの高齢者や高齢者世帯を対象に緊急連絡カードの作成や要援護者台帳づくりを行ったのである。これを契機にして地域での見守りの方法をより具体的に検討する地域が増え, 近隣地域での住民が主体となった見守り・支えあいの仕組みづくりがさらに進んでいる。

⑤援助が困難な住民への対応については,「小地域ケア会議」の回数を重ねるのに伴い, 認知症高齢者や精神障害者, 虐待などの援助困難ケースを検討し, 個別支援を重視して援助の方針を立てるに至っている。このようにして「小地域ケア会議」を通して地域のさまざまな情報を住民や関係専門職者がより詳細に把握でき, 支援が必要な住民の早期発見・早期対応が可能になっている。

(4) 総社市の小地域福祉システムの評価

第一の評価ポイントは, 地域福祉推進の協働組織の常設化である。小地域ケア会議は, 社会福祉協議会や行政などの各種専門機関のみならず, 地域住民も加わって同じ立場で地域福祉の推進を協議・連携する場となっている。このような場が常設できたことは, 地域の課題・問題を把握し解決する場合に特に重要である。また, 専門職者と地域のネットワークがより強固なものになり, 信頼関係がさらに強まっている。

第二は, 小地域福祉活動の活性化である。地域住民の代表であり, 地域の課題・問題の早期発見・対応には欠かすことができない福祉委員を町内会単位で選出し, 多くの福祉委員を増員させることに成功している。現在, 494名の福祉委員がいるが, 小地区による見守り支援を目指して, さらに20～30世帯に一

人の福祉委員を確保していく方針である（約800人）。地域住民を一人でも多く巻き込むことにより，小地域福祉活動の活性化を図っている。

　また一人暮らしの高齢者や，ひきこもりがちな者が気軽に集まり，安心して語れる場であるふれあいサロンを市内全域で積極的に展開しているのも評価できる。2006年では97カ所であったが，翌年には132カ所へと増設されている。さらには，地区社会福祉協議会事業計画にふれあいサロン事業を位置づけ，行政からの補助金も受けられるようになっている。ここにまさに地域密着型のサービス展開がみられる。

　第三は，地域組織化の一層の推進である。地域住民の視点に近い民生委員児童委員，福祉委員，愛育委員，婦人会などの組織間の密な連携が可能になり，役割も明確化している。これにより，地域で重要な役割を持つキーパーソンとのつながりが強固になっている。そして，地域で見守るネットワークの仕組みづくり（緊急連絡カードや要援護者台帳の作成など）の取り組みができるようになっている。訪問意向調査により高齢者のニーズを把握することや，見守り担当者の選任により高齢者の課題（孤立・虐待・認知症など）の早期発見・対応につなげることが可能になっている。

　最後は，福祉組織化の推進である。行政や地域包括支援センター，社会福祉協議会の緊密な連携がとれるようになったことは重要である。そのため，小地域ケア会議で出された地域の問題・課題，解決の方法などを協議し，地域福祉活動計画に反映する方針をさらに具体的に検討している。

　　注）　大学院特別講義（2007年12月1日に開催された立命館大学大学院社会学研究科先進プロジェクト研究から。講師は総社市社会福祉協議会事務局長・佐野裕二氏）

2．稲城市のネイバーフッド・パートナーシップ
　　　　──ボランティア活動を活用した介護保険事業運営──

(1)　稲城市の概況

　東京都稲城市の人口は約7万5,000人，都心部への交通の便が良いことから1970年代以降ベッドタウン化が進み，人口が急増した。高齢化率は15％であるが，今後急速に高齢化が進むことが予想されている。高齢者人口の増加による

介護保険財政の逼迫に対応するため，介護支援ボランティア制度が導入されている。

(2) ボランティア活動を活用した介護保険事業運営

介護支援ボランティア制度に参加できるのは，市内に住む65歳以上の高齢者である。希望者が社会福祉協議会に登録をし，活動先を紹介してもらう。ボランティアを受け入れるのは，市から指定を受けている介護施設や地域の高齢者がふれあいセンターなど15カ所である。そこで配膳の手伝い，洗濯物の整理，行事の手伝いをする。ボランティア行為の結果として，1時間程度の活動に一つのスタンプが与えられる。スタンプ1個が100ポイントで，年に1回たまったポイントを換金して，最大5,000円の交付金が受けられる。その財源は市の地域支援事業交付金で賄われる。

稲城市が介護支援ボランティア制度を導入した契機は，介護保険のサービス利用の増加であった。介護保険制度で要支援や要介護と認定された稲城市内の高齢者の推移は，制度が始まった当初は830人程度であったが，2007年度は2倍近い1,567人に増加している。65歳以上の高齢者が支払う保険料も当初月額3,000円であったが，現在では4,400円になっている。今後認定者が急増すると推計されているために，さらにこの保険料が高くなると見込まれている。保険料負担を出来る限り軽減するために導入されたのが，この制度である。ボランティアで得られた交付金で本人の保険料を軽減するばかりではなく，ボランティア活動を通して高齢者が活発になり，介護サービスの利用者を減らすことを考えて考案された制度である。利用者が減少すれば，第2号被保険者の負担も軽減でき，自治体の財政ストレスも軽くなる。あわせて，この制度は地域づくりの契機にしようという狙いを持っている。

介護支援ボランティアに参加する高齢者は，65歳から93歳までの273人である。この数字は稲城市内の高齢者全体の2％余りに相当する。スタートした当初は180人で，順調に増え続けている。

ボランティアの参加者のアンケート結果によれば，「張り合いができた」が47％。「健康になった」が12％などとなっている。中には，体調を崩したとい

う人もいるが，精神面，健康面でプラスと答えた人が多くなっている。社会とのつながりを保つ機会と捉える参加者は多い。

さらには地域ケアにおいても，稲城市は地域密着型サービスを開発することで市町村の役割を拡張している。同市は小規模多機能型居宅介護，夜間対応型訪問介護など六つのサービスを整備し，市町村ベースでの，①事業者の指定および指導・監督，②整備計画の策定，③指定基準，介護報酬の設定を進めるなど，市町村の保険者機能の強化に努めてきた。第3期介護保険事業計画の策定では，地域再生で提案した介護のまちづくり地域システム構想を中心に据えて，保健・医療・福祉が連携した地域包括ケアシステムの体制づくりを目指している。

同市の地域ケアの核となるのが地域包括支援センターで，四つの日常生活圏域を設定し，2カ所の地域包括支援センターがそれぞれ二つの近隣地域を担当している。運営方式は公募による民間委託である。これまで在宅介護支援センターを中心に高齢者の実態把握や介護予防教室，独自の介護予防リーダーの養成などを積極的に展開してきたが，こうした介護予防活動を地域包括支援センターに活かしている。地域包括支援センターを支援するため，組織体制を充実させている。

稲城市のネイバーフッド・パートナーシップの背景には，介護保険制度が地域保険であるにもかかわらず国主導の側面が強く，全国一律という傾向が強いという市の考えがある。保険者である市町村の力量や自主性を発揮させるために，より地域の特性を活かす仕組みに変えていく必要がある。同市はこのような発想から，社会保険の根幹である保険料の設定や賦課方法などについて，地域の施策を実現できるよう弾力化を国に求めてきた。

(3) 保険者機能強化策の評価

稲城市は，保険者である市町村機能を強化するため，構造改革特区を活用した画期的な提案を行ってきた実績を持っている。その提案内容は介護保険制度改正に大きな影響を与えた。集権志向を持つ介護保険制度は，全国一律の基準を市町村に適用することが多いが，長所もあり短所もある。異なる地域ニーズ

を抱える市町村が形式的な要件を満たせば，介護保険給付の高騰を招くこともある。同市は保険者である市区町村が主体的に関与することを提唱していた点で注目される。

 注） ヒアリング調査から（2008年11月20日，稲城市役所にて実施。対応者は福祉部高齢者福祉課長石田光広氏）

3．三重県伊賀市の地域内分権
——市町村合併に伴ったネイバーフッド・ガバメントの追求——

 伊賀市は市町村合併を契機にして，最小単位の自治組織が地域の課題を議論し，そこでサービスの総合化を図るという構想を立てている。「小さな自治」を保障するため先進的な条例を制定し，制度の充実と住民とのネイバーフッド・ガバナンスを目指している。

(1)　地勢，人口，産業

 伊賀市は，2004年11月1日，上野市，伊賀町，島ヶ原村，阿山町，大山田村，青山町の6市町村が合併することで誕生した自治体である。当地域は三重県の北西部に位置し，北東部を鈴鹿山系，南西部は大和高原，南東部を布引山系に囲まれた盆地である。圏域は東西30km，南北40km，人口は約10万人である。産業構造をみると，第1次産業では年々就業者数が減少しており，第2次産業では名阪国道の物流利便性を受けて，地域内産業への波及効果が高まっている。第3次産業ではサービス業の割合が高まっており，観光関連産業の活性化に期待が寄せられている。

(2)　伊賀市自治基本条例の制定

 伊賀市は地方自治法上の地域自治区ではなく，自治基本条例を根拠とした住民自治協議会を立ち上げている。市町村合併の過程で，従来の行政のあり方を根本的に見直し，行政サービスを広域分野と狭域分野とに区分し，近隣地域レベルでサービスの総合化を図るという発想に基づいて，住民自治協議会構想を練り上げてきた。

合併過程において各部会は自治基本条例素案を作成し，その素案を事務局が調整するという分担体制をとった。その結果，行政は住民自治を補完する役割を担う機関と捉えて，住民自治協議会の設置を条例で定めることにした。自治基本条例では，近隣地域の意思決定に関する権限を盛り込んでいる。住民自治を進めていく上での基本原則として，第4条において，情報共有の原則，市民参加の原則，計画化の原則，補完性の原則，協働の原則，評価の原則という六つが規定されている。また第26条において，①諮問権，②提案権，③同意権，④決定権の四つが定められている。

(3) 近隣地域に基づいた地域内分権の仕組み

　各地域が抱える課題は異なり，住民のニーズも複雑化しているなかで，行政が市全域で一律に対応することは困難であるため，近隣地域で地域の課題を話し合える「住民自治協議会」の設立を進めてきた［自治基本条例第24条］。2006年10月に市内37地区で設立されている。設置単位としては，当市のまちづくりプランが小学校区単位を基本にして住民自治協議の設置を規定している。

　組織としては，運営委員会と実行委員会がある。運営委員会は，自治会をはじめとして，PTA，ボランティア団体，NPOなどの各種団体，企業，公募による住民などで構成されている。委員選出方法は互選であるが，将来は投票形式も考えている。地域社会に基盤を持つ組織と目的別団体との連携については，住民自治協議会の中核は自治会としつつも，自治会と各種団体との連携を目指している。一方，実行委員会は，福祉，環境，教育，防災などの目的に応じて設置している。

　なお地域福祉計画については，高齢者や障がい者の社会・経済的自立に必要な事項を明記しており，事業活動による雇用の増加，住民の主体的な参加による地域コミュニティの再活性化を促すものと位置づけている（伊賀市，2006, pp. 53-54）。地域福祉の活動では自治会，社会福祉協議会，地区社協が融合している。

(4) 広域業務と狭域業務の区別

　広域業務は，市が補完性の原理に基づいて広域的な処理を行い，全市民の利益につながる業務を行う。拠点は本庁で，総務・企画等を担当し，介護保険運営・高度医療，一般廃棄物の収集・処理，防災体制，高等教育，雇用対策，企業誘致等を担う。これに対し，狭域業務は，住民自治が行われる範囲で，可能な限り自治体やNPO等を含めた住民との協働を行う。拠点は地区市民センターで，窓口，住民相談等を担当し，在宅介護，基礎医療（検診等），ごみ分別，環境美化，公民館活動，商店街振興，地区イベント等を担うことになっている。

　条例第28条によって，住民自治協議会は地域まちづくり計画の策定を行う。地区別の地域まちづくり計画はすべて策定されているが，地域特性には大きな差異がある。市は総合計画をはじめとする重要な計画を策定する際，地域まちづくり計画を尊重しなければならない。計画策定の際にも，市が必要に応じて住民自治協議会を支援する。

(5) 住民自治協議会への支援（自治基本条例第27条）
①地域交付金
　地域まちづくり計画を策定し，地域で使途が決められる財政支援制度として，地域交付金が設けられている。交付金額は，当該年度の住民自治協議会地域交付金の予算総額のうち基準額40万円，残額は人口割で算出される。地区市民センターが設置されていない協議会が事務局員を雇用する場合，人件費の一部が予算の範囲内で交付される。また，まちづくり活動は継続性が重要であり，事業計画により後年度に実施する事業の財源を計画的に確保するため，基金を設置し積み立てることができる（基金設置の場合，交付金決定の5年以内の条件あり）。
②地域活動支援事業補助金
　地域まちづくり計画を実施するための新規の活動などに対し，公開審査会でプレゼンテーションを行い上位の評価を受けた活動に対して補助率90％，限度額50万円以内で助成を行っている。
③住民自治の推進に関する人的支援
　市民活動支援センターを中心とした，生活環境部市民生活や各支所住民課の

担当により，情報提供や計画策定の助言を行っている。

(6) 評　価

　伊賀市は地域内分権の流れの中で条例を制定し，独自の住民自治の進展に努めている。契機は3年9カ月に及ぶ合併協議で，そこで重視したのが新市の自治のあり方であった。住民自治協議会は法律上の地域自治組織ではなく，地域独自に創設した組織である。新市に移行した後，住民自治組織は近隣地域に設けられ，各区域で住民は情報共有・広報を行いながら，自らの生活課題を議論し，地域全体でまちづくりを進めている。特にその注目したいのは，住民の発意から条例を制定し，その理念を実現しようとするプロセスである。

　ただし，この試行は正確な意味でのネイバーフッド・ガバメントの構築というよりは，部分的に近隣地域への権限を移譲しようとするもので，移行段階にあることに留意したい。評価の最大のポイントは，住民自治を強化するため，住民自治協議会は意見具申を行うことができ，市長が近隣地域に関する事項についてその意見を聴くところにある。地方自治体と地域住民との間にコミュニケーションの場が設定され，各区域において住民が情報共有・広報を行いながら協議デモクラシーが始まろうとしている。ここに，伊賀市が目指す（プレ）ネイバーフッド・ガバメントの強みがみられる。

　　注）ヒアリング調査から（2008年8月22日，上野ふれあいプラザにて実施。対応者
　　　　は伊賀市生活環境部市民生活課主幹・前川浩也氏，伊賀市社会福祉協議会地域福
　　　　祉活動推進部長・乾光哉氏）

4．高浜市の地域内分権と近隣マネジメントの事例

(1) 高浜市の概況

　高浜市の人口は約4万4,000人，最近では人口増の傾向を示している。トヨタの追い風を受けた不交付団体で，旧来の地元市民と新たに転入してきた新市民が暮らす郊外型小規模自治体である。

(2) 地域内分権とネイバーフッド・マネジメント

地域内分権の始まりは市の行政改革で，市長の強いリーダーシップの下で進められてきた。同市は「持続可能な自立した基礎自治体」を目指しており，行革の計画期間は2005年度から2010年度までの6年間としている。

構造改革の基本理念を「財政力の強化」，「住民力の強化」，「職員力の強化」に置き，構造改革推進には五つの具体策を設けているのが特徴である。五つの具体策は，アウトソーシング戦略，組織構造改革，人事・給与制度改革，受益と負担の改革，そして地域内分権の推進である。行政機構の刷新も目を引く。行政のスリム化を目指してアウトソーシング戦略を推進し，民間提案型・業務改善制度として，トヨタ生産方式による業務改善をとり入れるなどして企業文化を積極的に注入している。他には，指定管理者制度の活用，土日開庁，外部委託第三者評価を実施している。

また受益と負担の改革では補助金改革を掲げているが，福祉関係では「扶助費改革」の一環として障がい者に対する効果的な支援施策への転換を進めている。

目玉の地域内分権の推進では，小学校区ごとにコミュニティ組織を構築しており，「住民力の強化」と関連している。地域の発展につながる事業は市から権限・財源を移譲される。市民をエンパワーすることで，公共サービスを地域に自主的・主体的に担わせることをねらいとしている。

地域活動の中核は，小学校区を単位とした「まちづくり協議会」である。「まちづくり協議会」に参加するアクターは，町内会，公民館・小学校活動関係者（PTA，子ども会など），幼稚園保育園関係者，いきいきクラブ，消防団，民生委員，婦人会，NPO各種団体，外国人，社会福祉協議会，市から派遣されたまちづくり協議会特派員である。

また地域が扱うテーマは，障がいを持つ者（チャレンジド）の自立支援，公園づくり，世代間交流，安全・安心なまちづくり，地域の活性化，防災対策，子どもの健全育成，介護予防，伝統文化の継承・発展，防犯対策，環境保全，高齢者の生きがいづくりなどである。

これらの活動を支える財源はいわゆる「1％基金」である。同市は地域内分

権推進事業交付金（ソフト事業・ハード事業）を高浜市まちづくりパートナーズ基金から捻出しており，この基金は条例で位置づけられている。「１％基金」は2005年から始まっている。その原資は，個人市民税の１％相当額の繰り入れ，市民・企業等からの寄付，（財）民間都市開発推進機構からなり，年間2,600万円の交付金が五つの「まちづくり協議会」に配分されている。

交付額の詳細については，設立奨励金として50万円（５年間限定），継続活動費は，①均等割額50万円，②世帯割額100万円（2,000世帯以下）〜150万円（4,000世帯超）となっている。また実施事業加算額は事業費相当で上限はない。

同市ほど地域内分権を大胆に進めている自治体は他にはなく，地域福祉計画[3]の実施でも特筆すべき成果をあげている。

(3) 地域内分権とネイバーフッド・マネジメントの評価

高浜市の事例では，身近な行政サービスの分野について，地域住民の自主的活動によって地域の活性化（renovation）に結びつけている。市はそれらのサービスの実施に関して権限と財源の一部を移譲し，地域に主体的に取り組ませている。これこそネイバーフッド・ガバナンスの発露そのものである。

地域内分権推進事業交付金は市民税総額１％分を近隣地域に割り当て，住民に「１％自治」を与えている。１％の根拠は市川市の「１％支援条例」にある[4]。市川市と高浜市はともに不交付団体で財政の自由度が高いことが共通点である。ただし，高浜市では投票制をとらずに地域組織に意思決定を委ねることで，さらに自治要素を増やしている。もちろん現在の段階は試行的なものであり，必ずしも地域ニーズを反映させた交付額の規模ではない。今後ニーズの高まりに伴って，どのように基金を拡大し，地域交付金の配分を決めていくのか，そのルールが求められてくる。つまり，近隣地域内でどのように討議し，何を意思決定し，どのくらいの資金を各事業に充てるのかという「公共性の基準」を確立する必要が出てこよう。そこでは，市民税総額１％の社会投資から，どのような社会貢献が導き出されたのか，市民・NPOはどのような学習の経験を積んだのかが問われてくる。つまり，地域への社会貢献の度合いと民主主義的な意思決定システムを基礎として，市民のエンパワメントの成果とソーシャルキ

ャピタルの構築が「公共性の基準」の要素にならないだろうか。

　より大きな視点から評価すると，市の行革を徹底させ（ローカル・ガバメントのレベル），他方で市民・市民団体・NPO・企業との協治（ネイバーフッド・ガバナンス）の二つのスペクトラムを機能させる基本方針を戦略に据えている。行政の領域では，やはり「小さな地方政府」づくりが底流にある。行政の領域を小さくするための行革プランを精密に描いており，民間志向の度合いを高めることで懸命の努力で業務改善を図っている。例えば役所内でグループ制を採用して課を廃止しているが，これも機動的な横断型組織を目指している表われである。

　このような資源の効率的かつ効果的な利用はネイバーフッド・ガバナンスが適している。近隣地域の単位であれば，組織過程における無駄を排除し，また市民のニーズを的確に把握して適切なサービスを供給することができる。資源配分の視点が貫徹しやすいのである。むしろ今後は，行政が公共性のエトスをどのように維持するかが問われてこよう。分権化が新自由主義を助長するものであってはならない。

　注）　ヒアリング調査から（2008年6月20日高浜市役所にて実施。対応者は地域協働部地域政策グループリーダー・神谷美百合氏，主査・鈴木明美氏，副主幹・山本明彦氏）

4　自治型地域福祉に向けて

　地域福祉は包括的概念であるため，さまざまな解釈や定義が存在する。少なくとも行政計画として実施するには，行政，議員，社協，NPO組織，住民代表組織，当事者からなる地域の代表性が保証される必要がある。行政のリーダーシップや企画力もさることながら，住民参加・職員参加・当事者参加なくしては成立しない。

　ニーズ把握として特にサービス提供の網の目から漏れた社会層に目を向けなければならない。地域福祉の行動計画においては課題の重点化は避けられない。現在の課題はソーシャル・インクルージョンである。わが国では福祉の基礎構

造改革を契機にして，高齢者，児童，障害者福祉の分野において契約型システムが定着してきている。その制度の網の目から漏れる住民が果たして把握されているのか。声なき声をどのように把握するのか。例えば介護保険制度の下でサービス供給網から除外されている高齢者，未利用者はどのくらい存在するのか。高齢者虐待や児童虐待はないのか。生活困窮者は本当に把握されているのか。地域福祉の計画化においては，常に地域の実態調査を行わねばならない。

次に，施策の重点化は避けられない。後に述べるように，イギリスの地域計画と政府——地方協定では四つのアジェンダ（児童と若者，健康なコミュニティと高齢者，経済開発と起業，安全で強固なコミュニティ）が特定されている。単に地域福祉理念の紹介と地域ケア構想図のみでは済まされない。戦略的なマネジメントの構築が目標とされなければならない。

公私関係の整理とその再構築に向けては，地域福祉計画（行政計画）と地域福祉活動計画（民間による行動計画）との連動を図る必要がある。行政の役割は，資源を整備した上で地域福祉政策の方向性を打ち出し，サービス全体の調整，サービス提供主体の統括とサービスのモニタリング，市民へのアカウンタビリティを示さなければならない。また公私のパートナーシップの構築へ向けて，社協やNPO組織を支援し，かつ旧来の民間組織（自治会・女性会・老人クラブ）との調整を図っていかなければならない。

一方，社協の役割は，ボランティアを養成し，民間グループの中間組織として統括し，住民の生の声を聞いてそのニーズを把握し，専門的なサービスを提供しなければならない。

地域福祉の構築におけるポイントは，新たな公共空間の創造，つまり住民が交流し，社会資源を知りともに活用し，またボランティアを通して地域社会を活性化する「場」を設け，発展させることである。わたしたちがデザインする地域福祉とは，単に行政がどのように動くかだけではなく，社会福祉協議会，NPO，ボランティア組織，住民，企業，商店などの地域福祉の利害関係者全体が「公共の場」で集い，諸課題に取りくむことで，地域福祉の底上げが可能となると思われる。生活の質を高めるために，地域福祉の構築を通して，行政・市民社会・企業の果たす役割を定め，豊かなくらしをつくり出すことが重

要である。そのためには行政におけるヨコの連携統合が必要であり，地域福祉セクションの再整理と専門家（地域福祉マネジャー）の配置が不可欠である。

　今後，地域社会の変容や福祉ニーズの多様化に即して，安心して暮らしていける福祉コミュニティをどのようにデザインし実現していくのか。サービス供給体制への参加にとどまることなく，さらに地域福祉の一主体としての役割も含めた広い意味での住民参画が必要となっている。将来においては地域福祉の実践を通して，代表民主主義から参画民主主義へ，そして討議民主主義への道が求められている。

1) 1990年代に高齢者福祉サービスが飛躍的に拡充した背景には，ゴールドプランに対する財源付与があった。ゴールドプランの下で，ニーズと財源とのリンケージが意識されたのは画期的な出来事であった。そして老人保健福祉計画でとられた手法が，1998年度前後の子育て支援計画（エンゼルプラン）や，障害者福祉計画でも採用されることとなった。さらに福祉の分野に大きな変化をもたらしたのが介護保険制度であると言える。
2) 財政錯覚とは，財政の負担が国債などの公債の形で行われる場合，誰が実際に負担しているのかは明確でなくなる。その意味で，赤字財政は国民に負担感を即座に与えない。しかし，将来公債は償還しなくてはならないため，負担は確実に存在する。しばし財政の負担感がないことは単なる錯覚ということになる。堀場勇夫『地方分権の経済分析』東洋経済新報社，1999年，を参照されたい。
3) 地域福祉計画のポイントは社会福祉法第107条にあり，①地域における福祉サービスの適切な利用の推進に関する事項，②地域における社会福祉を目的とする事業の健全な発達に関する事項，③地域福祉に関する活動への住民の参加の促進に関する事項を包含する計画，を踏まえる必要がある。
4) パーセント法は市川市の1％支援条例に影響を与えている。パーセント法は一般納税者が，所得税の特定割合を市民組織に付与することを認めた法律で，1997年にハンガリーで実施されている。

第6章

イギリスの地域再生とローカル・ガバナンス

　近年先進諸国において，地域再生が注目を集めている。その背景には，フォーディズム以降の地域においてグローバリゼーションの下で雇用，生活問題が噴出しており，特に社会的排除（social exclusion）の問題が深刻化しているという現実がある[1]。わが国においても，2000年に地域福祉計画の策定が始まり，2005年に地域再生法が施行されている。このように地域で生じている社会の分裂を再統合し，社会的に排除されている人たちを包摂していくような新しい意思決定の仕組みの必要性が模索されている。そこで注目されるのが地域再生とローカル・ガバナンスである。そこでは，政府機構，市場経済，市民社会のあり方を地域において問い返し，それらの果たす役割を再規定し，各セクターの協働により，社会経済における自律的問題解決領域を増やそうと努めている。地域再生策は，コミュニティ，ネイバーフッドという近隣地域で実践され，ローカル，リージョナル，ナショナルへといった各層での対応はもとより，各層間の相互依存が進展し，重層的な展開をみせている。政策対応だけでなく非政府組織活動なども含めたローカル・ガバナンスの機能が求められている。

　本章では，イギリスの地域再生に焦点を当てて，ローカル・ガバナンスの動向を考察していく。重要になるのは公共性を広く認知した政策形成であり，公と民の行為者の関係を通して，新たな公共性とパートナーシップ，ソーシャルインクルージョン，地域再生で果たすNPOの役割と任務を論じていきたい。考察の対象は，第一に，地域戦略パートナーシップを中心にして，地域の少数派を含めた小地域レベルにおける意思決定の状況，第二に，小地域レベルへの予算，資源，人員などを中心とする権限委譲，そして第三に，ソーシャル・インクルージョンの達成状況にすえている。

1 地域再生政策を振り返って

1．福祉国家におけるデプリベーションの深化

　戦後の福祉国家体制の下で軽減されたと信じられていた貧困が再発見されたのは，1960年代である。1965年にタウンゼントとエイベル・スミス（Townsend, P. and Abel-Smith, B.）の『貧困者と極貧者（The Poor and the Poorest）』が出版され，公的扶助基準以下の所得で生活している人々の数が増大していた事実が立証された。タウンゼントの貧困概念は'deprivation（剥奪）'という視点に立っており，生活資源の欠如という広い視野で貧困を捉えている。それは単に所得水準にとどまらず，社会生活を営む上で必要な生活資源に焦点を当てている。こうしてタウンゼントはデプリベーションという概念を用いることで，力動的に貧困を測定する手法を切り開いた。[2]

　しかし，その後の1980年代における保守党の福祉改革では，長期の福祉受給者に対する「福祉依存文化」への批判が展開されることとなった。これは貧困問題の個人責任を前面に押し出したもので，キース・ジョセフ卿の貧困サイクル論やチャールズ＝マリーのアンダークラス論がイギリスでも大きな影響力を持った。これらのいわば反福祉の議論は，社会統合をめざしてきた福祉国家に「納税者」と「依存層」という対立軸を持ち込んだのである。

　一方，1997年から始まる労働党政府の社会政策は，経済的な指標に基づく貧困の定義に加えて，社会的な側面を重視している。その特徴は社会的排除（social exclusion）という概念で貧困問題に対処する点にある。社会的排除とは近年注目を集めている新しい貧困概念である。社会的排除の指標はタウンゼントが示したデプリベーションの指標に基づいた社会生活に必要な生活資源の欠如の状態を指している。

　ブレア政権下での地域再生は社会的なハンディキャップを問題視し，これまでの総合的な施策の欠如，地域の実情を無視した外部からの政策立案，公営住宅などの建物中心（property-based）の方針，中央省庁間の断片化（fragmentation），中央――地方政府間の対立などを反省したものである。また社会政策で

は「就労」による貧困問題の解決を強調しているが，自助の強調に加えて，就労に向けたトレーニングやニューディール・プログラムなど「働くための福祉」に取り組んでいる。このように社会的排除の対策では金銭給付中心の所得保障制度から，総合的な社会保障政策へと切り替えられており，手当支給志向のシステムから，就労志向のアプローチに転換している。

特に重要なのは，貧困対策が公的扶助や社会保障手当てにとどまることなく，地域政策の領域にも広がっていることである。中央政府は1997年に社会的排除ユニットを創設し，社会的側面から貧困問題への対応を強化している。

貧困とは資源の欠如であり，デプリベーションとは貧困の結果なのであることを踏まえて，複合的な施策が講じられている。社会的排除を克服するために，失業，技能の欠如，低所得，貧しい住宅環境，高い犯罪率，不健康や家族崩壊といった相互に関連する諸問題を対策指標に据えている。例えば，近隣地域再生資金（Neighbourhood Renewal Fund, NRF）の交付対象の決定に当たっては，各地域（選挙区）の点数を集計し，基礎自治体（＝ディストリクト）での比較がなされており，所得，雇用，健康および障害，教育と技術，訓練，住宅，犯罪や暴動，環境の悪化という広い観点から判断される。このように社会における生活資源の欠如の状態を客観的に評価する基準が設けられて，個人ベースの貧困対策が地域ベースの社会統合的機能と関連するようになっている。

2．保守党時代の地域再生政策

では，イギリスの地域再生は，いつの時期から本格化したのだろうか。地域再生政策を振り返ると，それは公共主導型で始まり，その出発点となったのが1960年代末の「アーバン・プログラム（Urban Programme）」である。その後，政府が地域を直接コントロールできる「開発公社（Development Corporation）」などのエージェンシー，自治体の規制をバイパスして経済開発をしやすくする「企業ゾーン（Enterprise Zone）」などが広く活用された。政府と民間企業の協力関係が促進され，経済政策や不動産開発を基調とした地域再生策が主流となった。

政府とボランタリーセクターとのパートナーシップは，1990年代の保守党政

権の時代に構築されようとしていた。1990年代における地域再生政策は，サッチャー時代の不動産主導型都市再開発はもはや都市問題の解決策とはなりえず，農村地域の貧困問題への対応も急務となった。

1991年に，シティーチャレンジ（City Challenge）というプログラムが導入された。これは環境省が1990年代に最初に導入し，貧困地域の持続的な改善を促すもので，地方自治体が策定する計画の優劣を比較することにより予算を配分するものであった。

1994年には，シティープライド（City Pride）という別のプログラムも導入された。これにより，ロンドン，バーミンガム，マンチェスターはそれぞれ，広範囲に渡る一連のパートナーシップを開発した。シティープライドでは，資源を最大限に活用し，公私の新たな投資を喚起し，10年以上にわたる都市開発の継続を要請された。ただし，このプログラムには特別な資金は用意されていなかった。

シティーチャレンジは2年間だけ試行的に行われたが，この方式をさらに進めたのが統合再生予算（以下，SRB）である。SRBとチャレンジ資金は1994年に導入された。SRBは責任機関（Accountable Body）のパートナーシップにより申請を受けつける。これは公募方式で，競争型資金を基調にしたものである。この制度のねらいは，提案内容の質を向上させ，より戦略的なアプローチを奨励することにあった。その結果，パートナーシップ活動はより効果的になり，さまざまな機関や政策分野の間の相互作用が促進され，調整作業が進んだ。SRBについても，住民参加の促進やコミュニティ能力の構築など，社会的側面が強化され，コミュニティの主体的役割が明確にされた応募申請が優先されるようになり，事業予算の10％までが「キャパシティ・ビルディング（地域力開発）」に投入できるようになった。SRBのポイントはリージョンの政府地方事務局（GOR）であり，再生資金を管理し，パートナーシップ活動を改善するための重要な役割を演じた。SRBのねらい通り，効果的な計画が奨励され，国と地方の政策の整合化が一段と進んだ。しかし地域再生という巨大な壁を越えるには，第一にコミュニティの住民が参画できるメカニズムを開発し，第二に近隣地域（neighbourhood）の再生とパートナーシップのプログラムを統合し，

第三に大規模な資源を投入し，最後に，国家レベルのアプローチにおいては中央省庁を横断的に統括するという課題を克服しなければならなかった。

　この時期の特徴は，公私のパートナーシップ（Public-Private Partnership, PPP）における集権性である。特に再生プログラムでは，補助金とパートナーシップが連動していた。農村地域でのSRBのプログラムにみられるように，地方自治体や産業界とボランタリーセクターがパートナーシップを形成することが求められていた。

　SRBのチャレンジ資金の第1ラウンドにおいては，ボランタリー・コミュニティセクターの入札レベルは低く，これに対し，営利民間と公的セクターとのパートナーシップは高い入札レベルを示していた。SRBの特徴である競争的公募方式（competitive bidding）は，競争を勝ち抜くために，とりわけ資金を獲得する目的で制度化されたものである。

　SRBの評価については，それが一貫性を持った地域再生プログラムではなく単なる資金源であった，と評価するのはルプトン（Lupton, R.）である。彼女によれば，SRBは3つのアプローチを用いていたという。表6-1が示すように，第1のアプローチは地域衰退の「歯止め」の機能である。第2は再生の基盤をつくる「プラットフォーム」の機能である。そして第3は，経済再生との「架橋」の機能である[3]。

　このようにSRBの役割は触媒（catalyst）の作用を起こすことであり，かつ組織の連携促進を目指していた。ただし交付期間が限定された補助金であり，そのことが地域再生に対する戦略的なアプローチを妨げてきたとも考えられる。また継続的な補助金の交付があったとしても，プログラムの範囲を超えて活動に充てることはできなかった。

　図6-1はSRBをめぐる地域再生組織の状況をルプトンがまとめたものである。財政の視点から評価すれば，地方自治体や他機関はSRB資金をグランツマンシップ（補助金獲得術）の下で活用していたとみられる。先にも述べたように長期プログラムではないため，競争的資金がプログラム運営の特有の文化を生み出していた。つまり，補助金を求めての競争は資金供給側の判断に引き寄せられ，また受ける側もメインストリームの戦略的アプローチをとるよりも，

第 6 章　イギリスの地域再生とローカル・ガバナンス　193

表 6-1　SRB の 3 つのアプローチ

歯止め (brake)	プラットフォーム (platform)	架橋 (bridge)
再生の先鋒に立って急速な衰退を止める ↓ 住宅の取り壊しと改修 コミュニティの安全	地域を保全し，衰退を予防し，再生の基盤をつくる ↓ 住宅改良 コミュニティの設備 ビジネス支援 訓練と教育	地域を経済的機会と結びつける ↓ 経済開発 ビジネス支援 雇用主との結びつけ 訓練と教育

出典：Lupton, R. (2003) *Poverty Street the dynamics of neighbourhood decline and renewal*, the Polity Press, p. 135.

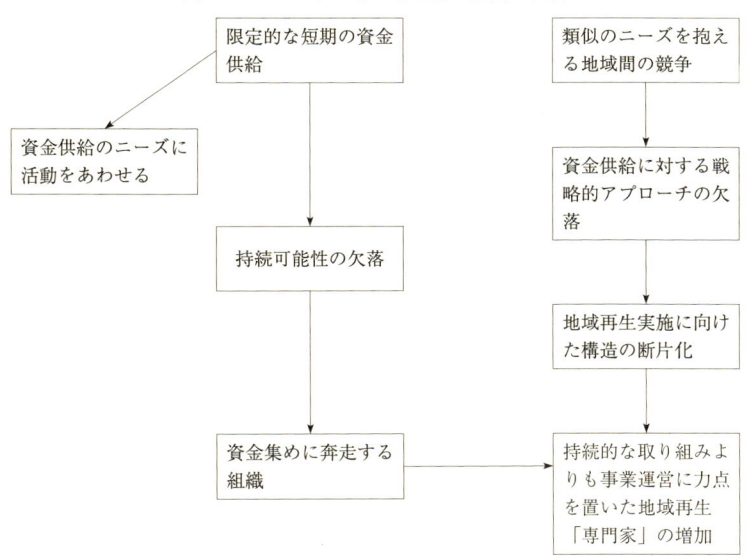

図 6-1　SRB をめぐる地域再生組織の状況

```
限定的な短期の資金         類似のニーズを抱え
供給                        る地域間の競争
 │  ↘                        │
 │   資金供給のニーズに        ↓
 │   活動をあわせる          資金供給に対する戦
 │                           略的アプローチの欠
 ↓                           落
持続可能性の欠落              │
 │                           ↓
 │                          地域再生実施に向け
 │                          た構造の断片化
 ↓                           │
資金集めに奔走する    →     持続的な取り組みよ
組織                         りも事業運営に力点
                             を置いた地域再生
                             「専門家」の増加
```

出典：Lupton, Ibid., p. 134.

単に追加的な資金を得ることを目的化していたと思われるのである（図 6-1 参照）。

　さらに SRB は実施段階でも問題があった。住民は運営の意思決定過程に加われず失望していたといわれている。手続きとして多くのプログラムで住民は協議の対象になっているが，必ずしも影響力を及ぼすような形式ではなかった。

結果的には，地域住民はプログラムの意思決定からはずされる状況になっていた。しかも SRB は地域再生には不十分な額であり，交付も一部の地域に限られていたこともあって，地域再生を本格的に実施する内容を備えているわけではなかった。

　概して1979年から1997年にわたる保守党政府の時代では，地域再生に関するアプローチは NPM として位置づけられよう。当初市場メカニズムを導入したうえで，公的な組織を中心にパートナーシップを構築しようとする動きがあった。パートナーシップの中心には「契約」があり，ガバナンスの中核となっていた。特に1980年代に促進されてきた地域再生のトップダウンモデルは，当初経済再生に焦点が当てられており，例えば資産と施設の再生が重視されていた。

　保守党のリーダーシップの下では，イギリスの地域再生は集権的アプローチで行われていた。こうした保守党の政策が市場原理を呼び込み，また競争的な資金を掲げることにより，再生政策の財源不足から注意をそらしていたという批判もある。上からの「パートナーシップ」の要請により，地域再生の問題は政治問題から離れ，地域の諸問題を批判抜きで対策に取り組むという機運が生み出されていた。

　1980年代と90年代の地域再生策から得られる教訓は，端的には制度政策の混乱であろう。地域再生は主に都市再生を意味し，さまざまな政策が都市の問題の特性に関連付けられて試行されてきた。また政治的なスタンスが変化するのに伴い，優先策やプログラムも変化し，その仕組みは事細かに多様化していった。

　この反省を踏まえて，地域再生においては特定の社会グループに焦点を当て，構造的，病理学的，社会経済的，個人的な要因を明らかにし，社会的ニーズあるいは経済的機会に対応するように，社会的サポートあるいは経済発展に焦点を当てて，多様なアクターやさまざまなセクターを取り込むことが政策の焦点に据えられるようになった。つまり，地域再生政策は，かつての部分的で事業ベース型で，細かく区分された政策から，統合的，戦略的な主流の政策へと転換が図られることになった。

3. ブレア政権下での地域再生政策

　先に述べたように，1980年代初頭の地域再生策は経済的アプローチの指向が強かったが，それ以降の開発プログラムでは社会的アプローチが強調されている。この変化は，ヨーロッパのソーシャル・インクルージョンという考えに影響されており，また「政府機構の統合化（joined-up government）」を構築するための労働党政府の中心的な要素となっている。現在では再生戦略に向けた広範なパートナーシップが強調されており，ボランタリー・コミュニティ・セクター（voluntary community sector, VCS）のパートナーシップが注目されている。また地域のVCSにとって，パートナーシップは資金調達，特に経常コストを提供する機会を与えている。

　EUやイギリス政府は地域再生を進めるなかで「ソーシャルエコノミー（social economy）」を奨励しており，これも注目すべき点である。ソーシャルエコノミーはフランスのeconomie socialeに由来し，協同組合・金庫・共済組合・アソシアシオンを意味する。イギリスにおけるソーシャルエコノミーの運営資金は社会構造基金（social structural fund）等によって支えられている。事業例としては，育児サービス，レジャーサービス，職業訓練，リサイクル，リユース等の環境関係の活動等がある。

　ブレア政権は，それまでの地域再生策の不備を考慮して，旧来の介入主義をやめている。地域再生策では，SRBチャレンジファンドを修正することで，国や地域の競争力を強化し，同時に社会的排除を解消しようとしている。社会的排除ユニットは内閣に設置されているが，近隣地域再生についての全国戦略を打ち出し，特に貧窮した公営住宅エリアにおいて展開している（Social Exclusion Unit, 2001）。今後，ローカル・ガバナンスが核となり，市民参加への途が開かれている。

　最後に指摘しておきたいのは，住民のウェルビーイングの促進義務をうたった，2000年地方自治法（Local Government Act 2000）が転機をつくり出していることである。この法律によって地域再生の目標を実現する法的支柱が確立され，コミュニティリーダーとして地方のカウンシルの役割が拡大している。[4]

2 関係機関の連携とパートナーシップの形成

　パートナーシップとは何か。かつて1970年代のシーボーム改革の時代には「コーディネーション（調整）」がキータームであったし，最近では「コラボレーション」が使われている。パートナーシップが注目され始めるのは，1990年代にクワンゴとして知られているエージェンシー（agency）が地方の公共政策の実施主体となった頃からであろう。パートナーシップによる施策の多くは，デプリベーションに焦点を当て，貧困地域あるいは貧困層に向けられた資源を調達してきた。

　1997年のブレア政権発足後，パートナーシップという地域再生の政策原理が取り入れられている。表6-2が示す通り，近年イギリスにおいてパートナーシップが拡張してきている。このパートナーシップ路線にそって，ニュー・レイバーは保守党政権下で始まったSRBを通して再生プログラムを進めてきた。その特徴は，都市再生のサービス供給においてパートナーシップの役割を重視していたことである。パートナーシップ計画は，10年以上の期間にわたる中長期のものである。また，近隣地域あるいは地域密着型のイニシャティブが重視されている。この形態はさらに発展して，2001年には地方自治体の地域全体をカバーする包括型パートナーシップやLSPが創設されている。

　地域再生を後押ししているのは，貧困対策を重点的に打ち出しているSEUである。SEUという組織は，政府活動を改善し，失業，低い職業技術，低所得，劣悪な住宅，犯罪の頻発，不健康，家庭崩壊といった社会的排除を縮少することを目指している。こうした取り組みとして1997年以来多くのことが達成されてきた。一つは，18歳から24歳までの失業対策である。若年層の失業率は，1997年の13.1％から2003年12月には10.7％へと減少している。同様に若者の犯罪も減っており，未成年者の再犯率は1997年から2001年の間に5分の1以上減少している。10代の妊娠についても，同年に9.4％減少している。しかし依然として，多くの問題が残されている。生徒の5％は何らの資格を持たずに卒業しており，16歳から18歳のニート（Not in Education, Employment or Training,

表6-2 地方のマルチ・エージェンシーによるパートナーシップ

パートナーシップ名	開始日	数	財源	目的
児童基金	2001	40	1億5,000万ポンド	児童の貧困への取り組み
炭田計画	1998	—	1億3,500万ポンド	炭田の再生
犯罪と騒乱	1998	376	1億6,000万ポンド	コミュニティの安全と犯罪の取り組み
初期発達と育児	1998	150	4億3,500万ポンド	保育施設と育児の発達
教育アクションゾーン	1998	73	7,200万ポンド	学校グループの教育水準の向上
雇用ゾーン	2000	15	5,600万ポンド	長期失業者の援助
都市のエクセレンス	1999	58	7,500万ポンド	主要都市での教育水準の向上
医療法パートナーシップ	1999	64	6億3,700万ポンド	医療と社会サービスのジョイントアップ
医療アクションゾーン	1998	26	1億6,000万ポンド	医療と治療の重点化
健康的な都市生活	1999	—	6,000万ポンド	健康の促進
近隣地域再生資金	2001	88	2億ポンド	最貧困地域のサービス改善
コミュニティのためのニューディール	1998	39	1億1,200万ポンド	最貧困地域での貧困対策
ソーシャル・インクルージョン	1999	48	5,000万ポンド	社会的排除への取り組み
スポーツアクションゾーン	1999	30	7,500万ポンド	貧困地域でのスポーツ促進
シュア・スタート	1999	500	2億8,400万ポンド	貧困家庭の児童発達の促進
単一再生予算	1994	900	7億ポンド	貧困なコミュニティの再生
地域戦略パートナーシップ	2001	400	—	長期的なビジョンの開発と監視

出典:Stoker, G. (2005) 'Joined-Up Government for Local and Regional Institutions', in Bogdanor, V. (ed.) *Joined-Up Government*, p.158.

NEET)の比率は,9%から10%にとどまっている。若者のためのニューディール(New Deal for Young People)に参加した後に職を得た者の40%が,6カ月以内に求職者手当(Jobseeker's allowance)を再申請している。また親族や友人宅で寝泊りする「隠れホームレス(hidden homeless)」は,約40万人と推計されている。

 いずれにしても,SEUの活動自体は競争経済,社会的結合の再強化,ガバナンスやシティズンシップの再生といった重要な目標を掲げている。とりわけ注目を引くのは,その方針が経済的変革や社会的変革を促すだけではなく,近隣地域の再生を通して複合的な貧困問題を解消できるように公共政策の連携・統合化を進めようとしている点である(SEU, 1998)。

 イギリスの貧困対策は,地域対象型,グループ対象型,プログラム対象型というように多岐にわたる。まず税制改革と最低賃金の導入があり,「働くための福祉」プログラムがある。さらにカテゴリー別に紹介すれば,地域対象型の施策では,SRBやコミュニティのためのニューディール(New Deal for

Community, NDC) があり，グループ対象型の施策では，ニュースタートやシュアスタートがあり，プログラム対象型では，雇用ゾーン（EZ），医療行動ゾーン（HAZ），教育行動ゾーン（EAZ）が設けられた（DETR, 2000c; DETR およびリージョン調整ユニット，2000）。中央政府の相次ぐ奨励策に関して，サリバンとスケルチャーは「過密国家（congested state）」と表現している（Sullivan & Skelcher, 2002, 20-1）。

　主流となるサービスの改善も大きな特徴である。政府は地域の公共サービスの質と対応力を改善することをねらい，地方行政の現代化アプローチでは，地方自治体の下でコミュニティ再生を先導できるようなエンパワメントを行う。また意思決定のプロセスを効率的で透明なものにし，アカウンタビリティを保証できるものにしなければならない。サービスの効率性と質についても，継続的に改善していく必要がある。そのためには，地域の意思決定に住民が積極的に参画し，地域福祉を促進，改善するように必要な権限を保障しなければならない。以上を踏まえて，地方自治体が持続可能な発展に貢献することを目指している（DETR, 2001a）。LSP とコミュニティ戦略（Community Strategy）は，2000年地方自治法の下で導入されている。その活動はサービス供給を拡充し，持続可能なコミュニティをつくりあげるという重要な役割を担っている。次の項目では，地域戦略パートナーシップの展開をみていきたい。

3　地域再生と地域戦略パートナーシップ

1．地域戦略パートナーシップの展開

　ブレア政権では，パートナーシップに変化が起きている。1990年代後半において，地域再生は主に経済的な政策からコミュニティの全体を視野に入れたホリスティックなアプローチへと変化している。そこでは，政策実施やソーシャル・インクルージョンを促進する手段として，公私のパートナーシップが重視されている。同政権は白書「繁栄のためのパートナーシップの構築」を発表し，イングランドの各地域に地域開発エージェンシー（regional development agency）を設立する構想を打ち出している。そこでは，各地域での経済的格差

を問題視し，その対策に当たってコミュニティ戦略および住民参加型のパートナーシップの構築を不可欠とした点が重要である。

そしてその後，地域戦略パートナーシップ（Local Strategic Partnership, LSP）が登場することになる。Local は基礎自治体の活動範囲を意味し，partnerships は地域再生のための部局横断的な特別組織を指す。LSP はローカル・ガバナンスからみて非常に興味深い形態をとっている。その理由は，第一に，国が地域再生の政策方針を示し，地域に裁量の余地を与えて独自の地域再生計画を実施させるという中央――地方の連携型イニシャティブである。第二に，地域組織を参画させることにより，地方の意思決定をめぐる枠組みを拡大させ，機能的な分化を生み出す契機を与えているからである。それは公的セクター，VCS，企業等から構成され，行政関係者が先導しつつも民間，住民組織が運営面で主要な役割を果たせる公私のハイブリッド型の独立組織である。LSPは何よりもコミュニティと密着しながら，地域の戦略的な意思決定を行うところに意義を持つ。そして中央政府が期待するように，代表制民主主義という意味で大きな役割があり，特にカウンシルのメンバーとコミュニティの代表者は重責を担っている。まさに LSP は，ローカル・ガバナンスの実験の場と解釈することができる。

現在，イングランドには360の LSP があり，そのうち91は近隣地域再生資金（Neighbourhood Renewal Fund, NRF）を受けている。NRF を受けているエリアは LSP を設置する義務を持つが，それ以外のエリアでは LSP の設置は任意である。パートナーシップのいくつかは，1990年代初頭における地域イニシャティブにさかのぼるものであり，他のものは比較的近年設置されたものである。後で述べるように，設置の経歴，つまりパートナーシップが以前から設けられていたところと，比較的新しいところでは，その成果に違いがみられる。

では，LSP はどのような背景の下で構想されたのであろうか。まず LSP が創設される前に，国は近隣地域に焦点を当てた「コミュニティのためのニューディール」を実施している。これはコミュニティ再生を目指す全国事業であり，SRB よりも住民参画を強調している。NDC の特徴は防犯，医療，福祉，社会保障，防衛等において講じられてきた政策との戦略的エンゲージメント（提

携）が企図された点である。さらにNDCに続く地域再生策として，2001年に策定された「近隣地域再生のための全国戦略（National Strategy for Neighborhood Renewal）」がある。これは貧困地域における近隣地域を活動範囲に定めて，行政，議員，公共機関として警察，PCT，消防署，コネクションズ（Connexions）やジョブセンター・プラス（Jobcentre Plus）という公的な組織，さらにはVCS，ビジネスセクターからの民間の代表を加えて組織することになっている。[8]

　法制度の面では，2000年地方自治法が重要である。同法は地方自治体に長期的な「コミュニティ戦略（Community Strategy）」の策定を義務づけ，その実施と点検のためにLSPの設置を求めている。またこの時期に，「地方公共サービス協定（Local Public Service Agreement, LPSA）がパートナーシップを強化するために進められている。地方公共サービス協定は地方予算を地域レベルで精査し，地域住民のニーズを優先的に反映させるねらいを持っている。その財源の規模は約20億ポンドで，その内訳は包括補助金，SRB，欧州基金，農村開発事業資金である。財務面においては透明性，公平性が保たれなければならない。さらには近隣地域再生事業（Neighbourhood Renewal）もスタートしている。LSPが政策化された背景にはこのような地方自治体をめぐる一連の政策があった点を確認しておく必要がある。

　LSPは政府文書『近隣地域再生への新たな確約――全国戦略行動計画――』で示されており，先にも触れたように，地方レベルにおいて公的，民間営利，コミュニティとボランタリーセクターが共同してコミュニティの再生に取り組むことを目的としている。それは行政が独自で行う施策ではなく，多くのエージェンシー機関が中心となる。

　肝心のパートナーシップであるが，参加するパートナーの選別は極めて重要である。それらは地域の公共的な利益を認識する者であり，まさに代表性が保証されなければならない。またパートナーは地域再生を促進する優先策を共同で定め，目標に向けたマネジメント体制を固め，中央省庁との交渉で生じる官僚的手続きを縮小していくという認識を持たなければならない。

　LSPの核となる目標であるが，その内容は表6-3の通りであるが。それに

表6-3　LSPの目標

- パートナーシップを制度化し，コミュニティ計画を通して持続可能なコミュニティ戦略に向けた確約を掲げること
- LSPと持続可能なコミュニティ戦略を推進する際，地方自治体の役割を拡大すること
- 持続可能なコミュニティ戦略，近隣地域再生戦略，地域エリア協定（LAA），地域開発枠組みを通して，協働活動における優先事項に対するアカウンタビリティを担うこと。（注　地域開発枠組みは，持続可能なコミュニティ戦略のための土地利用供給プラン）である
- コミュニティの参画を促し，地域とパリッシュ・カウンシルの視点からサービスの供給と支出に影響を与えること
- パートナーが相互に責任を問い，地域住民がパートナーシップに責任を問えるように，ガバナンスと査察に関する協定を締結すること

出典：Local Strategic Partnerships : Shaping their future, A Consultation Paper, (2005) ODPM, p. 8.

よれば，パートナーは地域再生の優先順位を決定し，問題解決に貢献することになっている。これは，住民参加あるいはステークホルダー（利害関係者）による意思決定という意味で，まさにローカル・ガバナンスの試金石とも言える。

　本章の主題であるLSPの構造をみていきたい。それは多様なアクターから中核的なパートナーシップを形成していくことから作業が始まる。そこでは地域再生の対象となるエリアで調整を行い，広域自治体，基礎自治体で設置された諸機関の計画と連携調整を図ることになる。そして持続可能なコミュニティ戦略として，ビジョンと優先事項を設けるのである。その際，地域住民や企業を含めたすべての利害関係者から支持を得たものとなるように注意すべきである。

　次に，地域エリア協定を結び，効果的に事業を推進する動きが中央と地方で出ている。重要なのは目標の定め方であるが，LAAのアウトカムを含めて，持続可能なコミュニティ戦略の優先事項を踏まえた行動計画を策定する。なお，カウンティとディストリクトの二層の自治体においては，カウンティのLSPとLAA地域エリア協定は，ディストリクトのLSPが定めた優先事項を考慮しなければならない。また二層制の地方自治体は，カウンティとディストリクトのカウンシルが同じような権限をもつことを認めており，両者が資金の割り当てをめぐって競合するために問題が生じることがある（図6-2，図6-3を参照）。

図6-2 ディストリクトのLSP

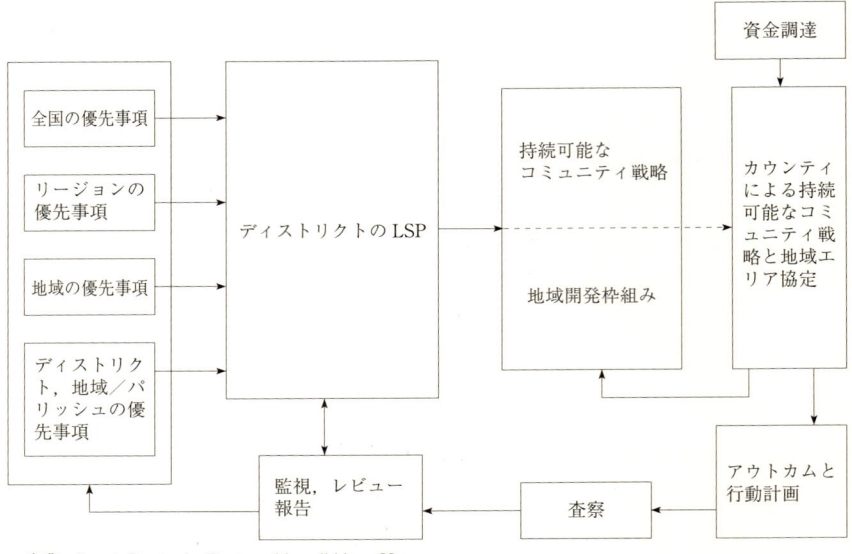

出典：Local Strategic Partnerships, ibid., p. 23.

図6-3 一層制およびカウンティのLSP

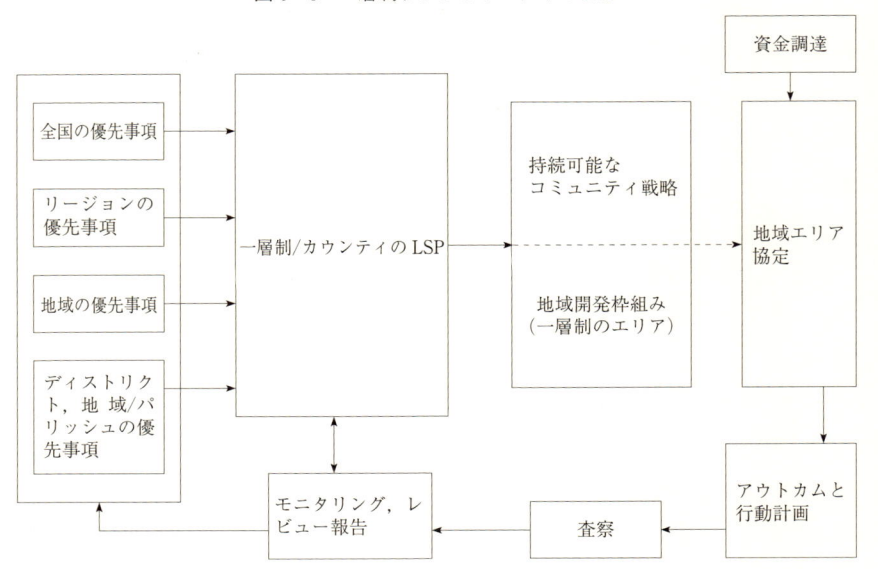

出典：Local Strategic Partnerships, ibid., p. 22.

LSPの特徴をまとめてみると，以下の3点が指摘できる。第一には，自治体全域をカバーする包括的パートナーシップという形態をとっているが，特定の近隣地域に焦点を当てて集中的に地域事業を進めている。第二に，サービス供給におけるパートナーシップの役割を重視しており，コミュニティの福利改善に資するようさまざまなアクターを呼び込んでパートナーシップを活用している。第三に，地域事業は比較的中長期にわたって計画されており，パートナーシップの時間——水平的な広がりをみせている。このようにLSPを通して地方自治体は，従来の個人を対象とした給付中心の貧困対策から，住民を取り込んだ地域型プログラムへと展開している。またLSPの評価については，次々節で検討してみたい。

2．近隣地域再生資金

LSPをさらに深く考察するならば，財源の仕組みを確認しておく必要があるだろう。その意味で，近隣地域再生資金（Neighbourhood Renewal Fund, NRF）は重要である。NRFはLSPと組み合わせて，最も貧困な地域を抱える地方自治体に交付する特定補助金である。それは時限的なもので，最低目標（floor target）を設けて，地方近隣地域再生戦略（Local Neighbourhood Renewal Strategy, LNRS）あるいはコミュニティ戦略で定められる地方の目標（local targets）に充当される。その用途はサービスを改善することで，当該地域と他の地域との格差を縮小することを目指している。なお，2000年地方自治法の第1条は，すべての地方自治体にコミュニティ戦略を策定するよう義務づけている。

補助金投入の成果については，2000年の支出レビュー（Spending Review 2000）にしたがって中央政府が貧困地域における公共サービスのアウトカム（outcome）を設けるよう指導している。目標の達成については，政府広域事務局，地方自治体，サービス供給者がかかわった業績が判断されることになる。

判断の基準は，最低目標の達成が対象となる。最低目標の内容は社会的困窮（social disadvantage）の改善であり，それは中央政府の重点課題でもある。それは最低賃金の社会版として2000年に初めて導入されたものである。2004年の支出レビューでは，その目標はさらに精緻化されており，地方レベルで学校や

表6-4 NRFの戦略的目標

- 再生を必要とするすべての近隣地域で，明らかな改善に向けたビジョンの合意や計画を説明すること
- 近隣地域で関係を築き，影響力を及ぼすような重要人物や制度すべてに関係する合意や確約を盛り込むこと
- 地方公共機関の計画や優先事項に関する地方の戦略的枠組みを明確に盛り込むこと
- 地方サービスを改善し，地方や国の優先事項を踏まえた大胆な目標を掲げること
- 地方と国の優先事項を踏まえて，地方サービスの改善に対して大胆な目標を設けること
- 地方で合意された目標が実施されているかを監視するシステムを設けること
- 近隣地域再生の参加者に，対策を前進させるのに必要な技術や知識を与える活動を含むこと

出典：Office of the Deputy Prime Minister Website：http://www.odpm.gov.uk Information for Local Government Website — http://www.info4local.gov.uk

警察のようなサービスを供給する主体が近隣地域再生に取り組めるように支援する補助金となっている。

　NRFは，イングランドにおける最も貧困な88の自治体を対象にして，2001—2006年の期間にわたり，18億7,500万ポンドを交付している。

　88のNRFを受ける地域において，地方近隣地域再生戦略の策定はLSPの重要な作業である。地方近隣地域再生戦略の策定では規定のフォーマットはなく，地方の状況やニーズを反映するようになっている。ただし，その戦略は，表6-4の項目を踏襲しなければならない。

　コミュニティ戦略が地方自治体の地区全体で実施されるのに対し，地方近隣地域再生戦略は最も貧困で優先順位の高い近隣地域を対象としている。コミュニティ戦略と地方近隣地域再生戦略はともに，地域住民とサービス供給者との合意に基づいて策定され，LSPを通じて業務を進められることになっている。

　2004年支出レビューは，2006／07年と2007／08年のそれぞれに，NRF財源の5億2,500万ポンドを追加交付していた。さらに，中央政府は2006—2008年のNRF財源である10億500万ポンドを86の地方自治体に配分していた。このように財政出動を伴って，貧困の軽減に取り組んできたことは評価できる。

　NRFは2008年からWNFに改組されたが，その配分は，表6-5の通りである。都市部では，ロンドンのハックニー（Hackney）とニューハム（Newham），そしてバーミンガム（Birmingham）が最も多くのNRFを受けている自治体で

表6-5 ワーキング・ネイバーフッド資金の配分額　（単位：ポンド）

自治体名	2008/09年の配分額	自治体名	2008/09年の配分額
Barking and Dagenham	1,427,962	Salford	8,721,803
Barnsley	6,169,201	Sandwell	8,723,763
Barrow-in-Furness	2,374,193	Sedgefield	2,113,238
Birmingham	34,224,372	Sefton	6,225,786
Blackburn with Darwen	3,829,025	Sheffield	11,299,954
Blackpool	4,189,913	South Tyneside	7,149,572
Blyth Valley	1,000,000	Southwark	7,092,240
Bolsover	2,055,517	St. Helens	4,515,860
Bolton	5,691,582	Stockton-on-Tees	3,925,307
Bradford	12,018,866	Stoke-on-Trent	7,874,006
Brent	2,402,802	Sunderland	8,626,996
Burnley	2,158,961	Tameside	3,449,995
Chesterfield	1,029,959	Thanet	1,012,404
Copeland	1,000,000	Tower Hamlets	10,293,613
Derwentside	2,004,560	Walsall	5,462,858
Doncaster	8,014,830	Waltham Forest	1,768,656
Easington	6,367,352	Wansbeck	2,326,886
Gateshead	5,267,872	Wear Valley	2,164,779
Great Yarmouth	2,074,782	West Somerset	1,000,000
Greenwich	4,551,494	Wigan	5,931,649
Hackney	12,059,292	Wirral	8,220,852
Halton	5,039,602	Wolverhampton	6,137,591
Haringey	6,853,337	移行措置の自治体	
Hartlepool	4,519,580	Barnet	600,000
Hastings	2,194,824	Brighton and Hove	1,260,358
Hyndburn	1,055,535	Bristol, City of	3,659,694
Islington	6,621,917	Coventry	3,173,730
Kingston upon Hull, City of	11,476,579	Croydon	600,000
Knowsley	9,390,859	Derby	2,581,150
Lambeth	3,359,165	Dudley	1,103,423
Leicester	7,502,841	Ealing	830,677
Liverpool	29,284,885	Enfield	892,605
Manchester	25,946,804	Hammersmith and Fulham	600,000
Middlesbrough	7,442,952	Kirklees	2,926,867
Newcastle upon Tyne	8,316,547	Leeds	8,963,140
Newham	13,246,752	Lewisham	1,177,203
North East Lincolnshire	3,946,370	Mansfield	1,338,551
Nottingham	10,935,444	North Tyneside	1,475,318
Oldham	5,179,516	Norwich	1,180,635
Pendle	1,239,848	Penwith	600,000
Preston	2,631,665	Plymouth	1,695,425
Redcar and Cleveland	3,911,486	Rotherham	2,106,934
Rochdale	5,335,811	Wakefield	2,669,677

出典：Working Neighbourhoods Fund allocations, Communities and Local Government, 2008.

ある。これらの地域の実情は以下の事例研究を通して研究していきたい。

4 LSP の評価

　LSP がサービス提供と地方自治の推進に，いかに効果をあげているかを検証してみたい。運輸省最終報告『地域戦略パートナーシップの全国評価 (*National evaluation of Local strategic partnerships*: formative evaluation and action research programme 2000-2005)』（以下『全国評価』）が重要なデータを示している。『全国評価』を手がかりにして，パートナーシップの構造，近隣地域における LSP の取り組み，プロセス・アウトカム，ガバナンス・アウトカム，サービス・アウトカムに関する各々の評価，NRF の交付，不交付の LSP の比較について順次みていきたい。

1．パートナーシップの構造

　LSP においてパートナーがどのように構成されているのか，どのような力関係が働いているのか。さまざまなパートナーが LSP と連携する様相を把握する必要がある。

　LSP とパートナーの関係には，少なくとも二つの側面がある。第一は，どの程度パートナーが LSP と連携できているのか，第二は，LSP が定める優先項目にそって機構，活動，政策でどのような変化が生じるかという点である。

　パートナーシップについては，「中核」のメンバーと他の多様なメンバーとを区別する LSP もある。『全国評価』によれば，メンバー構成のパターンは，2002年から2004年の間に幾分変化しているが，概ねメンバー構成は固定化している。ただし，大多数の LSP はビジネスセクターと VCS の参加が少ないと考えており，そのため，多くの LSP がメンバー構成の再検討をしている。

　LSP で成果をあげている地域をみると，パートナーシップの経験があり，そのノウハウを活かしている。パートナーシップの経験やその蓄積が大きいのに比例して，連携するパートナーの貢献度も高まる傾向があるという。

　その意味で，地方自治体が LSP のなかでリーダー的存在であると言えよう。

表6-6　2002年と2004年のLSPのメンバー構成の比較（カテゴリー別のLSPでの構成員比率）

構成員のカテゴリー	コア 2002	2004	合計 2002	2004
地方自治体				
地方自治体―議員		92		99
地方自治体―事務局		84		94
地方自治体全体	100		100	
他の公的セクター				
PCT/保健当局/NHS	93	99	96	100
警察	93	95	96	99
ジョブセンタープラス	37	33	59	73
HE/FE 総合大学/単科大学	59	53	74	85
政府オフィス	38	46	61	71
リージョン開発エージェンシー	27	27	44	48
コネクションズ	13	18	35	65
LSC	55	57	73	80
消防署	10	26	18	63
運輸当局		12		38
田園エージェンシー	16	6	29	33
文化/スポーツ/余暇エージェンシー		19		58
MP/MEP		6		22
他の公的セクター		36		45
民間営利セクター				
商工会議所	57	52	69	78
他の経営傘下グループ	39	43	56	62
運輸関連	9	8	20	38
個人事業者	30	37	44	63
他の民間営利	3	9	12	19
ボランタリーとコミュニティセクター				
ボランタリーセクター傘下グループ	86	79	93	90
ボランタリーセクター組織/個人		41		79
コミュニティネットワーク		36		55
住宅協会/RSL	27	39	39	66
宗教組織/個人	28	46	46	71
居住人グループ/個人	22	14	32	49
BMEグループ/個人	30	30	38	56
エリア・近隣地域フォーラム/パートナーシップ		22		50
他のVCS		17		27
その他		29		41

出典：Office of the Deputy Prime Minister, Department of Transport (2006) *National Evaluation of Local Strategic Partnerships*: Formative Evaluation and Action Research Programme 2002-2005 Final Report, p. 36.

他のパートナーにとっても,地方自治体は中心的なメンバーとして認識されている。ただし,このことが地方自治体のLSP支配への懸念を呼び起こすこともある。

これに対し,行政関係者のLSPに対する態度は微妙である。『全国評価』で参考にされた事例研究によれば,行政関係者が熱心に取り組んでいる地域の紹介があるが,多くの場合では行政関係者はあまり連携をとらず,傍観するところもあるという。LSPにおける地方自治体の権限にもかかわらず,自治体がLSPの推進に幾分躊躇している実態が示されている。

次は,パートナーの構成についてみてみたい。公的セクターのパートナーは,LSPのメンバー全体の21～31％を占めている（2004年政府調査）。医療（とりわけプライマリー・ケア・トラスト）と警察が最も代表的なパートナーとなっている。またコネクションズやジョブセンター・プラスのように,特定の機能を持ったパートナーはきわめて積極的に連携に加わる傾向がある（表6-6を参照）。

一方,VCSはLSPでは二つの大きな役割を持っている。第一は,住民と対話をし,独自のサービスを提供することによって,サービス供給システムでのギャップを埋めている。第二は,VCSは重要なアドボケート機能を持っており,地域住民に代わって「声」を発している。このようにサービス供給の効果についても,VCSは重要な助言機能を果たしている。

『全国評価』では,LSPに代表を適切に送り出せているかという質問を各セクターにしている。「代表としては不十分」と答えたのは地方自治体や他の公的セクター組織よりもVCSに多い。プライベートセクターでは否定的回答がさらに多くなっている。

このことから,パートナーシップにおいてVCSの代表がどの程度地域住民の声を伝えきれているのかという課題が浮上している。この代表性（representativeness）の課題はアカウンタビリティと密接な関連を持つことになる。なぜなら委任を受けた代表に要望を出し,また地区（選挙区）へのフィードバックを求めることによって,VCSでは間接民主主義モデルを活用しているからである。

さらに『全国調査』は,LSPの運用においてカウンティとディストリクト

の二層の自治体ではギャップが生じている実態を明らかにしている。「役割」と「パートナー間の関係」という設問項目で，カウンティはディストリクトよりも満足度は低い。「連携がうまく進んでいる」と回答したのは，カウンティでは38%に対して，ディストリクトでは66%にのぼる。また「コミュニティと効果的に連携している」と回答したのは，ディストリクトのLSPが48%であるのに対してカウンティは19%であった。ここからわかるのは，地域住民の要請を戦略的優先項目に取り入れるためには，カウンティのLSPはディストリクトと効果的に連携をとる必要性があるということである。

最後に，地方の政治問題がある。LSPから（故意か否かにかかわらず）野党議員が除かれていることが明らかとなっている。ただし，一部のLSPでは超党派的な作業を試みているところもある。

パートナーシップの構造に関する特徴は次の通りである。①自治体関係者や公的セクターのパートナーが主導的な地位にあるのに対し，民間セクターのパートナーは控えめな存在である。②発言権の対等性を保証することは，LSPの大きな課題である。③全体的にはLSPは組織的なレベルよりもむしろ，個人的なレベルでの取り組みを志向する傾向がある。④住民団体の参画は，近隣地域再生資金（NRF）を受け取っていないLSPよりも受け取っているLSPの方が積極的である（National evaluation of LSP, ibid., pp. 35-54）。

2．近隣地域におけるLSPの取り組み

LSPは基礎自治体のエリア内で地域再生を進めているが，エージェンシーやパートナーシップの組織化により，運営は容易ではない。

『全国調査』の事例研究によれば，カウンティや農村地域のLSPは，パリッシュやタウンなどを巻き込んでいることは確認できない。むしろLSPの主要な目的は，サービス供給や政策決定に影響を及ぼし，パートナーシップの推進を通して公的な連携を強化することであるが，事例研究から近隣地域との連携の目的がみえてこない（Ibid., pp. 72-73）。

3. プロセス・アウトカムに関する評価

　LSP の進展の度合いを把握するに際して，報告書は「2004年 LSP 調査」を活用している。進展を見極める基準として，3種類のアウトカムを設けている。第一は「プロセス・アウトカム（process outcome）」で，アウトカムに到達するのに必要な前提条件としての基準であり，パートナーシップ形成に至るプロセスである。第二は，「ガバナンス・アウトカム（governance outcome）」で，地方自治に寄与する重要なアウトカムである。第三は，「サービス・アウトカム（service outcome）」で，さまざまなサービスにおける質の改善と関係する。

　表6-7はプロセス・アウトカムに関する調査結果を示している。設問項目は，「パートナーの優先事項の理解」，「パートナーの出資計画に関するマッピング」，「データと情報の共有」，「人的資源の共有」，「予算の確保」，「追加資源での梃入れ」，「計画への共同出資」から構成されている。

　表6-7をみれば，LSP の進展度は実にさまざまである。「パートナーの優先事項の理解」では，LSP の3分の1以上が「大きな進展があった」と回答している。プロセス・アウトカムの進展では最も高い比率を示した項目となっている。これに対し，「データと情報の共有」「人的資源の共有」「追加資源での梃入れ」「計画への共同出資」では，50％以上が「若干の進展」があったと述べているが，「大きな進展」では，その数字はきわめて低くなっている。

　一方，「パートナーの出資計画に関するマッピング」や「予算の確保」では，驚くほど低い数字が出ている。特に「予算の確保」で「大きな進展」があったと回答したすべての LSP で0になっている。

　NRF を交付されている LSP と，NRF を受けない LSP において差異があるのも特徴である。NRF を交付されている LSP の方が大きな進展を示しているのが注目される。カウンティのレベルの LSP がおしなべて芳しくなく，都市やディストリクトの LSP よりも進展度は低い（Ibid., p.96）。

4. ガバナンス・アウトカムに関する評価

　最も注目したい項目は，ガバナンスの視点からみた LSP の評価である。表6-8はガバナンス・アウトカムに関する調査結果を示しているが，設問項目

第6章　イギリスの地域再生とローカル・ガバナンス　211

表6-7　進展——プロセス・アウトカム

	NRF LSP (%)	非 NRF LSP (%)	カウンティ (非 NRF) (%)	ディストリクト (非 NRF) (%)	都市 (非 NRF) (%)	全 LSP (%)
パートナーの優先事項の理解						
―大きな進展	49	30	10	33	38	36
―若干の進展	51	68	90	65	62	63
パートナーの出資計画のマッピング						
―大きな進展	1	0	0	0	0	0
―若干の進展	42	15	7	19	9	23
データと情報の共有						
―大きな進展	25	15	17	13	22	18
―若干の進展	73	71	73	71	69	72
人的資源の共有						
―大きな進展	7	5	3	5	3	5
―若干の進展	62	46	33	47	53	50
予算の確保						
―大きな進展	0	1	0	1	0	0
―若干の進展	53	19	7	17	35	28
追加資源での梃入れ						
―大きな進展	16	9	13	9	6	11
―若干の進展	72	51	45	53	48	57
計画への共同出資						
―大きな進展	17	6	3	6	6	9
―若干の進展	70	55	50	59	41	59

注：「優先しない」と「進展なし」の回答を含まないため，数値は足して100にはならない。
出典：*National evaluation of Local strategic partnerships*, ibid, p. 96.

は「集団的なビジョンと統合的な戦略」，「地方の意思決定に参画する利益の範囲の拡大」，「取り残された社会集団の意思決定への参加」，「より強力で団結した地方の意見の構築」，「コミュニティが考える正統性の強化」，「良い前例の導入と普及」，「議会決定に対するより効果的な影響力」，「地域や国家の問題に対するより効果的な影響力」から構成されている。

　表6-8が示すように，「集団的なビジョンと戦略の調整」では，すべてのLSPの63％が「大きな進展」があったと答え，「若干の進展」でも36％という高い数字になっている。このような肯定的な回答の背景には，地域をあげて取り組んでいるコミュニティ戦略との関連があると考えられる。

表6-8 進展──ガバナンス・アウトカム

	NRF LSP (%)	非NRF LSP (%)	カウンティ (非NRF) (%)	ディストリクト (非NRF) (%)	都市 (非NRF) (%)	全LSP (%)
集合的な見通しおよび統合的な戦略						
―大きな進展	70	60	60	58	67	63
―若干の進展	30	39	40	39	33	36
地方の意思決定に関与する利益の範囲の拡張						
―大きな進展	18	11	10	11	12	13
―若干の進展	73	65	43	68	74	67
取り残された社会集団の意思決定への参加						
―大きな進展	11	3	0	4	0	5
―若干の進展	77	53	45	50	71	60
一層強力で団結した地方の意見の構築						
―大きな進展	27	17	23	16	18	20
―若干の進展	58	67	57	69	71	65
地域社会の考える一層の正統性						
―大きな進展	5	3	0	3	3	3
―若干の進展	58	50	31	52	59	52
良い前例の導入と普及						
―大きな進展	16	9	6	9	12	11
―若干の進展	60	54	55	54	53	56
議会決定に対する一層効果的な影響力						
―大きな進展	11	9	10	9	6	9
―若干の進展	72	67	48	69	71	68
地域や国家の問題に対する一層効果的な影響力						
―大きな進展	8	6	13	3	12	6
―若干の進展	42	46	55	46	41	45

注:「優先しない」と「進展なし」の回答を含まないため,数値は足して100にはならない。
出典: *National evaluation of Local strategic partnerships*, ibid., p.98.

　ガバナンスの項目では,やはりNRFを交付されているLSPは非NRFのところよりも進展度が大きい。「取り残された社会集団の意思決定への参加」において,NRFを受けるLSPの方が相対的によい成果を示している。ここでもNRFを受けないカウンティの遅れが目立つ。

　LSPは,コミュニティのニーズを把握するために,幅広い機関を取りまとめることを期待されている。ディストリクトの地方自体が主導的な役割を担っていたが,ガバナンスをめぐってカウンティとディストリクトとの間に,差異

第6章 イギリスの地域再生とローカル・ガバナンス 213

表6-9 進展——サービス・アウトカム

	NRF LSP (%)	非NRF LSP (%)	カウンティ (非NRF) (%)	ディストリクト (非NRF) (%)	都市 (非NRF) (%)	全LSP (%)
パートナーの政策,計画,目標,PIの保証が,CS(とLNRSが適切である場所)の優先事項を反映している						
―大きな進展	33	12	10	13	6	18
―若干の進展	65	72	58	72	82	70
サービスが,地域社会のニーズを満たすためにより良く供給された						
―大きな進展	17	7	3	6	12	10
―若干の進展	74	61	48	65	56	65
サービスが,近隣のニーズを優先事項でよりよく満たしている						
―大きな進展	27	6	0	7	6	12
―若干の進展	69	41	14	45	45	49
下限目標を満たすこと						
―大きな進展	29	2	0	3	0	10
―若干の進展	71	24	17	26	18	37

注：1.「優先しない」と「進展なし」の回答を含まないため，数値は足して100にはならない。
　　2.近隣再生の下限目標は，NRF地域でのみ関係する。
出典：*National evaluation of Local strategic partnerships*, ibid., p.102.

が顕在化していることがわかる（Ibid., pp.97-101）。

5．サービス・アウトカムに関する評価

　ここではサービス改善をみてみるが，中央政府が重視する項目でもある。表6-9はサービス・アウトカムに関する回答を示しているが，設問項目は「パートナーの政策，計画，目標，パブリック・インボルブメント（PI）の保証がコミュニティ戦略の優先事項を反映している」，「コミュニティのニーズを満たすためにサービスがより良く提供された」，「優先事項でサービスが近隣地域のニーズをよく満たしている」，「最低限目標を満たすこと」から構成されている。

　すべてのLSPのうち65％がサービス改善で「若干の進展」があったと回答しているが，これは基本的に肯定的な結果と受けとめることができる。一方，「大きな進展」は10％にとどまっており，課題を残している。

　すべてのLSPという項目でみると，サービス改善の項目で「大きな進展」と回答したのは10％強にとどまっている。格段のサービス改善があったわけではないようである。「若干の進展」では半数以上が肯定的数字を示している。

LSP では最低限目標をクリアしなければならないが、すべての LSP をみると、「大きな進展」があったのは10％にすぎない。ここでも NRF を受けないカウンティや都市部の進展度は、きわめて低調である (Ibid., pp. 102-103)。

6．NRF を交付された LSP と交付されない LSP との比較

NRF を交付された LSP と交付されなかった LSP では、地域再生の成果において差異があることは繰り返し述べてきた。また NRF を受けない地域においても、地方自治体の種類（カウンティ、ディストリクト、都市部）に違いが生じている。

表6-10は、NRF を交付された LSP と NRF を交付されなかった LSP の比較を示したものである。比較の項目は、LSP の設立時期、メンバーシップ、構造、スタッフの資源、財源、業績運営システムから構成されている。

まず、表6-10から、資金とパートナーシップの発足との関連がわかる。NRF を交付されたパートナーシップの3分の2以上が2002年より以前に設立されていたのに対し、NRF を交付されなかったところは3分の1未満である。

また、NRF の交付は都市部と関係していることがわかる。NRF の3分の1近くが都市部のバラに集中しているのに対し、NRF を交付されなかったところは2％未満である。NRF を受けるのは主にユニタリー当局（unitary authority）やロンドン・バラであり、これに対しディストリクトでは少ない傾向を示している。

NRF を受けた地域の貧困は、他の再生プロジェクトの対象にもなっている。例えば NRF を受けた LSP の4分の3以上が協働型の事業を進めているのに対し、NRF を受けなかった LSP では半分未満である。また60％以上が近隣地域運営スキームを持っているのに対し、NRF を受けなかった LSP では5分の1未満である。

NRF はコミュニティ参加プログラム資金（Community Participation Programme funding）の前提条件となるが、業績要件や最低限目標をクリアしなければならない。このことは、政府広域事務局が NRF を受ける LSP とより緊密に協働しなければならないことを意味している (Ibid., pp. 113-114)。

表 6-10　NRF と非 NRF の LSP の比較

要因／問題	NRF の LSP	非 NRF の LSP
LSP の設立	早期に設立 重要な統計： 67％が2002年より前に設立	傾向として，最近の設立 重要な統計： 32％が2002年より前に設立
メンバーシップ	広い「中核」と完全なメンバーシップ	より制限されたメンバーシップ
構造	①構造と作業形態を効果的と捉えがち ②より多くの NRF の LSP が領域あるいは近隣のフォーラムと技術的作業集団を持つ 重要な統計： NRF の LSP の60％が地域あるいは近隣のフォーラムを持つ 68％が技術的作業集団を持つ	①あまり構造を効果的と捉えない ②より少ない近隣地域と職域集団 重要な統計： 27％が地域あるいは近隣のフォーラムを持つ 35％が技術的作業集団を持つ
スタッフの資源	多くのスタッフ 重要な統計： スタッフチームの標準サイズは5.1人	小さなスタッフ 重要な統計： スタッフチームの標準規模は1.8人
財源	財源への大きなアクセス 重要な統計： （NRF 以外の）資源の標準（平均）レベルは2004年で112,000ユーロ	非 NRF の LSP への財政的支援は著しく低いレベル 重要な統計： 資源の標準（平均）レベルは2004年で64,000ユーロ
業績運営システム	大部分が業績運営システムを運用 重要な統計： 99％が業績運営を開始	半分超が業績運営システムを運用 重要な統計： 52％が業績運営を開始
活動	NRF の LSP では高いレベルの活動	きわめて低いレベルの活動。高い割合の活動がコミュニティのエンゲージメントのような「プロセス」問題に注ぎこまれる
アウトカム	NRF 対非 NRF 地域で回答された顕著な進展	非 NRF の LSP はより少ないアウトプト／アウトカムを回答

出典：*National evaluation of Local strategic partnerships*, ibid., p.113.

NRFの交付,不交付をめぐるLSPの相違とあわせて,カウンティのLSPの進展の相対的な遅れも目立つ。カウンティのLSPがディストリクトのそれよりも多くの資源を持つにもかかわらず,このような傾向が認められるのは深刻な問題である。

以上から,LSPが持続可能なガバナンスの形態を確立したと断言するには,なお問題が多く存在し,地域間の格差が大きいことがわかる。

LSPの評価については次の6点でまとめることができよう。

第一に,地方自治体はLSPのリーダー的存在である。LSPの牽引者であり,パートナーにとって最も強力な存在として認識されている。その支配力に対する懸念が他のパートナーから生まれている。

第二に,LSPをめぐって地方政治の問題が浮上している。例えば,LSPの編成から野党議員が除かれていることで,バイアスが生じる可能性が生じている。

第三に,公共機関として警察,PCT,消防署が参加し,コネクションズやジョブセンタープラスも役割を担っている。ただし,多様なプレーヤーの参画の度合いに相違がある。

第四に,近隣地域再生資金(NRF)を受けないLSPよりも,受けるLSPの方が参画の度合いは高い。両者の格差を調整する必要がある。

第五に,パートナーの代表性に関する問題がある。VCSから民主的に代表者を選び出す必要がある。また民間営利セクターからの代表者は少ない。

第六に,カウンティのLSPや農村地域のLSPは,パリッシュやタウンのカウンシルを代表する統括組織と議論を行う傾向がある。今後は,パリッシュやタウンとの直接的な関係を発展させていく必要がある。

このように,LSPの活動の多くは,パートナーとの緊密な連携,情報とスタッフの資源の共有化,共同出資による財政協力など「プロセス・アウトカム」に集中している。その半面,「ガバナンス・アウトカム」には課題を残していると言えよう。

5 ローカル・ガバナンスを具現するイギリスの地域再生とその課題

　LSP の導入により地域再生策が活性化され，施策全体にまとまりが出てきている。地域再生に携わる行政スタッフは熱心に事業に取り組んでおり，各部署を結びつけるジョンドアップも進んでいる。LSP が一つのまとまりのある組織としてローカル・ガバナンスを高めようとしていることは間違いない。その理由は，労働党政府が意思決定の機構を基礎自治体から近隣地域にまで広げ，ネイバーフッド・ガバナンスを志向しているからである。例えば，NRF を貧困地域に直接交付する手法をとっている。また RDA を通して，福祉政策と経済政策をリンクすることで，地域格差の是正を活発化させている。

　ただし，参加と地域民主主義を徹底するには時間を要する。ルプトンは，従前の政策と比較すれば，近隣地域再生策は大きな成果を出していると前向きの評価を示していが，その成果は限定的だという。低賃金不安定雇用が貧困を構造的につくり出しており，都市部では産業セクターの立地，地理的特性，交通インフラ等での不備，低い住宅価値がやはり貧困地域に不利な条件を与えているという。これを克服するには，より広い都市システムの脈絡から捉えていく必要があろう。現行のプログラムのみで地域再生を達成できるわけではなく，資源の増強がなければ，貧困地域で生き残れる者は少数となろう。[9]

1）　福原によれば，「社会的排除の概念は，1974年フランス人のR. ルノアール（行政官僚）の著作『排除された人々』によって提起されたもの。その後の議論のなかで，貧困と相互関連をもちながらも，概念としては独自なものとして深められてきた。排除には，例えば，労働市場からの排除，消費生活からの排除，公共サービスからの排除，基本的人権からの排除などがあり，それらが貧困者を立ち直れないようにしているとみる。したがって，この問題の克服には，社会への再参入プログラムが必要となる。（以下略）」［福原宏幸執筆『部落問題・人権事典ウェブ版』（社団法人　部落解放・人権研究所 HP より）http://wiki.blhrri.org/jiten/index.php?%A1%F6%BC%D2%B2%F1%C5%AA%C7%D3%BD%FC
　社会的排除は単なる貧困や低所得よりも深刻なもので，失業，差別，スキルの

不足，低所得，劣悪な住宅事情，犯罪の多発する環境，不健康や家庭崩壊などの問題によって生じる。また，生まれたときから社会的排除が始まっている場合もある。両親が貧しく技能も低い場合，生まれてきた子どもは将来にわたって両親の影響を受け，人生における主要なチャンスを逃してしまう可能性が高い。

2) タウンゼントは，貧困を相対的剥奪（relative deprivation）の概念で客観的に定義づけられるとし，次のように定義づけた。「貧困は，主観的なものとしてよりは，むしろ客観的なものとして理解されている。個人，家族，諸集団は，その所属する社会で慣習になっている，あるいは少なくとも広く奨励または是認されている種類の食事をとったり，社会的諸活動に参加したり，あるいは生活諸条件や快適さをもったりするために必要な生活資源（resourses）を欠いている時，全人口のうちでは貧困の状態にあるとされる。貧困な人々の生活資源は，平均的な個人や家族が自由にできる生活資源に比べて，きわめて劣っているために，通常社会で当然とみなされている生活様式，慣習，社会的活動から事実上締め出されているのである」（ピーター・タウンゼント（1974）「第1章 高所得国および低所得国での貧困の測定と解釈―開発，階級ならびに貧困の諸概念に関する諸問題」ピーター・タウンゼント編著，三浦文夫監訳『貧困の概念』社団法人国際社会福祉協議会日本国委員会，19）そしてタウンゼントは生活様式のなかから60項目の指標を設定し，大項目として社会生活の視点から「食事」「被服」「光熱」「家具」「住宅条件の快適さ」「職場関係」「健康」「教育」「環境条件」「家庭環境」「休養」「社会的環境」の12項目を列挙し，最終的に個人および世帯について該当する項目数を点数化している。それらの該当項目を合計した場合，基本的にはその点数が高いほど貧困状態にあるということになる。Peter Townsend, *Poverty in the United Kingdom Penguin Book* (1979), 1173-76.

このようにタウンゼントは単に肉体的な生存を維持するに事足りるか否かを視点にした概念を超えて，各々の国または地域で慣習となっている一般的な生活過程に着目した。この相対的剥奪の概念の特徴は以下の点に集約されると考える。①その社会を構成する人々の共通性を見出す。②各々の国または地域さらには時間的経過のなかでその形態は異なり，それぞれで基準は異なる。③社会的不平等をあらわす概念といえる。④貧困概念を個人の問題から社会の問題へと，もっといえば単に動物的に生存するのではなく，人間として社会生活を営むことの意味を再構築するものである。現在のイギリスにおいてDeprivedやDeprivationといった表現によって，この概念が定着していることがみてとれる。そしてこの流れが現代の貧困概念を超える概念として，ヨーロッパを中心に広がりをみせている社会的排除概念の源と言える。

第6章 イギリスの地域再生とローカル・ガバナンス 219

3）2007年10月30日にロンドン大学教育研究所研究員ルース・ルプトン氏のヒアリングを行った（ロンドン大学教育研究所にて）。著書 *Poverty Street* に関するコメントやイギリスの地域再生政策の評価について教示を得た。

4）「日本語では「ウェルフェア」も「ウェルビーイング」も「福祉」と訳される場合が多かった。しかし、英語ではその意味は区分されて用いられている。ウェルビーイングは個人の人権の尊重を前提に自己実現の促進を目的とした積極的でより権利性の強い意味合いを含んだものとして理解されている。ウェルフェアは、その前史として、貧困対策としての救貧的、慈恵的イメージを伴ってきた。ウェルビーイング（well-being）は、1946〔昭和21〕年世界保健機構（WHO）憲法草案の中にも登場している。Health is a state of complete physical, mental and social well-being and not merely the absent of disease or infirmity. このウェルビーイングを「安寧」「良好な状態」「福祉」などと訳し用いてきた。さらに、国連国際家族年や国連子どもの権利条約のキーワードとして注目された。最近では、国際ソーシャルワーカー連盟（IFSW：International Federation of Social Workers）は、2000年のモントリオール大会で、ソーシャルワークを再定義し、「ソーシャルワーク専門職は、ウェルビーイングの状態を高めることを目指す。」としている。」（日本学術会議　第18期社会福祉・社会保障研究連絡委員会（2003）「ソーシャルワークが展開できる社会システムづくりへの提案」p. 12.）

5）2006年3月8日、SEU研究員アラン・ヒューズ（Hughes, A.）氏から若者の社会的排除対策に関するプレゼンテーションを聞いた。報告書 *Breaking the Cycle* の骨子を内容としていた。次に、若者のためのニューディールという制度は、18～24歳までの若者で、6カ月以上失業状態にあり、求職者給付を受給しているすべてのものに対し、パーソナル・アドバイザーを付けて行われる就職支援である。1998年から、ブレア政権の「働くための福祉（Welfare to Work）」という政策目標に基づいて、雇用サービス庁が中心となって行ってきた事業である。根拠法令は、1998年の雇用行動計画である。管理運営主体は、ジョブセンター・プラス（Job Center Plus）が中心となって行っている。財源・予算規模は、2005年度で1億9,000万ポンドである。プログラムは、ゲートウェイ、オプション、フォローアップの順に進められ、対象者は必ず参加しなければならない。参加を拒否したものは、求職者給付の受給資格を失うことになっている。

6）シュア・スタートとは、「もっとも貧困な地域に住み、4歳以下の児童を抱える貧困家庭を援助し、家族とコミュニティの機能を強化しようとするものである。また、スティグマを与えないように対象地域全体にサービスが提供されるように配慮されている。対象地域にはシュア・スタート委員会が設立され、地方自治体、

ボランタリー組織，親の代表で運営されている。具体的な目標は文書で明記されており，2004年の達成を目指している。その内容は，児童保護登録（the child protection register）に1年以内に再登録される0歳から3歳児の比率を20％引き下げ，保健面では妊娠中に喫煙する母親を10％引き下げ，言語・表現の問題をもつ児童を5％引き下げ，そして生計維持者のいない家庭の0歳から3歳児を少なくとも12％引き下げることを目標としている。

　これらのプログラムにおいて，親たちはシュア・スタートの支出項目の優先順位を決めることができる。これまで150以上のプログラムが決定されており，言葉の教室，母親支援グループ，トドラー（1歳から2歳児）グループ，おもちゃ図書館，ドロップイン（立ち寄り）センターなどが新設されている。シュア・スタート・チームは，保健職員，ソーシャルワーカー，教員，親，祖父母，他の専門職者から構成されている。シュア・スタートは2002年には完全実施されることになり，350以上の地域プログラムが貧困家庭の4歳以下の児童の約3分の1をカバーすることになる。その財源は年額5億ポンドである。シュア・スタートのさまざまなプログラムは，その効果について定期的に監査・評価を受けることになっている。」（山本隆（2003）「ブレア政権下のイギリス福祉行財政——地方ガバナンスの可能性を求めて——」『立命館産業社会論集』第38巻第4号，pp. 13-14）

7）　地方行政のモダニゼーションとは地方の公共サービスの向上を目指し，行財政機能を高めることを意味している。クレア・レポートは次のように説明している。「1998年7月に発行されたホワイト・ペーパー『現代の地方自治—市民と連携して』（'Modern Local Government, In Touch with the People'）では，市民参加に関し，「政府は協議（consultation）と参加（participation）が地方自治体全ての文化の中に根付くことを切望している。（—中略—）そしてこれらの取り組みが個々の自治体の権限全般にわたり実践されることを望んでいる。」そして，地域計画（community plan）およびベストバリューの規定の策定における協議を新しい法的義務として提案し，また市民参加の手法開発に関しては，自治体はすべてそれぞれの状況に最も合致した参加手法を決定すべきであると言及している。」（自治体国際化協会（2000）「英国の新しい市民参加の手法—市民パネル，市民陪審を中心として—」クレア・レポート第192号，p. 4.）

8）　コネクションズ・サービスは，1999年12月に発表された "Connexions-the best start in life for every young person" に基づいており，2000年学習技能法（Learning and Skills Act 2000）が根拠法令である。このサービスでは従来関わっていた省庁や機関だけでなく，民間組織やNPOなども参加させて，若者に必要な支援を一つに統合しようとする包括的なものである。このサービスが提供さ

れているのはイングランドのみである。横断的な支援体制とパーソナル・アドバイザーのネットワークが機能し，13～19歳のすべての若者のすべての問題（教育，職業選択，差別，健康問題，住宅，ドラッグやアルコール，家族関係等）に対して支援を行っている。内容については，①パートナーシップによる個々の若者に合った相談や支援プログラムの提供，②コネクションズ・ダイレクトによる相談受付，③コネクションズ・カードによるポイントサービスが三本柱となっている。

コネクションズ・サービスの機関は2000年に設立され，地域でのサービスの提供，その質の管理，開発を担うコネクションズ・パートナーシップ（全イングランド47地域に存在）と契約を交わすことになっている。スタッフは，政府省庁・ボランティアや民間部門などを含む複合組織である。コネクションズ・パートナーシップは，学習スキル協会の地方事務所の管轄地域ごとに設置された法人である。パートナーシップは，カウンティなどの県体単位で学校・ジョブセンター・プラスなどの公的機関，民間企業，NPOなどの様々な組織や若者によって構成される地方経営委員会を設置している。そして毎年度行動計画を立て，サービスを提供している。

業務の運営については，パートナーシップによりキャリア・カンパニーや地方自治体が委託を受ける場合と，パートナーシップが直接サービスを行う場合の2つがある。主要な活動を担うパーソナル・アドバイザーは，パートナーシップが自身でサービスを行う場合，パートナーシップが直接雇用する。また業務を委託する場合，業務委託先が雇用する。委託による支援内容は，カウンセリング，雇用，メンタルヘルス，住居問題，法律相談，ドラッグの問題など，さまざまな分野にまたがるアドバイスや情報提供が行われる。また，学校に対するサービスの提供も行っている。財源・予算規模については，2003／04年度で約4億5,000万ポンドである。

一方，ジョブセンター・プラスについては，2001年6月に政府組織の大規模な改編が行われ，これに伴って教育雇用省と社会保障省が廃止されて，雇用年金省と教育技能省が新設された。この省庁再編を受けて，2002年4月に公共職業紹介機関であるジョブセンターを運営してきた雇用サービス庁と各種福祉給付サービスを提供してきた給付庁が統合され，新たにジョブセンター・プラスが設置された。（世界の厚生労働，2006，p.64.）

9） 副首相府（ODPM）が打ち出した地方自治戦略（Local Government Strategy）における「ネイバーフッド・ガバナンス」は重要な政策項目であり，地域アプローチがローカル・ガバナンスの重要な要素として位置づけられている。討議文書「下位のLSP（Below LSP）」は，以下のことを明らかにしているので，紹介して

おきたい。

- LSPや地方自治体は近隣地域との関係を発展させている。LSPや地方自治体は重複を最小限にし、コンフリクトを避けるために運営形態を調整し始めているのは重要なことである。
- 公選の地方議員が過度な役割を果たすべきではない。近隣地域の課題として、ネイバーフッド・ガバナンスを促進するために新たなコミュニティ指導者の育成が必要であり、そのためには近隣地域における公選の地方議員の役割や他の新たなコミュニティの指導者との関係をうまく取り扱う必要がある。
- LSPと近隣地域との相互作用は資源集約的であり、これはボランタリーの力量に頼る近隣地域の組織にとって費用を要することになる。今後LSPは近隣地域の代表の参加を支援することが必要である。
- 各地方において複合的で多様な近隣地域な組織がある。LSPは共通の課題を審議し、一堂に会するフォーラム（single forum）の場を提供しなければならない。LSPはそのようなフォーラムを支援し、LSPの意思決定の方法をさらに適切なものにしていく必要がある。

以上からわかるように、地域再生事業が効果的に進められるには、LSPが近隣地域レベルで良好な関係を築くことが必要である。

第 7 章

地域再生の事例研究

1　地域エリア協定（LAA）

1．地域エリア協定の導入

　地域エリア協定（以下，LAA）は2004年に導入され，コミュニティ戦略をさらに推し進める効果的な枠組みとなっている。Local は基礎自治体の活動範囲を意味し，area は優先策の実施対象となる小地域を指している。それは地域再生の達成やその財源に関するもので，中央政府と地方自治体が締結する協定である。ここでは，ローカル・ガバナンスからみた LAA の仕組みに注目してみたい。

　まず興味深いのは，LAA は国——自治体——LSP の三層からなる多層型（multi-level）のガバナンスを構成している点である。そこで定められる決定事項は，政府広域事務局（Government Office, GO）が代表する中央政府，地方自治体，LSP で交渉され，国が財源と制度の枠組みを提供し，地方がその中身を具体化する。つまり，地方側は一定の条件の下で資金の使途を決定でき，新たなガバナンスの可能性をもたらしている。

　LAA は多分野のテーマを設けており，コミュニティ参画の強化を目指している。また LAA の中で定められたアウトカムについては，地方自治体と LSP がその達成度を調査，監視，報告という一連のレビューを行う。そのサイクルは半年というタイトなものである。

　LAA に至る政策の流れに触れておくと，1998年の公共サービス協定（Public Service Agreements），2000年の地方公共サービス協定（Local Public Service

図7-1 LSPとLAAの関係を示す全体像

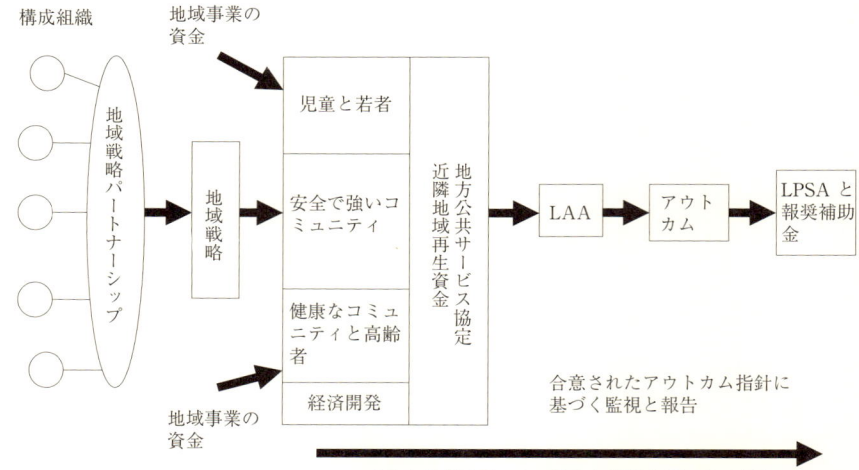

構成組織／地域事業の資金／地域戦略パートナーシップ／地域戦略／児童と若者／安全で強いコミュニティ／健康なコミュニティと高齢者／経済開発／地方公共サービス協定 近隣地域再生資金／LAA／アウトカム／LPSAと報奨補助金／地域事業の資金／合意されたアウトカム指針に基づく監視と報告／政府広域事務局による監督と所管大臣による署名

出典：ODPM, Local Area Agreements : a prospectus, 2004 : 15.

Agreement），2001年のNRFの交付といった各協定はプログラム単位，省庁単位であり，これらの各協定を一つの枠組みに統合しようとする試みがLAAである。LAAが構想された背景には，中央省庁がどの程度地域事業を地方に委譲できるのか，また自治体と協働するパートナーシップがどのように機能するのかを見極めたいとするねらいがある。

　LAAの仕組みは次の通りである。まずLAAを結ぶに当たって，LSPが主体となり，コミュニティ戦略を策定する。地域の重点事項は，「児童および若者」「安全で強固なコミュニティ」，「健全なコミュニティと高齢者」，「経済開発」の四つであり，それぞれの成果目標を立てていく。財源は，国からのプールされた補助金と既存の関連資金を統合した（aligned）ものである。地方自治体の財源の用途については，LSPに裁量が与えられている。2004年に中央政府より基本方針が提出され，2005年から第1ラウンドのパイロット事業が始まっている。

　地方自治体がLAAに注目する点は，この財源の仕組みにある。そのメリットは，従来の煩雑な協定を統合し，資金の流れ（funding stream）に柔軟性を

持たせることである。加えて，特段の業績（extra performance）を達成した場合には，報奨補助金が得られることも誘因となっている。

2．パイロット事業からみたLAAの評価

では，LAAはどのように評価できるのだろうか。その評価については，試行的な段階であるゆえにもう少し時間を要する。政府文書「地域エリア協定パイロット事業に関する中間評価（*A Process Evaluation of the Negotiation of Pilot Local Area Agreement*）」から，LAAパイロット事業の評価を紹介していきたい。

パイロット事業評価文書をみる限り，地方自治体，パートナー，政府広域事務局のいずれも，LAAの推進に積極的である。ただし，計画達成の行程表がタイトなものであることを表明している。

パイロット地域では積極的で明確なビジョンを持つところがあれば，実務に徹するところもある。例えば，協定の内容が明瞭で，一貫性しているところがある一方で，多くの指針は目標値の詳細が不十分なところもある（例えば多くの指針は同意されているものの，多くの数字が欠落している）といった財源調達，目標値の詳細が不十分なところもある。このように実態として格差がみられる。

LAAで重要なのは裁量と柔軟性（例えば資金のプール，報告文書の縮小，未出金の繰越）を許容しているところである。ただし，協定には多くの「未解決事項」が含まれており，関係者はむしろLAAが対話の始まりとして理解している。対話は緒についたばかりであるが，この点は重要であり，今後さらに発展させていくべき点であろう。

ガバナンスにおいては，資金が効果的に配分，支出，監視，監査されるように適切に執行する必要がある。LAAの目的は官僚的手続きの縮小にあり，さまざまなパイロット地域ではシステムの改善と官僚制の縮小という目標に対して，今の所その結果に失望している。

LAAが求める成果は具体的であるが，目的の達成において関係者には混乱がみられる。概して地方側は協定の実現性に懐疑的であり，また実務に徹する傾向がある。

中央省庁が行ったヒアリングにおいて、インタビューを受けた者はLAAを基本的に支持している。多くが地域住民のエンパワメントにつながるものとして理解している。また地域再生事業の枠組みを形成する絶好の機会として捉えており、LAAを地域再生が実現可能かどうかを試す機会として認識している。
　その一方で、当然ながら批判も出されている。その主なものは、LAAへの信頼が低く、ルールが不透明であり、国から提示される条件を受けざるを得ないとの印象を持っている。
　LAAの目的について、地方自治体とそのパートナーからさまざまな意見が出されている。第一に、パートナーシップの組織化とローカル・ガバナンスを広げる機会として位置づけている。第二に、中央政府との対話の機会として捉えている。第三に、地域への複雑な資金の流れが整理され、補助金を一元化する手立てとみている。第四に、中央と地方との権力関係の転換をもたらす機会としてLAAをみているものもいる。
　LAAは、既存の公私の関係を強化し、また新たな組織に参加の機会を与える制度になっている。特にNRFを受け取っていないLSPに戦略強化をもたらす役割を与えている。LSPが着実に進展しているところでは、コミュニティ戦略を個々のパートナーの活動につなげており、LAAを活用していることと関連している。
　このようにローカル・ガバナンスを広げる契機として重要なLAAであるが、残された課題も多い。パイロット事業では、地方自治体が関係者を巻き込む形で協定を実施しようとしており、多くのパートナーは事業のメンバーとなっている。ただし、事業の理解と参画の程度は、パートナーの間でさまざまである。パートナーは、計画策定、予算サイクル、関連資金については「上から」押しつけられた形となっている。またVCSの場合には、その力量にしたがって参加要請を受けることになっている。
　パートナーが優先事項を選択できず、自立性を持たないために、大きな資金を扱う場合二層エリアにおいて根深い緊張が表面化している。
　政府広域事務局については、パイロット地域では中央——地方関係は良好である。九つの政府広域事務局がLAAを履行するために相互に尊重しあい、ま

たオープンな雰囲気をつくり出していることも特徴である。今後，政府広域事務局はLAAに関連した活動を進めるために資源の増加を必要としており，また地方公共サービス協定（LPSA）の交渉はLAAの一部となる予定である。

ただし狭域レベルで活動している多くの組織は，LAAに脅威を感じている。それらの組織は国との協定活動が，地域主義に向けた動きよりもむしろ，集権化に向けた強制力を伴うものではないかと懸念を抱いている。

LAAは地域再生を推進するメカニズムというよりは，むしろ触媒の機能を持つと考えるのが妥当であろう。例えば，補助金の交付期限という制約によって，以前にはまとめ切れなかった政策合意が得られるようになり，外からの誘導によりパートナーシップ活動への刺激が生じている。また資金を一元化するという仕組みは地方の関係者にとって大きな利益をもたらしている。

コミュニティ戦略の意思決定を地域に委譲し，地域支援での責任分担を明確にするというLAAは，中央と地方の政府間関係を抜本的に転換するものとして期待が高まっている。ただし財源の規模や地域格差といった現状を考えると，LAAは新たなローカル・ガバナンスの実験の場であり，その効果は今のところ限定的であると言わざるをえない。

2 都市と農村における地域再生の事例

1．都市部の事例①──ハックニーのLAAを検証する──

先に述べたように，LAAは中央政府・地方自治体・地域のパートナーとの実施契約（delivery contract）である。中央政府との交渉で合意され，全国的な優先事項を反映するものである。LAAで合意した優先事項を達成するために，パートナーシップを組織化することになっている。そしてLAAの策定に責任を持ち，地方自治体と地域のパートナーの双方は中央政府に対して優先目標の合意に関して責任を負っている。ここでは，国とLAAを結んだ最初の自治体であるロンドン・バラのハックニーの事例を紹介したい。

(1) ハックニーのプロフィール

[人口] ハックニーの人口は20万7,000人で、平均世帯の規模は2.36人である。白人は6割弱にすぎず、アフリカ系住民は4割弱占めており、多文化共生のコミュニティである。

[政治] 労働党支配のバラで、2005年の地方選挙を経ても圧倒的多数を維持している。議員数では、総数57名中44名が労働党議員である。なお、2005年の選挙率は50％弱で、イギリス全土では約60％であった。

[予算] バラの予算規模は3億9,240ポンド、財源はフォーミュラー・グラント（カウンシルの議決権が及ばない）が84％を占め、カウンシル税は16％である。歳出では、教育、ソーシャルサービスが圧倒的に多い。

[経済] ハックニーやインナー・イースト・ロンドンの地域では、長年不況が続いてきた。しかし最近になって経済が急速に成長しており、特にサービス部門が活発になってきている。中小企業が9割を占めている。失業や未就業が平均水準よりも多いが、この10年間では改善がみられている。読み書き・計算の能力で劣るのが失業や低所得の要因である。学位を持つ者や有資格者の数は平均よりも多いが、そのような人たちはハックニー以外で職業に就いている。製造業は衰退し、代わって不動産業・賃貸業等のサービス部門が盛んになっている。

[雇用] 2005年の労働力調査によれば、ハックニーの失業率は11.9％で、インナーロンドンでは4番目に高い。

[貧困] 全国で最も貧困な地域の10％に入っており、NRFの交付地域になっている。

[福祉] 472人の児童がカウンシルによって保護されている（2004年）。4分の3以上は白人と黒人のイギリス人で、17％は他の少数民族グループである。10代の妊娠はイギリスで深刻な問題であるが、1998年以降ハックニーでは低下している。妊娠の数が減少する一方で、10代の女性が中絶する割合は5.6％から59.8％にまで急増している。

[他の福祉] 民間の福祉活動が盛んである。2001／02年のハックニー・ボランタリーサービス協議会の調査報告によれば、ボランタリーセクターの組織はき

わめて多様で，高齢者ケアを提供するプロジェクト，ひとり親やドラッグ常用者・ホームレスに助言を与えるグループ等，少なくとも1,800のボランタリー・コミュニティ組織がある。VCSの総収入は2億5,600万ポンド，6,300人以上のスタッフを雇用している。また1万5,000人のボランティアが活動している。

［犯罪］　犯罪の件数は2004／05年には減少している。自動車関係の犯罪が多い。

［住宅］　住宅価格は高く，労働世帯の80％以上は低所得であり，住宅を買う余裕がない。世帯の半分以上は賃貸住宅で生活している。全国的に3番目に劣悪な住宅内の過密問題を抱えている。有子世帯，アフリカ系住民，少数民族のグループにおいて状況は特に深刻である。

(2)　委員会構成──多い公共セクター関係者──

　ハックニーのLAA委員会の構成は表7-1（次頁）の通りで，代表者21名からなる。委員長は市長が務めており，地方自治体のリーダーが委員長に任命されることは認められている。LAAは成果重視のアプローチをとっているが，その成否は地域のパートナーに左右される。

　メンバーでは，市長・副市長が陣頭指揮をとっており，カウンシルが脇を固めている。広域代表ではロンドン開発エージェンシー（LDA）や，NHSトラスト，プライマリー・ケア・トラスト（PCT），メトロポリタン警察が参加し，他には民間組織のハックニー民間サービス協議会などが参加している。

　公共セクターの関係者が多いが，特に地方自治体は多種多様な地域の組織と協議をして，LAAを策定することを義務づけられている。地方自治体は持続可能なコミュニティ戦略に恣意的に同意あるいは遂行することができないが，地域での公選団体として調整を担うことができる。地方自治体が持つ民主的な正統性は，当然ながらパートナーシップ機能における主導的な役割を与えることになる。

　パートナーシップ会議は公開されている。テーマのなかでは，「コミュニティの安全」の注目度が高い。しかし，住民の関心は低く，傍聴人は少ない。

　チーム・ハックニーは2002年から活動を進めてきた。リード・エージェンシ

表7-1 チーム・ハックニー委員会メンバー

市長（委員長）
副市長
ハックニー・カウンシル
ロンドン開発エージェンシー
イノベイトリー
ハノーバー
イースト・ロンドン・ビジネス同盟
ハックニー・コミュニティ・カレッジ
ハックニー民間サービス協議会
ロンドン東部学習技術カウンシル
ホマートン大学NHSトラスト
ジョブセンター・プラス
コミュニティ・エンパワメント・ネットワーク
ハックニー・ボランタリー・アクション
ロンドン・メトロポリタン警察
ショーディッチトラスト
シティ・ハックニーPCT
ロンドン首都大学
ルネーシ㈱
ハックニー・エンパイヤー（劇場）
学習トラスト

出典：Putting Hackney First: LAA 2007-2010 から筆者作成。

ーはカウンシルで，サポートする機能は市長である。当初パートナーは地域再生に積極的にかかわらず，参画することに疑心暗鬼であった。しかし今では，関係者が相互に理解するようになっている。図7-2は，ハックニーLAAの組織構成を示している。

　LAAの予算管理はチーム・ハックニーが行うが，代表してカウンシルが取り計らう。資金配分では，VCS，CENは手ごわい交渉相手であるという。中央政府が半年後ごとに監視を行うが，LAAは公的資金を扱い，適切な公的サービスを供給するのがテーマであるがゆえに，関係者は当然のことと認めている[1]。

　LAAの機能はコミッショニングが軸となっており，地域の人々に委託するスキームである。地域再生でのコミッショニングは，第4章で述べた準市場で

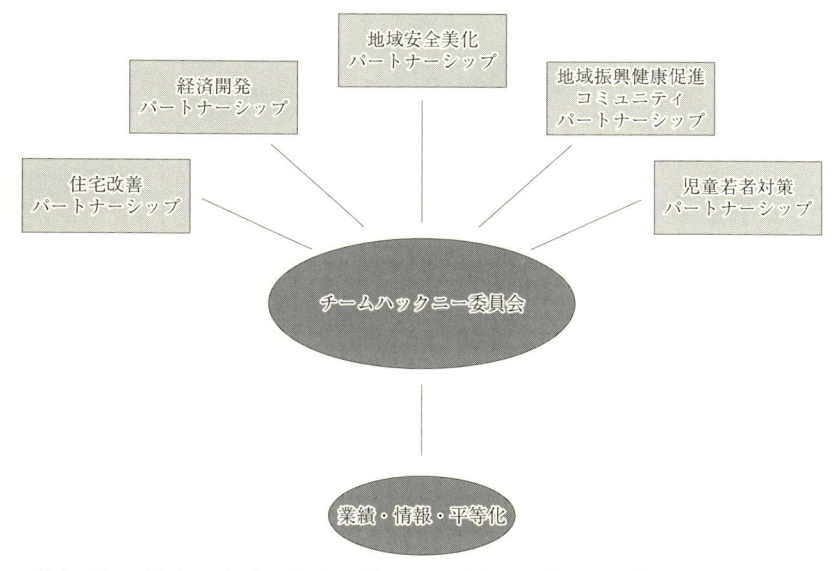

第 7 章 地域再生の事例研究　231

図 7-2　ハックニー LAA の組織

```
         [地域安全美化
          パートナーシップ]
[経済開発            [地域振興健康促進
 パートナーシップ]    コミュニティ
                     パートナーシップ]
[住宅改善                [児童若者対策
 パートナーシップ]       パートナーシップ]

        (チームハックニー委員会)

        (業績・情報・平等化)
```

出典：*Team Hackney Putting Hackney First*; Annual Report 2007/08, p. 22.

のコミッショニングとは異なる。ロンドン開発エージェンシー（LDA）の戦略文書をみると，コミッショニングとは「需要を査定する手法であり，優先順位を決め，選択し，どの計画が最も効果的に実行されるか判断し，実行の見通しをすえること」と定義している。さらにその手法は三つの段階に分けられて，①戦略と実施段階では，テーマ領域，アウトカムを達成するのにどのくらいの資金が必要かを決める。②目標の到達と各段階の選択では，パートナーがプログラム内容を決める。③実施の最終段階では，プログラムは介入によってもたらされる利益を評価し，教訓を学び，これらを情報として戦略計画の過程に再度組み入れる，ことになる。

(3)　民間組織，住民組織の参画とローカル・ガバナンス

　持続可能なコミュニティ戦略は社会的，集合的なビジョンを関係者の間で共有するのが目標で，地方自治体は地域住民や VCS に助言を求めていかなけれ

ばならない。その意味で、ハックニーLAAの策定において、民間組織、住民組織は積極的にかかわってきた。

　チーム・ハックニーの委員会メンバーとして、コミュニティ・エンパワメント・ネットワーク（Community Empowerment Network, CEN）、ボランタリーサービス協議会、ボランタリー・アクション（HVA）という民間組織が、コミュニティ戦略「格差の是正（Mind the Gap）」の決定やLAAの戦略的な優先順位の設定にかかわってきた。登録家主組合等の団体も加わっている。

　専門知識や専門技術を持つVCSの代表者は、優先策実行チーム（Priority Action Team, PAT）のリーダーシップの下で四つのブロックを開発する目的で参加を要請され、後述するハックニー・ファイブ（五つの優先事項）の議論に参加してきた。そして公共セクターのパートナーとともにチーム・ハックニーの各分野のパートナーシップのサブグループとして作業部会に加わってきた。

　LAA協議の開催は、地域住民にLAAの重要性を認識させるために、12のVCSのネットワークに委任された。そのプロセスにおいて、VCSはサービス計画を設計し、またサービスを供給する主体として事業内容を検討してきた。ハックニーの民間組織、住民組織は、LAAの成果を実現させるべく、他のエージェンシーとともにローカル・ガバナンスを実践している。

(4) アウトカム

　優先的アウトカムを決め、その内容を実質化するのはLAA委員会の作業である。そのプロセスが民主的で、地域住民の末端の意見を反映しているかが問われるのは当然である。四つのブロックは中央政府が提案している枠組みであるが、地域のパートナーが優先事項を決定し、地域貢献を果たしていくことになる。

　ハックニーでは、五つの優先事項をハックニー5（ファイブ）と呼んでいる。重点項目は、ブロック「児童と若者」である。

①学業成績不振への効果的な取り組み

　焦点は、カリブ系やトルコ系、クルド系のコミュニティである。これらの生徒たちはすべての段階で成績が平均を下回っており、問題が学校からの排除、

過密な住宅，トルコ系やクルド系の両親の英語教育にまで及んでいる。そのアプローチは，親の学校への参加，就学の奨励，住宅需要の調査，育英事業の目標設定といった総合的なものである。今後，ニートの若者の対策にも取り組む予定である。

②失業状態にある18歳から24歳の若者の対策

ハックニーでの最大の焦点は若者である。例えば25歳以下の2,000人以上が求職手当（JSA）を受けており，労働人口の8％，全給付者の25％に相当している。これらの若者に持続的な雇用を支援していく計画である。

③凶悪犯罪や犯罪組織文化の比率の減少

二つの重要な分野に焦点を当てている。まず凶悪犯罪の高い発生率と，それと関連する若い黒人男性や，最近ではトルコ系やクルド系コミュニティの若者に蔓延している非行文化を根絶する対策である。また，家庭内暴力から生じる深刻な問題にも取り組む予定である。

④児童や若者における健康上の不平等の縮小

幼児死亡率，小児肥満の比率，10代の妊娠率が高い。10代の妊娠が最も広がっている特定の近隣地域に，また幼児死亡率が高いアフリカ系やカリブ系の女性に焦点を当てる計画である。通学計画を改善し，健康学校と指定される学校を増やし，親との協力を通して小児肥満を減少させる計画である。

⑤低価格の持ち家を購入できる機会の増加

住民の80％は家を購入する余裕がない。LAAでは，2万ポンドから3万5,000ポンドの収入層に住宅を供給する計画を立てている。ハックニーで自宅を購入できるように支援をし，この計画によって，ハックニーで自宅を購入できるが地元の学校に子どもを通わせない人たちと，地元の学校への希望を持つが住宅事情のために持ち家を断念している人たちとの格差を是正する計画である。

(5) 財　源

LAAの資金は交付金を通して提供されるが，中央政府は地域再生に充当されるように誘導し，アウトカムと財源の使い方を両立させようとしている。近

隣地域再生資金（NRF）が中心となっている。担当者によれば，ハックニーが受けているNRFは1,800万ポンド，小さなエレメントであるが重要な補助金という。この資金は，ひとり親の支援グループと短期契約を結んで，その活動に当てている。活動グループは六つで小さな組織である。NRFの交付期間は2008年3月までである。

　LAAを通して配分される資金の大部分は，「児童と若者」「健康なコミュニティと高齢者」「安全かつ力強いコミュニティ」「経済開発」の四つの「ブロック」に当てられている。資金の使い方は，例えば児童サービスの資金はローカル・パートナーシップによって利用されるといったように，異なる目的に転用してはならない。

　LAAの初年度に，さまざまな財源を調整・提携することにしている。ただし，ハックニーが受ける義務的な財源はプールすることを予定している。NRF用の戦略的コミッショニングの枠組みやLPSA用の奨励交付金は，その活動の支えになる。LAAの2年次，3年次に資金をプールしていく予定である。

　チーム・ハックニーのコミッショニングのプロセスを通して，LAA全体のアウトカムにおいて，1,610万2,692ポンドのNRF（2007／08年度分）を提携させる予定である。

　2007／08年のブロック別予算をみると，「児童と若者」では，児童サービス補助金が最も多く，265万7,451ポンド（プール型）である。次いで，教育に230万ポンド（NRFから），ニート対策を行うコネクションズに229万ポンドとなっている。「より安全で力強いコミュニティ」では，より清潔・より安全・環境保護要素に113万ポンド（プール型）が充当されており，次いで廃棄物処理業績効率補助金の51万7,000ポンド（プール型）となっている。「より健康なコミュニティと高齢者」では，禁煙活動の31万7,000ポンド（PCT資金）が計上されている。以上のアウトカムが首尾よく達成されれば，LAA報償交付金（reward grant）が与えられることになる。なお，コラム「ネイバーフッド・エンパワメントとしてのショアディッチ・トラスト」はハックニーの地域再生事業の実績の一つを紹介している。

第7章 地域再生の事例研究　235

> ネイバーフッド・エンパワメントとしてのショアディッチ・トラスト
> ——ハックニーのピア教育におけるコミュニティ開発プログラム——
>
> 　ショアディッチ・トラスト（Shoreditch Trust）はピア教育と健康指導という先駆的な取り組みを進めている。2002年にピア教育の事業を立ち上げ，120人の地元住民がこの課程を修了した。教育課程で受講生にコミュニティ活動家，ピア教育者になれるよう必要なスキルを教え，コミュニティ・プロジェクトを開発できるよう，資金調達の技術を学修する授業を取り入れている。ピア教育者になれれば，将来有給（または無給）の職に就くことができ，地域再生，健康，教育，関連分野におけるフルタイムまたはパートタイムの雇用コースで学修したスキルを活かすことができる。（出典：Communities and Local Government（2007）*An Action Plan for Community Empowerment : Building on Success,* p. 24.）

(6)　評価——広い貧困の捉えかた——

　イギリスは，経済成長を志向しながら，同時に地域間格差の縮小や貧困対策を実施してきた国である。1997年のブレア労働党政権の発足以来，児童や年金生活者の貧困は改善されてきた。

　地域再生の取り組みのなかで，貧困の概念に注目してみたい。イギリスでは貧困という概念は広く定義している。貧困を単に所得だけで捉えるのではなく，複合的な要素が絡み合った困窮状態をデプリベーションと呼んできた。貧困地域（deprived area）は，所得，雇用，健康および障害，教育と技術，訓練，住宅，犯罪や暴動，環境の悪化という広い観点から判断されている。

　デプリベーションの指標を踏まえて，地域再生はプランが練られている。LAAは2007年から2010年の中期プランで，国——地方自治体——地域代表で合意された地域再生・社会的排除対策を実施する。国の窓口は政府広域事務局で地方との交渉の場を提供している。ただし，地域の治安関係は内務省が直接かかわることがあり，中央——地方間の交渉は一律ではない。重要な点は，地

域再生計画（この場合，持続的なコミュニティ戦略）の策定においてLSP委員会が住民代表を参画させて提案をとり入れる一方，国が地方にLAAを柔軟に実施できるよう中央の補助金を統合させているところにある。このように中央政府が地域に一定の意思決定の権限を委譲しており，また官僚的な手続きを省いている。これは分権化への一つのステップとして評価できる。

(7) ハックニーLAAの特徴——総合的な視野に立つ貧困対策——

　ハックニーはイギリスでLAA第一号であり，またイギリスで最も貧しい自治体の一つでもある。住民は多様な民族から構成され，青年層の3分の1強が低所得である。地域戦略としては，公的扶助やその関連制度，最低賃金の改善という枠組みにとらわれるのではなく，教育や住宅にまで踏み込んでいる。このように公共政策全般にまで事業内容を広げているのは，デプリベーションは自己の努力のみで解決できる程度のものではなく，それは社会的（集合的）な対策を必要とするという認識に立っている。その対策の広がりは地域再生事業となって具体化されているが，特に教育に重点を置いている。その理由は，黒人グループの学業成績が芳しくなく，全国平均を下回っているためである。彼らには特別なサポートが必要であり，成績向上や子どもの肥満対策が目標数値化されている。これらはまさにハックニーという地域にとってのチャレンジとなっている。

　LAAでは「チーム・ハックニー」という中心的な組織が牽引車となり，コミュニティ戦略「格差の是正（Mind the Gap）」を掲げて，不平等や貧困の是正に取り組んでいる。5の優先目標は「ハックニー・ファイブ」と名づけられているが，そのネーミングはなかなか斬新である。その中身は，児童と若者に重点を置いている。①学業不振への効果的な取り組み，②失業状態にある18歳から24歳の若者の対策，③凶悪犯罪や組織犯罪の抑制，④児童や若者にみられる健康不平等の縮小，⑤低価格の持ち家を購入できる機会の拡充，を国と住民に公約している。

　一例をあげると，2008年までに中等教育での英語，数学，科学の成績を向上させ，特に貧困地域のすべての学校では英語，数学，科学の各科目で少なくと

も一定の（5レベル以上）の成績を修めることが目標に盛り込まれている。このような内容をパフォーマンスとして評価されるが，わが国では考えにくい。2010年までに目標を達成できれば，報奨補助金が交付され，地方行政の自由度も認められる。達成できなかった場合には，国からの指摘や介入を受けることになる。地域再生に携わる官民の関係者は必死である。

2．都市部の事例②――ニューハムのLAAを検証する――

事例①に引き続き，NRFの対象地域であり，政府とLAAを結んでいるニューハムを紹介してみたい。ニューハムはロンドン東部に位置し，ハックニーに隣接する多文化共生のコミュニティである。

(1) ニューハムのプロフィール

[人口]　ニューハムの人口は24万7,700人（2004年），65歳以上人口は8.5％で若いコミュニティである。非白人のエスニック・グループが約3分の2を占めている（2001年の国勢調査）。

[政治]　労働党支配のバラである。

[予算]　2005／06年の純予算総額は4億406万ポンドで，歳出で最も多いのは教育（部門別割合54％），ソーシャルサービス（同25％）である。

[経済]　世帯所得の平均額は2万7,600ポンドで，これに対してロンドン全体の平均は3万4,625ポンドである。

[雇用]　雇用状況はロンドン全体よりも悪く，全国と比較すればさらに悪い。稼動年齢人口における経済活動の割合は，2004年6月から2005年5月にかけて63.7％で，ロンドンの平均の74.7％よりも低い。一方，失業率はロンドンよりも高くなっており，イングランドやウェールズの平均をはるかに上回っている。ニューハムの失業率は7.2％で，ロンドンの平均の4.5％よりもかなり高い。ただし最近では，何らかの改善がみられている。

イングランドとウェールズのなかで，ニューハムは要扶養の児童を抱える世帯割合が最も高い。世帯全体の15.7％は一人親世帯である（ロンドン全体よりも高い）。ニューハムの単身世帯の割合は34％で，ロンドンの平均と同じである。

［貧困］　イングランドとウェールズのなかで11番目にデプリベーションの度合いが深刻であり，ロンドンではタワーハムレット，ハックニー，イズリントンに次いで4番目に貧困なバラである（IMD 2004年）。ただし，最近では幾分改善がみられている。NRFの交付地域になっている。

［福祉］　所得支援（income support）の受給者は2005年で1万8,300人，2000年以降減少している。児童税控除（Child Tax Credit）のおかげで，所得支援の受給者は2004年から2005年にかけて1.1％減少している。

　住民の11.5％は所得支援（生活保護）を受けている。また世帯の40.2％が住宅手当，32.2％がカウンシル税手当を受けている。

［犯罪］　犯罪件数は2004—2005年で3万6,460件。最も多いのが窃盗・ひったくりで37％，次いで暴力事件が22％，強盗が9％となっている。2001／02年から2004／05年にかけて犯罪件数は10％減少する一方で，強盗事件の報告数は著しく増加している。ドメスティック・バイオレンスの報告件数は減少に転じている。

［住宅］　9万8,127軒の住宅があり，45.7％は持ち家である。20.7％は民間賃貸で，20.7％は自治体所有である。また12.6％は登記された家主組合のものである。

(2)　LSP委員会
①市民パートナーシップのメンバー構成

　ニューハムのLSPは，「ニューハム2010年LSP」と命名され，通称「市民パートナーシップ（Civic Partnership）」と呼ばれている。市民パートナーシップは主なステークホルダーの代表から構成され，コミュニティ・フォーラムを含むVCFSの代表が参加している。パートナーシップは，適宜構成を見直し，適切に機能するよう調整する。

　まず公共セクターからは，3名の議員，市長，2名の副市長が出ている。次に，コミュニティ・フォーラムでは，各フォーラムから10名が出ている。そのうち1名がフォーラムを代表して，市民パートナーシップの会議において，コミュニティ・フォーラム推進グループによって選挙で選ばれる。

図7-3 ニューハム LAA の組織

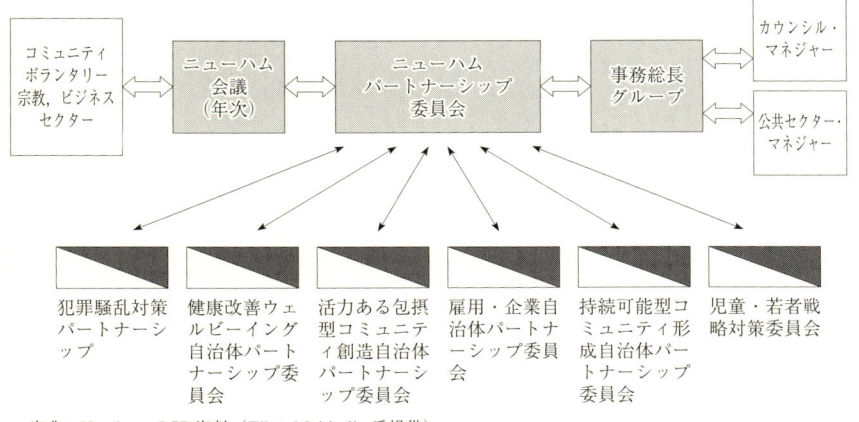

出典：Newham LSP 資料（Tilat Mahiudin 氏提供）

　ボランタリー宗教セクターから3名の代表（コミュニティ，ボランタリー，宗教の各セクターから1名）が出ているが，パートナーシップへの代表として選挙で選ばれている。選挙はコミュニティ・エンパワメント資金を使って実施される。民間セクターから3名が出てくるが，実業界から指名されることになっている。
　執行グループはLSPの決定機関であり，カウンシルがLSPを代表して会議を招集する。また執行グループは地域行動パートナーシップ委員会（Local Action Partnership Board, LAPB）を開催して，コミュニティ戦略に関連したテーマを決定する。テーマ部会は六つあり，「若者に対する投資」パートナーシップ，「健康格差の縮小」パートナーシップ，「犯罪や騒乱を減らす」パートナーシップ，「活発で包括的なコミュニティを創造する」パートナーシップ，「犯罪と騒乱を縮小する」パートナーシップ，「雇用および企業」パートナーシップに分かれて議論し，優先事項を定める。そこで意見調整を行うのが地域行動パートナーシップ委員会である。
　そして執行グループは，地域行動パートナーシップ委員会が策定した行動計画を承認し，年次計画で定められた目標にそって業務を評価，レビューすることになっている。なお，部会では公共セクターの代表が多数を占めるが，適切

な官民のバランスをとるよう配慮している。図7-3は，ニューハムLAAの組織構成を示している。[2]

②パートナーシップ・ガバナンス

ガバナンス構造としては，カウンシルが，市民パートナーシップや（執行グループを代表する）市長とともに，LSPに責任を負っている。副市長もまたLAAの中心人物である。LSPの各優先セクター（コミュニティ，健康，コミュニティの安全，ビジネス）の副代表は，市民パートナーシップや執行グループを支援することになっている。LSPは住民に公表されなければならず，中央省庁や他の政府部門に対しては，特に最低目標の実施に関連してNRFの会計報告を提出しなければならない。なお，警察，保健当局はLSPと協力する義務を持ち，資金配分をめぐって連携することになっている。

ニューハムでは連携はうまく進んでおり，特に地方自治体と保健，警察との関係は良好である。ただし，VCFSとの関係は難しいという。民間セクターでは組織のパーソナリティがぶつかり合うことがあり，文化的な相違のために反目することがある。

③民間組織の参画

ニューハムには規模が大きく活発なVCFS（ボランタリー・コミュニティ・宗教セクター）があり，地域住民にサービス提供や活動を行うグループは1,500以上もある。行政はこれらの組織に補助金や委託料を出しており，その対象は大きなチャリティから零細な地域組織のものまでさまざまである。LSPはすべての住民がサービスを利用できるよう，特に少数派の人たちに配慮している。

ニューハムのコンパクトは，幅広いコンサルテーションを通して，四つの公共セクター機関（カウンシル，PCT，警察および大学病院トラスト）とVCFSとの間でとりかわされている。コンパクトの内容は，相互の尊重，信頼，利益をスローガンにして，パートナーシップが住民のニーズに応えるようサービスや参加の機会を提供することを確約している。LAAの共同開発の枠組みも盛り込んでいる。

ニューハムには，ボランタリーセクター・コンソーシアム（NVSC）がある。この組織は，コミュニティ・エンパワメント・ネットワーク，VCFSとの共同

業務を行う取り決めをしている。その推進グループは VCFS からの意見を調整している。

ニューハムの VCS は，民間組織や住民組織に情報を与えるために，NRF の資金を受けてパートナーシップ会議を開催している。この会議の参加状況は良好で，LAA のテーマを議論する機会を提供してきた。また LAA 関連のニュースレターを 1,500 以上の組織に配布してきた。

民間組織への資金配分では，政治的な要素は抑えて，戦略的な決定を行う。つまり，声の大きい，大手のボランタリー組織が資金を得ることがあるが，執行グループはコミッショニング機能を発揮させて，エビデンスに基づく優先順位を決めている。

以上，LSP は，社会からとり残されそうな住民にサービス供給を続けており，社会関係資本を拡充し，コミュニティの統合を進めている。特に近隣地域再生アドバイザーは，VCFS の役割を拡充しようと努めている。

④コミュニティ・フォーラムと住民参加

カウンシルのコミュニティ参加ユニット（Community Participation Unit）は近隣地域行動計画を策定し，地域住民に参加を促すために九つのコミュニティ・フォーラムを開催してきた。フォーラムのイベントには，住民，企業，VCFS の代表者，地方議員が参加してきた。すべての住民が参加を勧められ，発言権の場を提供されている。

コミュニティ・フォーラムの役割は，(1)アクティブ・シティズンシップを発展させることであり，街中を歩き回ることにより，サービス提供に関してフィードバックすること，(2)サービス／地域再生のコンサルテーションを実質化すること，(3)フォーラムの開催地域に対して近隣地域行動計画への参加を促すこと，(4)地域環境を改善し，コミュニティの統合を強化するために公的なイベントの参加を促すことである。

コミュニティ・フォーラムは住民の活発な参画を促し，そこで地域サービスに関する意見を述べることができ，またサービス供給者にとっても住民から意見を聴取し，住民と連携し，対策を講ずる場になっている。

このようにコミュニティ・フォーラムは，サービス供給者とコミュニティと

表7-2 コミュニティ戦略のテーマとLAAのブロックとの関連

LAAのブロック	コミュニティ戦略のテーマ
児童と青年	青年に対する投資
より健全なコミュニティと高齢者	健康格差の縮小
経済開発	ビジネスの成長と雇用アクセス
より安全で強いコミュニティ	ニューハムをより安全にする
	活動的で包括的なコミュニティの構築
	すべての住民のために環境を改善する

出典:Newham Local Area Agreement 2007-2010から作成。

を引き合わせる役割をしている。住民中心のメンバーによって主催されるフォーラムはコンサルテーションなどに焦点を当て,地域の公共サービスに関する意思決定に参画できる場になっている。特に重要なのは,住民とステークホルダーが地域の優先事項に同意し,地域戦略のフィードバックの機会になっていることである。

なお,九つのコミュニティ・フォーラムの参加人数は少ないところで6〜10人,多いところでは20〜30人である。またイベントの開催では3,000人以上が集まり,住民の意識を高める効果があるという。

⑤アウトカム

六つのコミュニティ戦略のテーマは,中央政府のLAAガイダンスで示している四つのブロックに符合するものである(表7-2)。ブロックのうちの三つはコミュニティ戦略のテーマと同じもので,「青年のコミュニティ戦略のテーマへの投資」「健康格差の縮小」「ビジネスの成長と雇用アクセス」となっている。

より安全で強いコミュニティのブロックをアレンジして,三つのコミュニティ戦略に分けている。「ニューハムをより安全にすること」「活動的で包括的なコミュニティを構築すること」「すべての住民に対してより良い環境を整備すること」を設けている。このような細分化は,地域住民に対してこのブロックの重要性を示している。

次に,「青年に対する投資」「健康格差の縮小」「ニューハムをより安全にす

る」「すべての住民のために環境を改善する」の提案を順にみていくことにしたい。

「青年に対する投資」という提案では，「健康の増進」「安全の保証」「学業成績の向上」「積極的な貢献」「経済的福利の達成」が，小項目としてあげられている。

「健康の増進」では，新生児や幼児期において健康を増進し，活発で健康的なライフスタイルを持てるように奨励し，情緒的精神的に健康でいられるよう支援することが目標となっている。「安全の保証」では，虐待やネグレクトの危険のある児童や青年を把握し支援する。またバラにおいて外出時に安全であり，学校や他の公的な活動に参加できるよう保証していく。

「学業成績の向上」では，教育を通して潜在能力を完全に発揮できるように支援し，ニューハムと全国レベルで学力格差を縮めるように配慮し，ニューハムの学校，大学，保育所の事業者すべてが21世紀の基準に即した教育を提供できるように働きかけ，学校の内と外で創造的なやりがいのある経験を持てるような機会を提供していく。

「積極的な貢献」では，犯罪や反社会的行為に関わる機会を減らし，「経済的福利の達成」では，青年が大きな希望を持ち，仕事や会社で成功していくよう支援し，すべての若者が成人期に移行し自立する際に支援を送ることを目指している。

五つすべてのアウトカムに関しては，両親や養護者のために，適切で利用可能な情報，助言，ガイダンスを提供すること，学習困難や学習障害がある児童と青年のために包括的な機会を提供すること，ケアを受けている児童と青年を保護し，彼らの福祉や成績向上を促進することを目標としている。

「健康格差の縮小」では，ニューハムにおける健康改善やウェルビーイングのための戦略的指示を出し，ニューハムとロンドン，とニューハム内の近隣地域と年齢別グループの健康不平等を縮小していく。

「ニューハムをより安全にする」では，反社会的行為への取り組み，凶悪犯罪への対策，特にアルコールに関連した家庭内の暴力に力点を入れる。また人種差別の犯罪に取り組み，住宅強盗，自動車犯罪，婦女暴行を含む重大な犯罪

の抑制を目指している。

最後に,「すべての住民のために環境を改善する」では,バラの公共空間の質改善策を継続し,ゴミ処理場への廃棄物を縮小してリサイクルにしていく。適切な在宅イニシアティブの目標を達成し,またニューハムの最貧困地域と他の地域との格差を縮めることを目指している。

アウトカムの設定については,ニードの度合い,エビデンス,テーマの領域,国の最低目標を踏まえて決定する。政治的に優先事項が決められることがあり,例えば犯罪は目に見える問題であるため,優先されることがあるという。

⑥財　源

LAAのねらいは,中央政府―地方自治体―地域のパートナーの間で優先事項（この場合アウトカム）と財源を両立させることにある。また地域再生の資金は使途の制約のない交付金―歳入支援交付金（Revenue Support Grant），シングルポット,他の交付金―という形で中央政府から提供されている。このような一般補助金は,資金の利用を決めるのに柔軟性を地方に与えている。

地域再生の資金は,全体としてLAA交付金を通して提供されることになっている。このルートは,NRFや他の補助金など数多くの地域再生資金を統合したものである。

LAAを通して統合化された資金総額は「児童と若者」「健康なコミュニティと高齢者」「より安全で力強いコミュニティ」「経済開発」の主に四つのブロックに充当され,これらの目的を達成するために地域のパートナーシップが各ブロックへの配分額を決定する。

表7-3が示す通り,ニューハムの地域再生資金の構成は複雑である。コミュニティのためのニューディールは5,500万ポンド弱,NRFは3,900万ポンド弱で,この二つのスキームが双璧をなしている。

まず,ニュー・ディール・フォー・コミュニティ（NDC）の資金はイングランド全体で39の地域に配分されており,(1)雇用見込みが厳しい地域,(2)犯罪多発地域,(3)学業成績の悪い地域,(4)健康状態が悪い地域,(5)住宅と物理的環境で問題を抱える地域を対象にしている。ニューハムではウェスト・ハムとプレイストウが交付の対象となっており,2000年から2010年にわたって5,460万ポ

表7-3 ニューハムの地域再生資金の構成　　　（単位：ポンド）

資金の流れ	交付額	期間
NRF総額	38,774,348	2006-2008
統合コミュニティ事業	169,101	2006-2007
SSCF	1,902,304	2006-2007
コミュニティのためのニューディール	54.6百万	2000-2010
ESF	500,000	2006-2007
ロンドン開発エージェンシー	1,000,000	2006-2009

出典：Newham Local Area Agreement 2007-2010 から作成。

ンドを受けている。

　LSPの関連では、NRFの予算が各地域対策に配分される。つまり、六つの主要なアウトカム——犯罪、教育、雇用、健康、住宅、物理的環境、暮らしやすさ——を達成するために、最も貧困な地域と他の地域との格差縮小という目標に向けてNRFは活用されることになっている。

　中央政府は最も貧困な地域を指定するのにデプリベーション指標を使って、イングランドの86の最貧困の指定自治体に10億5,000万ポンドのNRFを配分しており、ニューハムは2006年から2008年にかけてNRFを受けている。

　また中央政府は公共サービスの提供に国の最低基準を設けており、最低目標に照らしてLSPの業績を査定している。業績の良い自治体には「琥珀（amber）」、普通には「緑（green）」悪いところには「赤（red）」がつけられる。

　LSPにはコミュニティ・エンパワメント・ネットワーク（CEN）が参加しており、近隣地域の再開発にコミュニティが参加する責任を負っている。CENは統合コミュニティ事業資金（Single Community Programme Funding）を受けている。

　より安全で強いコミュニティ資金（SSCF）は2005年4月に政府によって導入され、犯罪、破壊行為、ドラッグに取り組むためにDCLGと内務省資金を統合し、コミュニティに権限を与えることで、貧困地域の通りや公共空間の改善に活用している。ニューハムは約190万ポンドを受けている。

　追加の資金としては、欧州社会基金（ESF）がある。これはヨーロッパ連合

表 7-4 パートナー機関への NRF 配分額（2004—2006年）

パートナー機関	NRF 配分（%）
地方自治体	64.6
地方自治体と首都警察	12.4
地方自治体とジョブセンタープラス	11.3
保健当局	10.5
首都警察	1.1
ロンドン消防署	0.1

出典：Newham Local Strategic Partnership の行政資料から作成。

での経済的，社会的な連帯を強化する目的を持って資金提供をするもので，イングランドは2000年から2006年にかけて35億ポンドを受けている。ニューハムも外部資金チームを活用して，ESF を受けている。

以上の資金はすでに活用されているものであり，ニューハムには LAA に伴う新たな資金は交付されていない。なお，ニューハムは LAA のパイロット事業の第3ラウンドに加わっており，LAA の事業は地域公共サービス協定（Local Public Service Agreements, LSPA）を結んでいる。LPSA は，中央政府が定めるアウトカムに補助金を充当することによって，地域の公共サービスを改善するよう中央政府と地方自治体の間で交渉される自発的な協定である。

配分額を地域のパートナー別に確認したものが表7-4である。NRF は自治体関係の機関に配分され，そして末端組織に割り当てられることなっている。

LAA の事業は，LPSA と関連して進められる。したがって金銭的な報奨はストレッチ・ターゲットの達成いかんということになる。2007年の包括的支出レビュー（Comprehensive Spending Review）で，今後ニューハムの LAA の報償要素があるかどうかが明らかになる。

結論として，LAA はニューハムへの追加的な財源を伴うものではないが，本来の目的は資金をより効果的に活用し，アウトカムを最大限に達成することにあり，そのために既存の財源をプールするか，並べ替えるというように資金の流れを調整することにある。NRF の使い方は，地方自治体を通した後に，地方自治体と保健エージェンシーが VCFS に委託することになる。

(3) ニューハム LAA の特徴——地域民主主義の実践——

　第一の特徴は，ネイバーフッド・ガバメントの強化である。2002年5月にニューハムでは初の市長直接選挙が行われ，行政上の決定が市長によって下されるようになっている。市長は内閣と地方議会と協議をする中で，多数派の閣外議員の役割を重視するよう求められている。また地方自治体も住民代表である地方議員の役割を再規定する機会を得て，コミュニティ・リーダーシップを強めている。

　これに対し，地方議員はコミュニティ・フォーラムを足がかりにして，地域の住民に働きかける役割を担っている。その任務は地域住民と協議し，地域民主主義を支える新しい政治構造をつくり出すことである。1名のリーダー議員（lead councillor）と2名の補佐議員が各々のコミュニティ・フォーラムを担当し，リーダー議員は補佐と協働している。彼らの課題は，どのような地域のグループが議員とのコンタクトを望んでいるのか，それに対してどのように議員が地域の諸問題を明らかにし，その対策を講ずるかを検討している。これら作業は行動計画の基礎となり，そこから地域住民が選挙で選出された議員に新たな責任を課すことが可能となる。地方自治体はこのような新しい役割と課題を課す際に，議員を支えられる総合プログラムを実施しており，そこでは地域活動に必要な知識やスキルを含んでいる。このように自治体の政治運営の形態に変化がみられている（London Borough of Newham. 2004. Update on Progressing the Influential Councillor, report from the Mayor, September, LBN.）。

　第二の特徴は，パートナーシップの形成である。パートナーシップの構成は，国のガイドラインにしたがって，公共，民間，コミュニティ，ボランタリー，宗教の各セクターから代表者を参加させている。ニューハムの特徴は，市長が熱心にコミュニティ・リーダーとして働いており，また各セクターからその代表者が民主的に選び出していることである。地域のパートナーはさまざまな階層の利益を反映するため，LAA 委員会は代表性に自主性を加味して配慮している。移民グループが多く存在するだけに，LAA 委員会は住民組織との接点を重要視している。

　地域民主主義の実践では，LSP と地域行動パートナーシップ委員会（LAPB）

が鍵を握っている。これらの組織は地域住民の参加を促し，業務の取り決めを効果的に行うことにより，行政とコミュニティのステークホルダーとのパートナーシップを発展させている。

　また多文化共生社会を維持し，幅広い住民参画を保障するためにフォーラムを設けているのも注目される。コミュニティ・フォーラムを通して，LSP の連携やコンサルテーションの政策を進め，LSP と LAPB はまさにキャパシティ・ビルディングを発展させるメカニズムとなっている。

　このように行政が上滑りするのではなく，地域から代表を選ばせており，アウトカムの共有化を通して一体感のある地域再生の取り組みを行っている。

　ニューハムでは LPSA で所期の目標を達成できなかったため，LAA においては現実的な数値目標にとどめている。数字よりも，むしろ地域の意見を反映させる仕組みに細かく配慮したという (関係者談)。

　では，このような地域再生の取り組みは，わが国の貧困対策に何を示唆するのだろうか。第一に，貧困は個人の給付で済む問題ではなく，地域を対象とした総合的なアプローチが必要なことを示している。第二に，イギリスでは国と地方との「協定」という形をとって，貧困対策の成果とその責任を問うている。特に「アウトカム」と呼ばれる目標数値をみると，地域の責務が子どもの学業や健康問題にまで及んでいる。第三に，住民を地域再生計画やその事業に参画させている点である。ただし，誘引と制裁という仕組みや目標の数値化にはやや無理があり，国の集権的な姿勢が地方を萎縮させる感は否めない。

3．都市部の事例③——バーミンガムの戦略パートナーシップ——

(1)　バーミンガムのプロフィール

[経済と人口]　バーミンガムはイギリスの第二の大都市で，ビジネスと交通の中心地である。人口は約100万人である。イングランドの中心に位置し，産業革命とともに中部イングランドではここを起点に鉄道や運河が張りめぐらされ，その恩恵で大いに発展した。現在も交通の要衝で，イギリス最大の見本市会場や国際的な会議場があり，世界中の政治界や経済界の人々が集まって活気に満ちている。

バーミンガムは，他の200万人の近隣住民が周囲の通勤距離エリア内で生活している（その都市がヨーロッパにおける最大規模の大都市の一つの中心となっている）。バーミンガムは，ウエストミッドランドの雇用の20％以上を創出しており，毎日16万人が外部からバーミンガムに通勤している。

[民族の構成]　バーミンガムの住民の約30％が黒人やマイノリティ民族であり，その割合は急速に上昇している。年齢的には黒人やマイノリティ民族は，白人よりも若い。彼らはバーミンガムの学校において生徒の約50％を占めるが，75歳以上の高齢者では10％以下である。

他の都市のように，バーミンガムの人口を将来的には減少するものと予想されているが，その減少は現在止まっている。バーミンガムの人口の44％が30歳以下で，人口構成の変化は，黒人やマイノリティ民族から構成されるコミュニティの割合を高めている。このことは，児童サービス，学校，高齢者ケアのような公共サービスだけではなく，若者の雇用や住宅供給にも影響を及ぼしている。

[雇用，貧困]　失業率は他の地域よりも高い。また低所得世帯のなかでは，児童や若者の割合が増えている。都市の人口の約3分の1が貧困地域で生活しており，高い失業率，疾病，劣悪な住宅といった複合的な問題に直面している。貧困地域の住民は公共サービスを利用することが困難で，社会的に弱い立場にある人（児童，高齢者，障害者，精神障害者）への保護やケアは重大な公的責務となっている。このようにバーミンガムが抱える課題としては，都市問題，激しい人口移動，流入者を受け入れる地区の問題，健康問題，住宅問題，雇用問題がある。

(2)　戦略パートナーシップの展開

バーミンガム戦略パートナーシップ（Birmingham Strategic Partnership）は，改めてバーミンガムコミュニティ戦略を見直している。バーミンガムの11地区の活動に向けた新協定には，地区戦略パートナーシップ（District Strategic Partnership）の設置が盛り込まれており，近隣地域再生の地域マネジメントを先導するものとして位置づけられている。

近隣地域再生に対するバーミンガムのアプローチについては，2001年に近隣地域再生が始まって以来バーミンガムはNRFを受けている。この資金は，二つの主要な点に支出されることになっている。①NRFは地域で決定された優先事項に支出するように，都市の区域に配分している。区域は，犯罪，教育，雇用，健康，住宅，地域環境の六つの領域の一つ（もしくはそれ以上）に支出する再生案に絞り込む必要があり，専門家によるテーマ委員会は提案を点検し，それらが下限目標に合致していることをチェックする。②六つのテーマ委員会は，バーミンガム全体の活動プログラムにも小額のNRFを支出するように管理する。

バーミンガム戦略的パートナーシップの構成としては，31の委員会（board），13の事業委員会があり，テーマは調整されて4から6つになっている。他に，情報共有グループや他のパートナーシップ／同盟がある。

バーミンガムLSPが掲げる価値と原則は，まず，公共善（public good）の重視である。これは公私のセクターの目標となっている。第二に，多元主義を尊重することであり，各々のセクターが長所を持ち寄ることを多としている。そのためには，各セクターが自立していることが必要である。第三には，ソーシャルインクルージョンとコミュニティの結束を目標とし，多様性と差異を尊重している。最後に，機会の平等性を確約している。

作業内容は，コミュニティ戦略の策定，NRFの執行，意図の声明書の作成，地域エリア協定の履行，コンパクト（Compact）の締結履行である。他には，ネットワーク／綱領を形成し，学習のハブを構築し，コミュニケーションフォーラムを開催し，また援助金を保管することである。また問題の徹底討論を図り，ベンチマークを設ける。

バーミンガムコンパクトについては，VCSで広範なコンサルテーションを行い，2006年1月発行のパートナーシップ文書を公表している。バーミンガム戦略パートナーシップとVCSとの関係を築き，コンパクトチャンピオンの支援を仰いでいる。地域エリア協定ともリンクしている。コンパクトに基づいた行動としては，ガバナンスの進展，黒人および少数民族の問題対応，パートナーシップの形成，資金の利用，コミッショニングを掲げている。

バーミンガムでは，コミュニティのためのニューディール（New Deal for Community, NDC）プログラムを二つの区域で進めている。その区域とは，キングズ・ノートン（Kings Norton）とアストン（Aston）である。これらの二つのプログラムはバーミンガムの再生戦略の中心であり，都市全体では三つのSRBプログラム，二つの再生ゾーン，七つの都市イニシアチブ，シュアスタート等が展開されている。中央政府による近隣地域再生戦略として直接資金を受けていないが，これらの再生策は複合的な貧困問題や雇用・住宅のようなテーマに焦点を当てることによって再生戦略を補強している[3]。

(3) アストン地区の事例

ここでは，バーミンガムの地域再生の重点区域であるアストンの事例をみていく。

①コミュニティの連携体制

地域再生の基本であるコミュニティのエンゲージメントには，コミュニティ・リーダーシップと実行型パートナーシップ（delivery partnership）を据えている。加えて，地域再生助言グループ，テーマグループが設けられており，コミュニティチェスト審査会は地域グループに補助金の配分を決めている。他には，アストンプライド（受託事業名）祭実行グループ，VC組織が連携機能に加わってくる。このように地域再生を進めるために事業の開発とその設計がなされている[4]。

②コミュニティ・リーダーシップ

具体的には，地域再生に必要なリーダーシップは以下のように発揮されている。コミュニティ参画を何よりも重視しており，そのため実行パートナーシップには9人のコミュニティの代表者と独立した議長が参加している。コミュニティのためのニューディール（NDC）の掛け声の下で，リーダーシップ活動は地域社会の安全，教育，雇用，医療，住宅や環境，若者の参画など多様な地域問題に取り組んでいる。各々のテーマについては，地域住民が議長を務めることになっている。

NDCの目標は，主流のサービスと資金が地域でいかにして活用されている

かを見極めたうえで，現行のあり方を改革していくことに据えられている。またリーダーシップ活動は，ガバナンスの進展と地域化戦略を通して，コミュニティを権限委譲の受け皿とするよう働きかけている。最終的には，アストンはコミュニティ参画の機会を地域住民に提供し，ソーシャル・インクルージョンを実現させることによって，NDC の目標や高いレベルのアウトカムを達成しようとしている。

③コミュニティの基盤整備や投資事業の支援

コミュニティの基盤整備については，社会的，環境的プログラムや施設・資本投資プログラムを中心にして進めている。当面の目標は，アストンでのマルチ・エージェンシーや横断的パートナーシップを形成し，発展させることである。そのために，予備調査や事業開発を手がけ，コミュニティ・リーダーシップ戦略にそって季刊のニュースレター，コミュニティイベントと祭典，各テーマの分析，スポーツの育成，草の根セクターでの能力構築のプログラム，訓練とその開発，若者の参画，コミュニティチェスト小規模補助金プログラムを実施している。

④コミュニティチェスト

住民間で補助金の決めることも地域民主主義にとって重要である。アストンプライドのコミュニティチェスト（小規模補助金プログラム）を受けるには，次のような条件が設けられている。①小規模な草の根組織が補助金や他の資金支援を受けるよう支援すること，②コミュニティの能力，基盤整備，技術を開発できるよう支援を行うこと，③地域に価値を見出し，プラスの影響力を持たせる事業を発展させること，④コミュニティ参加，ネットワーキング，結束を奨励すること，⑤NDC が補助金の公式な申請プロセスを持つこと，⑥小規模補助金審査会により，2カ月に1回申請，審査，承認を行うことである。

⑤審査と承認のプロセス

補助金審査会の審査と承認は，次のように行われている。①すべての申請は郵送され，バーミンガム基金により記載され，②受理され，記載された申請書は，基準を充たすかどうかにかかわらず，所期の審査のために審査会に送られ，③審査会は利害関係者と住民の代表により構成され，5人のメンバーが定足数

であり，④補助金審査会への継続的な訓練が行われ，⑤現在14人の住民が小規模補助金の承認者として訓練されている。

⑥資金の目的とその用途

資金の目的は，①地域密着型事業の実施を支援するよう，地域グループを支援すること，②技術と訓練を受けた住民がコミュニティチェストに関われるよう配慮することで，コミュニティ重視を図ること。③社会的排除の問題に取り組み，地元組織の発展を奨励すること。④地域組織，特に資金供給にアクセスできない組織に2,500ポンド程度の小規模補助金を供給することによって，効果的な支援を展開すること。⑤アストンプライドにおいて地元グループがその活動を売り込み，広報させるよう配慮すること。

⑦資金の用途

活動資金は，アストンプライドのNDCのテーマと関連しなければならず，コミュニティ・リーダーシップ，コミュニティの安全，教育，雇用，住宅や物理的環境，健康などのアウトカムを達成するために活用される。

⑧申請の対象者

申請の対象者は，黒人のマイノリティと民族グループ，若者，難民や亡命申請者，宗教コミュニティ／非政治的組織，高齢者，障害者，複合的なニーズを持つ者とする。

⑨アストンプライド祭

アストンプライド祭は，コミュニティ参画やビジネスを奨励し，スポーツとレクレーションの振興，文化的な気づきと平等を促進する公共の場であり，さらにはパートナーシップ活動，音楽と娯楽を提供する契機を与えている。

(4) バーミンガムLSPの評価

LSPは法定機関ではないが，公共セクターやさまざまな民間セクターが参画して，地域の改善に向けて目標を定めることになっている。バーミンガムLSPも例に漏れず，地方自治体が業務を進める標準的な形態をとっている。まず，パートナーシップにおけるビジョンや価値観を共有化し，相互を尊重しながら，優先順位の設定や作業監視のメカニズムを構築している。

戦略的なリーダーシップをとっているのは，やはりバーミンガム市である。公選メンバーがLSPのプロセスにかかわるのが一般的である。課題は，地域のVCSがLSPで効果的に代表されるように組織化されているかである。LSPの中心メンバーをこの点に腐心しなければならない。重点地区のアストンではプロジェクト組織をつくり，プロジェクトワーカーが一定の定められた期間で事業に専念している。補助金をさまざまな住民組織に配分し，エンパワメントに努めている。特にアストン祭では地域住民を多く巻き込み，草の根の組織へと発展を目指している。重要な役割は，常に地域住民やVCSに助言を求めることである。その成果は，LAAでの成功で見届けることになろう。

なお，コラム「近隣地域のエンパワメント：バーミンガムのボルソール地区の健康フォーラム」は，バーミンガムの地域再生事業の実績の一つを紹介している。

近隣地域のエンパワメント：バーミンガムのボルソール地区の健康フォーラム

　ボルソール・ヒースはバーミンガムのインナーシティ（貧困地区）である。テラス式の住宅街に暮らす主に白人労働者階級のコミュニティである。ただし，都市の住宅再開発と経済的変化で衰退してしまい，加えて移民の流入によって伝統的なコミュニティがバラバラに分断されてしまった。住民はもの言わぬ人々へと変わり果て，相乗的に地域は不安定化している。このエリアは街娼，麻薬取引，公共サービスの悪化が集中化している劣悪な地域になってしまっていた。

　このような地域衰退の中で転機が訪れた。労働組合の経歴を持つ地元の活動家と教会のリーダーが'連合体'を結成し，内発的な取り組みを始めたのである。連合体の当初の目標は託児所と学校の建設であった。この目標の達成は地域運動'the Building a Better Balsall Health Campaign'を鼓舞し，住民参加を拡大することとなった。地域フォーラムは内発的な取り組みから生まれたものである。またフォーラムの性格を決める際，労働組合の参加者が定めた原則は共助，自立心，組織化であった。

地域フォーラムを通して，近隣地域のストリート・ウォーデン（見守り人）のネットワークが形成された。またステュワード（世話人）は情報を伝達し，転入者を温かく受け入れ，地域に定着できるよう支援している。彼らはサービスを利用できるよう行政に働きかけ，そのための住民グループを組織化している。住民グループは自律的で，特にコミュニティの安全のような近隣地域全体の共通課題に向けて集結している。地域フォーラムは近隣地域計画をめぐってサービス供給者と提携し，同時に独自に一定の範囲のサービスを運営している。（出典：Civil Renewal Unit. (2005). *Civic Pioneers,* London：Home office）

4．農村部の事例──グロスターシャーのSRBとパリッシュ予算を中心にして──

(1) グロスターシャーの概要

地方の事例として，まず田園カウンティのグロスターシャー（Gloucestershire）におけるSRBと青少年の自主活動を取り上げてみたい。

[地勢] グロスターシャーはイングランド南西部の北端に位置し，県都はグロスター，最大の都市がチェルトナムである。面積は1,025平方マイルで，（日本人観光客に人気のある）コッツウォルズ，フォレスト・オブ・ディーン，セバーン・ベイルの三つの地域からなる。

[人口] 57万8,631人（2006年現在）。

[政治] 地方議会はこれまで保守党が支配してきた。

(2) 若者プロジェクト

フォレスト・オブ・ディーン（Forest of Dean）では，経済開発のプロジェクトではなく，若者を対象にした福祉プロジェクトがSRB第6ラウンドの採択を得ている。「若者支援スキーム（Young People's Support Scheme）」というプロジェクトへの5年間分の補助額は100万ポンドであるが，さらに他の補助金を加算して事業資金が増額されている。予算は単年度ではなく複数年で支給されることが利用者にメリットをもたらしている。また事業評価においては，採

択された事業がどの程度地元経済の活性化やその振興につながったのかという点も点検される（*Improving Prospects SRB6 Forest of Dean Young People's Support Scheme 2002/03 Report*, the Countryside Agency）。[5]

　グロスターシャーは公共交通に乏しく，若者が学校以外で社会経験をつむ機会は限られていた。その結果，未成年者の妊娠，ホームレス，バンダリズム（反社会的行為）等の問題が生じていた。

　このような問題に対して，行政と住民はSRBを申請し，その活用を通して地元の若者にさまざまなプログラムを用意した。そのうちの一つが「青少年フォーラム（Youth Forum）」である。この事業は若者にどのような活動を望むかについて調査し，申請は若者自身が行っている。その結果，地域で音楽活動を中心にしたプログラムが始まっている。その内容は，若者が施設に立ち寄り，音楽演奏を楽しむというものである。他には，「コミュニティの安全（Community Safety）」というプログラムでは若者がボランティアとして活躍しており，「サーカスの技術継承プロジェクト」というユニークな事業や（若い母親のための）両親教室などもある。

　また，FUN FOR YOUというスキームが注目される。これは，「フォレスト若者フォーラム」に所属する若者たちによって運営される'銀行'である。若者たちが（小額ではあるが）補助金の基準，（簡略化された）申請書，査定と報告システムを設けている。仕組み全体も若者たちが考案した。当初1万ポンドの予算で運営し，2002／03年にはこの予算が1万5,000ポンドへと増額され，次年度にはさらに増加されている。

　SRBを通して，「若者フォーラム」のメンバーは，客観性や探求心，責任感を持つことを学んでいる。申請を出す若者たちはプロジェクト企画，予算書の作成，情報の記録というスキルを学び，何よりも大切な「成功」という体験を積んでいる。このようにSRBは地域住民から有効に利用され，問題を抱える当事者に解決能力を与えるという成果を生み出している。地域開発エージェンシーはボランタリー部門のキャパシティ・ビルディングとその開発により焦点を当てているが，それは単に直接的に資金を与えるのではなく，むしろ他の資金を活用した展開を期待している。

これらのスキームは地方自治体と地域開発エージェンシーによって監査を受け，綿密な監視を受けることになっている。フォレスト・オブ・ディーンの事業はイギリス南西部のエリアでは最も高い評価を受けており，若者の自主的な運営とその実施が「グッド・プラクティス」として認められている。

(3) パリッシュ計画

イギリスにおいて，末端の行政組織はパリッシュ（parish）である。パリッシュは詳細に住民の意向を取り入れる機能を有している。さらには，パリッシュが末端の行政機構にあって予算を扱えるところに意義をもつ。ディストリクトのように，予算キャッピングを課されることはない。

イングランドでは約1万のパリッシュがあり，うち約8,000がパリッシュ・カウンシル（parish council）として存在している。パリッシュ議員（parishioner）は住民の直接選挙によって選任され，その数は約7万人である。それはまた，主要な地方自治体の全議員数の約3倍に相当する。このように議員数が多いために，住民の意向をよりよく反映できる特徴を持つ。ただし，パリッシュ議員は名誉職であるため給与は支払われず，財政を圧迫することはない（竹下譲・横田光雄・稲沢克祐・松井真理子（2003）『イギリスの政治行政システム――サッチャー，メジャー，ブレア政権の行財政改革――』ぎょうせい，p. 108）。

パリッシュの機能については，公園，オープンスペース，庭園，清掃，コモン（囲いのない荒地，牧草地）等の維持管理，予算の編成（パリッシュの存在するディストリクトに委託して，住民からカウンシル税を徴収する権限を含む）がある。住民の利益に合致する場合には，成人1人当たり3.5ポンドに相当する金額を限度として，経費を支出することが認められている。さらに，1972年法によって，ディストリクトが建築許可や開発許可をする場合には，その申請が出た段階でパリッシュに協議すると定められている。そのため，開発よりも環境を重視する傾向をもつパリッシュが，地域開発などに影響力を持っている。

パリッシュ計画も策定されることになっている。パリッシュ計画は，社会問題，経済問題，環境問題等を包括的に扱い，コミュニティの将来を展望して，地域の諸問題に取り組むのに必要な行動計画を明らかにしている。それはまた，

表7-5 パリッシュ計画がめざすもの

1. 支援の獲得と意識の高揚
   - 公的な会議を準備し，パリッシュ計画への支持の有無を確認すること。
   - 運営グループを設けること。
   - 「活力のある村づくり」パックを農村エージェンシーから入手し，「運営方針」の用紙を提出すること。事業計画に要する費用の5,000ポンドまでが充当される。
   - 実施項目を定め，予算書をつくること。
   - プロジェクトに関して地方自治体に知らせて，自治体からの支援を得ること。またその連絡体制を確立すること。
   - 農村エージェンシーに申請用紙を提出すること。
2. 情報の収集
   - コミュニティにとって重要な問題を明らかにすること。
   - 地域の生活問題に関連するさまざまな地域情報を集めること。また，他のエージェンシーや自治体がどのような提案をもっているのかを知ること。
   - コミュニティとの協議方法を選択すること。
   - 協議を行うこと。
3. 結果
   - 結果と優先事項を分析すること。
   - 未達成の課題を明らかにし，協議の対象とならなかった特定の利益団体の見解を得る方法を検討すること。
   - 報告書を作成し，草稿計画として結論を示すこと。
   - 住民に周知し，草稿に関するコメントを求めること。
   - パリッシュ計画を作成し，広範に配布すること。

出典：*Talk About … Parish Plans,* GRCC Leaflets, (2003) January.

青少年が利用する施設から交通問題を含む生活問題や雇用問題に至るあらゆる事項を検討する。いわゆる広義の地域福祉を扱っているのである。

　ここで，グロスターシャーのパリッシュ計画を紹介したい。パリッシュでの協議は，小地域単位で自らの課題に取り組み，独自の施策を検討する場となっている。パリッシュ計画で重要なのは，①地域住民にパリッシュの将来を決定させるという自己決定の原則，②地域住民がコミュニティの見解を代表できるようにするパリッシュ・カウンシルの信頼性，③地元の諸組織，コミュニティグループ，地方自治体との調整作業，④ディストリクトやカウンティ等の行政政策への働きかけである。なお，参加メンバーは，グロスターシャー農村地域協議会，地方エージェンシー，地方自治体，ディストリクト議員，ボランタリー組織，パリッシュ・コミュニティグループ，近隣パリッシュとタウンカウンシル，グロスターシャー・パリッシュ＆タウンカウンシル協会，他の組織の代

表となっている。

　また，パリッシュ計画が達成しなければならない重要な項目は，①ビジョンの設定（展望を示すこと），②レビューの作業（主要な問題，ニーズ，機会を点検すること），③行動計画の策定（例えば何をするのか，いつするのか，誰がするのか，どのくらい費用がかかるのか，どのくらい重要なのか），④合意の形成等である。このようにパリッシュ計画は，ローカル・ガバナンスを尊重しながら，施策の企画，実施，評価などあらゆる過程において住民参加を促進し，その成果を地域住民に還元することを企図している［*Talk About … Parish Plans,* GRCC Leaflets (2003)］。

　地域福祉計画の策定に当たって問われるのが小地域での自治であるが，イギリスのパリッシュの機能が参考になる。

3　イギリスの地域再生事例が示唆するもの

　本章では，イギリスの地域再生とローカル・ガバナンスについて，LSPを中心に考察してきた。1990年代末からこれまで，地域再生の戦略は中央政府の強いリーダーシップによって推進されてきた。そこで指摘できるのは，地域再生が中央主導の下で推進されていることである。ただし，中央主導型の政策は過去30年間脈々と流れるイギリス政治の特徴である。またブレア政権が多様なパートナーシップを形成するよう求める「国家工学（state engineering）」は，かつてのフェビアン的な集権化構想とつながるという見解がある。

　その一方で，現行の地域政策はローカル・ガバナンスを受け入れようとしているのも事実である。官僚制を縮小するために，イングランドではリージョンの政府機関に権限委譲が進められている。政府広域事務局はその最たる例であろう。

　ジョイニング・アップやパートナーシップも中央政府の構想である。多分野にわたって機能し，問題解決にさまざまな要素を結びつける機能が企図されている。中央の方向づけの下で地方のクワンゴは調整を行い，新しいパートナーシップの形成を進めてきた。こうした地域再生の動きは，持続可能な開発に寄

与するコミュニティ戦略をうたった2000年地方自治法の流れと合致する。

このように地域再生においては，中央が奨励し，資金を提供し，監視するというスキームができあがっている。つまり，中央で規定した目標を地方で達成するという仕組みの確立である。

地域再生に向けては，地方の自主財源はまったく不十分である。地方が再生資金を求める際，中央省庁と交渉して優先順位を定めるために，中央のガイドラインに従うよう財源やアカウンタビリティのメカニズムが設定されているからである。それは，マクロの次元での中央と地方のパートナーシップの構図である。とはいえ，そのことがローカル・ガバナンスの可能性の否定につながるわけではない。中央政府は分権化を進めており，現在のところ権限委譲の対象はリージョンである。その意味で，広域自治体は現行のパートナーシップ政策から利益を得ていると言える。地域戦略で主導的役割を果たしている地方自治体の可能性は広がっているのである。

ジョインニング・アップやパートナーシップの横断的なスキームは，試行的であるゆえに地方に混乱をもたらしたのも事実である。そこで構想されたのが，「包括的な」連携を実施するLSPである。LSPのねらいは，地域再生戦略を策定し，近隣地域のサービスを拡充することで，中央政府，地方自治体あるいはパリッシュの優先事項を定めるために，多様なセクターのパートナーを一体化させることにある。LSPは地域代表の選出，共通のビジョンの設定，協働活動の展開に向けて多くのプログラムを実施してきた。地方の諸機関は横断的な取り組みに長けており，児童や若者の福祉，犯罪防止，再雇用など中央政府が示す優先事項を地域のパートナーシップで取り組んでいる。

とはいえ，LSPにおいても集権・分権の両面が交錯している。LSPは中央政府──広域・基礎自治体──地域の公私のパートナーの三層の構造で捉える必要がある。業務系統としては，中央政府の指導の下で地方自治体が率先して協調的な地域活動を推進している。一方，地域では多様なアクターがパートナーシップ委員会と協議しながら事業役割を担い，地方自治体と地元のパートナーが相互に連携しながらコミュニティ・リーダーシップを発揮している。

以上から，LSPはサービス供給や地域プログラムを住民のニーズと合致さ

せる対話の場としてみることができる。ただし，中央から一定の資源を受けているとはいえ，地域のみで地域問題を解決できるわけではない。地域再生の成果や課題を地方が共有化することで，中央との交渉能力を発展させていかなければならない。そこで地域住民が意思決定にどの程度参画できるかということが課題となる。すなわち，代表制システムが正統なものかどうかが問われることになるのである。

　LAAについても同様で，多層型のガバナンスを機能させているが，問題は，業務の進め方や活動の絞り込みに関して，地方の裁量がどの程度拡張しているかである。

　以上のようにパートナーシップでは組織の分化が進んでおり，利害関係者は国家プログラムの実施を協議するのに多くの時間を費やさなければならない。中央政府はパートナーシップによるガバナンスを促進するため，集権化したメカニズムを採用してきた。ここでいう集権化とは，少なくとも税源移譲を伴わない地域再生という意味である。パートナーシップ事業では，多くの資源がパートナーを指導し，明確な方向づけや目的意識の共有化のために費やされている。その結果，中央主導の事業に投入される管理時間や労力は，地方機関にとって多大な機会費用となっている。また地方は中央が導いた目標値を達成しなければならず，仮に目標を達成できない自治体には，中央政府の介入が認められている。

　同時に，中央政府が多層型ガバナンスの効果的なシステムを模索していることもみすごしてはならないだろう。地域再生におけるキープレーヤーは地域の多様なパートナーシップであるが，その財源を持ち，政策方向を定めるのはリージョンの政府機関である。中央政府からリージョンへの権限委譲が試行されており，これはガバナンスの実験の場ともなっている。このような多層型ガバナンスの下で，LSPは地方自治体と多様な利害関係者が協働するコミュニティのリーダーシップを導こうとしている。LAAもまた，地方の公共サービスの連携を促進させ，地域再生策を柔軟に実施できるよう中央の補助金を交付している。そして地域に意思決定を委譲し，中央政府の地域政策とは異なったプランを考案させて，官僚的手続きを縮小するねらいを持っている。

地域再生でみる限り，地域民主主義が有効に機能するのか，パートナーシップ戦略は成功するのか，にわかに結論を下すことはできない。またローカル・ガバナンスのパターンも一般化できるものではない。ソーシャルインクルージョン，持続可能な環境，犯罪の抑止といった横断的なアプローチを必要とする課題は，コミュニティのすべての資源を動員しなければならないが，税源の中央集中，組織機構の断片化，部門の細分化，外部委託化の傾向はパートナーシップの障害となっている。横断的調整アプローチを実施するだけでなく，透明性と民主的なアカウンタビリティを保証していくことが求められている。

したがって地方自治体と住民組織は，単にパートナーシップ事業を効果的に実施するだけではなく，広く地域住民を事業に引きつけ，共同選択に関する政治の基準を示し，住民参画の可能性を広げる必要がある。これは新たな地域主義の始まりでもある。いわゆる「自律性の確保（earned autonomy）」をめぐる運営上の解釈よりもむしろ，パートナーシップを通して地方の戦略的な能力を引き出し，権限委譲のケースを広げることにより，地方政治の質を高める機運を醸成していかなければならない。

1）　2007年1月22日，ハックニー・タウンホールにおいてLSPプログラム・マネジャー Jane Woolley 氏のヒアリング調査を行った。彼女によれば，VCS，CENは手ごわい交渉相手であるという。またNRFの額は1,800万ポンド，小さなエレメントではあるが重要な補助金であるという。

2）　2007年1月24日，ニューハム・タウンホールにおいてLSPプログラム・マネジャー Phil Mayer 氏，Tilat Mahiudin 氏のヒアリング調査を行った。継続調査は2007年11月1日に行い，LSPマネジャー Elizabeth Cuffy 氏とSPプログラム・マネジャー Tilat Mahiudin 氏のヒアリング調査を行った。

3）　2006年3月16日，バーミンガム戦略パートナーシップ（BSP）事務所においてバーミンガム戦略パートナーシップ・マネジャー，Naomi Rees 氏のヒアリング調査を行った。

4）　2006年3月16日，アストンプライド事務所においてマネジャー Nick Meeha 氏，Compact Champion の Naphtali 氏のヒアリング調査を行った。

5）　Improving Prospects SRB6 Forest of Dean Young People's Support Scheme 2002-2003 Report, the Countryside Agency からSRBの申請と活用のプロセス

が分かる。この資料とあわせて，2003年9月10日にフォレスト・オブ・ディーンを訪問し，SRB青少年事業担当 Jane Jarman 氏から事業概要の説明を受けたことを記しておく。

第Ⅲ部

ローカル・ガバナンスとシティズンシップ，
パートナーシップ，公共性基準

第8章

ローカル・ガバナンスとシティズンシップ

　本章では，ローカル・ガバナンスとシティズンシップについて考えてみたい。福祉権（welfare rights）は20世紀において大きく発展し，最低限度の基本的な教育，医療，社会保障，住宅・所得維持は，第二次世界大戦後に福祉国家の構築とともに完成した。福祉権という言葉にもさまざまな解釈があるが，それは社会保障法の下での個人の受給資格に関するものである。一方，社会権は福祉権よりも広い意味を持ち，それは社会サービスを受ける権利のみではなく，社会参加に関連する権利として使われる。

　さらに，現代社会における貧困や社会的排除において，シティズンシップという概念の再検討が求められている。そこからローカル・ガバナンスの問題群とシティズンシップの再検討が交差している。

　成員であること（メンバーシップ）やアイデンティティという点でシティズンシップを考えていくと，それは単に個人と国家の関係を統治する法規だけではなく，個人と国家および個々の市民の間の社会的関係の集合体とも関連してくる。このことは，市民社会におけるシティズンシップをどのように理解するのかという課題につながってくる。

　アイデンティティや文化が脈々と流れるコミュニティにおいて，シティズンシップは国家という空間ばかりでなく，ローカル，ネイバーフッドのレベルでも位置づけることができる。

　本章では，このような問題意識を踏まえて，日本やイギリスのローカル・ガバナンスの脈絡から，福祉の権利，社会的権利としてのシティズンシップを考察していくことにする。

1 伝統的シティズンシップからアクティブ・シティズンシップへ

シティズンシップとは何か。その問いに明快に答えることは難しい。ローカル・ガバナンスとシティズンシップの関係を考察する本章の課題にとってT. H. マーシャルの論考は興味深い。T. H. マーシャルは，シティズンシップという言葉を用いて，福祉国家における市民の権利を説いた。

彼によれば，シティズンシップには市民的権利，政治的権利，社会的権利があるという。市民的権利とは個人の自由（人身，言論，財産の所有，裁判に訴える等）に必要な権利である。政治的権利とは政治に参加する権利のことであり，そして社会的権利とは経済的福祉や安全を求める権利に始まり，社会水準に照らした文明市民としての生活を送る権利に至るまでの広範囲の権利を意味する（Marshall, T. H. (1950) 'Citizenship and social class', reprinted in Marshall, T. H. and Bottomore, T. (1992) *Citizenship and social class,* London : Pluto Press. 邦訳／岩崎信彦・中村健吾訳（1993）『シティズンシップと社会的階級』法律文化社）。

こうした権利アプローチは17世紀に生まれた自由主義の政治的伝統に由来し，そこでは立憲制国家が主権者である国民の自由と形式的平等を保障するために市民権や政治的権利を認めていた[1]。さらに20世紀に入り国家が社会権を保障していく段階で，どの範囲までそれを認めるかという問題がシティズンシップをめぐる論争となった。

そしてマーシャルによれば，現代社会におけるシティズンシップとは，あるコミュニティの完全な成員である人々に与えられた地位身分のことで，地位身分を有するすべての人々は付与された権利と義務において平等であるという。こうしたシティズンシップの発展により，階級区分に基づいた社会的不平等が改善されるとマーシャルは考えたのであった。

果たして社会的不平等がシティズンシップの発展によって解消に向かうのか。ティトマス（Titmuss, R.）のようなフェビアン社会主義者はこのような見解に反論していた[2]。彼に言わせれば，そもそも国家の福祉政策は階級の不平等から生じる諸問題に対応するもので，福祉の権利は資本主義システムが生み出す

「負の福祉（diswelfare）」を補完する一つの要素であるという（Titmuss, R. (1968) *Commitment to Welfare*, London: Allen & Unwin. 邦訳／三浦文夫監訳（1971）『社会福祉と社会保障——新しい福祉をめざして——』東京大学出版会）。

　こうした批判に対し，マーシャルはシティズンシップを「市民であること」から生じる権利と義務の体系と捉えており，シティズンシップをめぐる論点は権利と義務との関係にも及んでくる。義務としてのシティズンシップは，古代ギリシャの市民共和制の伝統に根ざしている。シティズンシップにおける義務は広い意味での解釈が可能であり，今日注目されている「義務という言説（duties discourse）」を支配しているのは勤労の義務である。最近ではそこにコミュニタリアン（communitarian）の要素が加わっている。市民的権利や政治的権利が社会的権利へと発展し，さらに社会的権利に加えてコミュニタリアン的な共同体重視へと変化している。このことが地域福祉におけるシティズンシップの要請につながっているのである。

　介護や育児の保障もシティズンシップの新たな対象になり始めている。かつて介護は家族やコミュニティの義務であるといわれたが，産業化，核家族化，高齢化の進展によりその限界が明らかとなってきた。介護は家庭という私的領域ではすべて負担できるわけではない。社会的ハンディキャップを視野に入れて，権利と参加型理念を総合化を目指す現代のシティズンシップにおいて，こうした介護や育児の問題は中心的な課題の一つとなっている。障がい者，少数グループなどの排除された人々をソーシャル・インクルージョンの視点で支援する方向が求められているのである。

　環境保護運動もシティズンシップと深くかかわってくる。環境問題は市民が暮らすコミュニティの時空間的な境界を越えている。また生態学の観点からも，積極的なシティズンシップは支持されている。健康によいオーガニックの食物，汚染されていない環境を保持する権利は重要であり，安全な環境は個々の市民だけではなく，コミュニティと政府にも義務が伴うものである。

　このように現代社会における，貧困の広がりや社会的排除のなかで，伝統的なシティズンシップの概念は再構成を求められている。「主体性（agency）」という概念は，シティズンシップを広く捉えるのに有効であり，福祉国家は，社

会立法や公共サービスの拡充といった「積極的な」権利を拡張することによって発展を遂げてきた。この行為の概念から，伝統的なシティズンシップの概念はアクティブ・シティズンシップ（active citizenship）として解釈されることになったのである。

アクティブ・シティズンシップという考え方はフェミニズムや環境保護の観点から支持された。その背景にはサービスや給付の削減，民営化政策などの福祉国家の後退があった。

これに対し，伝統的なシティズンシップは消極的権利で，例えば移動や表現の自由を認める一方で，社会権は積極的権利として福祉の受給権を認めてきた。まさに社会権は，人間的な豊かさを求めるに当たって必要な財やサービスの供給を必要とするという意味において積極的権利である。

この社会権は，必要な財やサービスの供給を市場原理にゆだねずに「脱商品化」された場合に解釈上の問題を生み出してくる。先に触れた T. H. マーシャルによれば，社会権は自由市場経済に必要な法的，経済的な基盤を保証する消極的権利が発展しないことにはシティズンシップの発展はないと述べた。

この見解に対して，クラウス・オッフェ（Offe, C）が批判を向けている。オッフェは，積極的な社会権もまた資本主義の発展に必要であり，「商品化されない制度の支援的ネットワーク」も労働力を商品のように利用する経済システムに必要と述べている（Offe, C. (1984) *Contradictions of the Welfare State*, Mass.: MIT Press, p. 263)。

またアクティブ・シティズンシップについて，ラディカルな捉えかたもある。レイ・パール（Pahl, R）はコレクティビズム（集合主義）に依拠しながら，アクティブ・シティズンシップを生活の質（QOL）を高め，豊かな社会の果実を享受するよう他者にも条件を設けるために，地域住民がともに協働することと定義している。[3)4)]

パールによれば，アクティブ・シティズンシップは困窮に苦しむ人々が自ら勝ち取るものであり，パターナリスティックあるいはトップダウンではなく，コミュニティの主体として創造するものである。地域福祉をめぐって，シティズンシップ概念をアクティブ・シティズンシップへと昇華させていく必要があ

る（Lister, R.（2003）*Citizenship Feminist Perspectives*, 2nd edition, Palgrave Macmillan, p.24.）。

2 エンパワメントからみた福祉サービスと権利

　急激な社会経済的な変化が進行するなかで，社会的に弱い立場にある者にエンパワメントを行っていく必要がある。エンパワメントとは，市民が自らの生活に主体的にかかわり，さまざまな機会から生じる利益を得られることと定義できる。エンパワメントの行為は，知識，技術，経験等を活かして個人の潜在能力を強化させることで，人としてふさわしい生活上の選択肢を広げることである。

　ここでは，サービスの利用という場面に絞ってエンパワメントと権利について考察してみたい。福祉のようなサービスを利用する場合に，利用者はサービスを決定する権利を持つべきであるが，サービス利用とエンパワメントの間にはさまざまなプロセスがある。利用者の意見がサービス決定の前に求められることがある一方で，決定の後に利用者に知らされることもある。

　エンパワメントのアプローチについて，ミーンズとスミスは，「退出モデル（exit model）」「発言権モデル（voice model）」「権利モデル（rights model）」という三つのアプローチを提示している（Means, R. and Smith, R.（1994）*Community Care : Policy and Practice*, London, Macmillan.）。

　まず「退出モデル」は，市場においてエンパワメントが行われることを想定しており，そこでは消費者に退出する権利があり，不満があるならば他のサービスを求めることが可能とされている。サービス利用者に拒否されたサービスは市場から撤退することになる。ただし，退出モデルがどの程度有効かは定かではなく，退出モデルの限界を指摘する調査結果もある。

　次に「発言権モデル」は，発言することにより政策決定や制度設計に影響を及ぼすというエンパワメントを想定している。このモデルではもちろん発言できる機会が不可欠であるが，すべての者に発言の機会が与えられることは困難である。したがって利用者の代表を選び出す他はなく，その選出方法は恣意

という批判がある。また政策主体も，どの程度まで利用者の発言を取り入れるかは必ずしも明らかではない（Denney, D. (1998) *Social Policy and Social Work*, Clarendon Press Oxford,）。

最後に，「権利モデル」は法の枠組みのなかで保障されるものであり，最も効果的に利用者に利益をもたらすものと考えられている。ただし，サービスを受ける権利は，財政事情と関係してくる。社会資源の逼迫は法的権利であるサービスのアクセスを妨げることもある。

財政事情が権利モデルをゆがめるケースがある。わが国の事例を考えれば，生活保護がそれに当たる。生活保護を受ける世帯は2005年から100万のオーダーを突破し，過去10年間で約1.6倍になっている。これは生活保護制度が始まって以来の増え方である。三位一体改革の要請を受けて，従来の国4分の3，地方4分の1という分担割合から，国3分の2，地方3分の1へと国の負担を切り下げる議論が出た経緯があった。このようななか，国は生活保護費の抑制を掲げて，高齢者加算を廃止した。

国は生活保護費の抑制を打ち出しており，制度からはじかれる人々が増えている。一方で，一部ではあるが，利用しやすく効果の上がる制度を目指し，新たな取り組みに乗り出す自治体も現れている。ナショナルミニマムである生活保護基準が見直しの対象となり，かつその運営が自治事務となっている今，国と地方の視点から，生活保護制度をみていかなければならない。

イギリスの場合では施設の不足が権理侵害を起こす事例が出ている。ここでは自治体財政と利用者処遇に関連する事例を紹介しておきたい。108歳の虚弱高齢者Aは長年民間営利施設での暮らしを続けてきたが，その施設が閉鎖されることになった。ケア基準の徹底により，施設側は建物とアメニティを改善しなければならず，その費用を賄えなければ事業から撤退を余儀なくされるという状況となった。施設所有者は，利用料値上げでは必要な財源の確保は不可能と判断し，閉鎖を決断するに至ったのである。その結果，Aは他の施設へ転居せざるを得なくなったが，転居への抗議のハンガーストライキの決意をし，その後，餓死したというケースがある［*The Guardian* (2002) July 2］。民間施設が閉鎖に至ったのは，財政が逼迫する地方自治体から必要な補助金や利用料収

入が見込めなかったからである。

　イギリスの地方自治体は，中央政府が認めた事務のみを実施できる。そのことによってほとんどの予算は中央から配分され，これが地方自治体の歳入を増やす権限を抑制してきたのである。このように財政事情が権利を制約するという側面をみておく必要があろう。

3　「契約型福祉社会」と権利

1．社会福祉基礎構造改革と福祉の権利

　近代における社会福祉は，権利としての普遍的制度ではなく，国家の恩恵によるものであり，慈善的制度であった。一方，現代における社会福祉は，基本的人権の尊重とともに，ノーマライゼーションの思想，自立，参加と連帯という概念で捉えられている。これらの要素が互いに支えあう，平等な権利としての生活支援システムと解されている。

　大きな変容を見せたわが国の社会福祉は，日本国憲法第13条に掲げられている，個人の尊重を追求した成果ととらえることができる。しかし，現在の社会福祉基礎構造改革による制度転換には問題もある。その一つは，社会福祉基礎構造改革に基づく契約利用制度の「契約」という概念の矛盾である。なぜなら契約本来の概念，すなわち契約制度そのものの趣意が適確に捉えられずに用いられているからである。

　契約とは，私的自治の原則に基づき，近代社会において個人はそれぞれ自由・平等であるという概念のもとに確立されたものである。そして，権利義務関係を成り立たせるうえでは，個人それぞれの意思が重要な要素となる。

　また契約は，互いに対立する複数の意思表示の合致によって成立する。社会福祉における契約は，いわゆる「私人間契約」であり，双務・有償・諾成契約と解することができる。各人は，契約自由の原則により意思の合致がある限り，契約当事者の自由な意思によって，自由な契約を締結できる。個人の契約関係に国家が干渉してはならないとされている。しかし，社会福祉においては，これら契約の趣意が必ずしも正しい判断に則って行われているとは考えにくいの

である。

　その理由として，三つの問題点を上げることができる。第一に，社会福祉における利用者の捉え方である。契約という概念においては，利用者は「消費者」として扱われており，この点において社会福祉サービスは競争の原理と結びつくことになる。

　第二に，契約の当事者の「意思」に関する問題がある。社会福祉において，利用者が自分の意思を明確に相手に示すことは容易でない。特に精神障害者や認知性の高齢者，知的障害者など判断能力の低い人々は，適確に自己の意思を主張することは極めて難しい。意思能力がない場合，自らが当事者となり，契約を締結することは不可能に近い。

　第三に，契約関係が不平等になりやすく，権利侵害に対する法的保護の弱いという問題がある。契約の平等性がどれだけ実現され，また行為能力のない人々の意思が，社会福祉サービスにどのように反映されるのか，法制度による保障という観点から問題となる。

　次項では地域権利擁護事業を取り上げて，サービス利用における権利性の問題を検討してみたい。

2．「契約型福祉社会」と地域福祉権利擁護事業

(1) 地域福祉権利擁護事業の創設

　地域福祉権利擁護事業は，社会福祉法においては福祉サービス利用援助事業と呼ばれており，社会福祉基礎構造改革の目玉とされてきた。2000年4月から施行された介護保険制度，2003年から始まった支援費制度など，社会福祉は利用者自らがさまざまなサービスのなかから選択して利用する仕組みへと変わってきた。

　国は，地域福祉推進予算で地域福祉等推進特別支援事業として地域福祉権利擁護事業を「日常生活自立支援事業」に名称を変更し，予算措置も拡充している。しかし，全国社会福祉協議会地域福祉推進委員会平成18年度第3号（平成18年9月1日）地域福祉推進委員会ニュース「地域福祉権利擁護事業から日常生活自立支援事業へ」という記事では，「…依然として都道府県・指定都市段

階のいわゆる補助裏問題が存在しております…」とあるように都道府県では財政難の状況もあり拡充が進まないところもある。ここでは，国は「日常生活自立支援事業」という事業名をとっているが，なじみのある旧名称を使用するところも多く，制度開始時の名称を使用することにしたい。

地域福祉権利擁護事業の目的は，認知症高齢者，知的障害者，精神障害者などの日常生活に不安のある人，判断能力が不十分な人が，福祉サービスを利用できるように援助することである。具体的には，サービスの選択，契約手続き，利用料の支払いなどを援助することによって，地域での生活が続けられるように，福祉サービスを適切に利用する権利を擁護する。

実施主体は都道府県社会福祉協議会である。ただし，業務の一部（相談・申請受付・契約締結能力の確認，契約書・支援計画の作成，契約締結，支援計画に基づく援助，これらの業務にかかわる専門員および生活支援員の配置）を，適切な運営が確保できると認められた他の組織に委託することができる。

このサービスの担い手は，「専門員」と呼ばれる原則として社会福祉士や精神保健福祉士等の専門職と，日常業務にあたる「生活支援員」である。生活支援員は特に資格は必要なく，現実的にはベテランのホームヘルパーが業務につくことが多い。

それぞれの行う支援内容としては，まず専門員が制度使用の相談に応じることに始まり，利用者のニーズがこの制度を利用することで対応できるのかを判断し，対応できる際は，利用者の希望を伺ったうえで「支援計画書」を作成する。

さらに，この「支援計画書」に基づいたサービス内容を決めた「契約書」を作成する。利用者の同意を得られたら，利用契約を締結することとなる。

一方，生活指導員は，この専門員と利用者とが締結した契約書および支援計画書に基づいて利用者の支援をする。そして，利用者の生活状況の変化などを的確に判断して専門員に伝え，利用者に対する支援が最善のものとなるように努める。具体的には，サービスに対する情報や助言，利用手続きの援助，サービス利用料の支払い代行，日常の金銭管理等を行う。

この事業を利用できるのは基本的に「判断能力が不十分な人」とされており，

表 8-1　神戸市・京都市・大阪市の地域福祉権利擁護事業の比較

	神　戸　市	京　都　市	大　阪　市
相　談　件　数	1,306件（2002年度）	n.a.	332件（2003年度）
契　約　件　数	48件（2002年度）	55件（2003年度）	384件（2003年度）
専 門 員 の 数	2名（常勤の社協職員）	2名	チーフおよびサブ・コーディネーター8名
生活支援員の数	常勤1名が15件程度を担当，非常勤20名程度が1～4件を担当	生活支援員161名，実働者数は66名	20名

注：この調査は，2003年9月19日に神戸市社会福祉協議会，同年3月12日に京都市社会福祉協議会あんしん生活支援センター，2004年3月25日に大阪市社会福祉協議会大阪市あんしんサポートセンターにて調査を行ったものである。
出典：筆者作成

全く判断能力がないと判定されてしまうと，サービスの対象外となってしまう。この判断能力の有無が微妙な場合，通常都道府県社会福祉協議会に設置されている契約締結委員会がその判断を行うことになっている。

(2)　地域福祉権利擁護事業の課題──手薄な担い手の現状──

（筆者の研究活動のベースである）神戸市・京都市・大阪市という関西の政令指定都市の地域権利擁護事業に関する調査（実施期間2003年9月～2004年3月）に基づいて，そこから担い手をめぐる課題をみてみたい。

まず，神戸市では，相談件数は1,306件（平成14年度），契約件数は48件となっている。このような取扱い件数に対して，専門員は2名（常勤の社協職員）で，1人が40件程度を担当している。生活支援員は，常勤1名が15件程度を担当し，非常勤20名程度が1～4件を担当している。

次に，京都市では，専門員は2名である。専門員1人が担当するケースは，北部で46件，南部で47件となっている。生活支援員は161名であるが，実働者数は66名である。2002年9月から専門員が2人になり，契約件数も約2倍に増えている。

京都市の場合，生活支援員は2年ごとに契約を更新する。生活支援員は，ボランティアとしての身分では金銭管理，労働災害の面で不安があるため，利用者から1時間の活動につき1,000円を徴収し，支援員は800円の報酬を受ける。

残りの200円のうち，100円は事務費として使い，100円が社協の収入となる。

　最後に，大阪市の場合では，専門員は，チーフおよびサブ・コーディネーターの8名が配置されている。生活支援員は20名である。2004年2月末現在，利用件数は300件に達している。

　神戸市・京都市・大阪市の比較からわかるように，相談業務が激増している反面，スタッフ数はまったく不足している。この背景には，専門員の数が国の補助基準を目安にしており，専門員1人につき利用者50名程度と決められていたからである。

　このように地域福祉権利擁護事業で言われている権利擁護の内容は限定されたものと言わざるを得ない。本来，この事業は介護保険制度が全国で実施されるにあたり，判断能力が低下してきた人の適切な制度利用を助けるために，介護保険制度の施行に合わせて実施されたものである。現在，社会福祉は社会福祉基礎構造改革の下で制度自体が大きく変えられ，これまで社会保障・社会福祉の概念とされていた国家の責任による保障体系は，契約制度と結びつくことになった。したがって，利用者が自ら契約の主体となり，社会福祉サービスを選択・決定する体制へと変わってきている。そのようななかで，財政との関係が重要な課題となっている。現在，わが国の高齢化の動きは国の財政に対して大きな負担となっており，介護保険制度の導入やその改正などは，わが国の社会状況に対応したものとして理解することができる。しかし社会保障・社会福祉の権利という観点から，実際の利用者の状況や運営面などをみると，必ずしも現在の法制度が社会福祉において利用者を保護し，援助しているものと理解することはできない。

　確かに，今日の日本の財政状況は危機的と言える。しかし，人が人として生活することを保障する社会福祉の領域において，財政問題やそれに基づく合理化の過度な強調は適切ではない。今日の社会福祉の権利は，社会福祉基礎構造改革などにおいて，自己決定の尊重など理念としては高く評価できるが，実際の権利それ自体は不明確なものにとどまっている。今後社会福祉の権利が，理念に相伴うものへと着実に確立されていく必要があろう。

4　権利保障を前提としたシティズンシップ

　T. H. マーシャルのシティズンシップ論は自由主義の伝統に拠って立つもので，国民的コミュニティの成員，成員であることから生ずる権利と義務，地位の平等性を重視していた。シティズンシップの概念は市民的，政治的権利を越えて，社会的権利にまで広がったが，むしろ伝統的なシティズンシップからアクティブ・シティズンシップへの転回としてみることができる。

　今日では権利と義務の両面が強調され，現代のシティズンシップでは政府が若者の参加を政策化し，シティズンシップ教育を導入している。多くの福祉国家のシティズンシップの条件として労働の義務を強調しており，そこではコミュニティの一体性を重視するコミュニタリアニズムの見解も反映している。

　一方，国民国家という枠組みに制限された伝統的なシティズンシップの概念は，グローバル化や環境保護運動ばかりではなく，国内で排除されているマイノリティのグループからも批判を受けている。伝統的なシティズンシップ理論がソーシャル・インクルージョンを生み出す力としてシティズンシップを強調する一方，フェミニストなどは排除を生み出す要因や，環境問題に焦点を当てている。

　新しいシティズンシップの責任という問いかけがあり，それらは新しい社会運動に見出すことができる。例えば，環境保護運動は環境シティズンシップを主張しており，それは地球環境や未来の世代に対する人類の責任を主張している。またフェミニストのなかには，シティズンシップの責任としてケアの重要性を主張しており，それは有償労働の問題とも関連している。

　このように新たなシティズンシップを唱える者は，排除の側面を重視して多様性や差異に配慮し，普遍主義を促進するような概念を再構成しようとしている。またボランティア活動を通したアクティブ・シティズンシップも重視されている。

　ホーフェルド（Hohfeld）は，権利について，①自由である権利，②訴訟を起こす権利，③免責される権利，④権限を行使する権利に分類した（Weal, A.

(1983) *Political Theory and Social Policy*, New York : St. Martin's Press., 河野正輝（1991）『社会福祉の権利構造』有斐閣）。ただし，福祉の権利の具体的中身は絶対的に定まったものはなく，むしろそれは時代や地域，社会によって異なってくる。社会福祉の権利を規定するさまざまな要因は，その国の経済状況や生活水準と関係し，さらには民主主義の発展，国民のもつ文化などによって決まってくる。

ローカル・ガバナンスと福祉権の関係を整理してみたい。私たちは，資本主義の下における権利概念の広さが問題を持つことを理解している。本質的に個人の権利の基礎は私有財産の定義から派生するが，福祉権は国家の集合的権威によって授与されるものでもある。福祉権をあたかも財産権として語ることが可能である一方で，そのような権利から利益を得る者に課される義務が強調されることもある。そのような場合，福祉権は政治的なものとなる。それは社会の諸集団に代わって形成された交渉可能な要求であるかもしれない。

教義によって定められた権利と，運動を通じて求められる権利との重要な区分を見極めなければならない。また権利の中身は財政面から制約を受けることがある。福祉の権利は法律上認められているとはいえ，根本的には社会連帯とヒューマニズム（人間性の尊重）に支えられて獲得されるものである。つまり，福祉権は支援活動や社会運動によって獲得すべき性格を持っている。現代社会におけるシティズンシップは，こうした福祉権の重要性を支える概念として注目すべきであろう。

1）　17世紀の自由主義については川出を参照されたい。「「自由主義」という言葉自体は19世紀の所産である。しかし自由主義的な考え方が萌芽したのは，むしろ17世紀であった。古典的自由主義は，約3世紀の政治的経験のいわば成果として19世紀に一応の完成をみることになった。この古典的自由主義の本質を簡潔に述べれば，すべての個人に国家や宗教組織をはじめとする既存の共同体の権威や強制からの自由を保障しようという考え方ということになる。ただし，ここでいう自由は，各人が望むことをすべて無制限に実行できるという意味では決してなく，いかに極端な自由主義者も人間が社会生活を営む存在であり，一定の政治的権威に服す必要があることを少なくとも事実としては受け入れざるをえない。抽象的

な言い方をすれば，自由主義は人間の自然的自由ではなく，政治的自由を問題にするものである。したがって，自由な個人が同じ自由をもつ他者といかに共存していくか，という問題が決定的に重要になってくる。古典的自由主義の最大の意義は，この共存のためのルールを経験的に導き出したところにある。古典的自由主義が見出した共存のためのルールとは，①生命と私的所有の保障（注：社会契約説のこと。代表的論者として『統治論（市民政府論）』のJ. ロックを取り上げる），②信仰・思想・表現の自由（注；内面の自由のこと。16世紀から17世紀のヨーロッパでの宗教戦争の経験から説明），③権力の多元性の確保（権力分立）（注；代表的論者として『法の精神』のモンテスキューを取り上げる）である。」（川出良枝（2003）「自由と自由主義」久米郁男他『政治学』（有斐閣），p.53.）

2） フェビアン社会主義者について，西沢は以下のように説明している。「1884年に，ローマの知将ファビウスの名にちなんで，イギリスで結成されたフェビアン協会が推進した社会主義。階級闘争史観でなく社会進化論の立場をとり，社会・組織の革命的変化でなく，民主的な手段による漸進的で有機的な社会改革を強調した。社会を道徳的・理性的な有機体とみなし，個人の効用を超えた「公共善」の追求が人間社会の目標とされた。労働組合運動による産業民主主義の推進，議会制民主主義による漸進的な社会改革の達成を目指し，多くの知識人を擁してイギリス社会主義運動の主流となった。当初G. B. ショーとS. ウェッブを指導者とし，不労所得としての地代概念を利潤に拡大して経済レント論を展開し，それが経済的不平等と社会的非能率の原因であるとして生産手段の社会的所有によるレントの社会化を提唱した。しかし，その社会主義理論は統一した教義ではなく，社会主義の意味と有効性をたえず尋ねるという思想の自由と実践性をもった社会主義であった。ウェッブ夫妻は社会・貧困調査で多大の貢献をし，ナショナル・ミニマム（国民生活の最低基準原則）を提唱して福祉国家の理念的基礎を築くとともに，能率の向上と民主的管理による社会進歩の展望を示した。フェビアン協会は，1900年の労働代表委員会（後の労働党）結成に際してその頭脳となり，1918年に労働党はウェッブの起草したフェビアン社会主義の政策宣言を採用した。その後G. D. H. コールの指導で，フェビアン社会主義は労働調査局，社会主義研究宣伝協会，新フェビアン調査局などに取り入れられ，広範な影響力をもつとともに，労働党の政策形成のための調査および頭脳として大きな役割を果たした。」（西沢保（2000）執筆，猪口孝他編『政治学事典』（弘文堂），p. 931.）

3） パールの議論は，リスターからの引用である。コレクティヴィズムについては，江里が以下のように説明している。「ウェッブは，19世紀末イギリスにおける様々な「社会問題」の原因を，経済社会の「進化」に対する社会制度・思想の側での

「不適応」にある、と見た。産業革命開始直後の「小産業の時代」においては、政府の経済社会への干渉を最小化する「個人主義」が適合的であり、そこでは「個人的自由」の確立こそがふさわしい社会通念であった。しかし、19世紀を通じた経済社会における大規模生産、組織化の進展のもとで、こうした「個人的自由」は無力化してしまった。労働者大衆は、様々な生活場面で、組織・機械の論理に従属せざるをえず、もはや「自分自身の主人になる」ことはできないからである。こうして「個々人が失ったものを集団的に取り戻す」試みが、「コレクティヴィズム」である。事実、19世紀を通じて、労働組合、協同組合、友愛組合、地方自治、工場法その他の関連立法整備が進んできており、このことは、「進化」し続ける経済社会への「無意識」の適応にほかならない。必要とされていることは、「コレクティヴィズム」の原理を、社会全体へと「意識的に」適応していく制度改革にある、とウェッブは主張した。」(江里口拓「ウェッブにおける社会進化と「コレクティヴィズム」」進化経済学会第5回福岡大会 (2001) 提出ペーパーより。アドレスは以下の通り。http://www.ip.kyusan-u.ac.jp/J/okamura.t/fukuoka.html)

4) QOL という言葉は、1960年代にアメリカのジョンソン大統領が演説のなかで使用したのをきっかけに、保健・医療・福祉を中心とした諸政策において広く使われるようになったといわれている。このような考え方が普及した背景には、環境破壊や人間関係の希薄化など産業の高度化と物質的反映がもたらした負の側面への危機感があった。QOL の解釈や方法は、分野によって異なり一様ではない。国民一般の「生活の質」を評価する基準としては、国民所得に占める社会保障費の割合や余暇時間など客観的指標とともに生活満足度のような主観的指標で用いられる。医療分野では、1980年代頃から、単に病気を治療するだけでなく、患者の生活の満足度や幸福感を重視する動きが現れ、患者の日常生活能力や身体的快・不快の程度、現状への満足度などを調べることによって QOL を評価する方法が開発された。また、ターミナルケアの場面では、いたずらに延命を続けることを疑問視する声があがり、延命治療を選ばず苦痛の緩和だけをしてもらい、残された人生の「生活の質」を高めようとする人も増えている。しかし、その一方で、第三者による QOL の判断によって、植物状態の患者や重度障害新生児の命が左右される危険性も存在する。いずれの分野においても、本人の主体性・自立性に基づいた QOL の工場が求められている。社会福祉辞典編集委員会編 (2002)『社会福祉辞典』大月書店、p.89 より。

終 章

ローカル・ガバナンスの行方

　ローカル・ガバナンスを展望すれば，政府の社会福祉政策への関与において従来の優先順位や福祉国家の概念が変化していることに注目すべきである。つまり，福祉国家の構造は変化しており，福祉の市場化とそれに伴う公私の協働化や地域化が進んでいるのである。ローカル・ガバナンスの展開においては，市場原理を重視する政策に地域コミュニティは取り込まれるべきではない。市場原理を志向する政策は，やはり家族やコミュニティの紐帯を弛緩させ，さまざまな問題を伴って社会を不安定化させる可能性を持つからである。また公共性が狭く限定された枠組みのなかで，自治体評価や自治体への成果主義が浸透している。むしろ市場原理に対抗する形で，地域活動において民主主義的な意思決定を進展させることが重要なのではないか。地域事業の実施においてはサービス利用者や住民が施策の意思決定に影響力を行使できるプロセスが枢要になる。ローカル・ガバナンスは，地域民主主義から判断すれば，協働・対立・妥協の複雑な段階を経ることになろうが，地域コミュニティが意思決定に影響を及ぼすことが最終的な目標となる。終章では，ローカル・ガバナンス論の整理とその展望を述べてみたい。

1　ローカル・ガバナンス論の整理

1．「コー・ガバナンス」の止揚

　これまで地域再生事業におけるローカル・ガバナンスの構造を詳述したが，その事例から四つの点をまとめておきたい。第1は，地域再生の取り組みが横断的な対応を必要とし，公共団体，民間組織，経済界，地域自治組織のような

多数のアクターによる，セクターを越えた行動を必要とすることである。第2は，そこでの基礎自治体による市民に焦点を当てたガバナンス・アプローチが市民原理，社会原理，政治原理，経済原理を統合していくことである。第3は，特に求められるものがコミュニティの福祉の実現であり，民主主義的なアカウンタビリティの履行である。そして第4が，住民レベルでの討議デモクラシーである[1]。地域再生では分権化と新自由主義の施策が一体化されることも想定され，その場合には市民原理が経済原理を牽制する必要もあり得る。

　ローカル・ガバナンスは新しい自治の形成を志向し，何よりも自治体内の分権化を推進することを目指していく。地方自治体が地域を再生するに当たっては，より分権的で，住民自治を推進する仕掛けが設けられるべきであり，近隣地域を基礎にした委員会を設置し，意思決定の権限を近隣地域におろすことが必要となる。近隣レベルから予算要求が可能となるボトムアップの回路が求められ，もちろん予算案づくりの協議に住民の参加は欠かせない。

　ローカル・ガバナンスは「コー・ガバナンス」という捉え方ができる。コー・ガバナンスは，異なる組織の相互的な形態とそのなかでの代表制の関係を含意したもので，特にその重要性は政治的な活動にある。コー・ガバナンスにおいて少なくも一つの組織は地方自治体である。もちろん国のコー・ガバナンス政策もあり，それは常に変化するものである。基本的には，ローカル・コー・ガバナンスは地方自治体と近隣地域との関係を指している。そこでは，対等な関係を条件として，地方議員，行政職員，住民が，協働を図ることが求められる。

　オランダの政治学者クーイマンは，次のように三つのガバナンス・モデルを示している。第1のモデルは階統型ガバナンス（hierarchical governance）で，「トップダウン」型である。そこでは，上から「統治者」が組織の形成や代表のあり様を支配していく。第2のモデルは自治型ガバナンス（self-governance）で，「ボトムアップ」型である。「下」から様々な組織が関与するなかで他の組織と協働していく。そして第3のモデルがコー・ガバナンスで，対等な関係での共治を重視するものである（Kooiman, 1993, 35-50）。ガバナンスは多様な複数のレベルで機能するが，コー・ガバナンスが異なるレベルで機能する場合，階

図終-1　重層的なガバナンス構造

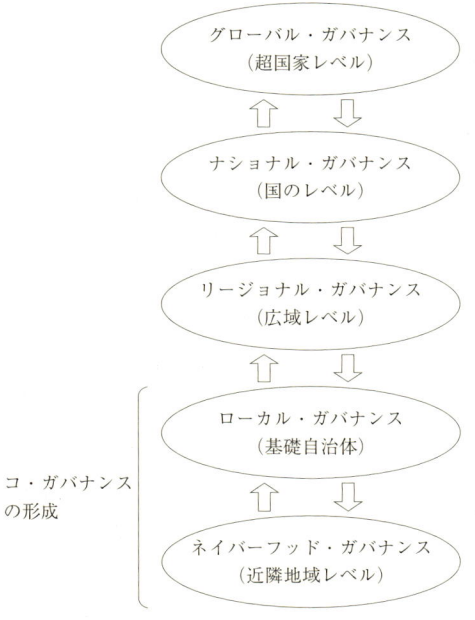

```
        グローバル・ガバナンス
         （超国家レベル）
            ⇅
        ナショナル・ガバナンス
         （国のレベル）
            ⇅
        リージョナル・ガバナンス
         （広域レベル）
            ⇅
   ┌   ローカル・ガバナンス
   │    （基礎自治体）
コ・ガバナンス       ⇅
の形成   ネイバーフッド・ガバナンス
   └    （近隣地域レベル）
```

出典：筆者作成

統的なガバナンスがコー・ガバナンスにとって代わろうとする。つまり，「上」からの圧力がかかるのである。これに対し，コー・ガバナンスは上部の階統的ガバナンスに対抗するため，下部のガバナンスの能力を強化することがある (Sommerville, P. and Haines, N., 2008)。図終-1は，ローカル・ガバナンスを軸とした多層型ガバナンスの関係を示している。

2．「新しいコーポラティズム」の克服

　ローカル・ガバナンスで重大な問題がある。それは「新しいコーポラティズム」(New Corporatism) という問題で，このことを指摘しているのはラウンズとサリバンである。新しいコーポラティズムとは，公共セクター，企業セクター，コミュニティ・セクターという三者が地域再生の意思決定に関与することを意味している。この三者がどのような権力関係で交渉し，合意に至るのか。

コミュニティやサービス利用者の代表者を選ぶに当たって、誰が代表となり、どのようにその代表者に責任を持たせるのか。この点はローカル・ガバナンスを構築するなかで重要な課題である。[2]

　コミュニティ・セクターの参加については、コミュニティのリーダーが社会的排除につながる発言をしたり、コミュニティの声を必ずしも反映させないケースがあるという。政府の調査によれば、一般市民の声を考慮する地方自治体は3分の1にすぎず、監査委員会（Audit Commission 1999）によれば、「ベスト・プラクティス」と認められた地方自治体の4分の3が協議の結果を意思決定過程に結びつけていないという（Lowndes and Sullivan 2004：61）。

　新しいコーポラティズムについては、ある種の「代理人デモクラシー」をつくり出す危険性がある。行政が形式的な参加を推し進め、近隣地域の利益を軽視するとすれば、それは重大な問題である。実際LSPの委員会において、コミュニティの代表者は最も社会的に不利な状態にある若者や少数派の民族集団に対して十分な配慮を怠っているという指摘がある。このようにパートナーシップの運営主体は一般市民を「パートナー」にすることによって、市民参加を内部に取り込むことを企図しているとラウンズとサリバンは指摘している（Lowndes and Sullivan, 2004 Ibid, 62）。

　新しいコーポラティズムを考えれば、単にコミュニティの代表者が参加するだけでは一般市民の参加を拡大させているとは言えない。重要なことは、コミュニティの代表者がコミュニティの利益について深く理解し、アカウンタビリティを負うことである。そして他のパートナーに影響を与え、意思決定の過程に参画することである。地域再生の運営主体も、討議や意思決定のあり方に配慮する必要がある。その意味で、一般市民の参加の方法を開発することが重要である。地域のさまざまな生活問題の解決策に市民を関与させる必要がある。

　とりわけ討議デモクラシーを推進するためには、市民集会や協議文書の配布といったアプローチは欠かせない。それを補完するため、世論調査や利用者満足度調査、欧米で実施されている市民陪審制（citizens' juries）のような双方向を持つ手法を利用する必要がある。[3]これらの手段を通して、住民参加をめぐる透明性を最大限に発揮し、参加型事業と住民の意思決定過程との結びつきを明

らかにし、参加を進めたことによるアウトカムの評価を市民にフィードバックする仕組みが求められよう。

2　自治能力の高まりに向けて

1．ハーストのアソシエーション論とガバナンス

　ポール・ハースト（Hirst, P）は新たな地域民主主義の展開をアソシエーション論に引き寄せて述べていた。それは以下の4点に要約される。

　ハーストの第一の論点は、民主主義はローカルな場でその本質をより発揮するもので、民主主義の中心的な諸制度は国民国家のみならず、広域・狭域の地方の場面や国際的な場でも機能するというものである。さらに彼は続ける。民主主義を実践する場合、中央政府は直接的なサービスの供給だけにかかわるのではなく、また詳細な指示やサービス内容を判断するのでもない。あくまで中央は民主主義の条件整備を行う責任を持ち、その役割は規制を定め、標準を設ける主体である、としている。

　第二に、サービスの供給は多元的であるべきで、さまざまなアクターが参入することが望ましいという。その理由はさまざまな組織やアソシエーションを通すことにより、一般市民はサービスの決定に関与できるからで、サービス提供にかかわる制度の力量を判断する場が不可欠となる。

　第三に、民主主義は地理的、機能的な要因に基づいて組織化されるもので、特定のサービス利用者、政策形成にかかわる者は特定の地理的な要因から派生し、そこから正統な政治コミュニティを形成する次元へと発展していく。

　第四に、民主主義においてはアカウンタビリティが重要なプロセスとなる。代表を選び出す有権者は重要に責任を担っており、一般市民はサービス供給を行う者と直接的な議論をかわす機会を持ち、サービスの質を判断する立場になければならない。ハーストが重視するアカウンタビリティは、制度の合理性を問い正し、供給者とかかわりを持つ市民との継続的な交流を意味している。またサービスの供給者は、最低水準を満たすという点で大きな責任を負い、アカウンタビリティはそれらを包括した複合的なものである、と述べている

(Hirst, P. (1994) *Associative Democracy : New Forms of Economic and Social Governance,* Cambridge : Polity.)。

　今，新たなローカル・ガバナンスの到来を受けて，地方自治体も指導的役割を果たす好機が訪れている。地方の自立を実現するには，地方自治体が地域の諸問題を解決できる能力を高め，地域における指導力を強める必要がある。そのためには，透明性，アカウンタビリティを保証する民主的な改革が不可欠となる。ただし，地方自治体がそのような役割を果たすには基礎的な条件が不可欠となる。その条件が地方への税源委譲であることは論を待たない。十分な財政的基盤なくして，地方自治体がリーダーシップをとることはできないのである。

　本著で述べてきたパートナーシップ戦略の成功は，にわかには結論づけられない。またローカル・ガバナンスのパターンは一般化できるものではない。とりわけソーシャル・インクルージョン，環境の持続性，犯罪といった横断的なアプローチを必要とする問題は，コミュニティのすべての資源を必要とする。現在のところ，組織の断片化，部門の細分化，外部委託化の傾向は統合的活動への障害となっており，地方行政の伝統的慣行や行政幹部のリーダーシップの改革を必要としている。

2．アカウンタビリティの確立

　次に，新たなローカル・ガバナンスを実現するには，さまざまなアクターが組織運営の透明性を含むアカウンタビリティを履行しなければならない。アカウンタビリティの実行は民主主義に不可欠であり，このことは行政のみならず民間組織にも当てはまる。民間組織も自らの組織の透明性を発揮してはじめて地方の意思決定に影響を及ぼすことが可能となる。

　そこで，アカウンタビリティの手続き内容を明らかにする必要がある。行政のアカウンタビリティは，事後の情報公開のみでなく，検討段階での政策決定の過程や根拠，目標や成果など住民に必要な事項を説明することを含む。またその前提として，公共性を視野に入れた政策判断の基準や，決定の方法やその内容を開示する必要がある。ローカル・ガバナンスの構築には，利害関係者が

必要な情報を得られ，説明を受けることができることが基礎となる。

　当然のことながら，ボランタリー組織にもアカウンタビリティが求められる。イギリスの政府文書Compactでも重要視されており，情報公開と会計責任が求められている。この点について，リート（Leat, D.）の論究にも注目してみたい。リートは，アカウンタビリティの概念について，制裁を伴うアカウンタビリティ（accountability with sanction），説明や回答を求めるだけの説明的なアカウンタビリティ（explanatory accountability），応答的なアカウンタビリティ（responsive accountability）があると述べている。

　さらに彼女は，ボランタリー組織に求められるアカウンタビリティについて，その内容を実体化している。まずボランタリー組織に求められるのは，（政策と優先順位における）「政治的アカウンタビリティ」と，「運営的アカウンタビリティ」の二つであるという。「政治的アカウンタビリティ」は政策と優先順位に関係するという。一方，「運営的アカウンタビリティ」は，さらに三つに分かれる。すなわち，①「財政のアカウンタビリティ」，②「プロセスのアカウンタビリティ」，③「プログラムのアカウンタビリティ」である。具体的には，「財政的アカウンタビリティ」は資金の適切な利用に，「プロセスのアカウンタビリティ」は適正手続きの順守に関係する。そして，「プログラムのアカウンタビリティ」は仕事の質に関係するものである（Leat, D. (1996) 'Are Voluntary Agencies Accountable ?', Billis, D. and Harris, M. (eds.) *Voluntary Agencies Challenges of Organisations & Management*, Macmillan, pp. 66-67.）。

　リートが規定するアカウンタビリティ要件を踏まえれば，ボランタリー組織は市民から信頼性を獲得しなければならず，公的資金の受託者として認められるには財政公開は欠かせない。また適正な手続きを履行することも基本となる。このような要件をクリアすることで，ボランタリー組織は公的資金を受ける正統性を得ることができ，継続的かつ安定的なサービス提供者になる可能性が広がってくる。

3．市民の政策評価

　本来行政のサービスは，できる限りその影響を受ける人々の近くで提供され

なければならない。ゆえに，市民は単に行政サービスの受け手にとどまるのではなく，自らで変化を生み出していく姿勢が求められる。市民一人ひとりが政治に参加し，高い参加意識を持つことが自治の形成につながっていく。参加意識をもって事業を点検し，引いては官僚制をチェックすることが大切になる。

そこで，市民による政策評価が重要な意味を持ってくる。ローカル・ガバナンスの機能が地域のニーズに合致したものである以上，それは狭い範囲の効率性を追求するのではなく，広く「公共の価値」を実現するものでなければならない。市民は公共性を重視したモデルを政策評価で追求していく必要がある。例えば，政策決定において何が課題とされたのかを確認し，その対策方法の妥当性を検証していく必要がある。また，サービス提供の効果性だけではなく，問題発生の原因やサービスの目的をみておくことも重要である。市民による政策評価は，コミュニティ全体を視野に入れたものへと発展していくことが望ましい。

一方，市民参加による第三者評価システムも重要である。第三者評価システムは，事業者特性に関する情報を収集し，その情報提供によりサービスの質の向上をめざすものである。評価作業に市民が参加し，ここに事業者や行政も加わることによって，官民の緊張関係をもった連携を生み出せる。第三者評価システムは，市民が幅広く参加できる体制を通して，質および情報の点で効果が生まれるものとして期待されている。さらには第三者評価システムを契機にして，市民参加の場を広げ，住民主体の仕組みを構築できれば，この制度の意義は十分に認められる。

3　分離・融合モデルと新たなローカル・ガバナンスの公共性基準

1．ガバナンスの分離・融合モデル

社会福祉における国と地方の財政関係をまとめると，地方の安定した社会福祉行政を進めるために「ガバナンスの分離・融合モデル」が必要になると考える。分離・融合モデルとは，新しい国民ニーズを持つ特定分野に対して戦略的に国の補助金（国庫負担金）を交付し，地域ニーズを反映する分野には地方が

表終-1 ガバナンスの分離・融合モデル

統治のレベル	中央政府	広域自治体	基礎自治体	近隣地域
ガバナンスの様態	ナショナル・ミニマムおよび国基準による緩やかな調整	多層型ネットワーク・ガバナンス	ローカル・ガバナンス	ネイバーフッド・ガバナンス
ガバナンスの機能	国家予算の編成, 法制度の整備, ナショナル・ミニマムの実施（社会保障・社会福祉の給付, 交付金・補助金の交付）。ガイダンスによるサービスの質基準の管理。	国―広域自治体―市町村（基礎自治体）の協治および地域間の財政調整。	市町村による主要な給付および対人サービスの提供。監査・査察によるサービスの質の保証。地方自主財源の確立。サービス提供をめぐる住民参画による意思決定。自治体内での地域割を行い、生活圏に基づいた地域ニーズに対応する。	近隣地域（原則人口5,000～1万人）における特定のサービスの提供。自治体内分権の一環として予算権限を獲得。または上部自治体の予算再配分の対象。特定のサービス提供をめぐる住民参画による意思決定。①財政適合機能, ②補完性の原理, ③地方による選択, ④二重課税の回避, ⑤平等化の措置という五つのルールが働く。

出典：筆者作成

自主財源を確保したうえで取り組む重層的な形態をイメージしている（表終-1参照）。

「ガバナンスの分離・融合モデル」において，ガバナンスの様相を加味しながら政府間関係を公式化すれば，それは従来のものとは異なってくる。「ガバナンスの分離・融合モデル」を措定するならば，以下のように諸アクターの交流が想定される。

「分離・融合」とは，①分離は，国――広域圏――都道府県――市区町村の各自治体レベルのガバナンス機能が独自に作用するが，特に基礎自治体が地域政策の形成と実行の要となる。②融合は，地域間格差の是正とサービス開発というナショナル・ミニマムの確立を目指して，主に補助金を通して，政策ネットワークを構築し，各ガバナンス単位が相互に調整連携して総体的なコー・ガバナンスを志向する。

最上部に位置する国レベルでは，中央政府がナショナル・ミニマム（最低限度の社会保障・社会福祉の給付を含む行政サービス）を履行し，全国的な視点からガイダンスによるサービスの質基準を提示する。ここでいうナショナル・ミニマムの基準は，憲法第25条の定める「健康で文化的な最低限度の生活」に基づくものを意味する。ナショナル・ミニマムの水準と内容は，経済・社会構造の変化に応じて変動する性格を持つことに留意したうえで，全国的な整備という政策要請と結びつき，様々な行政分野において，国民が全国どこでも同等の公的サービスを受けられる状況を保障するものでなければならない。特に少子高齢社会における基本的役割は，すべての国民に対して，安心を保障するセーフティネットを整備することで，新たなニーズに対応するためには，地方分権が推進されている中で地方自治体の主体性を尊重する観点に立って，ミニマム基準の設計は国が，具体的な施策の選定と実施は地方自治体が主体的に行うことが適当と考えられる。

　次に，中央政府――広域自治体――基礎自治体（市町村）を交えた広域レベルでは，三者が協治を展開し，多層型ネットワーク・ガバナンスを形成していく。住民に近い基礎自治体はローカル・ガバナンスの機軸となり，主要な給付および対人サービスを提供する。そこでは，自主財源の確立が前提条件となるだろう。基礎自治体は自律的な政策決定を展開し，サービス提供をめぐっては住民参画による意思決定を実現していく。ローカル・ガバナンスの展開の結果として地域間格差が生じるが，国のセーフティネットが働いて，最低限の給付およびサービスは国と地方自治体によって保障がなされる。また自治体内で地域割を行い，生活圏を想定した地域密着型サービス施策を策定していくことになる。

　最も低いレベルの近隣地域（原則として人口5,000～1万人）は，ネイバーフッド・ガバナンスの下で，特定のサービス提供をめぐって住民参画による意思決定を実現する。そこでは自治体内分権の一環として予算権限を獲得するか，または上部自治体の予算の再配分の対象となる。基礎自治体と基礎自治体の間ではコー・ローカル・ガバナンスを形成していく。ネイバーフッド・ガバナンスの財政原則は，①財政適合機能，②補完性の原理，③地方による選択，④二重

課税の回避, ⑤平等化の措置という五つのルールである。

「ガバナンスの分離・融合モデル」から，ローカル・ガバナンスを下支えする財政的なナショナル・ミニマムの重要性を再提起したい。ナショナル・ミニマムの事業はすでに達成された分野もあるが，新しいニーズを満たすべくナショナル・ミニマムの新たな確立が要請される事業も存在している。今後もナショナルとローカルの分離・融合的なアプローチを通して相互の制度形成が求められよう。[4]

2. 新たなローカル・ガバナンスの公共性基準

これまで検討してきたことから，新たなローカル・ガバナンスの成立要件を以下のようにまとめてみたい。

① 新たなシティズンシップの確立 ── 住民が等しく権利を認められ，権利の行使ができること
② 住民の参画と自己決定の原則 ── 行政の政策形成過程への参画ができ，地域住民に自らの将来を決定させること
③ 自治組織における代表性 ── メンバーが地域の見解を代表できるようにすること
④ アカウンタビリティの確立 ── 政府と市民社会が水平的な関係を保ち，協働するには，双方がアカウンタビリティを履行すること
⑤ 住民の政策評価と政策提言 ── 住民が政策評価を行い，住民による政策提案を行い，それを行政施策に組み込むように働きかけること
⑥ 自治体内分権と予算の委譲 ── 自治体においても権限を委譲し，かつ市民にも予算案を提案できる機会を設けること
⑦ 官僚制の制限
⑧ 過度な民営化の抑制

ローカル・ガバナンスは，地方政府，民間団体，住民等の間で単なるヨコ並びの分担関係をつくるのではなく，地域のさまざまなアクターを包摂し，対等・平等な関係の下で，公共空間を創造するものである。それは行政と地域住民の主導権の組み換えを意味し，市民社会のエンパワメントを図ろうとする理

念に支えられている。

　ただし，ローカル・ガバナンスには危うさがある。ローカル・ガバナンスはコミュニティに端を発する編制プロセスであるが，コミュニティの能力を越える問題に直面することは避けられない。例えば，環境問題がその例である。広域の対応を必要とする事態に対しては，マルチ・レベルや国のレベル，あるいはそれよりも広い範囲でのレジームが必要になってくる。そうであるから，ガバナンスのネットワーク化の重要性は強調しても強調しすぎることはない。

　また本質的な議論をすれば，調整の試みは資本の論理とその矛盾に立ち向かうものであり，その限界も認識する必要があろう。ジェソップによれば，「ガバナンスの失敗」への対応には，試行錯誤的な学習に基づく細やかな調整から制度の再設計に至るまでさまざまな方法があるという。ジェソップは，新たなるガバナンスを構築する際，「欠くべからざる再帰性（requisite reflexivity）」，「欠くべからざる多様性（requisite variety）」，「欠くべからざるアイロニー（requisite irony）」を念頭に置くべきであると指摘する（Jessop, B. op. cit., 2002 : 236-240. 邦訳 pp. 344-347.）。

　そうであるからこそ，複雑化する現代社会の諸問題に対しては，ローカル・ガバナンスがフロントとなり，新たな社会勢力を結集する空間をつくりつつ，そのネットワークを拡張していくことが求められるのである。

3．国家――市民関係の再構成

　最後に，参加型地域再生において市民参加をどのように理解しておけばよいのだろうか。ハーバーマスが述べたように，政治的公共性を築くためには議論を行う公共の場を設定する必要がある。ただし，公共の場で市民はどのような言動をとるべきなのか。市民参加の態様という視点で，バーンズ，ニューマン，サリバンが市民モデルを提示している。それは四つから構成されており，エンパワメントを受けた「自立する市民」，「消費者として市民」，「ステークホルダーとしての市民」，「責任を担う市民」というモデル提示になっている。地域再生において住民が公共政策のあり方を問い返すとすれば，四つの市民像が一体となって地域民主主義を推し進める必要がある。それは協働・対立・妥協とい

うプロセスを通して，包摂的なデモクラシーへと昇華していかなければならない。そして熟議デモクラシーや討議デモクラシーという形をとって，地域民主主義は政治家や官僚と対抗できるものでなければならず，そこにはエンパワーされた市民が不可欠となろう。地域再生という限定された場面から国家と市民の関係を再構築するならば，熟議のルールと規範を設定し，それに基づいて地域が規制の権限や規範を求められるようになる。また地域の差異を構成する文化も容認していかなければならない。バーンズ，ニューマン，サリバンは，フーコーの'governmentality'論を援用しながら，市民参加が国家を超えた力を生み，多くの諸組織，諸集団，個人が統治のプロセスのなかでかかわっていくべきことを主張している（Barnes, M., Newman, J. and Sullivan, H. (2007) *Power, Participation and Political Renewal*, The Policy Press, p. 65.）。言語やコミュニケーションが社会的なプロセスのなかで定着し，それが討議の実践を生み出し，知識を広めるというわけである。

　公的機関により規定されたルールと規範が住民参画の性格にどのように影響を及ぼすのか。行政と市民との対話やパートナーシップがどのような結果をもたらすのか。参加型デモクラシーでは，市民社会の討議が期待でき，政策決定との結びつきが要請されてくる。地域という場で合意をつくり出すことは容易ではないが，集団や文化の差異をどのように統合するのか。ローカル・ガバナンスの可能性に注目してみたい。

1) 篠原は，討議デモクラシーを以下のように説明している。ハーバーマスは，代議制民主主義を頭から否定するのではなく，二回路のデモクラシーが必要だという協議（デリバレイティブ）デモクラシーを主張した。第一回路は既存の近代国家と議会による政治空間で，第二回路は市民層が熟議や討議をすることで政治に直接参加し，意見を表明するというものである。この二回路が互いを刺激し合うことで，リスク社会がよりよく生きられるようになるはず，とハーバーマスは考えた。これに対し，ジョン・S.ドライゼクは，ハーバーマスを批判し，協議デモクラシーに対置する形で，討議（ディスカーシブ）デモクラシーを主張した。両者の違いは，ハーバーマスは第一回路（国家）を重視するが，それでは従来のデモクラシーと大差がない。デモクラシーの深化は，もっと国家と市場の双方を批

判する反乱（インサージェント）デモクラシーによって達成されるという。市民社会は一枚岩でなく，現実には差異や敵対関係が存在している。ハーバーマスはそれを軽視しており，合意を得ることに楽観的過ぎると批判者はみた。合意の得られない場合を考えて，場を改めて何度も討議することを前提としてこそデモクラシーは深化する。これが討議デモクラシーであるという。（篠原一『市民の政治学―討議デモクラシーとは何か―』岩波新書，第3章と第5章，2004年）

2） コーポラティズムは協調主義と訳される。新川によれば，国家と社会的諸集団が協力して競争を制限し，より強力かつ統制された国民経済を実現しようとする体制であるという。経営団体や労働組合は集権的に組織化され，各々のセクターで独占的な位置を享受し，政府はこれらの団体と協調体制を築くことによって円滑な政策決定・遂行を図る。第2次世界大戦後のヨーロッパでは，民主主義体制下で，労使の利害代表を含む協調体制が見られるようになった。これを旧来のコーポラティズムと区別して，ネオ・コーポラティズムと呼ぶことがある。コーポラティズムがとりわけ注目されるようになったのは，1970年代後半多くの先進諸国がスタグフレーションに悩むなかで，政・労・使の協力体制が確立している北欧やオーストリアといった国々においては，失業率が低くかつ物価上昇も低く抑えられたという実績が報告されたためである。これらの国々では，労働は合理性を欠く大幅賃上げ要求を自粛し，生産性向上に協力し，資本は雇用と生産性に見合った賃上げを約束し，政府は積極的労働市場管理や社会保障政策の展開によって，労使協調の環境を整えた。しかしコーポラティズムは一国主義的な経済管理を前提にしており，国境を越えた経済の広がり，資本や金融の自由化が進行した80年代にはその有効性が疑問視されるようになった。（新川敏光（2000）執筆，猪口孝他編『政治学事典』（弘文堂），pp. 241-242.）

3） 市民陪審制は，住民の意思を地方自治体の政策に反映させるために，自治体の政策形成過程に住民を参画させる市民参加の方法である。予め主催者から与えられた課題について，地域住民から選出された陪審員が，証言者と呼ばれる関係者・専門家等から提出される各種の情報や意見をもとに検討を加え，結論や勧告を作成し，市民陪審を企画した発起人に対して答申するという過程で実施される。（クレアレポート192号：英国の新しい市民参加手法―市民陪審を中心として）http://www.clair.or.jp/forum/c_report/cr192m.html

4） 新たな社会ビジョンのイメージとして，ナショナル・ミニマムのオルタナティブとしての社会モデルである「ソーシャル・クォーリティ（social quality）」という概念をアラン・ウォーカー（Walker, A.）が提唱している。ソーシャル・クォーリティとは経済政策と社会政策との均衡を志向し，日常生活の質を示す基準で

ある。また多様な側面から構成され，貧困や社会的排除という指標よりも幅広い内容を持っている。基本的には，社会の形成とその制度がソーシャル・クォーリティを特徴づけるという。社会化と個人化の二つの要素が，コレクティビズムに基づく責任と個人の責任との微妙なバランスを図るという形で，構造的要因と個人的要因の双方を視野に入れている。

　ソーシャル・クォーリティの「ソーシャル」という側面においては，社会関係の質が参加と個人の能力を引き出すと述べている。ソーシャル・クォーリティを達成するためには，次の四つの条件を満たさなければならない。第一は，貧困や他の物質的なデプリベーションから人々を保護するために，雇用や社会保障の点から社会的，経済的保障が前提となる。第二は，労働市場を含む社会的，経済的制度へのソーシャル・インクルージョンで，それはシティズンシップにも関連してくる。第三は，社会的連帯で，コミュニティで共有できる規範と価値が重要となる。第四は，ソーシャルエンパワメントで，人々は生活に主体的にかかわり，あらゆる機会から利益を得ることが可能でなければならない。人々の参加を可能とするという意味で自律的でなければならず，社会的なエンパワメントが必要である。次に，「クォーリティ」は日常生活の環境に関係し，必ずしも一元的な特性を持たない。それは社会的最低限という基準よりもむしろ「開けた水平線」を示しており，人々が複雑な環境でもコミュニケーション能力を発揮できるという姿をイメージしている。したがって，クォーリティはアウトカムだけではなく，プロセスの質にも関連してくる。以上のように，ソーシャル・クォーリティは，人々の福祉と個人の可能性を高める条件の下で，コミュニティにおける社会的，経済的生活への参加を可能にする領域を創造しようとしている。特に経済的な最低限保障のみの探求ではなく，社会的なものの再構成を追求しており，新たな社会秩序を模索している（Walker, A. (2005) 'Which way for the European social model : minimum standards or social quality ?', Andersen, J. G., Guillemard, A-M., Jensen, P. H. and Pfau-Effinger, B. (eds.) *The Changing Face of Welfare : Consequences and Outcome from a Citizenship Perspective*, Policy Press, pp. 33-55.）。

おわりに

　本書の構想は，拙著『イギリスの福祉行財政――政府間関係からの視点――』を書き終えた頃から始まっていた。そこでは主に政府間関係を取り扱ったが，「展望」について不満足であった。打開のヒントは，ジョン・スチュワートのコミュニティガバナンス論にあると感じていたものの，十分に展開しきれていなかった。表記も，「ローカル・ガバナンス」ではなく，「地方ガバナンス」と記していた。

　その後，社会科学や政策科学の分野でガバナンス論が隆盛を極め，「ローカル・ガバナンス」という表記も目立つようになった。本書ではあえて local を訳すようなことはせずに，『ローカル・ガバナンス』というタイトルを採用した。local の意味については第１章で述べた通り基礎自治体の活動範囲を指している。

　ローカル・ガバナンスのイメージを広げてくれたのは，SWAN（The south west ACRE network of rural community councils）のスティーブン・ライト氏である。2004年９月に科学研究費に基づく調査でイギリス・グロスターシャーの視察を行った際，彼はパリッシュの会議を傍聴する機会を与え，地域再生事業を紹介するなど貴重な調査の機会を提供してくださった。地方自治に新たな息吹を吹き込む民間の魂，ローカル・ガバナンスの真髄をその調査から教わったように思う。彼とは2006年11月に京都で再会することができ，ポーツマス大学名誉教授ノーマン・ジョンソン氏とのワークショップも有益であった。

　話しは変わって，私は，若手主体の研究会「ローカル・ガバナンス研究会」を2004年４月に立ち上げ，これまで議論を重ねてきた。希望と夢にあふれる若手研究者との語らいは刺激的であり，とても楽しい時間である。この研究会から，2008年４月に姉妹書『ローカル・ガバナンスと現代行財政』（ミネルヴァ書房）が生まれている。

今回拙著を書き終えて感じるのは，言い訳になるが，時間が不足するなかでの厳しい執筆作業であったことである。脱稿が大幅に遅れてしまい，その結果，ミネルヴァ書房編集部音田潔氏に多大な迷惑をかけた。ここにお詫びする次第である。

　この場を借りて，これまでイギリスとスウェーデンの視察の機会を与えていただいた同志社大学名誉教授井岡勉氏にお礼を申し上げたい。井岡先生は，平成16～18年度科学研究費補助金基盤研究(B)「地域福祉の国際比較」の代表者であった。他にも，ニューカッスル大学名誉教授マイケル・ヒル先生，ロンドン大学政治経済学院（LSE）教授アン・パワー先生，ロンドン大学教育研究所研究員ルース・ルプトン氏からも貴重な助言をいただいた。社会的排除ユニットのクレア・エッチェス氏，ニューハムのLSPプログラム・マネジャーのティラット・マフーディン氏からはヒアリング調査のアレンジの労を頻繁にとっていただいた。そして，ハックニーのLSPプログラム・マネジャーのジェーン・ウーリー氏からはLAAの転載許可を頂いた。転載許可については，京都府向日市地域福祉課，スウェーデン，ベクショー市福祉部からも快諾を得た。感謝申し上げる。本書を執筆するに当たり，平成19～21年度科学研究費補助金（基盤研究C）（研究課題名「英国都市再生とネイバーフッド・ガバナンス：インクルージョンへの新しい意思決定構造」）から助成を得ることができた。記して謝意を表したい。最後に本書の刊行に当たっては，平成20年度関西学院大学出版助成金の交付を受けることができた。記して謝意を表したい。そして先に触れたように，本書の出版に際して，ミネルヴァ書房音田潔氏に大変お世話になった。心から感謝申し上げる。

2009年1月5日

　　　　　　　　　　　　　　　　　　　　　　　　　　　　　山本　隆

日本語文献一覧

足立幸男（1994）『公共政策学入門——民主主義と政策——』有斐閣．
井岡勉監修，牧里毎治・山本隆編（2008）『住民主体の地域福祉論——理論と実践——』法律文化社．
伊賀市健康福祉部高齢障害課（2006）『伊賀市地域福祉計画　あいしあおう　しあわせプラン』．
出水薫・金丸裕志・八谷まち子・椛島洋美編著（2006）『先進社会の政治学——デモクラシーとガヴァナンスの地平——』法律文化社．
今井良広（2005）「イギリスの地域再生とエリア・ベースド・イニシアチブ——ローカル・パートナーシップの展開——」吉田忠彦編『地域とNPOのマネジメント』晃洋書房．
——（2006）「イングランドにおけるローカル・パートナーシップの展開」立岡浩編『公民パートナーシップの政策とマネジメント』ひつじ書房．
右田紀久恵・上野谷加代子・牧里毎治編（2000）『福祉の地域化と自立支援』中央法規出版．
右田紀久恵（2005）『自治型地域福祉の理論』ミネルヴァ書房．
大住莊四郎（2002）『パブリックマネジメント——戦略行政への理論と実践——』日本評論社．
大友信勝（2001）『公的扶助の展開——公的扶助研究運動と生活保護行政の歩み——』旬報社．
大森彌編（2000）『分権改革と地域福祉社会の形成』ぎょうせい．
——編（2002）『地域福祉と自治体行政』ぎょうせい．
岡田章宏・自治体問題研究所編（2005）『地域と自治体第30集　NPMの検証——日本とヨーロッパ——』（株）自治体研究社．
小川有美編（2007）『ポスト代表制の比較政治——熟議と参加のデモクラシー——』早稲田大学出版部．
奥村芳孝（2000）『新スウェーデンの高齢者福祉最前線』筒井書房．
介護労働安定センター（2008）『平成20年版　介護労働の現状Ⅰ，Ⅱ』財団法人介護労働安定センター．
笠京子（2006）「ガバナンスの時代における中央地方関係の変化——中央政府の中枢化：日英比較——」『季刊行政管理研究』No.6．
加藤春恵子（2004）『福祉市民社会を創る——コミュニケーションからコミュニティへ——』新曜社．
川口清史・富沢賢治編（1999）『福祉社会と非営利・協同セクター——ヨーロッパの挑戦と日本の課題——』日本経済評論社．
河野正輝（1991）『社会福祉の権利構造』有斐閣．
厚生労働省編（2006）『世界の厚生労働　2006——2004～2005年　海外情勢報告——』TKC出版．
コリン・クラウチ，山口二郎監修，近藤隆文訳（2007）『ポスト・デモクラシー』青灯社．
坂本忠次・伊東弘文・和田八束・神野直彦編（1996）『分権時代の福祉財政』敬文堂．
佐々木毅・金泰昌編（2002）『21世紀公共哲学の地平』東京大学出版会．
自治体国際化協会（2004）『イングランドの地域再生政策』．
篠原一（2004）『市民の政治学——討議デモクラシーとは何か——』岩波書店．
下條美智彦編著（2007）『イギリスの行政とガバナンス』成文堂．
白石克孝（2003）「パートナーシップと住民参加」室井力編『住民参加のシステム改革——自治と民

　　　　主主義のリニューアル──』.
────（2005）「イギリスにおける地域政策の変遷とパートナーシップの意味変容」岡田章宏・自治体
　　　　研究社編『地域と自治体第30集　NPMの検証──日本とヨーロッパ──』㈱自治体研究社.
新藤宗幸（1998）『地方分権』岩波書店.
神野直彦・金子勝編（2002）『住民による介護・医療のセーフティーネット』東洋経済新報社.
神野直彦・澤井安勇編（2004）『ソーシャルガバナンス──新しい分権・市民社会の構図──』東洋
　　　　経済新報社.
社会保障研究所編（1992）『福祉国家の政府間関係』東京大学出版会.
────（1996）『社会福祉における市民参加』東京大学出版会.
炭谷茂・大山博・細内信孝編著（2004）『ソーシャルインクルージョンと社会起業の役割──地域福
　　　　祉計画推進のために──』ぎょうせい.
高橋進・坪郷實編（2006）『ヨーロッパ・デモクラシーの新世紀──グローバル化時代の挑戦──』
　　　　早稲田大学出版部.
武川正吾（2005）『地域福祉計画──ガバナンス時代の社会福祉計画──』有斐閣.
────（2006）『地域福祉の主流化──福祉国家と市民社会Ⅲ──』法律文化社.
竹下譲（2000）『パリッシュにみる自治の機能──イギリス地方自治の基盤──』イマジン出版.
竹下譲・横田光雄・稲沢克祐・松井真理子（2002）『イギリスの政治行政システム──サッチャー,
　　　　メジャー,ブレア政権の行財政改革──』ぎょうせい.
武智秀之（2002）『都市政策とガバナンス』中央大学出版部.
────編著（2003）『福祉国家のガヴァナンス』ミネルヴァ書房.
────編（2004）『都市政府とガバナンス』中央大学出版部.
田端光美（2003）『イギリス地域福祉の形成と展開』有斐閣.
玉野和志（2006）「90年代以降の分権改革と地域ガバナンス」地域社会学講座3『地域社会の政策と
　　　　ガバナンス』東信堂.
T. H. マーシャル・T. ホットモア, 岩崎信彦・中村健吾訳（1993）『シティズンシップと社会的階級
　　　　──近現代を総括するマニフェスト──』法律文化社.
地方六団体・新地方分権構想検討委員会（2006）『第二期地方分権改革とその後の改革の方向』ぎょ
　　　　うせい.
中川幾郎・辻上浩司（2007）「進化する伊賀市の住民自治協議会」『市政研究』第154巻.
中島恵理（2005）『英国の持続可能な地域づくり──パートナーシップとローカリゼーション──』
　　　　学芸出版社.
中屯章（2003）『自治体主権のシナリオ──ガバナンス・NPM・市民社会──』芦書房.
────（2004）「行政,行政学と「ガバナンス」の三形態」『年報行政研究』Vol. 39.
中村健吾（2005）『欧州統合と近代国家の変容』昭和堂.
名和田是彦（1998）『コミュニティの法理論』創文社.
新川達郎（2001）「ローカルガバナンスにおける地方議会の役割」『月刊自治研』Vol. 43, No. 502.
────（2003）「地方分権改革とローカル・ガバナンスの変化」『生活経済政策』No. 488.
二木立（2007）『介護保険制度の総合的研究』勁草書房.

似田貝香門・矢澤澄子・吉原直樹編著（2006）『越境する都市とガバナンス』法政大学出版局.
日本ソーシャルインクルージョン推進会議（2007）『ソーシャル・インクルージョン――格差社会の処方箋――』中央法規出版.
羽貝正美編（2007）『自治と参加・協働――ローカル・ガバナンスの再構築――』学芸出版社.
日高昭夫（2007）「市町村と地域自治会との「協働」関係の諸類型についての一考察――ローカル・ガバナンス制御の視点から――」『山梨学院大学法学論集』第58号.
平岡公一（2003）『イギリスの社会福祉と政策研究』ミネルヴァ書房.
藤井威（2003）『スウェーデンスペシャル(Ⅲ)――福祉国家における地方自治――』新評論.
藤岡純一（2001）『分権型福祉社会スウェーデンの財政』有斐閣.
堀場勇夫（1999）『地方分権の経済分析』東洋経済新報社.
牧里毎治・野口定久編（2007）『協働と参加の地域福祉計画――福祉コミュニティの形成に向けて――』ミネルヴァ書房.
牧里毎治・野口定久・武川正吾・和気康太編著（2007）『自治体の地域福祉戦略』学陽書房.
真山達志（2002）「地方分権の展開とローカル・ガバナンス」『同志社法学』第54巻3号.
――（2005）「自治体行政改革の新展開――ローカル・ガバナンスの視点から――」『マッセOsaka研究紀要』第8号.
宮本憲一（2005）『日本の地方自治――その歴史と未来――』自治体研究社.
宮本太郎編著（2002）『福祉国家再編の政治』ミネルヴァ書房.
――（2008）『福祉政治――日本の生活保障とデモクラシー――』有斐閣.
村松岐夫編者（2006）『テキストブック地方自治』東洋経済新報社.
薮野祐三（2005a）『ローカル・デモクラシー(1)――分権という政治的仕掛け――』法律文化社.
――（2005b）『ローカル・デモクラシー(2)――公共という政治的仕組み――』法律文化社.
山口二郎・宮本太郎・坪郷實編著（2005）『ポスト福祉国家とソーシャル・ガヴァナンス』ミネルヴァ書房.
山口二郎・山崎幹根・遠藤乾編（2003）『グローバル化時代のガバナンス』岩波書店.
山口定（2004）『市民社会論――歴史遺産と新展開――』有斐閣.
山崎丈夫（1994）『現代の住民組織と地域自治――地域分権化への住民組織論――』自治体研究社.
山下茂・谷聖美・川村毅（1994）『比較地方自治』第一法規.
山田晴義・新川達郎編（2005）『コミュニティ再生と地方自治体再編』ぎょうせい.
山田晴義（2006）『コミュニティの自立と経営』ぎょうせい.
山田誠編（2005）『介護保険と21世紀型地域福祉――地方から築く介護の経済学――』ミネルヴァ書房.
山田光矢（2004）『パリッシュ――イングランドの地域自治組織（準自治体）の歴史と実態――』北樹出版.
山本惠子（2007a）「中央―地方関係からみた地方エリア協約（LAA）の考察――イングランドにおける地域再生の取り組みの新展開――」日本医療経済学会『日本医療経済学会会報』第26巻第1号.
――（2007b）「英国における擬似市場の展開と高齢者福祉政策」日本社会福祉学会『社会福祉学』

第48-2巻.
──(2008)「イングランドにおける医療と福祉の財政的連携・統合に関する考察──同財政とプール予算の比較を通して──」日本医療経済学会『日本医療経済学会会報』第27巻第2号.
山本隆(2001)「福祉国家と行財政──福祉国家の変容とニューパブリックマネジメント──」『「福祉国家」の射程』社会政策学会誌第6号[社会政策叢書通巻第25集]ミネルヴァ書房.
──(2002)『福祉行財政論──国と地方からみた福祉の制度・政策──』中央法規出版.
──(2005)「調査報告 京都府下市町村における介護保険実態調査──市町村の役割を再考する──」立命館大学産業社会学会『立命館産業社会論集』41巻2号.
山本隆・難波利光・森裕亮編著(2008)『ローカルガバナンスと現代行財政』ミネルヴァ書房.
山本啓・雨宮孝子・新川達郎編(2004)『NPOと法・行政』ミネルヴァ書房.
山本啓(2004a)「公共サービスとコミュニティ・ガバナンス」武智秀之編『都市政府とガバナンス』中央大学出版部.
──(2004b)「コミュニティ・ガバナンスとNPO」『年報行政研究』vol.39.
──(2006)「コミュニタリアニズムと市民社会・国家──シティズンシップとガバナンス──」『法学新報』第112巻.
──編(2008)『ローカル・ガバメントとローカル・ガバナンス』法政大学出版局.
P.スピッカー,阿部實・圷洋一・金子充訳(2004)『福祉国家の一般理論──福祉哲学論考──』勁草書房.

外国語文献一覧

Abrahamson, P. (2005) *Neo-liberalism, welfare pluralism and reconfiguration of social services-from welfare to workfare*, Refereed Conference Paper at the University of Melbourne.

Alcock, P. (1997) *Understanding Poverty, Second Edition*, Macmillan Press Ltd.

Andersen, JØrgen Goul, Guillemard, Anne-Marie, Jensen, Per H., Pfau-Effinger, Birgit (2005) *The Changing Face of Welfare, Consequences and Outcomes from a Citizenship Perspective*, The Policy Press.

Arnstein, S., R. (1969), 'A Ladder of Citizen Participation' *Journal of the American Planning Association*, Vol. 35, No. 4.

Atkinson, Rob (2003) 'Urban Policy and Regeneration; bringing the fragments together?', in N Ellison and C Pierson, *Developments in British Social Policy2*, Palgrave Press.

――― (2005) *Governing Partnerships : Bridging the accountability gap*.

――― (2006) *Briefing on the Audit Commission's Comprehensive Performance Assessment frameworks*.

Bache, I. and Chapman R. (2008) 'Democracy through Multilevel Governance? The Implementation of the Structural Funds in South Yorkshire', *Governance*, vol. 21, no. 3.

Barnes, M., Newman, J. and Sullivan, H. (2007) *Power, Participation and Political Renewal*, The Policy Press.

Bass, D./Rose, L. E. (2005) *Comparing Local Governance, Trends And Development*, Palgrave.

Beck, U. (1986) *Risikogesellschaft : Auf dem Weg in eine andere Moderne*, Suhrkamp Verlag. 邦訳／東廉・伊藤美登里訳 (2002)『危険社会』法政大学出版局.

Berkel, R. and Vando Borghi (2008) 'Review Article : The Governance of Activation', *Social policy and society*, vol. 7, no. 3.

Bevir, M. and Rhodes, R. A. W. (2003) *Interpreting British Governance*, Routledge.

Bexley Social and Community Services Commissioning Strategy-Older People's Services (2002).

Bhalla S. Ajit/Lapeyre, Frederic (2004) *Poverty And Exclusion In a Global World, 2nd edition*. 邦訳／福原宏幸・中村健吾監訳 (2005)『グローバル化と社会的排除』昭和堂.

Bhalla, Ajit. S. and Frédéric, Lapeyre (1999) *Poverty and Exclusion in a Global World*, Palgrave.

Bogdanor, V. (2005) *Joined-Up Government*, Oxford University Press.

Bonvin, Jean-Michel (2008) 'Activation Policies, New Modes of Governance and the Issue of Responsibility', *Social policy and society*, vol. 7, no. 3.

Broome, Per & Jonsson, Pirkko : Äldreomsorgen I Sverige Historia Och Framtid I Ett Befolkingsekonomiskt Perspektiv. 邦訳／石原俊時訳 (2005)『スウェーデンの高齢者福祉――過去・現在・未来――』新評論.

Brown, Brian and Liddle, Joyce (2005) 'Service Domains-The New Communities : A Case Study

of Peterlee Sure Start, UK', in *Local Government Studies*, 31(4).
Burrows, R./Loader B. (1996) *Towards A Post-fordist Welfare State ?*, London and New York.
Castles, F. G. (2004) *The Future of the Welfare State, Crisis Myths and Crisis Realities*, Oxford University Press.
Cerny, P. G. (1991) 'The limits of deregulation: Transnational interpenetration and policy change', in *European Journal of Political Research*, vol. 19, no. 2-3.
Cohen, J. (1989) 'Deliberation and Democratic Legitimacy', Hamline, A. and Pettit, P. (eds.) *The Good Polity*, Basil Blackwell.
Communities & Local Government (2006) *Strong and Prosperous Communities*, The Local Government White Paper.
── (2007) *An Action Plan for Community Empowerment: Building on Success*.
── (2007) *Learning to change neighbourhoods Lessons from the Guide Neighbourhoods Programme, Summary evaluation report*, London.
Coulson, A., and Ferrario C. (2007) ''Institutional Thickness': Local Governance and Economic Development in Birmingham, England', *International Journal of Urban Regional Research*, vol. 31, no. 3.
Darlow, A., Percy-Smith J. and Wells P. (2007) 'Community strategies: Are they delivering joined up governance ?', *Local Government Studies*, vol. 33, no. 1.
Department of Health (2006) *Our health, our care, our say: a new direction for communities services*, Cm6737, The Stationery Office.
Davies, J. S. (2007) 'The Limits of Partnership: An Exit-Action Strategy for Local Democratic Inclusion', *Political Studies*, vol. 55, no. 2.
Dean, H. (2002) *Welfare Rights and Social Policy*, Prentice Hall.
Denney, D. (1998) *Social Policy and Social Work*, Clarendon Press Oxford.
Denters, B. and Rose, L., E. (2005), *Comparing Local Governance ─ trends and developments*, Palgrave Macmillan.
Department of Communities and Local Government (2006), *Local Area Agreements Research: Round2 negotiations and early progress in Round 1*.
── (2006) *Strong and Prosperous Communities The Local Government White Paper*.
── *Tackling Health Inequalities: 2003-05 data update for the National 2010 PSA Target*.
── (2005a) *Independence, Well-being and Choice*, Green Paper on Adult Social Care Policy, London: Department of Health.
DETR (1998) *Modern Local Government: In Touch with the People*, TSO.
Diamond, J. & Liddle, J. (2005) *Management of Regeneration*, Routledge.
Evans, M. and Cerny, P. G. (2003) '*Globalization and Social Policy*', in N. Ellison and C. Pierson (eds.), *Developments in British Social Policy2* (Palgrave Macmillan).
Elcock, H. (2008) 'Elected Mayors: Lesson Drawing from Four Countries', *Public Administration*, vol. 86, no. 3.

Fagotto, E. and Fung A. (2006) 'Empowered Participation in Urban Governance : The Minneapolis Neighborhood Revitalization Program', *International Journal of Urban Regional Research*, vol. 30, no. 3.

Finn, D. (2001) 'Welfare to Work ? New Labour and the Unemployed', in Savage, Stephen P. and Atkinson, Rob (eds.) *Public Policy Under Blair*, Palgrave.

Fishkin, J. (1991) *Democracy and Deliberation : New Directions for Democratic Reform*, Yale University Press.

Geddes, M. (2006) 'Partnership and the Limits to Local Governance in England : Institutionalist Analysis and Neoliberalism', *International Journal of Urban Regional Research*, vol. 30, no. 1.

Geddes, M., Davies J. and Fuller C. (2007) 'Evaluating Local Strategic Partnerships : Theory and practice of change', *Local Government Studies*, vol. 33, no. 1.

Genova, A. (2008) 'ntegrated Services in Activation Policies in Finland and Italy : A Critical Appraisal', *Social policy and society*, vol. 7, no. 3.

Gershon, P. (2004) *Releasing resources to the front line : Independent Review of Public Sector Efficiency*, HMSO.

Giddens, A. (1998) *The Third Way :* Andrew Nurnberg Associates Ltd, London. 邦訳／佐和隆光訳1999：『第三の道――効率と公正の新たな同盟――』日本経済新聞社.

―― (2000) *The Third Way and its Critics :* Polity Press, Cambridge. 邦訳／今枝法之・干川剛史訳 (2003)『第三の道とその批判』晃洋書房.

Gillanders, G. and Ahmad S. (2007) 'Win-Win ? Early experience from local area agreements', *Local Government Studies*, vol. 33, no. 5.

Glendinning, C./Powell, M./Rummery K. (2002) *Partnerships, New Labour And The governance of Welfare*, The Policy Press.

Gordon, D./Townsend, P. (2000) *Breadline Europe, The Measurement of Poverty*, The Policy Press.

Greenaway, J., Salter B. and Hart S. (2007) 'How Policy Networks Can Damage Democratic Health : A Case Study in The Government of Governance', *Public Administration*, vol. 85, no. 3.

Hall, P. (1981) *The Inner City in Context, The Final Report of the Social Science Research Council Inner Cities Working Party*, Gower.

Harris, M. & Rochester, Cokin (2001) *Voluntary Organisations and Social Policy in Britain, Perspectives on Change and Choice*, Palgrave.

Hartley D. (2002) *Welfare Right and Social Policy*, Prentice Hall.

Hartley, J. and Downe J. (2007) 'The Shining Lights ? Public Service Awards As An Approach to Service Improvement', *Public Administration*, vol. 85, no. 2.

Haus, M. and Sweeting D. (2006) 'Local Democracy and Political Leadership : Drawing a Map', *Political Studies*, vol. 54, no. 2.

Hilder, M. (2006) *Where's the Money? Neighbourhood governance and the future of local finance*, the Young Foundation.
Hills, J./Le Grand, J./Piachaud, D. (2002) *Understanding Social Exclusion*, Oxford University Press.
HM Government (2006) *Reaching Out : An Action Plan on Social Exclusion*.
HMSO, Local Government Act 2000.
Hirst, P. (1994) *Associative Democracy : New Forms of Economic and Social Governance*, the polity press.
Hudson, B. (2006) 'User Outcomes and Children's Services Reform : Ambiguity and Conflict in the Policy Implementation Process', *Social policy and society*, vol. 5, no. 2.
Hupe, P. and Hill M. (2007) 'Street-Level Bureaucracy and Public Accountability', *Public Administration*, vol. 85, no. 2.
Hutson, S./Clapham, D. (2000) *Homelessness, Public Policies and Private Troubles*, Continuum London and New York.
Jessop, B. (2002) *The Future of the Capitalist State* : Polity Press Ltd., Cambridge. 邦訳／中谷義和監訳（2005）『資本主義国家の未来』御茶の水書房.
Johnson, N. (1999) : *Mixed economies of Welfare, A Comparative Perspective*, Prentice Hall Europe., 邦訳／山本隆・青木郁夫監訳（2002）『グローバリゼーションと福祉国家の変容』法律文化社.
Kelly, J. (2006) 'Central Regulation of English Local Authorities : An Example of Meta-Governance ?', *Public Administration*, vol. 84, no. 3.
King, D./Stoker, G. (1996) *Rethinking Local Democracy*, Macmillan Press Ltd.
Klijn E. and Skelcher C. (2007) 'Democracy and Governance Networks : Compatible or Not ?', *Public Administration*, vol. 85, no. 3.
Knap, M., Hardy, B. and Forder, J. (2001) 'Commissioning for Quality : Ten Years of Social Care Markets in England', *Journal of Social Policy*, 30, 2., Cambridge University Press.
Kooiman, J. (ed.) (1993) Modern Governance New Government — Society Interactions, SAGE.
Leach, R. and Percy-Smith, J. (2001), *Local Governance in Britain*, Palgrave.
Leat, D. (1996) 'Are Voluntary Agencies Accountable ?', Billis, D. and Harris, M. (eds.) *Voluntary Agencies Challenges of Organisations & Management*, Macmillan.
Le Galès, P. (2002) *European Cities : Social Conflicts and Governance*, Oxford University Press.
Le Grand J, Propper C, and Robinson R. (1992) *The Economics of Social Problems*, 3rd edition, Macmillan, London.
Le Grand, J. (2003) *Motivation, Agency, and Public Policy Of Knights & Knaves, Pawns & Queens*, Oxford University Press.
Letki, N. (2008) 'Does Diversity Erode Social Cohesion ? Social Capital and Race in British Neighbourhoods', *Political Studies*, vol. 56, no. 1.
Lewis, J./Surender, R. (2004) *Welfare State Change, Towards a Third Way ?*, Oxford University

Press.

Liddle, J. (2003) Reflections on the Development of Local Strategic Partnerships: Key Emerging Issues, in *Local Governance*, 29(1).

Lindsay, C. and McQuaid R. W. (2008) 'Inter-agency Co-operation in Activation: Comparing Experiences in Three Vanguard 'Active' Welfare States', *Social policy and society*, vol. 7, no. 3.

Lister, R. (2003) *Citizenship Feminist Perspectives*, 2nd edition, Palgrave Macmillan.

London Development Agency,: *Corporate Plan2004-2007*, 2003.

Lowndes, V., Pratchett, L. and Stoker G. (2006a) 'Diagnosing and Remedying the Failings of Official Participation Schemes: The CLEAR Framework', *Social policy and society*, vol. 5, no. 2.

―― (2006b) 'Local Political Participation: The Impact of Rules-In-Use', *Public Administration*, vol. 84, no. 3.

Lowndes, V. and Sullivan, H. (2008) *How Low Can You Go? Challenges for Neighbourhood Governance*, Public Administration vol. 86, no. 1.

Lupton, R. (2003), *Poverty Street*, the Policy Press.

Lyons Inquiry into Local Government (2006) *National prosperity, local choice and civic engagement: a new partnership between central and local government for the 21st century.*

Malpass, A., Cloke P., Barnett C. and Clarke N. (2007) 'Fairtrade Urbanism? The Politics of Place Beyond Place in the Bristol Fairtrade City Campaign', *International Journal of Urban Regional Research*, vol. 31, no. 3.

Marks, G. and Hooghe, L. (2004) 'Contrasting Visions of Multi-level Governance', in Bache, I. and Flinders, M. (ed.) *Multi-level Governance*, Oxford.

Marsh, A. (1998), *Local Governance: the relevance of transaction cost economics*, Local Government Study.

Marshall, T. H. (1950) 'Citizenship and social class', reprinted in Marshall, T. H. and Bottomore, T. (1992) *Citizenship and social class*, London: Pluto Press. 邦訳／岩崎信彦・中村健吾訳 (1993)『シティズンシップと社会的階級』法律文化社.

Means, R. and Smith, R. (1994) *Community Care: Policy and Practice*, London, Macmillan.

Melo, M. A. and Gianpaolo Baiocchi (2006) 'Deliberative Democracy and Local Governance: Towards a New Agenda', *International Journal of Urban Regional Research*, vol. 30, no. 3.

National Audit Office (2004) *Getting Citizens Involved; Community Participation in Neighbourhood Renewal.*

Neighbourhood Renewal Unit (2003) *Single Community Programme Guidance.*

Newham Lsp (2007) *Local Area Agreement 2007-2010*, London Borough of Newham.

Newman, J., Glendinning C. and Hughes M. (2008) 'Beyond Modernisation? Social Care and the Transformation of Welfare Governance', *Journal of social policy*, vol. 37, no. 4.

ODPM (2004) *Breaking the Cycle Taking stock of progress and priorities for the future*, Social Exclusion Unit Report -Summary, London.
―― (2005) *Transitions Young Adults with Complex Needs*, A Social Exclusion Unit Final Report, London.
ODPM & Department of Transport (2006) *National evaluation of Local strategic partnerships: formative evaluation and action research programme 2000-2005 Final Report*, London.
Offe, C. (1984), *Contradictions of the Welfare State*, Huchinson.
Office of the Deputy Prime Minister (1998) *Modern Local government-in touch with the people*.
―― (2004) *Local Area Agreements; a prospectus*.
―― (2005) *A process evaluation of the negotiation of pilot Local Area Agreements*.
―― (2005) *Research Report 15 Making Connections: An evaluation of the Community Participation Programmes*.
Owen, S., Moseley M. and Courtney P. (2007) 'Bridging the gap: An attempt to reconcile strategic planning and very local community-based planning in rural England', *Local Government Studies*, vol. 33, no. 1.
Pantazis, C./Gordon, D./Levitas, R. (2006) *Poverty And Social Exclusion In Britain, The Millennium survey*, The Policy Press.
Perri 6, Bellamy C., Raab C. and Warren A. (2006) 'Partnership and Privacy―Tension or Settlement? The Case of Adult Mental Health Services', *Social policy and society*, vol. 5, no. 2.
Peters, B., G. (2003) 'Governance and the Welfare State' in Ellison, N. and Pierson, C. (eds.) *Developments in British Social Policy 2*, Palgrave Macmiilan.
Peters, B. G. and Pierre, J. (2004) 'Multi-level Governance and Democracy: A Faustian Bargain?', Bache, I. and Flinders. M. (eds.) *Multi-level Governance*, Oxford University Press.
Pierre, J. (2000) 'Introduction: Understanding Governance', J. Pierre (ed.), *Debating Governance*, Oxford Open University Press.
Pierre, J. and Peters, B. G. (2000) *Governance, Politics and the State*, Macmillan.
Powell, M. and Dowling B. (2006) 'New Labour's Partnerships: Comparing Conceptual Models with Existing Forms', *Social policy and society*, vol. 5, no. 2.
Putting Hackney First; LAA 2007-2010.
Rhodes, R. A. W. (1979) 'Research into Central-Local Relations: A Framework for Analysis', *Central-local Government Relationships*, Social Science Research Council.
―― (1997) *Understanding Governance; policy networks, governance, reflexivity and accountability*, Open University Press.
Rummery, K. (2006) 'Introduction: Themed Section: Partnerships, Governance and Citizenship', *Social policy and society*, vol. 5, no. 2.
―― (2006) 'Partnerships and Collaborative Governance in Welfare: The Citizenship Challenge', *Social policy and society*, vol. 5, no. 2.

Russell, H. (2001) *Local Strategic Partnerships, Lessons from New Commitment to Regeneration*, The Policy Press.

Sassen, S. (1996) *Losing Control? : Sovereignty in an age of Globalization*, Columbia University Press. 邦訳／伊豫谷登士翁訳 (2004)『グローバリーゼーションの時代　国家主権のゆくえ』平凡社.

Savage, S. P./Atkinson, R. (2001) *Public Policy under Blair*, Palgrave.

Savitch, H. V. and Vogel, R. K. (2005) 'The United States : executive-centred politics' in Denters, B. and Lawrence, E. R. (eds.) *Comparing Local Governance : Trends and Developments*, Palgrave Macmillan.

Sellers, J. M. and Anders Lidstrom (2007) 'Decentralization, Local Government, and the Welfare State', *Governance*, vol. 20, no. 4.

Smith, D. M. (2005) *On the margins of inclusion*, the Policy Press.

Social Exclusion Unit (1998) *Bringing British together : a National Strategy for Neighbourhood Renewal*, the Stationery Office.

—— (2001) *A New Commitment to Neighbourhood Renewal ; National Strategy Action Plan*, the Stationery Office.

—— (2006) *The Neighbourhood Renewal Fund Grant Determination 2006 NO31/243*.

Social Services Inspectorate and Audit Commission (2004) *Making Ends Meet*.

SSI and Audit Commission (2004) *Making Ends Meet* A website for managing the money in social services.

Stewart, J. (1995) 'A Future for Local Authorities as Community Government', in Stewart, John and Stoker, Gerry (eds.), *Local Government in the 1990s*, Palgrave.

—— (2003) *Modernising British Local Government, An Assessment of Labour's Reform Programme*, Palgrave Macmillan.

Sommerville, P. and Haines, N. (2008) *Prospects for Local Co-governance*, Local Government Studies, vol. 34, no. 1.

Stoker, G. (1991) *The Politics of Local Government*, Macmillan.

—— (1997) 'Local Political Participation', in Hambleton et al., *New Perspectives on Local Governance*, Joseph Rowntree Foundation.

—— (ed.) (1999) *The New Management of British Local Governance*, Macmillan.

—— and Wilson, D. (2004) *British Local Government Into The 21st Century*, Palgrave Macmillan.

—— (2004) *Transforming Local Governance from Thatcherism to New Labour*, Palgrave Macmillan.

—— (2005) *'Joined-Up Government for Local and Regional Institutions'* in Bogdanor, V. (ed.) *Joined-Up Government*, Oxford University Press.

Sullivan, H., Barnes M. and Matka E. (2006) 'Collaborative Capacity and Strategies in Area-Based Initiatives', *Public Administration*, vol. 84, no. 2.

Sullivan, H. and Skelcher, C. (2002) *Working Across Boundaries*, Macmillan Palgrave.
Sunley, P. et al (2006) *Putting Workfare in Place*, Blackwell Publishing.
Taylor, D. and Balloch, S. (ed.) (2005) *The Politics Of Evaluation*, The Policy Press.
Taylor, M. (1995) 'Unleashing the Potential : Bringing Residents to the Centre of Regeneration', *Housing Summary*, No. 12, Joseph Rowntree Foundation.
—— (2001) *Partnership : Insiders and Outsiders*, in Margaret Harris & Colin Rochester, *Voluntary Organisations and Social Policy in Britain*, Palgrave.
—— (2003) *Public Policy in the Community*, Palgrave.
—— (2006) 'Communities in Partnership : Developing a Strategic Voice', *Social policy and society*, vol. 5, no. 2.
Team Hackney Putting Hackney First ; Annual Report 2007/08.
The Local Government White Paper, Strong and Prosperous Communities.
The Secretary of State for the Home Department (1998) *Compact on Relations between Government and the Voluntary and Community Sector in England*.
The Secretary of State for Social Security (1999) *Opportunity For All, Tackling Poverty and Social Exclusion*, The Stationery Office Limited.
The Social Exclusion Unit (1999) *Bridging The Gap : New Opportunities for 16-18 Year Olds Not In Education, Employment or Training*, The Stationery Office Limited.
Titmuss, R. (1968) *Commitment to Welfare*, London : Allen & Unwin. 邦訳／三浦文夫監訳（1971）『社会福祉と社会保障——新しい福祉をめざして——』東京大学出版会.
Toynbee, P. (2003) *Hard Work*, Rogers, Coleridge and White. 邦訳／椋田直子訳（2005）『ハードワーク——低賃金で働くということ——』東洋経済新報社.
Weal, A. (1983) *Political Theory and Social Policy*, New York : St. Martin's Press.
Wilson, D. (2005) 'The United Kingdom : an Increasingly Differentiated Polity ?', in Denters B & Rose LE (eds.), *Comparing Local Governance-Trends and Developments-*. Palgrave.
Wilson, D. and Game, C. (2006) *Local Government in the United Kingdom*, 4th Edtion, Palgrave and Macmillan.
Wistow, G./Knapp,/Hardy, M./Forder, B./Kendall, K./Manning R. (1996) *Social Care Markets, Progress and Prospects*, Open University Press Buckingham・Philadelphia.
Young, K. (2005) *Local Public Service Agreements and Performance Incentives for Local Government*, in *Local Government Studies*, 31(1).
Young, R. (2006) 'Introducing Role and Service Changes in Health and Social Care : The Impact and Influence of User Involvement in England and Wales', *Social policy and society*, vol. 5, no. 2.
Zerbinati, Z and Massey A. (2008) 'Italian and English Local Funding Networks : Is there a Winning Formula ?', *Local Government Studies*, vol. 34, no. 1.

巻末資料

介護保険制度における保険者の機能に関するアンケート調査（依頼）

介護保険担当者様

拝啓　時下ますますご隆昌のこととお喜び申し上げます。平素は格別のご高配を賜りまことに有難うございます。ご多忙とは存じますが，介護保険制度における保険者の役割につきましてご教示を願えれば幸いです。よろしくお取り計らい願います。

敬具

アンケート調査のお願い

　介護保険がスタートして，ほぼ6年を経過しました。運営面において何かとご苦労の多いことと拝察いたします。
　さて，2007年度4月から第3期介護保険事業運営期間が始まっていますが，高齢化の進行に伴う要介護者の増加や住民の介護ニーズは一層増大し，介護サービス量は全国的に増加傾向にあります。2007年度における介護保険の給付費の見込み額は，全国で約6.8兆円に達するとみられています。
　今後ますます高齢化が進行するなかで，将来の保険料の上昇など国民にとって負担が増加することが懸念されています。介護保険の保険者は市町村ですが，その運営について，国，都道府県，医療保険者がより強力にバックアップすることで，保険財政の安定化を図る必要や，保険者機能の強化など，さまざまな課題があると考えております。
　このアンケートは，介護保険の保険者としての市町村の現状等を把握するためのものです。なお，ご回答いただいた結果につきましては統計処理をいたしますので，市町村名を公表することはございません。

◎　回答方法…＊各設問に該当する回答を○でお囲みください。＊関連する具体的な答えは☐内にご記入ください。

◎　ご記入していただいた後は，お手数ですが11月24日までに，添付ファイルの形式にしてeメール，または同封の返信用封筒で返送してください。

　ご多忙のところまことに恐縮ですが，ご協力いただきますようよろしくお願いいたします。

|自治体名　　　　　　　　　　　　市・町・村|

　　　　　　　　　質　　　問

I　保険者の役割についてお尋ねします。

　1．介護保険に携わる全職員の数を教えてください（常勤換算）。
　　　　正職員　　　　　　　　　人　　その他　　　　　　　　　人（常勤換算後の員数）

　2．要介護認定にかかる訪問調査は，行政直営の形ですか，あるいは民間に委託していますか。
　　新規申請
　　(1)　行政直営で行っている　　　　(2)　民間に委託している
　　(3)　直営・委託とも行っている（概ねの比率（件数にして）　直営：委託　＝　　　：　　）
　　更新申請
　　(1)　行政直営で行っている　　　　(2)　民間に委託している
　　(3)　直営・委託とも行っている（概ねの比率（件数にして）　直営：委託　＝　　　：　　）

　3．問2で(1)または(3)と回答した方にお尋ねします。調査員は正職員ですか，嘱託職員ですか。また何名ですか。
　　(a)　正職員（　　　　人）　　(b)　嘱託職員（　　　　人）

　4．問2で(2)または(3)と回答した方にお尋ねします。調査員は何名ですか。
　　　　　　　　　　　人

　5．問2で(2)または(3)と回答した方にお尋ねします。どのような形で委託していますか。
　　施設・居宅の別：(1)　施設入所者のみ委託　　(2)　居宅生活者のみ委託　　(3)　特に区別はしていない

　6．すべての市町村の方にお尋ねします。民間委託の場合，公正・公平な認定調査についてはどのように思われますか。
　　(1)　公正・公平性は保てる　　　　(2)　公正・公平性は保てない

　「公正・公平性は保てない」と回答した方にお尋ねします。その理由は何ですか。また，どのような対策を講じていますか（どのような対策が必要とお考えですか）。

　　　　（理由）

（対策）
_____
_____
_____

7．地域包括支援センターは設置済みですか
　(1)　はい　　　　(2)　いいえ

8．7で(1)と答えられた方にお尋ねします。
　(1)　全て直営　　　　(2)　全て委託　　　　(3)　直営と委託の両方（割合　直営　　　：委託　　　）

9．保険者の役割として，これまで最も重視してきた項目は何ですか。以下の項目に〇をつけてください。
　①　被保険者の資格管理にかかわる事務
　②　要介護認定・要支援認定にかかわる事務
　③　保険給付にかかわる事務
　④　サービスの質の維持・向上にかかわる事務
　⑤　サービス量の管理にかかわる事務（施設整備を含む）
　⑥　保健福祉事業・市町村特別給付にかかわる事務
　⑦　市町村介護保険事業計画の策定にかかわる事務
　⑧　保険料の徴収にかかわる事務
　⑨　会計等にかかわる事務
　⑩　統計事務・広報
　⑪　その他（その内容をお書きください）
　⑫　地域支援事業（うち　介護予防事業　　　包括的支援事業　　　任意事業）
_____
_____

「最も重視してきた」理由について，お書きください。
_____
_____
_____
_____

10．今後，充実する必要があると思われる項目は何ですか。以下の項目に〇をつけてください。
　（複数回答）　また充実する必要があると思われる理由について，お書きください。
　①　被保険者の資格管理にかかわる事務
　②　要介護認定・要支援認定にかかわる事務

③ 保険給付にかかわる事務
④ サービスの質の維持・向上にかかわる事務
⑤ サービス量の管理にかかわる事務（施設整備・事業者指定を含む）
⑥ 保健福祉事業・市町村特別給付にかかわる事務
⑦ 市町村介護保険事業計画の策定にかかわる事務
⑧ 保険料の徴収にかかわる事務
⑨ 会計等にかかわる事務
⑩ 統計事務・広報
⑪ その他（その内容をお書きください）
⑫ 地域支援事業（うち　介護予防事業　　　包括的支援事業　　　任意事業）
⑬ 地域密着型サービスの充実

_____
_____

「充実する必要があると思われる」理由について，お書きください。
_____
_____
_____

Ⅱ　介護保険事業特別会計についてお尋ねします。

11. 第3期介護保険事業運営期間における収支の見通しはいかがですか。（財政安定化基金の貸付・交付について）
　(1) 第3期は貸付・交付を受けることはないと思われる。
　(2) 2年目または3年目に貸付・交付を受けることが予想される。
　(3) 1年目で貸付を受けることになる。
　(4) 見通しがたたない。

12. 問11で(2)または(3)と回答された方にお尋ねします。その理由は何ですか。以下の項目に○をつけてください。（複数回答）
　① 施設医療系サービスの予想を超える伸び
　② 施設福祉系サービスの予想を超える伸び
　③ 通所医療系サービスの予想を超える伸び
　④ 通所福祉系サービスの予想を超える伸び
　⑤ 訪問医療系サービスの予想を超える伸び
　⑥ 訪問福祉系サービスの予想を超える伸び
　⑦ 住宅改修・福祉用具購入の予想を超える伸び

⑧　市町村合併による影響
⑨　保険料対策として，意図的に保険料を抑えた設定をしていたため
⑩　財政運営上，当初から2年目（または3年目）に貸付を受けることを予定して保険料を設定していたため
⑪　厚生労働省の示した要介護認定率（見込）を実績が大きく上回ったため
⑫　その他（その内容をお書きください）
_____
_____
_____
_____

貸付または交付を受けることについて，他にお気づきの点をお書きください。
_____
_____
_____

13. 一般会計から介護保険特別会計への繰出金の推移についてお尋ねします。（単位　千円）
　　　12年度　　　　　13年度　　　　　14年度　　　　　15年度
　　　16年度　　　　　17年度

14. 介護保険料，利用料の独自減免はされていますか。
　　　1　保険料のみ　　2　利用料のみ　　3　両方している　　4　独自減免はなし

15. 前問で1，2，3と答えられた方にお尋ねします
　　　いつからされていますか　　　　年度から

Ⅲ　介護計画についてお尋ねします。一部ではありますが，介護計画の不適切事例が国により指摘されています。

16. ケアマネジャーが作成した介護計画の中身を把握していますか。
　　（1）はい　　　　（2）いいえ

17. 問16で(1)と回答した方にお尋ねします。どのような形で介護計画の中身を把握していますか。以下の項目に○をつけてください。（複数回答）
　　①　専門家で構成される委員会を組織し，点検した結果をケアマネジャーに伝えている。
　　②　行政内部で担当者を決め，担当者とケアマネジャーの間で連絡をとっている。
　　③　地域包括支援センターの職員が点検している。
　　④　ケアマネジャーに自主点検させている。

⑤ その他（その内容をお書きください）
_____
_____

介護計画の把握に関する着眼点や点検手法（実績との突合等）等について，その内容をお教えください。
（着眼点）
_____
_____

（点検手法）
_____
_____

（その他）
_____
_____

18. 問16で(2)と回答した方にお尋ねします。今後，ケアマネジャーが作成した介護計画の中身を把握する予定はありますか。
 (1) はい　　　(2) いいえ
 (2)「いいえ」と答えた方は，その理由をお書きください。
_____
_____
_____

Ⅳ　入所待機者数についてお尋ねします。

19. 施設（特別養護老人ホーム）への入所待機者数についてお教え下さい。
　　12年度末　　　　　15年度末　　　　　17年度末

Ⅴ　介護保険の財政規律について

20. 介護保険財政の安定化を図り，持続可能な制度にしていくには，どのような手立てが必要なのか，ご意見をお書きください。（自由記入）
_____
_____
_____
_____

お疲れ様でした。ご協力有難うございました。

○ 当該調査に関する集計結果について、送付を　　希望する　・　希望しない

　　　　　　　　　　　　　　　　　　　　　　※　基本的にメール送信を予定しております。

○ ご希望の場合の送付先及び集計途中で個別にお伺いする場合もございますので、恐れ入りますが連絡先をお教えください。

　　担当課名　＿＿＿＿＿＿＿＿＿＿　　記入者（担当者）＿＿＿＿＿＿＿＿＿＿
　　電話番号　＿＿＿＿＿＿＿＿＿＿　　FAX 番号　　　　＿＿＿＿＿＿＿＿＿＿
　　E-Mail　　＿＿＿＿＿＿＿＿＿＿＿＿＿＿＿＿＿＿＿＿＿＿＿＿＿＿＿＿＿＿

向日市地域福祉計画
～支えあう地域を築くために～

1．計画策定の背景と目的

　わが国では，都市化や核家族化等の進展を背景として，地域の連帯感が希薄になり，近隣住民同士のつきあいや助け合いが少なくなってきています。
　しかし，私たちは，誰でも日常生活の中で，病気になったり，介護が必要になったり，子育てで悩んだりするなど，手助けが必要になる時があり，地域で安心して生活するためには，こうしたときに手助けをしてくれる人や行政サービスが必要であるといえます。
　また，子どもの安全確保や災害発生時の高齢者の避難など，地域社会が抱える課題については，行政や社会福祉協議会，市民，地域福祉活動団体，ボランティア，事業所など，地域に関わるすべての者が協力して取組むことで，より安心できる暮らしが実現できると考えられます。
　このため，地域に関わるすべての者が協働して，支援を必要としている人を支えていく仕組みづくりに計画的に取り組むため，「向日市地域福祉計画」を策定したものです。

2．この計画は（位置づけ）

　個別の福祉サービスの整備については，高齢者保健福祉計画，介護保険事業計画，障害者計画，次世代育成支援対策行動計画に委ね，各分野を横断して取り組むことが必要な施策や，地域住民と連携して課題に取り組むために必要な施策について定めています。

3．計画期間

- この計画の期間は，平成18年度から平成27年度の10か年です。
- ただし，平成22年度に必要な見直しを行います。

4．計画の目指す将来像

- 要支援者を行政・地域で支えることができる社会
- 要支援者自身も支え手となることができる社会

を目指します。

〔「地域福祉」とは～イメージ図～〕

「地域福祉」の向上＝安心して暮らせる地域，豊かなくらし

- 生活上の悩みの種類に応じて，行政や地域の人達が支援
- いろいろな主体が提案・協力しながら，地域の問題を解決

社会福祉協議会
- サービスの提供
- 地域福祉活動の支援

市民　地域活動団体　ボランティア
- 地域活動を展開

行政
- サービスの提供・管理
- 地域活動の支援

専門機関
- サービスの提供
- 専門知識の提供

地域に関わるすべての者が協力して課題に取組む

市民の生活上の困りごと

- 生活する上で手助けが欲しい（病気，介護，育児疲れ等）
- 地域で起こっている問題を解決したい（治安，防災等）

地域福祉推進の取組

取組1. 福祉サービスの充実

（1）各種サービスの整備
- ◆高齢者保健福祉計画，介護保険事業計画，障害者基本計画，次世代育成支援対策行動計画に基づき福祉サービスの整備を進めるとともに，各計画の見直しに当たっては，市民のニーズを踏まえた目標量の設定を行います。

（2）サービスの周知
- ◆サービス情報を分かりやすく提供します。
- ◆視覚障害者や，こまかい文字を読むのが苦手な人のために，口コミでの情報伝達の充実を図ります。
- ◆分野ごとの相談窓口の機能強化を図ります。
- ◆福祉の総合相談窓口を設置します。

（3）サービスの利用が困難な人への支援
- ◆福祉サービスが必要であるのに，相談・申請できない要支援者の発見及び支援に努めます。
- ◆判断能力が不十分な人の金銭管理や，サービスの利用を援助するため，向日市社会福祉協議会等が実施している地域福祉権利擁護事業や成年後見制度の推進を図ります。

（4）適正なサービス管理
- ◆福祉サービスが必要な量だけ，効果的に給付されるような支援を行います。
- ◆福祉事業者のサービスの質の確保を図ります。
- ◆サービスに関する苦情相談の仕組みを確保し，利用者の権利擁護を図ります。

取組2. 地域活動，ボランティア等の支援

（1）担い手の確保
- ◆広報等で，スタッフ・行事参加者の募集を支援します。
- ◆地域で具体的な困りごとについて議論の場を提供するなど，地域の問題への「気づき」の機会を提供します。
- ◆ボランティア育成機能の強化を図ります。

（2）運営に係る相談・調整・情報提供
- ◆他団体の活動事例や補助金等，団体の運営についての情報を提供します。
- ◆公民館，コミュニティセンターの利用率の向上や，空き家についての情報提供など，活動場所の提供に努めます。

（3）近所で気軽にできる助け合いの推進
- ◆遠慮のし合いをなくす仕組みづくりや要支援者と近隣の支援者とを仲介する仕組みづくりを研究します。
- ◆地域での何でも話せる場づくりを進めます。

取組3．要支援者の社会参加の促進

（1）外出しやすい環境整備
- ◆段差の解消や情報バリアフリー化の推進等，道路や公共機関のバリアフリー化を進めます。
- ◆市民の移動手段の確保について検討します。

（2）要支援者に対する理解の促進
- ◆人権教育，福祉教育を通じて，啓発を実施します。
- ◆交流事業や福祉的就労の確保を通じて，要支援者と地域住民との交流を促進します。

（3）当事者間のつながりの支援
- ◆高齢者，障害者等の当事者団体への支援に努めます。
- ◆団体の広報・案内など，当事者団体へ加入する機会の提供に努めます。

（4）生活情報の提供
- ◆よりきめ細やかなバリアフリー情報の提供に努めます。
- ◆IT能力の向上支援に努めます。
- ◆防犯，防災に関する情報提供に努めます。

個別課題への対策

以下では地域福祉座談会等で話題になった課題のうち，地域住民と連携して対応すべきものに対して，対策を具体的に示しています。

（1）高齢者の安否確認
- ○地域での見守り活動を支援するための情報を提供します。また，地域の見守り活動の組織化について検討します。

（2）高齢者の閉じこもり対策
- ○地域の行事や活動にお年寄りの参加者を増加させるため，行事を主催する団体への支援を行います。
- ○身近な地域で気軽に集まることのできる場づくりに努めます。
- ○歩道のバリアフリー化等，外出しやすい環境づくりに努めます。

（3）認知症高齢者の家庭への支援
- ○徘徊する高齢者を地域全体で探すことのできるシステムづくりに努めます。
- ○地域包括支援センター等，対応窓口の周知を図ります。

（4）障害者の家庭への支援
- ○障害者を支えるボランティアの増加に努めます。
- ○比較的近隣の住民が障害者の家庭を支える仕組みづくりを目指します。

(5) 災害時の要配慮者対策	○地域での要配慮者の把握を支援するとともに，要配慮者の避難の仕組みづくりを推進します。 ○災害時の情報弱者への対応を検討します。 ○避難所対応の充実に努めます。 ○地域住民一人ひとりの防災力を強化します。
(6) 不登校，ひきこもり対策	○不登校の長期化防止によるひきこもりの予防を図るため，早期発見，予防のためのネットワークづくりを進めます。 ○不登校やひきこもりについて，相談窓口を紹介，周知します。
(7) 地域での子育て	○親同士の情報交換の場，子育ての学習の場を提供し，育児力の向上を図ります。 ○学校外活動を支援します。 ○より多くの市民が，地域での子育てに参加するための取組を強化します。
(8) 子ども等の安全確保	○子どもを守るための環境整備に努めるとともに，見守りの輪を地域住民に広げるなど，地域と連携した犯罪予防機能を強化します。 ○学校や市役所，警察，自治会・町内会等，関係者の情報交換を強化します。

計画の推進

○市民の参加した会議も含めた計画の進行管理体制を整備します。

○市民に身近な立場から市民活動を支援するための機関である「まちづくりセンター」を設置し，行政・社会福祉協議会・まちづくりセンターそれぞれが連携して，市民活動を支援します。

○地域福祉基金等を財源に活用しながら，計画を推進していきます。

チーム・ハックニー／ハックニーを第1に；地域エリア協定2007-2010年（抄訳）
(Team Hackney/Putting Hackney First; Local Area Agreement 2007-2010)

1．序

　チーム・ハックニーは，このたび中央政府と地域エリア協定を結ぶ機会を歓迎している。LAAの進展は，ハックニーのLSPであるチーム・ハックニーの強化には不可欠なものとなっている。

　バラでの不平等や貧困を縮小させるのに重要ないくつかの要素を実現するのに有効なのは，LAAを通したパートナーシップ機能であるとわれわれは確信している。LAAではハックニーで活動しているパートナーシップの高いレベルの代表を出し，コミュニティ戦略「格差の是正（Mind the Gap)」や，サービス改善とすべての住民にチャンスを増やすために優先すべきものが提示されている。

　ハックニーには大きな力と素晴らしいチャンスがある。われわれは，世界で最も反映している都市の一つであるロンドンの中央部に位置している。ここに暮らす住民は，多くの異なる民族的な背景を持ち，バラに文化的な多様性や活力をもたらしている。住民の年齢構成は若く，それゆえ人生のチャンスを高める真の可能性を秘めている。バラ自体は，繁華街や力強いコミュニティ，魅力的な広場があり，多くの点で生活に適した場所である。

　ハックニーの一連の刺激的な文化活動と並行して，2012年のオリンピックとパラリンピックは近づいており，コミュニティにある種のやる気を自覚させる無類のチャンスを提供するだろう。

　しかし首都がますます繁栄しても，その利益の多くはわれわれにまで届いてはいない。ロンドンの他の地区も一部の貧困な地域を抱えているが，ハックニーのすべての区（ward）は，全国で最貧困区の10％に入っている。

　またハックニー内部で経済的に豊かな人たちと貧しい人たちの間でコミュニティがますます分極化しており，中間所得者層の人たちは他の場所で暮らすことを選んだり，そのように強いられている。このような分極化は，われわれのバラの将来を損なうだけである。このことが，人々が貧困から抜け出る道を見つけること—バラで経済活動をしたり，成功したり，またとどまったりすることも—をますます困難にしている。またコミュニティでサービスを提供するのに必要とされる職業に人を募集することもますます困難にしている。

　チーム・ハックニーのLAAにおける5の優先的アウトカム「ハックニー・ファイブ」は，パートナーシップ機能が果たされる上で鍵となる分野を提示している。

- 学業成績の不振への効果的な取り組み
- 失業状態にある18～24歳の若者の減少
- 凶悪犯罪や犯罪組織文化の比率の減少
- 児童や若者における健康上の不平等の縮小
- 低価格の持ち家を購入できる機会の増加

　LAAやチーム・ハックニーの中心には，LAAの優先事項の実現に協力して取り組む地位の高い政治家，行政のトップ，コミュニティやボランタリーセクターを参画させ，彼らがビジョン共有している。

2．優先順位の決定と確立

チーム・ハックニーは，大規模な近隣再生を成し遂げるとしたら，貧困が最も深刻であるという証拠が出ている地域に焦点を当てる必要がある，と強く確信している。このアプローチにより影響力をますことができ，また LSP に対する支援はハックニー住民に真に改善をもたらす一助になったことを認識している。

- ハックニーは，犯罪の20％減少という政府の2008年度目標を最初に達成したバラである。
- ハックニーは，2002～2005年間の国における LEA の改善に関してトップ10の一つである。GCSE の結果は3分の2の改善であった。暫定の数値だが，2006年には51％の生徒が五つかそれ以上の GCSE の A から C を達成した。
- 医療サービスの供給もまた，Foundation status で三つ星の評価を受けたホマートン（Homerton）大学病院や，これからの12カ月間にわたり Foundation status を申請する ELCMHT がり，さらに GP（を獲得すること）で改善したのである。これによって，ハックニーの住民へのサービスは改善されるだろう。
- カウンシルの業績はかなり改善されてきた。最近の監査委員会の査定では，「十分に改善」されている方向へ進んでいると評価された。

われわれの最低目標行動計画（floor target action planning）では，これからの3年間にわたって，パートナーシップを機能させ，よい方向に変化を起こすことが早急に求められている分野を明らかにしている。

- 学業成績—生徒のあるグループの進歩がハックニーの平均を著しく下回っている。
- 凶悪犯罪や犯罪組織的な文化の抑制—全体的に犯罪は減少している。ただし一律には減少しておらず，凶悪犯罪や犯罪組織の活動と関連した特定の犯罪パターンがあり，これらの犯罪の影響はあるグループに特に感じられる。
- 医療は改善しているものの，幼児死亡率のレベルは，特にアフリカ系やカリブ系のコミュニティにおいて上昇している。

われわれは若者の LAA に焦点を当てている。ハックニーの人口は，他のイングランドやロンドンと比較しても，かなり平均年齢が若い。20代や30代—住民の多くが家族を持ち始める年齢層—と同様に16歳以下の児童が高水準である。貧困に取り組み，ハックニーの児童を保護しなければならない機会を増やすことで，児童に求められる技能や支援を与えることになる。

ハックニー・ファイブは，われわれの直面する相互に関連がある問題—生活する上で整然として安全な場所は，個人の健康，教育制度の利用，仕事へのモチベーションに影響を与える—に取り組む戦略的なアプローチを描いている。われわれの優先順位に通じる明確でプラスのデータがある。つまり，健康な乳児は，バラで自宅を購入する機会のある成人期に達するころには，雇用や訓練機会を利用できるほどに教育を受けた健康な人間になるという裏付けがある。

LAA の最も重要な理念は，われわれの介入は人生の旅路にプラスの影響をもたらし，（成功への）チャンスの道筋をつけることに寄与するものと考えている。以下のクリティカル・パスの分析図は，バラが直面する問題についてより広い視点から捉えようと試みたものであり，それは LAA が解決をしようとしているものでもある。

（図省略）

LAA は，六つのアウトカムを優先して構成されているハックニーのコミュニティ戦略「格差の是正（Mind the gap）」（2005—2015）の具体的内容である。
- 子どもを育てるのに適した地域，
- ダイナミックで創造的な経済，
- 繁栄し，健全なコミュニティ，
- 住宅の改良（環境），
- 生活するのに安全で，清潔な地域，
- 持続可能なバラ

LAA では，コミュニティ戦略のために行った調査や会議，とりわけハックニーの直面する課題や難問に関する証拠を活用している。

LAA はまた，求められる改善を実現するようあらゆる点で支援を受けるため，児童青年の計画（Children and Young People's Plan），医療改善計画（Health Improvement Plan），犯罪騒乱薬物乱用対策戦略（Crime and Disorder and Drugs Misuse Reduction Strategy），他の一連の計画を含む既存の計画から情報を与えられており，支持されている。

チーム・ハックニーは，「マインド・ザ・ギャップ」での問題をより包括的に把握できるよう最低目標行動計画を通して，さらに深い分析に着手してきた。LAA の進展の多くのは，最低目標行動計画の実施に向けて築かれたのである。

LAA の資源は，戦略的コミッショニングのプロセスに充当されるだろう。財源は，LAA に成果をもたらしうる介入にのみ保障されるだろう。近隣地域再生を推進する特定の地域やコミュニティでは，これらの活動を目標としていく原動力となっている。

3．LAA の五つの優先的アウトカム

学業成績の不振への効果的な取り組み

　焦点は，カリブ系やトルコ系，クルド系のコミュニティだろう。統計的に，これらの生徒たちはすべての重要な段階で成績が平均を下回っている。問題は，学校から排除，すし詰めの住宅から，特にトルコ系やクルド系の両親にとっては第二言語となる英語にまで多岐に及んでいる。そのアプローチは，親の学校への参加の取り組み，就学の奨励，住宅需要の調査，あらゆる段階における育英事業の奨励といった総体的なものになるだろう。われわれはまた，ニートの若者に焦点を当てるだろう。

失業状態にある18歳から24歳の若者の減少

　ハックニーではきわめて多くの人が給付を受けているが，ここでの焦点は若者である。例えば25歳以下の2,000人以上が求職手当（JSA）を受けており，労働人口の8％，全給付者の25％に相当している。もし，これらの若者たちに持続的な雇用を支援できるなら，今後数十年にわたってバラではその効果と利益を受けることができると確信している。

凶悪犯罪や犯罪組織文化の抑制

　ここでは，二つの重要な分野に焦点を当てている。それは，凶悪犯罪の高い発生率と，それと関連する若い黒人男性や最近ではトルコ系やクルド系コミュニティの若者にも増えている強く影響を与えている非行文化である。また，家庭内暴力からくる深刻な問題にも取り組んでいる。それらは，ハックニーで報告された暴力事件全体の27％を占めている。

児童や若者における健康不平等の縮小

　ハックニーは，幼児死亡率，小児肥満の比率，10代の妊娠率が高い。LAAを通じて一致協力することで，大きな改善をもたらしたい。10代の妊娠が最も広がっている特定の近隣地域に，また幼児死亡率が高いアフリカ系やカリブ系の女性に焦点を当てるだろう。通学計画（school travel plan）の改善，健康学校と指定される学校の増加，親たちとの協力を通して小児肥満を減少させることを目指している。

低価格の持ち家を購入できる機会の拡大

　ハックニー住民の80％は，バラにおいて家を購入する余裕がない。われわれの課題は，2万ポンドから3万5,000ポンドの収入のある世帯に手ごろな価格とする住宅供給を増やすことで，この比率を減らすことである。これにより，ハックニーで自宅を購入できるが地元の学校に子供を通わせない人たちと，われわれの学校を支持するが住宅市場では不利な立場の人たちとの間で起きている最近の深刻なコミュニティの分極化を抑える一助となるだろう。

LAAの五つの優先分野は以下の点で支持されている。

パートナーシップへの参画

　これは，シティズンシップと尊敬，自己と環境，コミュニティに対する責任を促進するものである。それは，上記のLAAの五つの優先的アウトカムで最も悪い影響を被っているグループに特に重点を置いており，コミュニティのリーダーシップを促進することを含む，人々が意思決定に影響を与え，コミュニティの意義ある一部と感じることを保証するだろう。

4．地域エリア協定のブロック

　分類されたLAAの五つの優先的アウトカムは，義務的成果枠組み（mandatory outcome framework）のなかで取り組むことができ，すべてのパートナーがすでに取り組んでいる最低目標（floor target）を反映している。われわれは，低価格で持ち家を購入できる機会という追加的なアウトカムを作成しており，これは安全で力強いコミュニティ（Safer and Stronger Communities）のブロックの一部分として含まれている。LAAの五つの優先的アウトカムは，四つのLAAブロックの中にすべて含まれており，この文書の成果枠組み第1節（付録1）に明確に反映されている。四つのブロックとも，以下のことに焦点を当てている。

児童と若者

　このブロックは，学業成績，とりわけカリブ系やトルコ系，クルド系の生徒の成績に焦点を当てている。それはまた，幼児死亡，小児肥満，10代の妊娠，過密な住宅事情に取り組むことで児童の健康にも重点的に配慮している。

安全かつ力強いコミュニティ

　このブロックは，よりよい住宅，暮らしやすさ（liveability），犯罪の減少，コミュニティの参画に焦点を当てている。

より快適な住宅

　適正な住宅計画を通してバラの住宅を改善することは，われわれのコミュニティが直面する一連の固定化してしまった問題に取り組む不可欠の要素である。われわれは，家を暖め，乾かすという最も

基本的な目的さえ，例えば健康や家族の生活の質を改善し，バラへの誇りを高めることなど，一連の他のアウトカムに大きな影響を与えることができると理解している。

暮らしやすさ

家を所有あるいは借りるかにかかわらず，それは高い基準であるべで，そのような環境で住民が暮らすべきだという認識の下で，公営賃貸住宅の最高水準を提供するハックニーの（住宅）環境基準の発展に焦点を当てている。

犯罪の減少

LAA は，ハックニー内で，またロンドンや英国の他の場所と対照して，格差を是正することに関係した一連の義務的成果枠組みを提供している。これは，薬物やアルコールに起因する害に取り組み，犯罪の恐れに対応し，尊敬の気持ちを築き，そして破壊行為を抑えることを通して，凶悪犯罪や犯罪集団の活動を減少させるというハックニーの優先的アウトカムと関連している。

コミュニティの参画

われわれの優先事項は，地域住民や地域組織がチーム・ハックニーのパートナーシップの任務に携わることができるよう働きかけることで，住民が地域の意思決定に影響力を持ち，公共サービスの供給に大きな役割を果たせるようにすることである。LAA の五つの優先的アウトカムの実現に貢献し，住民が地域やコミュニティの改善の仲介者となれるように，チーム・ハックニーの意思決定プロセスに参画し，住民や地域組織の能力を高めることを支援し，近隣地域レベルで影響力を持てるメカニズムを発展させることに重点を置くだろう。

より健康的なコミュニティと高齢者

LAA は，医療が住民の生活の質に与える多大な影響に取り組むアウトカムを設定している。この問題が若年層に強く影響しているのを認識しているが，このブロックはすべての住民に影響を与えるものである。運動や文化的サービスを利用できる機会，よい食生活，介護者の支援を含む，一連の施策を通して住民の福利）に影響する介入によって，すべてのコミュニティで心身にわたる福利が最大限に向上する対策を講じるだろう。LAA の五つの優先的アウトカムは，家族，高齢者，最も影響を受けやすい弱者を含むすべてのコミュニティに大きな利益をもたらすだろう。

経済開発

バラでの給付受給者の数を減らすためのジョブセンター・プラス，われわれの訓練や職業能力開発を向上させ，またハックニーの住民の資質を高めるための学習技能委員会（Learning and Skills Council）と連携するだろう。失業率が異常に高い若年層を最優先に取り組むことで，バラの就労率を改善し，失業状態の発生率を低下させることが，われわれの目的なのである。

5．LAA の長期目標（Stretch Targets）についての要約

児童・若者	
アウトカム	指標
国語，数学，理科でのKS3 レベル5＋の向上	すべてのバラ内で以下のような警告がある KS3 で国語，数学，理科（EMS）のレベル5＋に到達しているハックニー・バラの生徒の割合 i．トルコ系，クルド系，トルコ系キプロスの生徒の最低限の割合は，

	KS3 で EMS のレベル 5+ に到達しなければならない
	ⅱ．カリブ系の生徒の最低限の割合は，KS3 で EMS のレベル 5+ に到達しなければならない
読解力での KS1 レベル 2+ の向上	ⅰ．KS1 で読解力のレベル 2+ に到達している LB ハックニーの生徒の割合（トルコ系，クルド系，トルコ系キプロス，カリブ系の生徒を除いて）
	ⅱ．KS1 で読解力のレベル 2+ に到達している LB ハックニーでのトルコ系，クルド系，トルコ系キプロスの生徒の割合
	ⅲ．KS1 で読解力のレベル 2+ に到達しているカリブ系の生徒の割合
幼児死亡率の減少	ⅰ．分娩時に喫煙者とわかっている女性の割合
	ⅱ．授乳を始める（時期）を知っている新しい母親の割合
	以前から支援されている立場の弱い女性の数
若者の健康改善	全国健康学校計画（National Healthy School Programme）で健康学校との評価を得ているハックニーの学校と生徒照会ユニット（Pupil Referral Units）の割合
ニート（NEETS）の数の減少	LB ハックニーで教育を受けず，雇用なく，職業訓練もされていない16から18歳の割合

安全かつ強力なコミュニティ

アウトカム	指標
GBH/ABH 犯罪数の減少	MPS パフォーマンス情報局により記録されているような，憎悪犯罪（Hate Crime）やトライデント事件（Trident incidents）と警告されている GBH や ABH な犯罪の数
トライデントな事件の減少	トライデントな事件の数
家庭内暴力の減少	ⅰ．繰り返し家庭内暴力に遭う被害者の数
	ⅱ．GBH/ABH 事件の数
公共の場を清潔かつ緑化する	BV199a
低価格で自宅を購入できる機会の増加	ⅰ）全住宅費は最高でも総所得の40％までであるロンドン・バラ（LB）ハックニー内の共同所有（SO）住宅を購入できる 2 万から 2 万5,000ポンドの年間総所得のある LB ハックニー内の単身者世帯数
	ⅱ）全住宅費は最高でも総所得の36％までである LB ハックニー内の SO 住宅を購入できる 2 万5,000から 3 万ポンドの年間総所得のある LB ハックニー内の 2 人家族の世帯数
	ⅲ）全住宅費は最高でも総所得の32％までである LB ハックニー内の SO 住宅を購入できる 3 万から 3 万5,000ポンドの年間総所得のある LB ハックニー内の 3 人家族以上の世帯数

経済開発	
失業状態の問題に取り組むことで雇用を増加させる	ⅰ) 継続可能な雇用2 (sustainable employment2) に LAA 資金による援助を受けている，Lone Parent3 である LB ハックニーの住民の数 ⅱ) 継続可能な雇用2に LAA 資金による援助を受けている，最低6カ月間の就労不能関連給付4 (benefit4) を受け取った LB ハックニーの住民の数 ⅲ) 継続可能な雇用2に LAA 資金による援助を受けている，無業者1 (economically inactive1) である LB ハックニーの住民の数（就労不能関連給付を受け取る Lone Parents and Customers を除く）

6．求められる条件整備者（Enabler）についての要約

ブロック/優先事項	条件整備者	根拠	監督官庁
児童と若者	●全国健康学校水準を達成するための要求に含まれる生徒委託ユニット（PRU）	●主流の学校で CYP が入手できるのと同様の教育上の提案に権利を与える PRU の児童・若者	教育技能省（DfES）/保健省（DH）
	●NHSS を達成せずに「顕著な／素晴らしい」との教育水準監査院（Ofsted）報告を与えられる学校はない	●教育についてすべての学校の取り組みを支援する	教育技能省
安全と力強さ	●公的資金の財源を与えられる家庭内暴力の犠牲者である難民	●難民は現在，公的資金を入手できないのではなく，家庭内暴力に悩んでいる時は，とりわけ立場が弱いのである	法務省（DCA）
	●地域住宅のアウトカムを高めることを可能にする財政的支援	地域住民や基幹労働者（essential）に低価格で自宅を購入できる機会を増やし，子供を抱える地域家庭の深刻な過密状態を緩和するための余地を増やす	コミュニティ・地方自治省（DCLG）
経済開発	●3から6週間の JCP 試用期間（worktrial period）の延長，New	●既存のプログラムを拡張，new deal parents の追加支援の提供を介	労働・年金省（DWP）

Deal Parents での試用期間中の受給手当水準の拡張	しての雇用の増加	
●基本技能訓練を利用する機会のある非 New Deal JSA 受給者を認める	●訓練の供給を拡大することを通す雇用の増加	労働・年金省
●有資格者に4から8週間の労働住宅手当（Work Housing Benefit）給の拡大	●就職する有資格者への住宅手当支援を通す雇用の増加	労働・年金省
●すべての失業者／無業者へのJCP New Deal自営業支給（self employment provision）の拡大	●独立して自営業を始めるチャンスを（うかがう）受給者の拡充	労働・年金省

7．LAAをいかにして進展させたか

　パートナーシップのメンバーは，チーム・ハックニーがアウトカムに明瞭に焦点を当てた国内で最も強力なLSPの一つになるように熱心に取り組んでいる。ハックニーがジョイント・アップ・ワーキングの文化を持つ素晴らしいバラになるよう望んでいる。チーム・ハックニーが運転手であり，LAAはこれを達成する乗り物である。

　この確約で示されているが，LAAは，ハックニーに適するアウトカムの枠組みを発展させるために，各専門のパートナーシップと協力しながら，チーム・ハックニー委員会の下で指揮されている。

8．参画についての報告

　ハックニーのボランタリーセクターやコミュニティセクターは，以下の五つの方法でLAAの発展にかかわっている。

　第一に，チーム・ハックニーの委員会メンバーとして，ハックニー・コミュニティ・エンパワメント・ネットワーク（HCEN），ハックニー・ボランタリーサービス協議会（HCVS），ハックニー・ボランタリー・アクション（HVA）は，コミュニティ戦略である「格差の是正（Mind the Gap）」の決定や，LAAの戦略的優先順位の設定にかかわっている。

　HCEN，HCVS，HVAはチーム・ハックニーの積極的なパートナーであり，例えば連携作業グループ（Engagement Task Group），銃と犯罪集団PAT（Guns & Gangs PAT），業績・情報・平等グループ（Performance, Intelligence & Equalities Group），コミュニケーション作業グループ（Communication Task Group）など，LAAの当該作業部会のメンバーである。またHCVSの主任担当官は，LAAの活動が委任されるのを媒介する戦略的コミッショニングの委員会のチャンピオン（Board Champion for Strategic Commissioning）である。

第二に，ボランタリーセクターやコミュニティセクターは，公共セクターのパートナーとともにチーム・ハックニーの各分野のパートナーシップ（例えば，六つの VCS の代表者が児童・若者パートナーシップの委員会の一員となっている）に参画しており，LAA の個々の要素を発展させるよう貢献していた。VCS の代表者は，各分野のパートナーシップのサブグループとして働くよう LAA の作業部会に加わっている。

第三に，LAA に関する協議を開くことは，セクターに LAA やその重要性への認識を高めてもらうために，メンバーによる 12 の重要なボランタリーセクターとコミュニティセクターのネットワークにより取り決められた。VCS のメンバーは，LAA の成果を確かなものにするために他のエージェンシーと協力して行った介入あるいは貢献を認めている。また，VCS が提案している介入のいくつかを実行するのに必要とされる資源や力量の要件を強調している。したがって，VCS はサービスの設計者，サービスの供給者として，その内容を明らかにし，構築するための機会してと LAA を見なしていた。この協議の結果は，チーム・ハックニーの LAA が開かれた 7 月 31 日に提出されている。

VCS のネットワークの例は，ベター・ホーム・ネットワーク（Better Homes Network），環境問題フォーラム（Environment Forum），ハックニー難民フォーラム（Hackney Refugee Forum），高齢者協議会（Council for Older People），コミュニティ宗教ネットワーク（the Faith in the Community Network），黒人・民族マイノリティ研究グループ（the Black and Ethnic Minority Working Group, BEMWG）を含んでいる。

第四に，VCS の代表者はハックニー LAA の優先事項に関する議論に加わるために，2006 年 7 月 31 日に開かれた LAA 会議に参加した。HCVS はワークショップの一つを円滑に進めた。ハックニーの五つの地域的な優先事項を達成するためにはセクター横断的なパートナーシップ機能が必要性であることを含む共通テーマがその日に提供された。

第五に，VCS のメンバーは，優先事項行動チーム（Priority Action Team, PAT）・モデルによる四つのブロックを発展させるために参加を要請された。これは，ハックニーの五つの優先事項に関する特定の議論に VCS の代表者，専門知識や専門技術を持つ地域の VCS 組織など（例えば，HTEN と HCD からの 2 人の VCS の代表者は，LAA の優先事項である失業状態の問題に取り組むために参加する CEN から推薦された）を参加させたということである。

ボランタリーセクターやコミュニティセクターは，ハックニーの LAA の発展において重要な役割を果たしている。それは，LAA の遂行に十分な役割を果たし続けると期待されている。

チーム・ハックニーは，LAA で VCS の役割を発展させ，強化することにかかわっている。われわれは，地域住民の生活を向上させるアウトカムを実現するという点で，コミュニティの知識を刷新し，高めるためにセクターの能力を最大限に利用することを望んでいる。

9．LAA 遂行への支援

業績管理

LAA の進展やその遂行は，業績管理の強力な文化により支えられている。業績管理の枠組みは，パートナーシップにより採用されている。これは，LAA の遂行に挑戦し精査するために，また毎年業績や目標を定め直し改訂するのを支援するために，チーム・ハックニーを援助するだろう。

LAA は，1976 年，人種関係法（修正）の下で公共サービスが行う責務について重大な関心を持つ

て実行し，監督していくだろう。鍵となるコミュニティは，アウトカムの実現を保証するため関心の的になっており，ハックニーのさまざまなコミュニティの活動と進展がもたらす影響を事前評価し，監視していくだろう。

戦略的コミッショニング

さらに，チーム・ハックニーの実行形態を形成している戦略的コミッショニングの枠組みでは，ハックニーを改善する一助となる LAA の優先的アウトカムに資源が充当されるだろう。パートナーシップは，NRF，SSCF，他の調整された財源の流れが，戦略的コミッショニングの枠組みを通して LAA の遂行を支援するのに利用されることに同意していた。

改善された業績報告とリスク評価

リスク評価のプロセスは，戦略的コミッショニングのプロセスに向けて進展してきた。チーム・ハックニーのパートナーシップ構造は，戦略的なコミッショニングのプロセスを反映する活動や介入に伴うリスクを識別し，事前評価するプロセスの開発を必要としている。

LAA の将来の方向性

LAA は，保健省の白書「あなたたちの医療，あなたたちのケア，あなたたちの発言」や地方自治体白書の動向を考慮しながらレビューするだろう。ハックニーのコミュニティ戦略の改訂は，LAA のアウトカムや優先事項を考慮するだろう。

ハックニーではまた，他の 4 つの東部ロンドン・オリンピック・バラとともに手続きした LEGI の入札もある。もしこれが成功すれば，LAA はこれを反映するものに改められるだろう。

プールされ，調整された財源の流れ

LAA の初年度に，財源を調整・提携することを選択した。しかしながら，ハックニーが受ける義務的な財源（mandatory funding streams）はプールすることになる。NRF 用の戦略的コミッショニングの枠組みや LPSA 用の奨励交付金は，その活動の多くを支えることになろう。LAA の 2 年次，3 年次に財源をプールすることを予定している。

チーム・ハックニーのコミッショニングのプロセスを通して，LAA 全体のアウトカムにおいて，1,610万2,692ポンドの NRF（2007—2008年度分）を提携させる予定である。

ケア委員会年次計画（抄訳） 2004—2006年

目次
1 ケア委員会のビジョンと基本的な考え方
2 ケア委員会の編制と管理の目標と計画
2-1 基本理念　2-1-2 高齢者ケア　2-1-3 障がい者ケア
2-2 行動理念
2-3 同僚のワーカーと学習
2-4 経済
3 管理運営と統治システム
4 2004年の予算
4-2 2004—2006年予算の骨子
4-3 投資
5 背景，ニーズの動向，開発政策
5-1 高齢者ケア，その他
5-2 市の保健と看護ケア
5-3 学習障がいを持つ成人へのサポート
5-4 精神障がいを持つ人たちへのサポート
5-5 同僚のワーカーと学習　5-5-1 労働環境
5-6 行動計画の課業（要約）
6 在宅ケア，デイケアの活動
6-9 外部サービスの購入
7 諸活動とそれを規定する法制
8 ケア委員会と管理運営図

1．ケア委員会の基本的な考え方
　ケアを受ける人は，尊敬，配慮，共感の気持ちを持って処遇され，個人の能力にしたがって自分の生活を選択し，専門的なケアが保証される。

　親友は，介護を行なううえで当然必要であり，尊敬，配慮，共感の気持ちを持って扱われ，ケアに参加するよう支援される。

　同僚のフーカーは，介護を受ける人の中間に位置し，自身の仕事に影響を及ぼし，介護を受ける人に適確な解決方法を探し出し，介護を受ける人の親友や他のネットワークと協力し，活発で健康的な労働環境をつくるよう働きかける。

リーダーシップ
　リーダーシップには，介護を受ける人，親友，同僚のワーカーを敬うという特徴が備わっている。

リーダーは，同僚のワーカーとともにケアを進展させ，同僚のワーカーの知識や取り決めを充実させる条件を整え，ケアワークにおいては目に見えるもので，存在感がある。

協働

すべての人の能力を扱うとき，協働がキーワードとなる。自身の組織や他の組織において，協力は必然的な部分となる。一方，協力は，介護を受ける人のニーズや資源の利用から始まり，確かなケアの連携をつくり出すことをねらいとしている。

開発の作業

開発の作業は，長期的には改善や回復を持続的にもたらすことを目標とする。改善という視点からは，状況を判断し，苦情を出すこともある。評価は開発において重要な部分である。

2．ケア委員会の編制および管理目標と計画

年次計画は，ケア委員会の基本的考え方と市カウンシルの文書「2005—2006年の年次計画と2004年のベクショー市予算」によって作成されている。

年次計画は四つの項目に分かれている。
- 心構え（われわれがいるのは，彼らにつくすためである）
- 業務事項（彼らのためにすることがあるから，われわれがいる）
- 同僚ワーカー／学習
- 経済

これらの観点は，経済的に「バランスのとれた統治」に含まれている。あらゆる観点がケア委員会の声明書や計画で述べられている。これらの計画は政治的決定にもまた関係している。

全体的な視点

市カウンシルの文書によれば，ベクショー市が抱える重要な問題点は，以下の6点で述べられている。
1．健康問題を解決すること，
2．統合を成し遂げること，
3．すべての人が社会に参加するよう働きかけること，
4．すべての人が職業に従事するよう働きかけること，
5．民間企業を発展させること，
6．ドラッグの問題や犯罪を防止すること。

2.1.2　高齢者ケア

ケア委員会の編制

介護を受ける者に対する優先的ケアは，通常は住宅である。この目標を達成するために，安心できる環境をつくり，24時間ケアを実施することが重要となる。このためには，親友への支援，県や他の組織と協力することが必要となる。ケア委員会は，ショートステイや特別養護ホームの利用が増加していることを懸念しているが，在宅の重視により特別養護ホームへの要求が減少に転じている。

可能ならば，親しみのある環境に近いところに特別住宅を供給していく。

本市の日常的な福祉活動は，高齢者が他の人とともに暮らすという意味で重要である。市のデイケ

アは，一般的な活動に参加できない人に対するものである。
ケア委員会の目標
　ゲムラ（Gemla）地域における特別養護ホームの新設は，2004年に予定されている。
　次の特別養護ホームの建設は，サンドスブロ（Sandsbro）の予定である。その計画は始まっており，ナーシングホームが建設される時点で要望が満たされるであろう。
委員会部局の目標と計画
ショートステイ
　ショートステイのニーズ・アセスメントは継続して行われている。
デイケア
　本市の高齢者福祉課は，より多くの人々に対して社会企業，活性化，リハビリテーションを提供しようと努めている。
　またデイケアを提供できる建物の条件を検討している。これは，ケア委員会の決定を通して行われる。
認知症ケア
　特別な認知症対策事業の進行にそって，認知症ケアは引き続き開発中である
（中略）

3．マネジメントおよび統治システム

　管理統治システムの目標は，ケア委員会の目標到達を保証することである。そのシステムは，ケアの現場と部局との議論を行う教育学的方法でもある。フォローアップは，部長やその同僚のワーカーの参加で成り立っている。管理統治システムにおいては統治，計画モデル，フォローアップのバランスが保たれている

バランスのとれた統治

　管理統治システムは，二つの要素で構成されている。第一の要素は，さまざまな見解から活動を検討していくことである。1990年代では，公共活動全体において経済的統治が強かったため，「スタッフの心構え」や「同僚のワーカーと学習」などのようなこれまでの異なった視点を盛り込むことが重要である。これらの視点は，経済的なものと同様に重要なものである。これら四つの視点を総合化することで，バランスをとりたいと考えている。

　第二の要素は，戦略などを通してビジョンや具体的改善策をはっきりと示すことである。そのモデルは基本的考え方を基礎にしている。

　この2年間，このモデルを実施してきたなかで，力点は，対象となるグループすべてのビジョンや価値に置かれている。われわれのビジョンを実現させるために何が重要なのかを，すべてのグループが自問してきた。このような内省的な営みの後に，対象グループは行動計画を作成した。2003年には，われわれは各ユニットで使用されるニーズ測定カードを作成し，また行政部はケア委員会のために毎月あるいは半年ごとにニーズ測定を実施している。

　バランスのとれた統治の最も重要な点は，すべての同僚のワーカーにビジョンや価値を議論する手段を与えていることである。さらには活動のフォローアップを行い，計画の構造を発展させている。この実施計画は，次の展望を備えている。

計画とフォローアップ

　計画とフォーアップを実施する場合，政治的目標との関係においてわれわれはどこに立場を置くのかを自問している。ニーズとは，どのようにものなのか。成果をあげるには何をなすべきか。現実をよく認識した上で，計画とフォローアップシステムは建設的なものでなければならない。われわれが言えるのは，われわれの立場があり，ニーズは絶えず存在し，以下の事項を実践することで改善が進むものと考える。

　計画とフォローアップシステムは教育学的機能を備えており，幅広い協力を可能にする手段であり，活動を進展させる上で重要である。

　市の代表が予算を決定した後，委員会，PRO，障害者カウンシルの間で議論がかわされる。毎年11月に行動計画が決められ，バランスのとれた統治の下で四つの展望が盛り込まれる。12月には管理部長はマネジャーにミッションを伝え，さらにマネジャーはユニット責任者にミッションを伝えることになる。

　高齢者ケアユニットの予算は，年間を通じて一つのセクションから編成される。ユニットのコストは変化しやすく，ナーシングホームに関する事務決定にしたがって毎月変わることがある。保健や医療的処置に関する査定も行われており，これは財源の配分に影響を及ぼす。

　このシステムは，委員会や行政部にニーズの情報を継続的に与えている。それは財源を配分する手段であり，予算決定を行う前に市の代表に重要な情報を与えている

　障害者のケアにおいては，処遇費と事務経費を予算的に区分する作業が行われている。

　行政部は，ケア委員会に財政報告書を毎月提出する。その報告書はすべての地区からの分析が含まれている。各地区では，ユニット別に独自の分析を行っている。

　3月と8月が終わると，行政部はケア委員会に半期の報告をする。この時期には，現行の作業に関する詳細な情報が伝えられ，可能な限りケア委員会が定めた目標を追求することになる。

　半期の報告書が提出される前に，行動施計画にしたがってユニットにさまざまな質問が出される。それに対する回答は，組織の展開に関する幅広い情報となって返される。1年間を通して，四つの展望を通して，ユニット，地区，行政への口頭によるフォローアップが行われる。

5.2　ベクショー市の医療および看護ケア

　医者が対応せず，主要なケアがカウンティに任せられる場合には，本市が在宅でケアを提供する責任を負う。同じルールがデイセンターや特別住宅にも適用される。看護師や保健センターのサポートを望む人は，本市のケアは受けられない。本市は独自の看護師を抱えており，すべての年齢層に対応している。

　本市は，身体的な救急治療や老年性治療を必要とする患者には，カウンティに費用を支払う責任を負っている。2002年には，本市は一日あたり2.0人の患者分の費用を支払っており，これは1990年と比較してかなり少ない数値になっている。この変化は組織改革による結果である。2003年では，本市は一日あたり1.1人分を支払っている

　支払い責任に関する法律は，2003年7月1日に変更されている。その概念は，「治療を受けた患者」から「帰宅する準備ができている」という文言に変わっている。支払い責任は，身体的治療の場合には5日，精神病的治療の場合には30日というように患者が帰宅できる準備ができた後に生じる。患者

の帰宅準備が整う前に，ケアプランは本市の担当者と合同で作成しなければならない。患者が治療を受けた5日後に，支払い責任が発生する。政府は補償金を年間に支払う。この法律の改正は，本市の目標に高い要求をもたらすものであり，医者との協力を必要としている

本市は，次の項目においてリハビリテーションの責任を負っている。
- 特別ナーシングホーム
- デイケアセンター
- 在宅ケア

管理者の責任は明確なものとは言えない。介護を受ける者が最良の治療を受けられるよう，本市と県が協力していくことが重要である。一つの例として，本市は65歳以上の高齢者に中央病院と保健センターが協力しあう在宅リハビリテーションを創設している。本市のいたるところで，病院やリハビリテーション診療所で治療を受けた後に，可能な限り作業療法士や理学療法士による在宅リハビリテーションを受けられるようにしている。

(中略)

6.9 外部サービスの購入

県カウンシルによる病床の処遇。患者が身体的あるいは精神的な理由により治療を受け，もはや治療を受ける必要がない場合には，自宅に帰る準備"utskrivningsklar"（自宅へ帰る準備を行うこと）をするため照会が行われる。この種の患者に対しては，本市が支払いをする責任を負う。本市が支払いをする患者にとって，身体的処遇では，県カウンシルが一日につき2,990クローネ（2003年度），高齢の患者の処遇では，2,158クローネ，精神的な処遇では2,843クローネを支払う。

親友のサポート／短期ケア．

ベクショー市は，交換ケア（växelvård）と短期用住宅のために，Ingelshovにショートステイの部屋を購入する。

高齢者用特別ナーシングホーム／学習障害者用特別住宅。本市は，Källredaとベクショー市の民間営利の事業者から部屋を購入する。

予備の部屋の購入。本市は，民間営利の介護事業者から10戸の部屋を購入する。

8．ケア委員会と行政管理の図

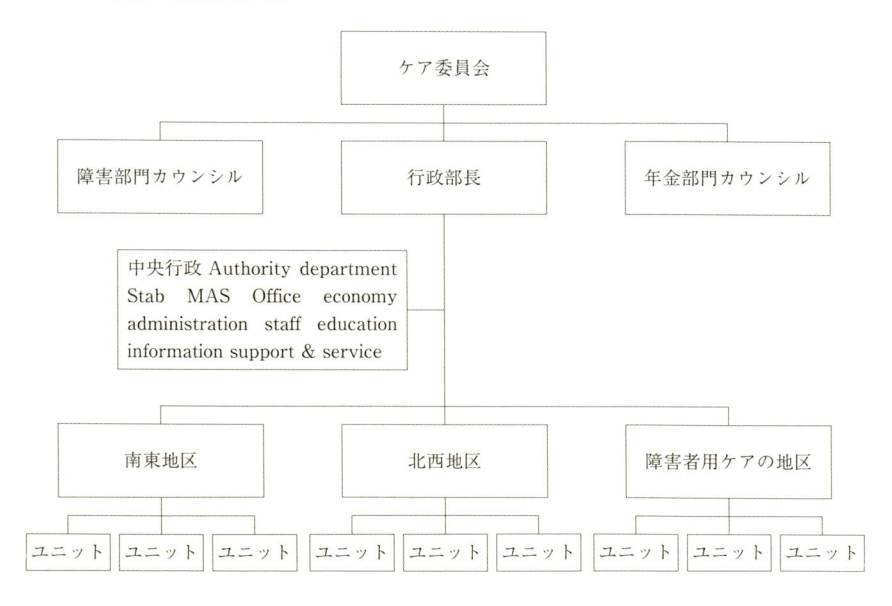

```
                          ┌─────────────┐
                          │ ケア委員会   │
                          └──────┬──────┘
          ┌──────────────────────┼──────────────────────┐
┌──────────────────┐    ┌─────────────┐    ┌──────────────────┐
│ 障害部門カウンシル │    │  行政部長   │    │ 年金部門カウンシル │
└──────────────────┘    └──────┬──────┘    └──────────────────┘
                               │
              ┌────────────────┴────────────────────┐
              │ 中央行政 Authority department       │
              │ Stab   MAS   Office   economy       │
              │ administration  staff  education    │
              │ information support & service       │
              └─────────────────┬───────────────────┘
                                │
         ┌──────────────────────┼──────────────────────┐
   ┌──────────┐          ┌──────────┐          ┌────────────────┐
   │ 南東地区 │          │ 北西地区 │          │ 障害者用ケアの地区 │
   └────┬─────┘          └────┬─────┘          └────────┬───────┘
   ┌────┼────┐           ┌────┼────┐            ┌───────┼───────┐
 ユニット ユニット ユニット  ユニット ユニット ユニット  ユニット ユニット ユニット
```

索　引

あ　行

アウトカム　16
アカウンタビリティ　8
アクティブ・シティズンシップ　269
アストン　251
アソシエーション論　285
新しいコーポラティズム　283
アン・パワー　45
安全で強固なコミュニティ　224
伊賀市　179
伊賀市自治基本条例　179
１％基金　183
稲城市　110, 176
インフォーマル経済　5
ウェールズ　72, 154
ウェールズ議会　154
ウェルビーイング　71
エイジコンサーン　138
エージェンシー　25
越権禁止の法理　71
エンパワメント　1, 23
エンプロイアビリティ　6
欧州社会基金　245
オッフェ　269

か　行

ガーション勧告　132
介護支援ボランティア制度　177
介護市場　130, 138, 155
介護の外部性　113
介護報酬　67
介護保険制度　67
介護保険特別会計　67
介護保険法改正　106
介護予防　103
階統型ガバナンス　282
カウンシル税　50, 74

舵取り　34
ガバナンス　1, 8
　──・アウトカム　206, 210
ガバメント　8
　──からガバナンスへ　i, 1
監査委員会　139
官治パラダイム　58
企画主導型　171
規制緩和　6
基礎自治体　i, 59
キャパシティ・ビルディング　191
協議　145
業績評価枠組み　144
近隣地域再生資金　190, 203
クーイマン　282
グッドプラクティス　76
グループホーム　105
グローバリゼーション　2
グロスターシャー　17, 255
クワンゴ　70
ケアプラン　97
ケアマネジャー　97
経済開発　224
経済財政諮問会議　63
契約　145
契約レジーム　151
決定受託事務　59
権限委譲　56
健全なコミュニティと高齢者　224
権利モデル　270
広域自治体　59
効果測定　170
公共空間　9
公共サービス協定　223
公共性基準　10
公共の価値　13, 35
公助・共助・自助　165
公定価格　98

索　引

コー・ガバナンス　43
国民国家　2, 3
ゴス　13
コネクションズ　200
コミッショニング　130
コミュニタリアン　268
コミュニティ・エンパワメント・ネットワーク　232, 245
コミュニティ・フォーラム　241
コミュニティケア改革　130
コミュニティ政府　35
コミュニティ戦略　200
コミュニティチェスト　252
コミュニティのためのニューディール　46, 197, 199
コレクティビズム　269
コンプライアンス　25, 145

さ　行

サービス・アウトカム　206, 213
サービス協定　159
サービスの価格づけ　134
サービスの購入と供給の分離　130
サービスの選択権　114
再規制　9
財政錯覚　167
財政主導型　170
財政適合機能　53
財政フレーム　170
財政力の格差　66
最低基準　146
最低目標　203
歳入支援交付金　244
サブシディアリィティ（補完性）の原理　42
参加型予算　52
三位一体改革　11, 62
ジェソップ　14
滋賀県　172
自主財源　61
市場化　131
市場経済　6
施設ケア　150
自治会　162

自治型ガバナンス　282
自治事務　62
自治体改革　56
自治体内分権　61, 72
市町村合併　11, 56, 64
市町村地域福祉計画　163
指定管理者制度　62
指定権限　108
シティズンシップ　17, 266
児童および若者　224
市民原理　54
市民社会　2
市民パートナーシップ　238
市民陪審制　284
社会権　266
社会政策　5
社会的排除　188
社会的排除ユニット　38
社会福祉　1
社会福祉基礎構造改革　272
社会福祉協議会　9, 162
シュア・スタート　46
住民参加　66, 168
住民自治　66, 282
住民自治協議会　181
住民自治組織　9
熟議デモクラシー　293
準市場　7
ジョイニング・アップ　259
常勤ヘルパー　99
小地域ケア会議　174
小地域福祉システム　175
職員参加　168
職員の配置　146
触媒　192
ジョブセンター・プラス　200
ジョン・スチュワート　12
自律性の獲得　77
新自由主義　282
スウェーデン　83
ステークホルダー　38
ストーカー　1, 12
スポット契約　139

政府広域事務局　223, 226
セーフティネット　290
総社市　173
ソーシャル・インクルージョン　3
ソーシャルケア　130
ソーシャルケア訓練協議会　145
ソーシャルケア査察委員会　139, 143
措置から選択へ　96
ソフト交付金　69

た 行

第三者評価システム　115
退出モデル　270
代表制民主主義　i, 34
代理人デモクラシー　284
ダイレクトペイメント　133
タウンゼント　189
高浜市　182
多層型ガバナンス　22, 27
脱国民化　3
単一再生資金　46
団体自治　66
地域エリア協定　16, 201
地域エリア協定パイロット事業に関する中間評価　225
地域介護・福祉空間整備等交付金　67
地域ケア　108
地域再生　188
地域支援事業　109
地域自治組織　64
地域住民　162
地域戦略パートナーシップ　16
地域戦略パートナーシップの全国評価　206
地域内分権　180
地域福祉　11, 162
地域福祉計画　16, 163
地域福祉権利擁護事業　273
地域福祉予算　167
地域包括支援センター　68
地域密着型サービス　68, 108
地域民主主義　56, 69
チーム・ハックニー　229, 230
地方議員　72

地方議会　62
地方共有税　63
地方公共サービス協定　200, 223
地方財政　61
地方自治体　i, 3, 9, 30
地方所得税　82
地方福祉国家　57
地方分権　6
地方分権21世紀ビジョン懇談会報告書　63
地方分権一括法　62
地方分権改革推進委員会　62, 66
直接民主主義　77
通所介護　100
定住自立圏構想　65
ディストリクト　72
ティトマス　267
ディロンの規則　88
手続き型　165
デプリベーション　189
討議デモクラシー　51, 284, 293
統合再生予算　191
道州制　65
登録ヘルパー　99, 100
都市化　40
都道府県地域福祉支援計画　164

な 行

ナショナル・ミニマム　10, 290
ナップ＆ウィストウ　142
ニート　4
2000年地方自治法　71
2001年保健医療およびソーシャルケア法　78
日常生活自立支援事業　273
ニュー・パブリック・マネジメント　6
ニュー・レイバー　70, 74
ニュー・ローカリズム　51
ニューハム　16, 237
ネイバーフッド　10
　──・エレメント　51
　──・エンパワメント　43
　──・ガバナンス　22, 42
　──・ガバメント　43
　──・パートナーシップ　43

索引　343

――・マネジメント　43
――・マネジメント・パスファインダー事業計画　44
――・マネージャー　45

は 行

ハースト　285
ハード交付金　68
パートナーシップ　1, 8
　――・ガバナンス　240
バーミンガム　16, 248
バーンズ，ニューマン，サリバン　292
働くための福祉　190
ハックニー　16, 227
発言権モデル　270
パリッシュ　50, 257
　――・カウンシル　257
バリュー・フォー・マネー　75
ピーターズ　24
　――＆ピーレ　30
ピーレ　23
　――＆ピーターズ　1
評価　170
フィンランド・モデル　80
フェビアン社会主義者　267
福祉権　266
プライマリー・ケア・トラスト　229
フリーコミューン　36
プロセス・アウトカム　206, 210
ブロック契約　139
分権化　3
分離・融合モデル　288
ベクセレイ　148
ベスト・バリュー　76
ベンチマーキング　7
包括的業績評価　78
包括的権能　36
ホージ＆マークス　27
ホーフェルド　277
ホームヘルパー　99
補完性の原理　1
北欧モデル　57, 78
保健委員会　139

保険者機能　108
ポストフォーディズム　12
ボランタリー・コミュニティ・セクター　195
ボランタリーセクター　25
ボルソール地区　254
本人――代理人理論　140

ま 行

マークス＆ホージ　31
まちづくり協議会　183
マルチ・レベルのガバナンス　16
ミーンズ＆スミス　270
民営化　133
民主主義の赤字　22

や 行

豊かな自治と新しい国のかたちを求めて　63
ユニタリー　10
ユニット・コスト　134
ヨーロッパ開発基金　6
ヨーロッパ社会基金　5
予算措置　169

ら 行

ラウンズ＆サリバン　42
ラショニング（割当て）　132
リージョン・カウンシル　28
リーチ＆パーシースミス　12
リート　287
理念型　165
ル・ガレ　3
ルグラン　140
ルプトン　192
レーン＆ビュイッソン　138
ローカル・ガバナンス　1
ローズ　1, 12
　――＆スターベルヒ　78

欧 文

CSCI　143, 145
ESF　245
EU　6
LSP　199

NDC 198
NHSトラスト 229
NPO 38
NRF 190, 203

SRB 191
PCT 229
T. H. マーシャル 267

《著者紹介》
山本　隆（やまもと　たかし）
1953年　滋賀県に生まれる。
1999年　岡山大学大学院文化科学研究科博士課程修了（学術博士）。
現　在　関西学院大学人間福祉学部教授。
主　著　『福祉行財政論——国と地方からみた社会福祉の制度・政策——』中央法規出版，2002年。
　　　　N. ジョンソン『グローバリゼーションと福祉国家の変容』（監訳）法律文化社，2002年。
　　　　『イギリスの福祉行財政——政府間関係の視点——』法律文化社，2003年。
　　　　B. ジェソップ『資本主義国家の未来』（共訳）御茶の水書房，2005年。
　　　　『ローカルガバナンスと現代行財政』（編著）ミネルヴァ書房，2008年。

関西学院大学研究叢書　第130編	
ローカル・ガバナンス	
——福祉政策と協治の戦略——	

2009年4月20日　初版第1刷発行　〈検印廃止〉

定価はカバーに表示しています

著　者	山　本　　　隆
発行者	杉　田　啓　三
印刷者	江　戸　宏　介

発行所　株式会社　ミネルヴァ書房
607-8494 京都市山科区日ノ岡堤谷町1
電話(075)581-5191／振替01020-0-8076

©山本隆，2009　　　　共同印刷工業・新生製本

ISBN978-4-623-04906-6
Printed in Japan

ローカルガバナンスと現代行財政

山本隆／難波利光／森裕亮編著

ローカルガバナンスの分権化・自治との関係，政府機構を含む諸アクターから構成されるパートナーシップとそのアカウンタビリティの履行，住民の意思決定への参画の可能性といった要素について考察した，今後の地方行財政のあり方を問う1冊。

自治型地域福祉の理論

右田　紀久惠著

鳥の目・虫の目を持つことで，自治型地域福祉を提唱するに至った右田・地域福祉論。分権化時代の地域福祉の推進と理論構築のために必読の書。現在まで発表された論文19本を体系的にまとめた1冊。

市町村合併と地域福祉

川村匡由編著

北は北海道から南は沖縄まで，全国の合併市町村すべてに調査票を郵送し，その回答を集計・解析し，ブロックごとに踏査結果を実施した結果を基に，関係市町村における地域福祉の動向，並びに関係市町村が今後どのような理念や政策に基づいて地域福祉を実体化するべきか等，その現状をふまえつつ当面の課題を提起した内容となっている。

イギリス非営利セクターの挑戦

塚本一郎／柳澤敏勝／山岸秀雄編著

転換期のなかにあるイギリス非営利セクターの現状や非営利・政府関係の変化を検証。非営利セクターがその持続可能性と自立性を追求しつつ，政府との間で戦略的なパートナーシップを形成していくための可能性を探る。

NPOと公共サービス——政府と民間のパートナーシップ——

レスタ・M・サラモン著　江上哲監訳

●新自由主義と福祉国家の危機　福祉の市場化の進展，ボランタリーの失敗……。各種統計を駆使し，斬新な視点を提示する。Lester M. Salamon, *Partners In Public Service*, The Johns Hopkins University Press, 1955 の全訳。

——ミネルヴァ書房——
http://www.minervashobo.co.jp/